《现代汉语通论》

参考文献精选

（修订本）

主编　邵敬敏

上海教育出版社
SHANGHAI EDUCATIONAL
PUBLISHING HOUSE

编 选 说 明

一、《〈现代汉语通论〉参考文献精选》（以下简称《精选》），是为《现代汉语通论》教材配套的参考资料。学习现代汉语的大学本科生可以作为课外辅助读物，从事现代汉语教学的教师也可以当作备课参考资料，有志于攻读现代汉语专业研究生的青年学子也可以作为报考的参考书。

二、入选的论文，是在 1978 年至 2017 年间发表的。大部分选自杂志或论文集，也有少数节选于专著。1978 年之前也有很多优秀论文，考虑到已经出过一些选集（如《现代汉语参考资料》），我们原则上不再考虑入选。

三、只编选在国内刊物上正式发表的文章，凡在国外发表的或翻译文章，一律不入选。

四、根据教学的需要，我们尽可能选择最有代表性的文章，但受到编者水平、资料以及篇幅等限制，许多精彩的论文没能够入选，敬请谅解。

五、本《精选》（修订本）的编排，跟《现代汉语通论》第三版章节大体吻合。《现代汉语通论》第一版出版于 2001 年，《精选》初版出版于 2002 年，一共 42 篇；后《现代汉语通论》第二版（2007）和第三版（2016）相继出版，并且先后获批国家"十一五""十二五"规划教材，广大读者希望继续出版配套的《精选》。根据读者的需求以及《现代汉语通论》两次修订的变化，我们对《精选》原来的篇目进行必要调整，原则是基本稳定，适当增删，总量减少。修订本删除 10 篇，新增 6 篇，即由原来的 42 篇调整后为 39 篇：（一）绪论（4 篇）、（二）语音（4 篇）、（三）汉字（5 篇）、（四）词汇（7 篇）、（五）语法（13 篇）、（六）语用（6 篇）。

六、我们尊重作者的著作权，除了个别印刷上的错误，文章原则上不作改动，各式字母音标也一律依旧。

七、作者只列姓名，不标明工作单位、职务职称。

八、读者在使用过程中，如果发现问题，或有什么建议，欢迎批评指正。

九、我们尊重入选论文作者的著作权，事先也尽一切可能进行了联系，以获得作者的首肯。但是也有个别作者一时联系不上，希望这些作者得知后及时跟我们联系。

十、《精选》第一版副主编徐默凡，为本书的编选做过大量工作，再次表示感谢。现因其工作繁忙，无法继续承担修订本的编选任务。

目　　录

（一）绪论

汉　　语

朱德熙

汉语是世界主要语言之一,属汉藏语系,并且是这个语系里最主要的语言。除了中国以外,汉语还分布在新加坡、马来西亚等地。以汉语为母语的人大约有九亿四千万（编者注：据《中国大百科全书（第二版,1993）资料,以汉语为母语的人超过十二亿）。汉语是联合国的工作语言之一。

汉语的标准语是近几百年来以北方官话为基础逐渐形成的。它的标准音是北京音。汉语的标准语在中国大陆称为普通话,在台湾地区称为国语,在新加坡、马来西亚称为华语。

语音　汉语的音节可以分析成声母、韵母、声调三部分。打头的音是声母,其余的部分是韵母,声调是整个音节的音高。把声调也看成音节的组成部分,是因为汉语的声调是辨义的。例如"汤、糖、躺、烫"四个字的声母都是[tʻ],韵母都是[aŋ]（方括弧里是国际音标,表格里的国际音标省去括弧）,只是因为声调不同,意义才不一样,在语言里分别代表四个不同的语素（最小的有意义的语言单位）,在书面上写成四个不同的字。

声母都是辅音。最复杂的韵母由介音、主要元音和韵尾三部分组成。韵尾有的是辅音,有的是元音。北京音的辅音声母有 22 个。介音有[i][u][y],辅音韵尾有[n]和[ŋ],元音韵尾有[i]和[u]。在组成音节的声母、介音、主要元音和韵尾四部分里,只有主要元音不能缺,其余三部分都不是必须出现的。这种情形可以从表 1 举的例字里看出来。北京话的声母见表 2,北京话的韵母见表 3。

表 1　音 节 的 成 分

例　字	声　母	韵　母			
		介　音	主要元音	韵　尾	字　调
雨			yu		上声
牙		i	a		阳平
远		y	a	n	上声
音			i	n	阴平
瓜	k	u	a		阴平
摩	m		o		阳平
僧	s		ə	ŋ	阴平
条	tʻ	i	a	u	阳平
类	l		e	i	去声

表 2　北 京 话 声 母

国际音标	拼音方案	注音字母	例　字
p	b	ㄅ	布
pʻ	p	ㄆ	铺
m	m	ㄇ	木
f	f	ㄈ	富
t	d	ㄉ	德
tʻ	t	ㄊ	特

（续表）

国际音标	拼音方案	注音字母	例 字
n	n	ㄋ	纳
l	l	ㄌ	勒
k	g	ㄍ	格
k'	k	ㄎ	客
x	h	ㄏ	黑
tɕ	j	ㄐ	基
tɕ'	q	ㄑ	欺
ɕ	x	ㄒ	希
tʂ	zh	ㄓ	知
tʂ'	ch	ㄔ	痴
ʂ	sh	ㄕ	师
ʐ	r	ㄖ	日
ts	z	ㄗ	资
ts'	c	ㄘ	雌
s	s	ㄙ	思

表 3　北 京 话 韵 母

国际音标	拼音方案	注音字母	例 字
ɿ	i	ㄭ	诗
i	i	ㄧ	基
u	u	ㄨ	孤
y	ü①	ㄩ	居
a	a	ㄚ	八
ia	ia	ㄧㄚ	加
ua	ua	ㄨㄚ	瓜
o	o	ㄛ	波
uo	uo	ㄨㄛ	锅
ɤ	e	ㄜ	哥
ie	ie	ㄧㄝ	街
ye	üe	ㄩㄝ	厥
ai	ai	ㄞ	该
uai	uai	ㄨㄞ	乖
ei	ei	ㄟ	杯
uei	uei②	ㄨㄟ	归
au	ao	ㄠ	高
iau	iao	ㄧㄠ	交
ou	ou	ㄡ	沟
iou	iou②	ㄧㄡ	鸠
an	an	ㄢ	干
ian	ian	ㄧㄢ	肩
uan	uan	ㄨㄢ	官
yan	üan	ㄩㄢ	卷

（续表）

国际音标	拼音方案	注音字母	例　字
ən	en	ㄣ	根
in	in	丨ㄣ	今
uən	uen②	ㄨㄣ	滚
yn	ün	ㄩㄣ	君
aŋ	ang	ㄤ	冈
iaŋ	iang	丨ㄤ	姜
uaŋ	uang	ㄨㄤ	光
əŋ	eng	ㄥ	庚
iŋ	ing	丨ㄥ	经
uəŋ	weng	ㄨㄥ	翁
uŋ	ong	ㄨㄥ	公
yuŋ	iong	ㄩㄥ	用
er	er	ㄦ	二

①　ü 在 l 和 n 以外的声母之后都写成 u。
②　uei,iou,uen 前边加声母时,分别写成 ui,iu,un。

声调是一个音节发音时音高的高低升降的型式。北京音的声调有阴平、阳平、上声、去声四种型式。如果把音高分成五度,北京音的阴平是从五度到五度的平调,阳平是从三度到五度的升调,上声是从二度下降到一度再升到四度的曲折调,去声是从五度到一度的降调。关于北京音的声调看表4。

表 4　北 京 话 声 调

调　类	起讫点	调　号	例　字
阴平	55	˥	汤
阳平	35	˩	糖
上声	214	˧	躺
去声	51	˥	烫

以上说的是每个字单说时的声调。连读的时候,某些声调会发生变化。例如两个上声字相连,前一个会从原来的 214 调变成 35 调,变得跟阳平调一样。此外,有些字连读时读得很短,并且失去了原来的声调,这种字调叫轻声,例如"石头"的"头","我们"的"们"。

传统的注音方法是反切。反切用两个字来注一个字的音。前一个字(反切上字)定被反切字的声母,后一个字(反切下字)定被反切字的韵母和声调。例如:"耐,奴代切","奴"跟"耐"的声母相同,"代"跟"耐"的韵母和声调相同,所以就用这两个字来注"耐"字的音。由于语音的演变,古代字书上的反切跟今音有的相合,例如上边举的"耐,奴代切"([n(ú) + (t)ài = nài])。有的不合。例如:"东,德红切","东"与反切下字"红"的声调不同。"蓬,薄红切","蓬"与反切上字"薄"的声母不同,与反切下字"红"的韵母也不同。

1918 年由当时的教育部颁布的国语注音字母是利用汉字字形制定的一套拼音字母。这套字母把主要元音与韵尾合在一起用一个符号表示(例如:ㄠ=[au],ㄢ=[an],ㄤ=[aŋ]),体现了传统的声母韵母两分的精神。注音字母广泛流传,影响很大。台湾省一直沿用至今。

1958 年公布的汉语拼音方案采用拉丁字母(见表2、表3)。自 1978 年开始,中国人名地名一律改用汉语拼音字母拼写,取代了威妥玛式(Wade-Giles system)等各种旧拼法。

语法　汉语的语素绝大部分是单音节的(手丨洗丨民丨失)。语素和语素可以组合成词(马+路→马路丨开+关→开关)。有的语素本身就是词(手、洗)。有的语素本身不是词,只能跟别的语素一起组成复合词(民→人民丨失→丧失)。现代汉语里双音节词占的比重最大。大部分双音节词都是按照上面提到的复合方式造成的。

把汉语跟印欧语系的语言相比较,可以看出汉语语法上的一些重要的特点。汉语和印欧语的一个明显的区别是没有形态变化。这主要指以下两种情形。第一,印欧语的动词和形容词后头可以加上一些只改变词根的语法性质(转化成名词)而不改变其词汇意义的后缀,例如英语的-ness,-ation,-ment 之类。汉语没有此类后缀。第二,印欧语的动词有限定式和非限定式(不定式,分词,动名词)的区别。汉语没有这种分别。这种差异使得汉语语法在以下两个重要方面跟印欧语语法大异其趣。

首先,在印欧语里,词类的功能比较单纯。例如名词只能充任主语和宾语,形容词只能充任定语和表语,定式动词只能充任谓语里的主要动词。在汉语里,由于动词和形容词不变形,无论在什么样的句法位置上出现,形式都一样。这就造成了词类多功能的现象。例如形容词既可以充任谓语(这儿干净)、定语(干净衣服)和补语(洗干净),又可以充任主语(干净最要紧)和宾语(他不爱干净)。

词类多功能的必然的结果是相同的词类序列有时代表不同的句法结构。例如"出租汽车"可以理解为一个名词性词组(=出租的汽车),也可以理解为"动词+宾语"的结构。由于这种现象的存在,汉语语法著作比起印欧语语法著作来,更着重句法结构关系的分析。

由于汉语词类多功能,划分词类时,手续要复杂一些。过去有人认为汉语没有词类。这种说法是不对的。

其次,印欧语的句子和分句里必须有定式动词,而词组(短语)里要是有动词的话,只能是非限定形式,不能是限定形式。因此,句子和分句是一套构造原则,词组是另一套构造原则。汉语的动词没有限定式和非限定式的对立,动词不管用在哪里,形式都一样,因此句子的构造原则跟词组的构造原则是一致的;句子不过是独立的词组而已。正是因为这一点,有的汉语语法著作采用一种以词组为基点的语法体系,即在词组的基础上描写句法,而不是像印欧语法那样以句子为描写的基点。

汉语句法结构的特点还表现在主谓结构和动补结构(或称述补结构)上。汉语的主谓结构跟印欧语的句子或分句不同,构造比较松散。这表现在主语后头可以有停顿(因此书面上往往用逗号点断),或者加语气词(这个人呐,很会说话)。特别值得注意的是口语里主语往往可以略去不说。

主谓结构的另一个特点是可以充当谓语。例如:

中国地方真大。

这个人我从前见过他。

这两句的谓语"地方真大"和"我从前见过他"本身都是主谓结构。这种句式不但现代汉语里有,古汉语里也有:匡章通国皆称不孝焉(孟子·离娄下)|蒙恬者,其先齐人也(史记·蒙恬列传),应该看成是汉语的基本句式的一种。

动补结构是现代汉语里非常重要的一种句法构造。印欧语里没有跟它相当的格式。简单的动补结构是由两个动词或者一个动词一个形容词组成的(听懂|切碎|染红|洗干净)。这种结构后头可以带动词后缀"了"和"过",语法功能相当于一个动词。值得注意的是动词和补语的组合极其自由。例如"洗干净"是常说的,因为"洗"能导致的最自然的结果是"干净"。可是除了"洗干净"之外,也能说"洗脏了|洗破了|洗丢了",甚至还可以说"把我洗胡涂了|把他洗哭了"。

从词序方面看,汉语一个重要的特点是所有的修饰语都必须放在被修饰成分的前边,所以修饰语不宜太长、太复杂。把外文翻译成中文的时候,原文后置的修饰语都得提到前边去。如果修饰成分比较多,句子就不太容易组织。这种时候,往往得把原来的长句拆成几个短句,使修饰语适当分散或者转成谓语。

文字　从目前我们能看到的最早的成批的文字资料——商代甲骨文字算起,汉字已有三千年的历史。由于甲骨文字已经是相当成熟的文字体系,我们可以推断汉字的发生一定远在三千年以前。汉字的发展可以划分为两个大阶段。从甲骨文字到小篆是一个阶段;从秦汉时代的隶书以下是另一个阶段。前者属于古文字的范畴,后者属于近代文字的范畴。大体说来,从隶书到今天使用的现代汉字形体上没有太大的变化。

从汉字跟汉语的关系看,汉字是一种语素文字。从汉字本身的构造看,汉字是由表意、表音的偏旁(形旁、声旁)和既不表意也不表音的记号组成的文字体系。

文字是记录语言的。就汉字跟它所要记录的对象汉语之间的关系来看,汉字代表的是汉语里的语素。

例如[tàn kāu]的[kāu]、[kāu iàu]的[kāu]和[t'iàu kāu]的[kāu]读音相同,意思不一样,是三个不同的语素,分别由三个不同的汉字"糕、膏、高"(蛋糕、膏药、跳高)来表示。从这个角度看,汉字可以说是一种语素文字。

汉字起源于图画。在汉字产生的早期阶段,象形字的字形跟它所代表的语素的意义直接发生联系。虽然每个字也都有自己固定的读音,但是字形本身不是表音的符号,跟拼音文字的字母的性质不同。象形字的读音是它所代表的语素转嫁给它的。随着字形的演变,象形字变得越来越不象形。结果是字形跟它所代表的语素在意义上也失去了原有的联系。这个时候,字形本身既不表音,也不表义,变成了抽象的记号。如果汉语里所有的语素都是由这种既不表音也不表义的记号代表的,那么汉字可以说是一种纯记号文字。不过事实并非如此。汉字有独体字与合体字的区别。只有独体字才是纯粹的记号文字。合体字是由独体字组合成的。从构造上说,合体字比独体字高一个层次。因为组成合体字的独体字本身虽然也是记号,可是当它作为合体字的组成成分时,它是以有音有义的"字"的身份参加的。合体字可以分成以下三类:

1. 形声字。形声字由表示意义的形旁和表示读音的声旁两部分组成。拿构造最简单的形声字来说,形旁和声旁都是由独体字充当的。作为形声字的组成部分,这些独体字都是有音有义的字。不过形旁只取其义,不取其音,例如"鸠"字的偏旁"鸟";声旁则只取其音,不取其义,例如"鸠"字的偏旁"九"。

由于字义和字音的演变,有些形声字的形旁或声旁现在已失去了表意或表音的功能。例如"球"本来是一种玉的名称,所以以"玉"为形旁。现在"球"字不再指玉,这个形旁就没有作用了。再如"海"字本来以"每"为声旁。由于字音的变化,现在"海"和"每"的读音相去甚远,声旁"每"也就不起作用了。有的时候,形旁和声旁都丧失了原来的功能,例如"给、等、短"。这一类字已经不能再作为形声字看待了。

形声字和非形声字之间并没有明确的界限。造字之初,形声字和它的声旁的读音本来就不一定密合。发展到现代汉字,出入就更大了。有人拿7 500多个现代合体汉字进行统计。就普通话读音来说,合体字跟声旁完全同音(声母、韵母、声调全同)的不到5%。声母、韵母相同而声调不同的约占10%。只有韵母一项相同的约占20%。如果我们只把前两类看作形声字,那么形声字大概只占通行汉字的15%。如果把以上三类全看作形声字,形声字大概会占通行汉字35%的样子。要是把标准再放宽或者完全根据来历确定形声字,那么通行汉字中形声字的百分比还要高得多。

2. 合体会意字。古人说"止戈为武""人言为信"。对于"武""信"两个字来说,这种解释是错误的。不过汉字体系里确实有按照这种方式造成的字,例如"不正为歪""不好为孬"。这一类字的特点是会合偏旁的字义来表现整个合体字的意义。这种字为数很少,只有个别的例子。

以上两类合体字里的偏旁有的有表意作用,有的有表音作用。下边一类的情形不同。

3. 合体记号字。这一类合体字的偏旁既不表意,也不表音。这主要有两种情形。一是由于字音和字义的变化,原来的声旁和形旁已经不再表音、表意了。例如上文举过的"给、等、短"一类字。另一种情形可以举"章"字为例。按照汉代许慎《说文解字》的分析,"章"字从"音"从"十"。可是现在一般人说"立早章"(以区别于"弓长张")的时候,是把它分析成"立"和"早"两部分。其实从古文字看,"章"本来是一个独体象形字,跟"音、十、立、早"都没有关系。

汉字用来记录汉语已经有三千年以上的历史,一直沿用到今天,没有中断过。在如此长的历史时期里,汉字不仅为人们的现实生活服务,而且记录下极其丰富的文化资料,甚至跨越国界,被日本、朝鲜、越南等邻国借去记录非汉语语言。

另一方面,长期以来也不断有人批评汉字的缺点,主要是说汉字难认、难写、难于机械化(印刷排版、打字等)。因此在扫盲、儿童识字教育、文化传播等方面,都不如拼音文字效率高。

跟拼音文字比较起来,汉字可能有它的短处,但是也有它的长处。汉字最大的长处就是能够超越空间和时间的限制。古今汉语字音的差别很大。但由于字义的变化比较小,而且两千年来字形相当稳定,没有太大变化,所以先秦两汉的古书今天一般人还能部分看懂。如果古书是用拼音文字写的,现代人就根本无法理解了。有些方言语音差别也很大,彼此不能交谈,可是写成汉字,就能互相了解,道理也是一样的。

近年来,有的心理学家通过实验,指出儿童学习汉字似乎比学习拼音文字还容易些,至少不比学拼音文字难。这方面的研究刚刚开始,目前还难以得出明确的结论。不过有一点是清楚的。讨论这个问题,必须把认汉字、写汉字和用汉字三者区别开,不能混为一谈。三者之中,认最容易,写就比较难。例如繁体字"龜"和"龍"特点鲜明,很容易认识,要记住怎么写就难多了。用汉字比起认和写都要难得多。所谓会用,就是要学会区别同音字,知道哪种场合下用哪个。例如"唯、惟、维"三个字同音。"维持""维护"只能写"维",不能写"惟",而"思维"也可以写成"思惟"。"惟独""惟恐"可以写"惟",也可以写"唯";可是"唯心论""唯物论"又只能写"唯",不能写"惟"。

50 年代开始进行简化汉字的工作。1986 年重新公布的《简化字总表》规定了 2 200 多个简化汉字(包括用简化偏旁类推的字)。这项工作目前已告一段落,今后在一个时期内将保持稳定,不再继续简化。不断简化会破坏文字的稳定性,而且简化一批字以后,原来的繁体字并不能废除。结果是汉字的总数有增无减,反而加重了人们学习和使用的负担。

关于文字拼音化问题,长期以来一直有争论。从理论上说,任何自然语言都可以用拼音文字记录。但是由于汉语方言分歧,在推广普通话的工作没有取得广泛、切实的成效以前,改用拼音文字会给方言区的人带来很大的困难。此外,由于汉字历史悠久,大量的文献都是用汉字记录的。一旦改弦易辙,势必在文献的广泛利用上造成一定困难,在社会心理和民族感情上引起波动。

方言　中国幅员辽阔,人口众多,方言情况复杂。下边把汉语方言粗分为官话和非官话两大类来说明。官话分布在长江以北地区和长江南岸九江与镇江之间沿江地带以及湖北、四川、云南、贵州四省,包括北方官话、江淮官话、西南官话几个方言区。官话区域的面积占全国 3/4,人口占全国 2/3。官话方言内部的一致程度比较高。从哈尔滨到昆明,相距三千公里,两地的人通话没有多大困难。非官话方言主要分布在中国东南部,包括吴方言(江苏南部,浙江大部)、赣方言(江西大部)、湘方言(湖南大部、广西壮族自治区北部)、粤方言(广东大部、广西壮族自治区东南部)、闽方言(福建、台湾,广东省的潮州、汕头、海南地区)、客家方言(广东省东部和北部、福建西部、江西南部、台湾)。非官话区域比官话区域面积小,可是方言差别大,彼此一般不能通话,甚至在同一个方言区内部(例如浙南吴方言与苏南吴方言之间、福州话和厦门话之间),交谈都有困难。

汉语方言之间语音上的差别最大,词汇次之,语法方面的差别最小。语音的差别在声母的繁简、辅音韵尾的多寡以及调类的区分上表现得特别明显。例如吴方言塞音声母有浊塞音[b d g]、不送气清塞音[p t k]和送气清塞音[pʻ tʻ kʻ]三套,官话方言只有后两套。广州话辅音韵尾有[m n ŋ p t k]六个,苏州话只有[n ŋ ʔ]三个,北京话只有[n ŋ]两个。广州话有阴平、阳平、阴上、阳上、阴去、阳去、上阴入、中阴入、阳入九个调类。北京话有阴平、阳平、上声、去声四个调类。烟台话平声不分阴阳,所以只有平声、上声、去声三个调类,是声调系统中最简单的方言之一。

由于现代方言的调类与古调类之间有相当整齐的对应关系,所以通常就用平、上、去、入等古调类的名称来标记现代方言调类。要注意的是方言的调类名称相同,并不表示调值相同。例如北京话的阳平是升调(35),天津话的阳平是高平调(55),而汉口话的阳平则是曲折调(214)。

上文说汉语方言语音的差别大,词汇和语法的差别小。这是从大体上说的。从细处看,词汇和语法上相异之处也并不少。拿词汇来说,政治、文化、科学方面的词是全国性的,可是日常生活里用的词里许多是地方性的,因方言而异。拿语法来说,方言之间在词法方面的差异比较明显。例如人称代词和指示代词的形式、形容词的后缀、动词和形容词的重叠式、象声词的构造以及名词后缀"子"和"儿"的表示方式(例如"儿"杭州话用成音节的语素表示,而广州话和温岭话用变调表示)等等在不同方言里有时有相当大的差别。

方言之间句法上的差别可以举"把"字句和反复问句为例。"把"字句是官话区方言里十分重要的一种句式,可是粤方言和吴方言都没有这种句式。例如北京话用"把"字的句子(把衣服洗干净),广州话往往要用"动词+宾语"的说法(洗干净件衫)。在大部分官话方言里,反复问句的形式是"V 不 V"(V 代表动词,例如:去不去|认得不认得)。可是在某些江淮官话和西南官话(例如昆明话)以及一部分吴方言(例如苏州话)里,反复问句的形式是"可 V"(可去|可认得)。

历史　方言反映历史。汉语方言之间语音的差别大,语法和词汇的差别相对说来比较小。同样,古汉语和现代汉语之间也是语音的差别大,语法和词汇的差别小。从总体上看,从上古音(先秦时代)到中古音(隋唐时代)再演变到现代北京音,经历了逐渐趋向简化的过程。在先秦时代,塞音声母和塞擦音声母都有浊音、不送气清音和送气清音三套。鼻音声母也分清浊两套。很可能还有[kl-、pl-、gl-、bl-、sn-、st-、sk-]等形式的复辅音。所有的音节都以辅音收尾,没有开音节。辅音韵尾除了见于现代方言(例如广州话)的[m n ŋ p t k]之外,还有[b d g]。到了隋唐时代,复辅音声母和清鼻音声母早已消失,辅音韵尾也只剩下了[m n ŋ p t k]。只是塞擦音和擦音却按发音部位的不同分化为舌头、舌面和卷舌三套。在现代北京音里,浊塞音和浊塞擦音都清化了,辅音韵尾只有[n]和[ŋ]两个。

声调的演变是另一种情形。隋唐时期只有平、上、去、入四个调类。在现代方言里,同一个古调类有时以声母的清浊为条件分化成阴阳两类。因此有些方言调类的数目比隋唐时期多,许多非官话区的方言就是如此。

隋唐以来,在调类的分合上发生过两件大事。一是在许多方言里,古全浊声母上声字跟古去声字合为一类。二是官话方言的入声韵尾消失以后,入声字分别归入平、上、去三声。北京话就是如此。

分析谐声字和经典的注音,可以发现上古汉语有过以变调和/或变化声母的清浊作为转变词性(包括分别自动词和使动词)的手段的痕迹。在句法方面,先秦汉语的一个明显的特点是否定句和疑问句里的代词宾语要提到动词的前边去(吾谁欺 | 不我欺)。

宋元时期汉语语法发生了一些重要的变化。例如动词词尾"了"和"着"的产生、动补结构的产生等等。"了"和"着"原来都是动词,后来意义逐渐虚化,终于演变为词尾。动补结构(包括不带"得"的"染红"和带"得"的"染得红"两类)也是在这个时期才定型的。

词汇演变的主要趋势是双音节词的不断增长。本来在先秦汉语里占优势的单音节词逐渐双音节化。这种趋势近百年来尤为明显。据统计,在一百八十万字的现代文资料里,一共出现了三万多个不同的词,其中70%以上是双音节词。

书面语和口语　书面语和口语的差别一直相当大。在"五四"时期白话文运动以前,书面语和口语的区别实际上是古今语的区别。以唐宋时代为例,当时人口里说的是白话,笔下写的是文言,即以先秦诸子和《左传》《史记》等广泛传诵的名篇为范本的古文文体。这种情形往上大概可以推到两汉时期,往下一直延续到20世纪初叶。孙中山1925年立的遗嘱就还是用文言写的。不过两千年来作为书面语的文言本身也在变化。仿古终归难以乱真,后世人模仿古语不可能不受当时口语的影响。有人指出韩愈的文章里就有明显的不合先秦语法的地方。清代桐城派古文家模仿先秦文和唐宋古文家的文章,结果当然更为驳杂。清末梁启超用一种浅显的文言文写政论文章。由于通俗易懂,风行一时,为报章杂志所广泛采用。目前台湾、香港以及海外中文报刊多数仍旧沿用这种文体。

"五四"运动时期开展的文学革命提出了反对文言文,提倡白话文的主张。这场运动席卷全国,影响深远。短短几年之间,白话文学就站稳了脚跟。不过这种白话文学作品的语言并不是真正的口语,而是拿北方官话做底子,同时又受到明清白话小说相当大的影响,还带着不同程度的方言成分,以及不少新兴词汇和欧化句法的混合的文体。鲁迅的作品可以作为这种文体的典型的代表。

以上说的是文学作品。至于新闻报导、政府文告、公文、商业合同甚至私人信件,往往还是用的文言,这一方面是传统习惯使然,另一方面也是因为文言文有简括的优点。这种情形大概一直延续到40年代末。1949年中华人民共和国建立以后,文言文才完全让位给白话文。除了打电报和有意拟古以外,没有人再写文言了。

上文指出,现代书面汉语是包含许多不同层次的语言成分的混合体。无论从句法上或词汇上看都是如此。拿句法来说,书面语句式除了跟口语相同的那一部分之外,有的是从文言来的,后来渐渐溶化在书面语里,成为书面语句式的一部分。例如"进行、加以、予以、给予"是书面语用得十分频繁的几个动词。这些动词原来的意义已经虚化,主要的功能是放在双音节动词前边以适应句法和节奏上的要求。这种句法构造来源于文言。"进行"的前身是"行"(另行议处),"加以"的前身是"加"(严加管束),"予以"和"给予"的前身是"予"(不予追究)。在文言句法里,"行、加、予"前边必须跟一个单音副词配合,造成双音节构造,后边的动词也必须是双音节的。在现代书面语里,这几个动词都双音节化了,后边还是要求跟双音节的动词,语法上的制约是一脉相承的。

现代书面语开始形成的时候,曾经从旧白话小说的语言里继承了一些句式。这个阶段现在已经结束。

我们能看到的只是一些遗迹。例如"在+处所词"的构造可以放在动词前头（"在台上坐着"），也可以放在动词后头（"坐在台上"）。在北京话里，前置的"在"用"跟"、[āi]或是[tǎi]。后置的"在"用[·tə]，都不用"在"。用"在"的说法是从旧白话小说里继承下来的。

有些书面语句式是受外国语（英语、日语、俄语等）的直接或间接（通过翻译作品）的影响产生的。在这方面可以举一个影响全部书面语句式的重要语法现象作为例证。上文曾经提到，汉语里主语和谓语关系松散。句子的主语往往可以不说出来。有些句子甚至根本没有主语。现代口语和古汉语都是如此。可是现代书面语要求句子在形式上都要有主语。如果没有，就会感到结构不完整，逻辑上不周密。这显然是受了印欧语的影响。

书面语在词汇方面的特点是双音词的比重大。书面语双音词除了从文言里继承下来的一部分以外，大都是19世纪末叶以来一百多年间新出现的。其中一部分是从日文转借过来的，另一部分是新造的。新创造的词大都是利用原有的语素（书面上就是汉字）造成的复合词。这种构词方式是能产的，生命力很强。

总起来看，汉语的书面语和口语之间的差别是相当大的。对于外族人来说，学了口语不等于学会书面语。对于本族人来说，学会用书面语写作也不是一件轻而易举的事。

汉语研究　在我国传统的语言学领域里，音韵学、文字学、训诂学都有辉煌的成就。最古的按字义编排的字典《尔雅》是战国时代编的。东汉许慎的《说文解字》（纪元后100）是最早的按汉字偏旁编排的字典，同时也是第一部对汉字的结构作出全面、系统的分析的著作。在古代的韵书里，隋代陆法言的《切韵》（601）地位特别重要。无论是研究现代方言，还是上推《切韵》以前的音韵系统，都是重要的资料。公元9世纪开始出现的韵图（《韵镜》《七音略》《切韵指掌图》等）是一种表示整个音韵系统及声韵调三者配合关系的表格。从现代语言学的角度看，描写汉语的音韵系统，这种性质的表格是不可缺少的。古音的研究在清代有飞跃的进步。段玉裁首先指出谐声字系统跟《诗经》用韵基本上相符。清代学者根据这两种材料给上古音韵母分部，取得了显著成绩。到了王念孙、江有诰，这项工作几乎已经达到了顶点，可以补充修改之处已经不多。在训诂学方面，清代学者也有重大贡献。段玉裁《说文解字注》和王念孙《广雅疏证》可以说是这方面的代表作品。

语法学方面，我国学者向来着重虚词的研究。清代王引之的《经传释词》是最有影响的著作。马建忠（1845～1900）的《马氏文通》出版于1898年。这是第一部系统地研究汉语语法的书。

20世纪上半叶，古音研究取得了重要进展。主要的成绩是对中古音和上古音的构拟。这方面工作的开创者是瑞典学者高本汉。其后李方桂在上古音研究上也作出了重要贡献。

《马氏文通》研究的对象是古汉语。现代汉语语法的研究是从本世纪开始的。吕叔湘《中国文法要略》（1942—1944）和王力《中国现代语法》（1943）两部书反映了前半个世纪汉语语法研究达到的水平。丁声树等《现代汉语语法讲话》（1952）虽然是通俗性著作，但是在近年来的语法研究上有不小的影响。60年代以来，汉语语法研究进步很快。赵元任《中国话的文法》（1968）是这个时期比较重要的著作。

在历史语法学方面，吕叔湘《汉语语法论文集》（1955，增订本1984）里的一部分论文开创了近代汉语语法的研究。王力的《汉语史稿》中卷（1958）和日本太田辰夫《中国语历史文法》（1958）也是这方面有影响的著作。

赵元任《现代吴语的研究》（1928）是第一部用现代语言学方法调查方言的报告。这部书对以后的方言调查工作有重要影响。1956～1957年起在全国范围内进行了一次方言调查。1979年创办了专门性的方言刊物《方言》，对方言调查和方言研究起了推动的作用。

本世纪考古方面的重大发现——商代甲骨文字和战国、秦、汉简帛的出土，为古文字研究提供了大量珍贵的资料，促进了这一门学科的发展。

参考文献

李　荣：《语音常识》，上海教育出版社，上海，1987。

朱德熙：《语法答问》，商务印书馆，北京，1985。

赵元任：A Grammar of Spoken Chinese，University of Califormia Press，1968。

裘锡圭:《文字学概要》,商务印书馆,北京,1987。

中国社会科学院和澳大利亚人文科学院合编:《中国语言地图集》,香港,1988。

Fang-Kuei Li, *Archaic Chinese*, in The Origins of Chinese Civilization, University of California Press, 1983。

（原载《中国大百科全书·语言文字卷》1988 年版）

北京官话溯源

林 焘

北京官话和北京话是两个完全不同的概念。北京话指的只是北京城区话。以北京市城区为中心,东至通县,西至昌平,南至丰台,北至怀柔,说的都是北京城区话,只占北京市总面积三分之一左右。北京城区话虽然处在河北省的中心,但是和河北省方言的关系反而没有和东北各省方言近。从我国东北地区(包括内蒙古自治区的东部)经过河北省东北部的围场、承德一带直到北京市城区,形成一个东北宽阔、西南狭窄的区域。在这个相当广大的区域内,各方言的声韵系统十分相近,调类完全相同,调值极其相似,无疑应该同属于一个方言区,这个方言区可以称为北京官话区。我另有《北京官话区的划分》(待刊)一文专门讨论这问题,本文主要从历史的角度探讨这个官话区形成的原因。

在这个官话区内,从东北地区到北京,在历史上有两个共同特点:一是民族长期杂居,二是人口不断流动,这种情况持续将近千年,对东北方言和北京话的发展有极其深远的影响。下文就从这两方面入手分析北京话和东北方言之所以如此接近的历史原因。

一

从历史上看,北京可以说是由汉族和我国北方少数民族共同建立起来的。北京在唐代属幽州,是唐代的北方军事重镇。由于临近北方少数民族,当时的幽州地区已经居住着相当多的少数民族。[①]936年,石敬塘把燕云十六州割让给契丹,北京地区从此脱离中原汉族的统治,成为辽金两代少数民族政权的南方重镇。契丹把析津府(今北京)定为南京,成为辽代五京之一。金灭辽后,定为中都。1153年,金海陵王从上京(今黑龙江阿城县南)迁都到中都燕京,这是北京正式成为一国首都之始。从辽至金,北京的政治、经济地位迅速上升,大量的北方少数民族不断涌进现在的北京地区,原来居住在北京地区的汉族人民和北方少数民族杂居在一起,被迫或自愿加强了与我国东北地区的联系,和宋朝统治的中原地区广大汉族人民反而在政治上完全分离,交往也受到严重阻碍。这种情况一直延续达三百年之久。和外族语言长期密切接触,和广大中原地区的本族语言反而关系疏远,北京话从一千年以前就开始处于这种和其他汉语方言完全不同的特殊语言背景中。这种语言背景对北京话的发展起了很大的推动作用,使得北京话在辽金时期就可能已经成为我国发展最快、结构最简单的汉语方言。

蒙古族统治者灭金建立元朝后,于1272年把金中都燕京改建成大都,大批蒙古人来到大都。原金朝统治下的汉族人和契丹、女真同被称为"汉人",是低于蒙古人、色目人,高于"南人"(主要是原南宋统治下的汉族人)的"三等公民"。蒙古族统治者这种分化汉族的政策,使得原居住在大都的汉族人地位不同于"南人",和契丹、女真人能够继续保持密切联系,同时又被迫和新来的蒙古族人相杂而居,和蒙语产生交往。

蒙古族统治者和契丹、女真族统治者不同,在入主中原以前,和汉族接触较少,受汉族文化的影响也很小,所建立的蒙古帝国横跨欧亚,汉族地区不过是其中的一部分。原住在大都的汉族人和蒙古族人有交往,在当时是比较突然的。元朝统治者强迫汉族人学蒙语,有少数蒙语词汇如"胡同"等确实也被当时大都话所吸收,并且一直流传到今天。但是,两种语言的接触是比较突然的,文化背景又相差较大,再加上时间还不到一百年,因此,蒙语对元大都话的影响估计并不很大。[②]所谓元大都话,实际是辽金两代居住在北京地区的汉族人民和契丹、女真等族经过几百年密切交往逐渐形成的,到元建大都时已趋于成熟,成为现代北京话的源头。

到了明代,北京脱离四百多年少数民族贵族的统治,重新归属于汉族统治者建立的政权。元朝覆亡时蒙古族统治者仓促撤离大都,但在大都和附近居住的其他少数民族并没有离开。明初学者白范北来,到北京以前路过蓟州时所写的诗中有这样两句:"人烟多戍卒,市语杂番声"(见《明诗综》卷 13,《天府广记》卷 44 亦收此诗)。街市上的"番声"能够给初到的外地人留下深刻的印象,可见当时北京附近的外族人仍是相当多的。

经过元末的大动乱,大都城已残破不堪,人口稀少,土地荒芜,从明代开国到永乐初迁都北京以前,一直是"商贾未集,市厘尚疏"(见《宛署杂记》卷 6"廊头"条)。为了发展生产,繁荣经济,明初采取了大量移民的政策充实北京,当时移民的情况,《明史·太祖本纪》和《成祖本纪》记载甚详。例如,攻占大都后不久,洪武四年(1371 年)三月"徙山后民万七千户屯北平"。六月"又徙沙漠遗民三万二千户屯田北平"。移民范围从山西、山东直到江浙一带,每次动辄万户。洪武三十五年(1402 年)明成祖朱棣即位后,更加频繁地从各地向北京移民。是年五月朱棣在南京即皇帝位,九月就"徙山西民无田者实北平"。永乐元年(1403 年)改北平为北京,"八月,徙直隶、苏州等十郡、浙江等九省富民实北京";二年"九月,徙山西民万户实北京";三年"九月,徙山西民万户实北京"。连续四年,向北京大量移民,为迁都做了必要的准备。

永乐十九年(1421 年)迁都北京后,大批高级官吏从南京移居北京,加上从攻占元大都后就一直守卫在北京的大量军队以及从全国各地陆续征召来京的各行各业工匠,数量也是相当可观的。把以上各种来源的移民计算在一起,从明代开国到迁都北京,五十多年的时间,全国各地先后移居北京的汉族人每户如以五口计,估计当有几十万人。这些人分散居住在北京城内和附近各地,大大改变了北京的人口结构,使得明初人口十分稀少的北京再度繁荣起来。这时和北京话接触最频繁的已不再是契丹、女真等少数民族语言,而是来自中原和长江以南的各地汉语方言了。[③]

方言之间虽有分歧,但同是汉语,差别不大,这可能是中古以后发展迅速的北京话到明代趋于稳定的主要原因,当时方言来源不一,五方杂处,也不可能只向某一地区的方言靠拢,自然,在明代这两百多年中,北京话不可能毫无发展,在发展过程中也必然要受到所接触的各地方言的影响。明沈榜《宛署杂记》卷 17"方言"条下说"第民杂五方,里巷中言语亦有不可晓者",可见明万历年间(1573—1620 年)北京话词语来源就已相当复杂。沈榜共收集当时北京方言词语八十余条,流传至今的只有一半左右,其余有的来自外族语(如"不明白曰乌卢班"),有的来自其他方言(如"呼舅母曰妗子"),有的随事物消亡而消失(如"总角曰拐子头")。值得注意的是"父曰爹,又曰别平声,又曰大"条,父亲的称呼竟有三种之多,其中"爹"大约是原有的,"大"可能来自山西,"别平声"则来源不明,从中正可以看出当时各地方言对北京话的影响。至于今天最常用的"爸",则当时尚未出现。古清入声字在《中原音韵》全归上声,可是明徐孝《重订司马温公等韵图经》就已经和现代北京话一样把古清入声字分别归入了阴、阳、上、去四声,徐孝所记音系可能代表了明万历年间的北京话(参看陆志韦 1947),当时入声消失未久,可能是在北京的不同方言对清入声字的不同读法影响到北京话,才形成今天这种似无规律可寻的局面。

公元 1644 年清兵入关以后,北京再度成为少数民族统治者管辖的首都。大批满族人移居北京,对北京的人口结构和语言都有很大影响。北京话和东北方言的关系进一步密切,包括东北方言在内的北京官话区开始形成。为了进一步阐述这些问题,有必要先介绍一下古代东北地区民族和语言的情况。

二

远在一千多年以前,我国东北地区就是少数民族聚居的地方。从唐代契丹、靺鞨经金元两代女真直到明末形成的满族,历代在东北占统治地位的民族所用的语言都属于阿尔泰语系。因此,古代东北地区原来很可能是以阿尔泰语作为通行语言的。但是,最迟在辽代(907—1125 年),就已经有大批汉族人移居东北。辽代初期,契丹族统治者为了削弱女真族的实力,把一部分汉化较深的女真人迁徙到辽阳一带,称为熟女真,其余的则称为生女真。熟女真的存在,说明一千年前居住在东北的汉人已相当多,否则不可能出现女真人汉化的现象。

　　自辽至清，一千年来不断有大批汉族人从内地移居东北，其中绝大多数都是在战争中被掠去的，根据历代史书记载，被掠汉人数量之多相当惊人。他们和当地少数民族居住在一起，处于被奴役的地位，但是他们有较高的文化和生产技术，对当地少数民族的发展起了很大的推动作用，自然也影响到当地语言的使用。

　　契丹建立辽国以前，就已经不断从战争中俘虏大批奴隶，不仅有北部其他少数民族，也有幽燕地区的大批汉人。到辽建国时，汉人的势力已相当大。辽所建都城上京临潢（今内蒙巴林左旗南）的南城"谓之汉城，南当横街，各有楼对峙，下列井肆"；东京辽阳的外城"谓之汉城，分南北市，中为看楼，晨集南市，夕集北市"（均见《辽史·地理志》），可见汉人在商业上非常活跃，很有力量。辽还依靠汉族俘虏中的知识分子如韩延徽等制定典章制度，并且采纳他们的意见设置投下州县，把俘虏的人集居在一起，"树城郭，分市里，以居汉人之降者"（《辽史·韩延徽传》），契丹人称之为"汉儿城寨"。这样的州县，有的仍沿用俘虏原来所属州县的名称。《辽史·地理志》中迁各族俘虏建州县的例子比比皆是，其中汉族俘虏多是幽燕地区的人，如沈州（今沈阳一带）"乐郊县，太祖俘蓟州三河民，建三河县，后更名"，"灵源县，太祖俘蓟州吏民，建渔阳县，后更名"；祺州（今开原西北）"庆云县，太祖俘密云民，于此建密云县，后更名"。甚至辽上京临潢府所属临潢县，也是"太祖天赞初南攻燕、蓟，以所俘人户散居潢水之北，县临潢水，故以名"。在辽太祖阿保机时期（907—926年），所俘虏的大批幽燕地区的人分布在东北各地，和当地各民族不断交往，他们所说的方言是幽燕地区的方言，从那时起，北京及其附近的方言就已扩展到东北各地，并且影响东北各少数民族。辽得燕云十六州后，幽燕地区的汉人和少数民族的关系更加密切，语言之间的交往也肯定比过去更加频繁了。

　　1115 年，女真族完颜部首领阿骨打在统一女真各部后建立了金朝，七年后即灭辽，女真族兴起时，过去被契丹陆续掠往东北的幽燕地区汉族人已在东北生产蕃息二百年左右，他们在东北各地，和女真族以及其他民族居住在一起，以所掌握的文化和生产技术影响当地少数民族，少数民族中有不少人在汉人长期影响下逐步汉化，甚至放弃了自己的语言。金朝就是在女真族汉化已相当深的基础上建立起来的。

　　金世宗完颜雍于 1161 年即位，当时迁都燕京不过八年，就已经为女真人不能说女真话担忧了，《金史·世宗本纪中》有这样一段记载：

　　　　[大定十三年]四月，上御睿思殿，命歌者歌女直词。顾谓皇太子及诸王曰："朕思先朝所行之事，未尝暂忘，故时听此词，亦欲令汝辈知之。汝辈自幼惟习汉人风俗，不知女直纯实之风，至于文字语言，或不通晓，是忘本也。"

当时的皇太子允恭因早逝未能继承皇位，他确实是不大能说女真话。《金史·世纪补》：

　　　　[大定]十年八月，帝（指皇太子允恭）在承华殿经筵，太子太保寿王爽启曰："殿下颇未熟本朝语，何不屏去左右汉官，皆用女直人。"

这条建议并没有被采纳。皇太子生于金皇统六年（1146 年），大定十年时二十四岁，迁都燕京时已有七岁，如果迁都前生长在女真语的环境中，必然已能说女真话，长大不至于"颇未熟本朝语"，可见迁都前女真贵族在上京时就已经习惯于使用汉语了。

　　女真贵族文化高，较早接受汉化，以致完全放弃了本族的语言，但并不能认为当时整个女真族都已经不说女真话。金开国不久，就创制了女真文字（女真大字创于 1119 年，小字创于 1138 年），文字是记录语言的，如果女真人在当时都已经不通晓女真语，就没有创制文字的必要了。汉语是在女真族中逐步扩展开的，到金世宗时，连宫廷卫士也有不说女真语的了。为了防止女真族完全汉化，金世宗不得不下命令："应卫士有不闲女直语者，并勒习学，仍自后不得汉语"（见《金史·世宗本纪中》）。

　　一个民族主动放弃自己的语言，一般要经过相当漫长的过程。前面已经提到，女真贵族在迁都燕京时就已经习惯于使用汉语，当时距金开国只有三十八年，在这短短的时间内，语言的使用不可能突然发生如此大的变化。由此可以推测，在金开国以前汉语在女真族中的使用已经相当普遍。迁都以前，女真族所接触的汉族人主要是契丹从幽燕地区陆续掠去的，因此女真族所说的汉语应该也就是原来幽燕地区的汉语方言，迁都以后，又把这种方言带回燕京。

　　在金统治我国北方的一百多年中，中原地区和东北地区之间的人口流动十分频繁。女真贵族每次南侵，都要掳掠大批汉人和财物回去，先在幽燕地区，后来遍及中原各地，次数之多，数量之大，相当惊人。金太祖阿骨打和北宋联合破辽,于1122年攻下辽都燕京,次年退出时,把燕京城掠夺一空,燕京人几乎全部被迫北迁,"民庶寺院,一扫而空","城市丘墟,狐狸穴处",北宋所得的燕京几乎是一座空城,当时的北京遭到了一次空前的劫难,人口也发生极大变化。女真贵族掠夺规模之大,由此也可见一斑。金灭辽后,除继续强迫汉族人北迁外,又陆续把大批女真人南迁到燕山以南,淮河以北。大批人口不断南北交流,无疑会对我国北方语言的发展产生影响。南迁的女真人逐渐被汉族同化,语言早与汉人无别。东北地区则不断增加新迁入的汉族人,和早期来的汉人加在一起,数量是相当可观的。汉族文化高,人口又多,汉语在东北各族语言中自然就占了优势,而当时东北通行的汉语正是在以燕京话为中心的幽燕方言的基础上发展起来的。

<h2 style="text-align:center">三</h2>

辽金两代移居东北的汉族人主要定居在今辽宁、吉林和内蒙古东南部。原居住在黑龙江和松花江下游的女真人当时和汉族人接触还比较少,从元代开始,也逐步南迁,接近汉人居住的地方。明朝根据居住地区和生产水平的不同,把他们分为建州、海西和"野人"三大部。建州女真住在牡丹江流域,和汉人接触最多,较早地接受了汉文化。明初建州女真的首领阿哈出和猛哥帖木儿都曾被明封为建州卫指挥使。阿哈出曾把女儿嫁给明成祖,猛哥帖木儿曾几次到南京和北京朝贡,可见当时建州女真和汉族人的关系已非常密切。

一百多年以后,猛哥帖木儿的后代努尔哈赤统一了女真各部,于1616年称汗建国,天命四年(1619年)时,"东至海,西至明辽东界,北自蒙古科尔沁之嫩乌喇江,南暨朝鲜国境,凡语音相同之国,俱征讨徕服而统一之"(见《清太祖实录》卷6)。这时,我国一个新民族共同体开始形成,这就是满族。满族有自己的"相同语音"满语,但在满族形成时,汉语在东北早已居于优势地位,当时又有不少汉人自愿加入满族或和满人通婚,他们说的仍是汉语。因此,在满族形成阶段,汉语在满族中就已经成为通行语言了。

努尔哈赤幼年家世已经衰微,曾任当时建州女真首领王杲部下。他自幼精通汉语,才智出众,广交汉人,爱读《三国演义》《水浒》等书,受汉文化影响很深,终于完成统一女真各部的大业。从努尔哈赤统一女真各部到顺治元年(1644年)入主中原,只有二十多年的时间,语言本身不可能发生很大变化,可是在这期间,又有大量的汉族人涌进东北,汉语在东北处于更加重要的地位。

这二十多年主要是清太宗皇太极统治时期。皇太极即位后,定族名为满族,建立了清朝,他着重于改善大清统治下满汉两族的关系,重用汉官,解放大批汉人奴隶,编为民户。这个政策很得汉族人心,当时明辽东地区政治极为腐败,大批辽东汉人逃亡到满族权贵的统治区,有所谓"生于辽,不如走于胡"的说法,努尔哈赤和皇太极都曾多次入侵明朝,攻占了大批土地,俘掠大批人畜。崇祯九年(1636年),清军入关长驱直入,包围了北京城,从北京附近俘虏了18万人畜和各种物资回去。两年以后,再度入关,所向披靡,经河北至山东,攻占济南,沿途仅人畜就俘获46万。清太宗逝世的前一年(1642年),清军又一次攻取山东,直抵兖州,沿途掠夺更多,仅人口就俘获了近37万人。史书记载,也可能有所夸张,但六年之中,如此胁迫大量汉人北去,确实可以说是空前的。

清军入关前的多次入侵,对内地人民是空前浩劫,北京附近和河北、山东大批的汉族人再一次被迫进入东北地区,再加上新被占领的辽东一带的大量汉人,满族统治者管辖地区的汉族人口骤增。当时满族人和人数众多的汉族人接触,不能不使用这种汉语方言;新加入满族的汉人原来就不会说满语,使用的也是这种方言。满语在满族中退居次要的地位。到清入关前,满族人之间一般也都以汉语对话,连地名和官名等用语也都用汉语名称了。清太宗对满族人不说满语深感忧虑,采取了一系列的措施加强满语的地位。天聪六年(1632年)对努尔哈赤创制才三十年的满文做了重大改革,以便满人学习,扩大满语影响。两年以后,又决定将地名和官名的汉语名称改为满语名称,天聪八年四月下谕:

> 朕闻国家承天创业,各有制度,不相沿袭,未有弃其国语反习他国之语者。事不忘初,是以能垂之久远,永世弗替也。……今我国官名,俱因汉文,从其旧号。夫知其善而不能从,与知其非而不能省,俱未为得也。朕缵承基业,岂可改我国之制而听从他国。嗣后我国官名及城邑名,俱当易以满语。……毋得仍袭汉语旧名,俱照我国新定者称之。若不遵我国新定之名仍称汉字旧名者,是不奉国法恣行悖乱者也,察出决不轻恕。(《清太宗实录》卷18)

历史并不像清太宗所估计的那样,清朝并没有因为使用"他国之语"而国运不能"垂之久远"。这是清军入关前十年的事,尽管清太宗忧心忡忡,也已无法挽回满族人"弃其国语反习他国之语"的大势。满族统治者就是在这样的语言背景下倾八旗兵力进关入主中国的。

四

努尔哈赤初建八旗时,以三百丁为一牛录,根据《皇朝文献通考》等书记载,初建时共有满洲牛录 308 个,蒙古牛录 76 个,汉军牛录 16 个(参看《皇朝文献通考·兵考一》)。因此,当时八旗兵力共计应有 12 万人,满、蒙、汉人分配情况和比例如下:

满　人	308×300 = 92 400 人(77%)
蒙古人	76×300 = 22 800 人(19%)
汉　人	16×300 = 4 800 人(4%)
共　计	120 000 人

很明显,当时满人在八旗中占有绝对优势。随着军事活动的需要,八旗组织迅速扩大,已经不可能只依靠人数有限的满人力量,于是在清太宗时陆续增编了汉军八旗和蒙军八旗,大批投满汉人就这样被补充进去。到清军入关时,八旗成分已经发生根本性的变化,安双成(1983)根据中国第一历史博物馆所藏雍正时满文档案介绍了清初八旗人口的情况。雍正元年,怡亲王允祥奉雍正命用满文奏本向雍正密奏了顺治、康熙、雍正三朝有关年份八旗男丁的具体数目,根据这份材料,顺治五年(1648 年)八旗男丁共有 346 931 人,满、蒙、汉人的分配情况和比例如下:

满　人	55 330 人(16%)
蒙古人	28 785 人(8%)
汉　人	262 816 人(76%)
共　计	346 931 人

当时入关才四年,八旗兵力的比例和四年前攻占北京时不会有很大的不同。这时八旗男丁总数比四十多年前初建时增加了约三倍,其中汉人(包括汉军和"包衣"等)数量骤增,从原来只占 4%上升到 76%,代替满人占了绝对优势。这些在旗汉人中的大多数原来都是世代居住在东北的汉族人,他们所说的汉语方言就成为八旗的通用语言,在清军攻占北京后,这种方言随着八旗兵进入北京。在金迁都燕京时随女真族回到北京之后,这种方言又随清军再一次回到它的"故乡"北京。

清军进入北京后,大量圈占北京城郊的房屋和土地,北京内城全部划为八旗驻地,所有内城汉人除已投充者外一律被迫迁居外城。内外城居民界限分明。内城主要是新从东北移居来的八旗军(包括满洲、蒙古和汉军三种人),外城则是原来住在北京的汉族人和其他民族的人。八旗在内城各有自己的驻地:正黄旗和镶黄旗在内城之北,正红旗和镶红旗在内城之西,正白旗和镶白旗在内城之东,正蓝旗和镶蓝旗在内城之南。各旗内部的满、蒙、汉军也都各有自己的管辖范围。

清朝是倾八旗兵力入关进占北京的。北京是新夺取的首都,又是通向中原的咽喉要地,自然是重兵镇守。当时进驻北京的八旗男丁估计总有几万人,八旗兵一向是携带家属和奴隶进驻各地的,每男丁如果按五口之家计算,再加上皇亲贵族带来的大批家属和奴隶,则新从东北移居北京内城的人总数当有几十万。这是北京又一次的人口大变动。八旗驻地是严禁一般汉人居住的,顺治三年曾专为此事下谕:"嗣后投充满洲者,听随本主居住;未经投充,不得留居旗下。如违,并其主家治罪"(见《清世祖实录》卷 24)。直到清中叶,满汉分居内外城的规定仍执行得相当严格。乾隆时,吴长元编《宸垣识略》,仍分卷记载当时八旗分驻内城的详细情况,所附北京地图中也绘明各旗驻地的界限。可见经过一百多年,满汉分居和八旗分驻内城的情况并没有任何改变。

清初的满汉分居政策使得北京外城的汉族人口骤增,外城很快就发展成为北京的商业和文化中心。各地来京的官宦、商贾以及历年的应试举子也都只能居住在外城。外城各业杂陈,会馆林立,《宸垣识略》"采录省郡会馆之著者,以便公车庋止",在卷九和卷十的最后,共列出乾隆时北京的各地会馆近二百所,这些会馆都聚集在外城,可见当时北京外城五方杂处、人口密集的程度。

乾隆以后,满汉分居内外城的规定就执行不十分严格了,原住外城的汉人逐步迁居到内城,原属八旗的人也有住在外城的了。但一直到清末,内外城人口结构并没有根本性的改变。根据光绪三十四年(1908 年)民政部的统计,这一年北京人口总数是 705 604 人,内外城和八旗人口的分配如下表(材料转引自《北京史》356 页):

内城人口:414 528 人(八旗人口:223 248 人,占 53.9%)

外城人口:291 076 人(八旗人口:13 523 人,占 4.6%)

共　计:705 604 人(八旗人口:236 771 人,占 33.6%)

内城人口中,八旗只占 53.9%,虽然大大降低,但仍是多数。内城八旗人口比清初大幅度下降,主要有两个原因,一是不少原在旗汉人已出旗为民户,一是从外城迁入大量汉人。外城人口中,八旗不过一万多人,只占 4.6%,外城二百多年来一直是汉族人占绝大多数,其中除历代居住北京的本地人以外,还包括许多从全国各地来京的操各种方言的汉族人。

现代北京话就是在三百年来内外城人口结构完全不同的条件下逐渐形成的。外城汉人说的是土生土长的北京话,这种方言在元代以后一直和汉语各地方言有密切接触。内城八旗人说的是从东北带来的汉语方言,源头是辽金时期以燕京话为中心的幽燕方言,一直和东北少数民族语言有密切接触。两种方言来源相同,但所处地区和所接触的语言不同,自然会逐渐产生一些差异,但自辽至明,两地区的人口不断大量流动,两种方言之间始终保持密切的联系,因此并没有产生重大的分歧。到了清代,两种方言在北京汇合,一在内城,一在外城,相互之间差别本来就不大,再经过极为密切的长时期的交流,就逐渐融为一体,成为现代的北京话。由于内外城人口结构在清代一直没有重大改变,这个融合过程是相当缓慢的,直到五六十年前,还能明显感到内城满族人和外城汉人说话不完全一样。随着城市交通不断发达,内外城人口大量流动,这种差异到目前可以说已基本不存在,从现在年轻的北京人嘴里,已经完全听不出内外城还有什么区别了。

五

一千年来我国东北地区和北京人口相互流动的历史情况充分说明东北方言和北京话有非常密切的关系。东北方言是一千年前在现代北京话的前身幽燕方言的基础上发展起来的,在发展的过程中,仍旧不断和北京话保持密切接触,并且曾两次"回归"北京:一次是十二世纪中叶金女真族统治者迁都燕京时,另一次是十七世纪中叶清八旗兵进驻北京时。这两次的语言回归对北京官话区的形成和现代北京话的发展都起了很大的推动作用。两种方言相互影响,日趋接近,形成了一个包括东北广大地区和北京市在内的北京官话区。④

清初八旗兵从东北大量涌进北京是这个官话区形成的重要时期。为了保证东北到北京的通路,从赤峰经围场、承德直到北京市东北的怀柔、密云,清代一直派有八旗重兵镇守,这一带就成为东北方言和北京话之间的联系地带。围场和承德是清朝历代皇帝每年必去的狩猎场所和避暑胜地,和北京之间更是人员来往频繁,联系极为密切。于是,从东北地区经赤峰、围场、承德直到北京市,形成一个在东北非常宽阔、进入河北省后逐渐狭窄、到达北京市后只限于城区的北京官话区。这个官话区是一千年来逐渐形成的,但清军入关无疑起了非常重要的促进作用。

从辽代到清末,北京官话区主要处于我国东北少数民族统治者管辖之下。东北地区自然不必说。北京作为一国的首都,从金迁都燕京算起,到清末共七百多年,在这么长的时间内,除了明朝二百七十多年是汉族统治者管辖外,其余将近五百年时间都在少数民族统治者管辖下,成为该政权的政治、经济、文化中心,这在我国历史名城中是独一无二的。

统治北京官话区的少数民族包括契丹、女真、蒙古和满族,都属于阿尔泰语系。因此,北京官话在形成的过程中,很可能会受到阿尔泰语的影响。在这方面,国外的一些学者如日本的桥本万太郎和美国的罗杰瑞、梅祖麟都曾做过非常有意义的探索,并且已经取得很大成绩。但在当时的少数民族统治者管辖的地区,汉族的人数和文化始终处于优势地位,汉语始终是最通行的语言。当时的汉语虽然可能会受到阿尔泰语的一些影响,但估计影响不会很大。对北京官话的形成和发展产生重大影响的并不是这些少数民族的语言,而是这些少数民族统治者历代所执行的掠夺人口的政策。当时居住在现在北京官话区内的汉族人不断被迫大批迁徙,他们所说的方言也随着不断流动,经常和不同的语言和方言接触。语言和社会一样,越是封闭,发展得就越慢;越是开放,发展得就越快。北京官话就是始终处于相当开放的环境之中的。现在的北京官话和汉语其他方言比较,不但方言内部的分歧最小,而且语言结构最简单,保留的古音成分最少,可以说是发展最迅速的汉语方言。虽然历代的东北少数民族统治者掠夺人口的手段相当原始和残酷,但在客观上确实起了促进北京官话形成和发展的重要作用。

附 注

① 据《新唐书·地理志三》,唐天宝年间(742—755 年)幽州地区共有人口 371 312 人,其中就有不少少数民族,包括突厥、靺鞨、奚、契丹、室韦等族,共计 34 293 人(转引自《北京史》57 页)。这个数目虽然不可能十分准确,但也可看出当时幽州地区少数民族相当多,已占幽州总人口的十分之一左右。

② 元白话碑中的所谓"白话",晦涩难读,实际是杂糅进蒙语成分的不地道的汉语,是不高明的翻译。从元初到元末,这种"白话"始终没有明显的变化,这也可以从一个侧面说明在元代近一百年的时间内汉蒙两种语言的关系并不密切,现存的《老乞大》《朴通事》中确实有一些受蒙古语影响的痕迹,但有的恐怕只是"洋泾浜"性质的,不见得已在汉族人中通行。《老乞大》中的"是汉儿人有"句,《集览》注明:"元时语必于言终用'有'字,如语助实非语助,今俗不用",就是相当典型的例子。

③ 俞敏(1984)认为现代北京话受安徽话影响较大,鲁国尧(1985)认为南京话"或许即为官话的基础方言",都是根据明初移民的情况所做的推测。实际上明初移民来源远不限安徽、南京两地,元末随燕王"扫北"来北京的军队和后来迁都从南京移居北京的官吏只是明初北京移民的一小部分,这两部分人也不见得必然是安徽人和南京人占大多数。

④ 清朝倾八旗兵力入关后,东北人口锐减。清咸丰以后,改变了过去禁止内地人到关外居住的政策,河北和山东地区的人大量流徙关外。据金汉升、王业键(1961)统计,道光三十年(1850 年)东北人口为 290 万人,到光绪三十三年(1907 年)已达 1 500 万人,四十多年猛增五倍。由于移民中的绝大多数来自河北和山东,东北方言在这时自然会受到河北和山东方言的影响,近几十年,随着东北工业的发展,全国各地都陆续有人移居东北,人口已达一亿。但由于大量移民不过是近百年的事,时间还比较短,而且移民来源不只一地,又分散居住在东北各地,因此,除辽宁旅大至桓仁一带以及黑龙江东部唐林、抚远两地当初可能是山东移民聚居地区因而至今方言接近山东话以外(参看贺巍 1986),东北其余绝大部分地区的方言近百年来估计并没有因大量移民而发生重大变化。

参考文献

北京大学历史系《北京史》编写组 1985:《北京史》,北京出版社。

陆志韦 1947:《记徐孝重订司马温公等韵图经》,《燕京学报》32.169—196。

俞 敏 1984:《北京音系的成长和它受的周围影响》,《方言》1984.272—277。

鲁国尧 1985:《明代官话及其基础方言问题》,《南京大学学报(哲学社会科学)》4.47—52。

徐通锵 1981:《历史上汉语和其他语言的融合问题说略》,《语言学论丛》7.195—210。

贺 巍 1986:《东北官话的分区(稿)》,《方言》1986.172—181。

贺 巍、钱曾怡、陈淑静 1986:《河北省北京市天津市方言的分区(稿)》,《方言》1986.241—252。

林 焘:《北京官话区的划分》(待刊)。

金汉升、王业键 1961:《清代的人口变动》,《历史语言研究所集刊》32.139—180,台湾。

安双成 1983:《顺康雍三朝八旗丁额浅析》,《历史档案》10.100—103,北京。

(原载《中国语文》1987 年第 3 期)

试论方言与共同语的关系

詹伯慧

方言是民族语言的地方分支。汉语方言与汉民族共同语——普通话之间存在着种种的关系,这些关系从不同的角度表现出方言与共同语的实质和异同。认清方言和普通话的种种关系,无疑将有助于我们正确看待和处理当前语言生活中的一些问题。

本文试从五个不同的角度来考察和剖析方言和普通话之间的关系:

一、从语言渊源方面看:汉语方言与汉民族共同语都是汉语历史发展的产物。它们之间可比作兄弟姐妹的关系,却不能比作父子之间的关系。

语言是民族的一个构成因素。汉民族有着悠久的历史,在汉民族发展的历史长河中,由于不同时期的不同社会历史条件和人文地理条件,汉族人民所操的语言自然会不断有所变化。时而分化、时而统一,各种不同的地方方言正是在这分化与统一的过程中先后产生的。有的方言形成于很早的时期,有的方言却是较晚时期的产物,这早已为研究方言发展史的学者所阐明。距今 2 000 多年扬雄编著的《方言》一书,已经反映了当时错综复杂的方言现象。秦始皇统一中国,实行"书同文",文字的使用是统一了,可是,方言不可能因此就统统消失。在民族统一,国家统一的情况下,方言众多而又缺少统一民族共同语的局面毕竟不可以长久维持下去,一个全民共同使用的语言,总是有利于治国安邦,有利于社会发展的事情。对于汉语来说,共同语的形成正是以长期以来作为政治经济文化中心的北方汉语作为首选对象,这个北方汉语,实际上也是一个方言,只不过是汉语中最具影响力,通行范围最广的一种大方言罢了。一个方言要成为共同语当然还得有所加工,有所规范,而不可能把原汁原味的方言原封不动地拿来作为整个民族的共同语。因此,我们现在使用的民族共同语——普通话,就明确界定它的内涵是:以北京语音为标准音,以北方话为基础方言,以典范的现代白话文著作为语法规范。这三句话中,除了语音指明是以北京语音为标准外,词汇、语法提的是北方话为基础,典范现代白话文为规范。把这三句话合起来看,显然就不是简单地把一个方言当成共同语了。正因为如此,我们现在还经常提到普通话不等于北京话,北京音虽然是普通话的标准音,北京话中一些土音土词,仍然被排除在普通话的门外,被作为"北京方言成分"来看待。北方方言既然作为共同语的基础,发展成为民族共同语,这就使它从方言的大家庭中上升到居于各个方言之上的地位,成为"老大""兄长",而其他方言也就安在弟弟妹妹的位置上了。正是因为汉民族共同语是在一个方言的基础上形成的,所以我们断定汉民族共同语跟各地方言本是同源异流的关系,它们同是古代汉语发展的产物,说它们的关系是兄弟姐妹的关系,也就比较恰切了。一个民族只能有一个共同语,既然汉民族共同语已在北方方言的基础上形成,其他地区的各种方言,也就不再有发展成为汉民族共同语的可能了。

二、从语言的性质和内涵看:方言和共同语都具有语言三要素——语音、词汇、语法,都是具有作为一个语言所必须具备的完整体系的语言。换句话说,方言和共同语都是能够独立运用的语言工具。我们说方言是民族共同语的地方分支,并不意味着方言只是共同语中的一个部分,而不是完整的独立的语言。正是由于方言与共同语有着共同的渊源关系,方言中的许多语音、词汇、语法现象自然也就跟共同语相同了。当然除了相同的因素以外,方言中必然还会有一些跟共同语相异的地方。没有相同之处,我们就难以判断它们是有着共同渊源的方言和语言(共同语);而没有相异之处,我们也同样无法说明它们是共同渊源下的不同方言和语言(共同语)。因此,就语言本身的性质来说,方言和共同语既是各自具有语音、词汇、语法的完整语言体系,又是明显存在着"你中有我,我中有你""同中有异,异中有同"这种亲密关系的语言(或方言)。值得注意的是:方言和共同语都在发展变化,它们之间的关系也是动态的发展的,共同语形成以后,还会继续从其他方言中吸取有益的成分来丰富自己,犹如20世纪30年代就有一些以上海话为代表的吴方言词汇被吸收到"国语"(普通话)中来一样,到了20世纪80年代以后,随着我国改革开放形势的发展,南方经济"先走一步"对北方的影响,又有不少粤方言的词汇被吸收到共同语中来。至于各地方言中不断涌入共同语的因素,那更是屡见不鲜,习以为常的事了。就这一点来看,方言与共同语并非相互排斥,相互对立,而是相互吸收,相互补充的。在这双向影响的格局中,实际上是方言吸收共同语的因素很多,而共同语吸收方言的因素相对而言就比较少了。今天举国上下正在花大力气推广普通话,在"推普"高潮迭起的方言地区,普通话对方言的影响尤为显著。普通话的词汇通过影视传媒等渠道进入方言的为数不少,有的方言甚至连语音系统也因经不住普通话的冲击而产生了变异。明显的例子就是吴方言上海话声调现在只有5个,而在老一辈市民的嘴里,却是有7个声调的,这种声调的简化无疑是民族共同语对方言影响的结果。

　　三、从语言社会功能看:方言和共同语虽然同样具有作为社会交际工具的功能,但是,共同语一旦形成,它就向着作为全民族通用交际语的目标迈进,因为这正是共同语所应有的历史使命。这种作为全民族通用的语言必然要在全民族的每个地区得到普及,而国家和政府,也必然会为推广和普及共同语采取各种有力的措施,以保证共同语能尽快深入人心,普及到每个国民中去。要真正做到人人都会说共同语,处处都使用共同语,对于我们这样一个十亿以上人口,方言复杂,地域辽阔的民族来说,自然是很不容易的事。但是,建立共同语就是为了普及共同语,目标非常明确,立场不能动摇。经过长时间的努力,共同语的推广和普及,终究是一步一个脚印地在前进。目前我国南方方言复杂的地区,"推普"已明显取得进展,就是在广州以至整个珠江三角洲这样从来认为方言习惯比较顽固的地方,近年来会说普通话,愿说普通话的人也大大增加,社会语言环境已不再是只有方言独霸的局面了。共同语社会功能的充分发挥,当然就会相对削弱方言在社会上的作用和影响,这是一个统一的国家,一个发达的民族社会进展中必然的结果,是符合国家民族的利益,也符合全体人民,包括方言地区人民的利益的。地方方言,本来就只能作为地方性的社会交际工具,它的社会功能始终只在一个地区之内发挥,它跟全民通用的共同语在社会功能上的差别,实质上也就是语言应用中局部与整体的关系的体现,明确这一点,我们在看待方言地区的"推普"工作时,自然也就会因势利导,千方百计地为全民共同语在各方言地区的普及和推广鸣锣开道,会乐于做"推普"的促进派了。

　　四、从语言社会地位看:由于社会交际功能有所不同,方言和共同语通用的大小不一,这就决定了方言和共同语在语言社会中所处的地位有很大的差别。作为民族共同语,它是全民族乃至全国人民在一切公共场合和一切公务往来中共同使用的交际工具,这一公共通用语的地位,以国家的语文政策及其相应的语文法规为依据,并写进了国家的宪法以及有关的法律(如《中华人民共和国教育法》)中。国家还明确汉民族共同语——普通话对外代表我国作为联合国使用的六种工作语言之一。外国人要跟我们国家打交道,免不了要学会我们的普通话,因为只有普通话才能走遍全中国,只有使用普通话才能和中国的政府机构进行业务接触。普通话具有的这种资格和地位,自然是汉语各地方方言所不能具有的。众所周知,南方的粤方言一向被认为是汉语方言中最具"强势"的方言,在两广地区、港澳地区以至海外许多华人社区,粤语的社会交际功能有相当充分的发挥,港澳地区甚至把粤语认作全社会共同使用的交际语,具有当地"共同语"的地位。但是,毕竟只能看作是局部的、个别的现象,这跟港澳地区的特殊历史背景是不无关系的。就全国范围来看,尽管粤方言在两广地区拥有数千万的使用者,甚至外省也有人为了某种需要学习粤语,但这些使用粤语的人,心中都非常明确:他们是在使用地方方言,而不是把粤语作为通用的共同交际语来看待。也就是说,许多说着粤语的广州人,也都意识到自己所说的是比民族共同语低一个层次的地方交际语,自己还需要学会比粤语作用更大,地位更高的全民共同语——普通话,才能走向更加广阔的社会,才能有立足中国,放眼世界的胸襟。事实上,粤语不仅不可能跟民族共同语相比拟,甚至连作为广东省公共交际语的资格也不具备。因为广东省内方言众多,东部、西南部、北部都有大片不属粤方言的地区,全省6 000多万人口中,会说粤方言的大概还没有超过一半。因此,号称"强势方言"的粤方言,根本不可能成为广东的通用语,省内举行的各种大小会议和省内各地区间的业务往来,长期以来一直都是以民族共同语——普通话来进行的。由此可见,尽管目前普通话在粤方言地区的普及率还不够理想,还须大力加强"推普"的工作,但事实上任何方言在整个社会语言的格局中,其地位永远也不可能超越全民通用的民族共同语。任何一个民族和国家,只要是已经有了民族共同语,这个共同语在语言社会中就必然会处于主导的地位,而各地方言,大的也好,小的也好,强的也好,弱的也好,就只能处于从属的地位。有主有从,各就各位,这是符合语言社会应用客观需要的规律,是谁也改变不了的,在我国,除了由于特殊的历史背景和回归后将会实行特殊政策的港澳地区今后仍有可能保持以粤方言作为当地社会通用的"共同语"外,包括汉语南北各个不同方言区在内的全国汉族地区都将是以共同语——普通话作为通用的主导语言,这是毫无疑义的。一个先进的民族和一个发达的国家都不能没有自己的共同语,民族共同语在国家发展、社会进步中所发挥的作用是任何地方方言所不可比拟的,明确共同语言和方言在语言社会中地位的不同,牢牢树立共同语为主,方言为辅的主从观念,就能把握住方言地区语言工作的正确导向,把方言地区的社会语言工作做好。

五、从语言发展的前景看:语言是社会的产物,语言随社会的发展而发展,这是语言学中最基本的理论之一,方言和共同语言是语言大世界中两种不同类型的交际工具,它们同样都会随着社会的发展而有所发展。当前我国正处于经济建设蓬蓬勃勃,社会面貌日新月异的大发展时期,伴随着这种形势,汉语方言和汉民族共同语的发展前景如何?下面就这个问题略予个人的管见:

1. 随着我国进一步贯彻改革开放的政策,社会主义市场经济日益发展,地区间的经贸往来不断增强,南来北往的频繁使共同语言的应用显得更加重要。没有能够很好掌握运用民族共同语的人将会感到诸多不便,甚至与这个时代格格不入,这种形势,在客观上必然有助于推动共同语的进一步普及。特别是在南方方言复杂地区,共同语的推广工作将会大大加强,以巩固和发展它在语言社会中的主导地位。与此同时,随着1997、1999的迫近,一向以粤方言为通用语言的港、澳地区,基于回归的认同感,和中央及内地兄弟省(市)之间的交往率的上升,也促使港澳同胞自发地掀起一个又一个学习普通话的热潮。这就使普通话在港澳社会中拥有一席之地,并且展示出进一步在港澳地区推广、普及普通话的美好前景。

2. 在一些方言处于"强势"的地区,共同语的推广只是立足于使普通话成为人人会说、人人爱说的一种共同交际工具,而并不存心要使方言从此消失,事实上这类深深扎根于人民群众之中,历史悠久,流通较广的地方方言,是不可能因为共同语的进入而从语言社会中消失的。回顾我国推行共同语的历史,从早年的国语运动到近几十年的"推普",绵延了将近一个世纪,多少仁人志士,为此费尽心血,但从来也没有人提出过要完全"禁绝"方言的口号。"推普"的浪潮滚滚向前,方言区的人民会说普通话的越来越多,但谁也没有学会了普通话就放弃了方言。看来今后在这些方言地区所要达到的理想境界,就是使共同语进入方言社会并取得主导地位,而同时保持方言作为配角与共同语并存并用。这实际上就出现一个"共同语得到普及,方言得到保存",以共同语作为社会公共交际工具和公务往来的语言,以地方方言作为乡亲交往、亲朋叙旧的语言。整个社会的语言格局就是以共同语为主,以方言为辅的双语并用的格局。对于当地人民来说,实际上是实现了语言生活中的一场大变革:每个人都从只会说方言母语的单一语言生活过渡到了既会说方言,又会说共同语的双语生活,并且能够自觉地运用共同语来作为社会公共交际的工具,自觉让自己最为熟悉的方言退到语言应用中的配角上来。

3. 在大力推广普及共同语的同时,某些方言之所以能够以配角的地位保存下来,是有它本身的条件的。除了这个方言具有比较强势的社会交际效能外,从文化历史的层面上看,地方方言作为当地民俗文化的载体,很可能承载着较为丰富的地方历史文化财富,这些财富只是通过方言才得以保存下来。这样一来,为了更有效地发掘乡土文化,更清楚地洞察民俗风情,往往就得借助于在社会语言交际中只是充当配角的地方方言了。例如从事民间文艺工作的学者,发掘整理民歌民谣的音乐家,一向都很重视地方方言的作用,其原因也就在此。又如客家人总爱强调发扬客家精神、弘扬客家文化,而客家文化往往就依附于客家方言之中,因此,也就有人提出"客家话应该保留""客家人要讲客家话"一类的口号来,不久前笔者有缘出席在新加坡举行的一次世界客属恳亲大会,开幕式上几乎每个来自世界各地的代表都要说几句客家话,"客家人要讲客家话"的呼声不绝于耳,面对地方方言与民系宗亲之间的联系,与地方文化之间的联系如此密切的现实,在展望方言地区"推普"工作不断开花结果,而共同语与方言又以主从关系并存不悖的发展前景时,我们实在不能不关注到语言以外的许多因素,特别是地方历史文化的因素了。

综上所述,我们可以看到:方言和共同语的未来发展,必然是共同语越来越普及,而方言在共同语强大力量的冲击下,有的"弱小"方言可能就逐渐丧失自己的特点而融入到共同语中去;另外有些流通较广,文化历史基础深厚的方言,就可能原地踏步,在共同语的推广普及中偏安一隅,继续作为从属于共同语的辅助语言和共同语并存下去,在保存乡土文化,凝聚乡亲情谊方面发挥它一定的作用。毫无疑问,主次分明的状况将始终在这并存并用的语言格局中显示出共同语和方言不可逾越的永恒关系来。

(原载《语文建设》1997 年第 4 期)

对汉语规范化的总体认识

吕冀平　戴昭铭

一、语言规范化的重要意义

语言(包括文字,下同)作为人类最重要的信息载体,作为人类须臾不可离的交际工具,在今天的信息时代里,对人类、国家、社会的发展具有绝对不可忽视的作用。为了准确地传递信息,为了更好地使用语言这一工具,就需要确立语言的规范,进行语言规范化的工作。

但是非常遗憾,语言规范化的工作截至今日,还常被人们忽视。1978 年 8 月 24 日《人民日报》刊出了一篇文章,明确提出"对于语言,不应说'正确'或'错误',只应说'有这种讲法'或'没有这种讲法'","在社会上切不可搞什么'语言规范化'"。①看来持这种看法的人不会是极个别的,否则我国影响最大的报纸《人民日报》就没有必要拨出那么珍贵的篇幅把它当作一种主张来发表。不过文章的作者只要稍微想一想,便会发现这种主张自身存在着很难调和的矛盾,因而也就不会拿出来发表了。且不论"有这种讲法"和"没有这种讲法"两者如何确定,根据什么来确定,这本身就是需要讨论的问题,这里只问一下:既然没有"正确"与"错误"之分,那末假如有人讲了"没有这种讲法"的话时,假如有人把"有这种讲法"的话用在不该用的地方时,我们是否只能听之任之,而不能加以纠正。相信多数人的答案不会是肯定的。至于"在社会上切不可搞什么'语言规范化'"云云,更是根本做不到的。每个人大概都避免不了要被"规范化",这从牙牙学语的孩提时代起就在进行了。如果孩子说的是"一根小猫",大概没有一个大人听到后会不给他"规范"成"一只小猫"。这以后的学习过程中,起码在小学和中学阶段,语文教师对作文的批改,其中很重要的一部分就是书面语言的"规范化"。说得直截了当一点,语言规范化在社会上不存在可搞和不可搞的问题,只存在自觉地搞和不自觉地搞的区别。

早在 30 年代,英国语言学家帕默尔就曾经说过:"语言是所有人类活动中最足以表现人的特点的,而在英国,语言的研究却被人忽略,甚至被人藐视,这真是怪事。"②时间过去了半个多世纪,语言研究在我国的情况如何? 从纵的方面,即语言学研究本身的历史来看,不可否认它有了长足的发展;但是从横的方面,即同其他学科比一比,语言学,特别是规范语言学,从 20 世纪 60 年代起说它处在"被人忽略,甚至被人藐视"的地位恐怕并不为过。这究竟是什么原因? 主观的人为因素不算,客观的原因主要有两个方面:一是语言这个工具与其他工具不同,其他工具一旦使用不当,必然"立竿见影"。一个汽车司机紧急刹车却把脚踩在油门上,那立刻就要出事;而语言使用如果有误,人们常常觉得那无关宏旨。二是其他工具本身如果有问题,其影响效率的结果会马上显现出来。汽车出了故障,重者抛锚,轻者影响速度;而语言则不同,其影响效率一般说来远不如那样明显。一篇报告,一席演说,一则新闻,一段发言,即使听起来费时费力,或者晦涩费解,甚至不知所云,人们也不会有汽车抛锚时那种焦急的心情,当然更不会感到有切肤之痛。但是今天已经进入了信息时代,准确地、高效率地运用语言问题再也不容漠视了。单就时间效率来说,在我们这个具有 12 亿多人口的大国里,在由于改革开放时代使思想交流的需要增加到空前程度的现在,如果大多数人都能用标准的语言来正确、清晰、简洁地表达思想,那每天将会为我们节省下多少时间财富! 当前,人人都理解"时间就是金钱,效率就是生命"这句口号的意义,为什么不应该提醒所有的人从无时无刻不在使用的语言工具上去获取不知不觉中丢掉的效益呢?

语言规范化与四个现代化有着密切的关系。现代化不仅仅是经济和科技问题,从长远的眼光看,更重要的是教育问题。换句话说,没有人的现代化就没有国家的现代化。语言使用的规范化问题实质上是提高国民素质的文化教育中不可忽视的大问题,因为基本的语文素养是作为一个现代人的不可或缺的条件。一个语文水准低下的国度不可能有高度的教育水准,而一个教育水准低下的国度就不可能建成一个高度现代化的信息社会。

二、语言描写和语言规范化

索绪尔的《普通语言学教程》的最后一句全部加了着重点的话是"语言学的唯一的、真正的对象是就语言和为语言而研究的语言"。影响所及,许多语言学家把对语言结构做形式化的纯正描写看成使语言研究科学化的不二法门。不可否认,由此形成的长达半个多世纪之久的结构主义语言学的巨大成就,确实使我们获得了对于语言结构的前所未有的深刻认识。然而即使我们不来讨论结构主义语言学本身的缺陷,也应该明确看到这样一个事实:对语言结构的描写,任何时候都不能回避语言形式的正确性即规范性的问题。描写性研究和规范性研究本来就有一个共同的基点,那就是语言现象的共时性。但是语言现象的共时性实际上是相对的,从根本上说,语言是在不断变化发展的。我们眼前捕捉到的共时普遍现象是历史演变的结果,同时又是语言新变化的起点。就共时而论,语言也常因阶级、阶层、地域、文化素养等等因素而产生种种变异(共时变化),因此无论是旨在描写,还是旨在规范,面对那形形色色的语言变异都免不了要进行抉择。不同之处在于描写性研究更着意于对语言相对静止状态的揭示,而对语言材料在社会应用中的抉择过程和价值所在往往不予理会,甚至避而不谈,因而形成了一种客观主义的色彩;而规范性研究由于要解决语言应用中的是非问题,自然更着意于对语言变化的评价和抉择,因而难免带上一些规定主义的色彩,这也许正是传统语言学和规范语言学被指为不够科学的原因之一。不过这种带有主观色彩的规定性成分,可以通过研究者注重对标准语应用现状的严格而准确的描写来尽量减少。语言规范问题研究者只要加强描写的科学性,他们的研究成果就能达到既符合语言应用的客观实践,同时又能够按照抉择的结果来指导客观实践,例如中国社会科学院语言研究所编写的《现代汉语词典》和吕叔湘主编的《现代汉语八百词》,就是通过贯彻科学的描写原则来确立规范的,它们的科学价值和规范作用是举世公认的。

关于描写和规范的关系,罗常培、吕叔湘在50年代就有精辟的论断:"真正的描写语法必然有规范作用。仅仅把不同的事例罗列在一起,不能算正确的描写。必须说明哪是一般的,哪是特殊的,哪是符合语言发展规律的,哪是违背这些规律的。这样就是指出规范所在了。"[③]语言学史上号称"人类智慧的丰碑"的第一部经典著作《巴尼尼语法》,就既是描写语法,又是规范语法。"它极其详细地描写了作者本民族言语的每一个词的屈折变化、派生词和合成词的规则以及每一种句法的应用。直到今天,还没有别的语言曾经得到这样完善的描写。"[④]19世纪以前的语言学都注意到规范的问题,尽管有时不免带有规定主义的缺陷。20世纪兴起的结构主义语言学,虽然克服了规定主义的缺陷,却产生了排斥意义、忽视应用、回避语言的变异、轻视语言的社会功能等等问题,把孤立静止地描写语言结构强调成为唯一的原则。正是在这样的背景下,本世纪60年代以后各国普遍兴起了一门新的语言学科,这就是把语言系统和语言变异的研究结合起来、把语言描写和语言应用的研究结合起来、联系社会对语言进行研究的社会语言学。这种研究方法应该说是对结构主义语言学存在的问题的一种有力的纠正。在社会语言学诞生以前,一些国家虽然也有诸如语言规划、语言政策、语言规范之类问题的研究,但在结构主义的影响之下,往往被排斥在语言科学的主流之外。社会语言学的科学地位的确立,终于使语言规范等问题的研究逐渐被人重视起来。《苏联大百科全书》等3版在"社会语言学"条目下开列的研究课题之一是"社会环境中的语言以及作为社会有意识影响语言发展的语言政策"。英国语言学家哈立迪列举的关于社会语言学15个研究领域中,第3个就是"语言规划、语言发展和规范化"。[⑤]苏联语言学家斯克沃尔佐夫在1980年曾明确提出:"俄语言语规范作为一门相当独立的学科正处于形成阶段,这一学科有自己的研究对象、目的和任务,有对于资料进行科学研究和描写的方式和方法。"[⑥]以上引述的这些情况,说明在世界范围内语言科学已经重新重视起语言应用问题、语言规范问题,我国的语言研究也不应该对此漠不关心。

三、我国语言规范问题的历史回顾

我国人民自古以来对正确地运用语言就是十分重视的。首先,他们建立起一种接近于民族共同语的"雅言"。《论语·述而》:"子所雅言,《诗》《书》、执礼,皆雅言也。"雅训正,雅言相当于标准语。杨伯峻在《论语译注》里就把"雅言"直截了当地译为今天的"普通话",认为雅言是"当时在中国通行的语言"。孔夫子在诵《诗》、读《书》、执行礼仪时都用标准语,以示庄重。其次,他们重视书面语言在读音、释义、字形方面的指导工作,朝廷专门设置官员主管其事。《汉书·艺文志》:"《苍颉》多古字,俗师失其读,宣帝时征齐人能正读者,张敞受之。传至外孙之子杜林,为作训诂,并列焉。"这就是说,不仅要正音,还要释义。第三,他们编纂了正义、正字、正音的《尔雅》《说文解字》《切韵》等一系列的大量的用以匡谬正俗的工具书。

我国古代的语言规范标准可以用"雅正"来概括。《史记·儒林列传》:"(诏书律令下者,明天人之际,通古今之义,)文章尔雅,训辞深厚。"司马贞《史记索隐》的解释是"谓诏书文章雅正,训辞深厚也"。所谓雅正,指的是合乎雅言而又能在字音、字义、字体各方面都没有错误。在这种"雅正"的规范观念的指导之下产生了先秦诸子及《史记》《汉书》等彪炳千古的经典著作。这是雅正规范观念的巨大贡献。

但是,后世的文人把这种雅正看成永世不变的标准,把先秦两汉的这种书面语言当作超时空的永恒的楷模。甚至到了1898年,曾出使过西欧、通晓西语的马建忠,在中国第一部语法著作《马氏文通》的《例言》中还声言"为文之道,古人远胜今人"。接着就论述先秦两汉"文运"是如何地有"神",有"气",而"下此则韩愈氏之文,较诸以上运神运气者,愈为仅知文理而已",因此"今取为凭证者至韩愈氏而止"。也就是说,《马氏文通》选取规范的例句以先秦两汉为准,其后只取韩愈一人,其余即使是文章大家也一律在水平线以下。这样,先秦两汉的雅正规范观念就变成了书面语言的神圣不可侵犯的最高准则,而不管活的语言的发展变化。脱离了活的语言,日益僵化的结果必然走向了它的反面。当然,这期间也有有识之士反对单纯拟古,主张使用当时的口语。唐代的刘知几在他的《史通·言语》中就明确批评"后来作者通无远识,记其当时口语罕能从实而书,方复追效昔人,示其稽古"。明代的徐文长则认为"与其文而晦,曷若俗而鄙之易晓也"。⑦李卓吾甚至认为"诗何必古选? 文何必先秦?"把接近当时口语的《西厢曲》《水浒传》说成是"古今至文"。⑧但是,这派主张始终未能削弱以先秦两汉为雅正标准的强大的传统力量,更不用说取而代之为语文规范的正宗了。

众所周知,完成这取而代之以"言文一致"为目标的革命性的转变的,是始于清末而成功于20年代的白话文运动。但是白话文的规范是什么? 这在当时还是相当模糊的。白话文运动的倡导者之一的胡适曾提出"国语的文学,文学的国语"。⑨这里的"国语"相当于汉民族共同语。今天看来,胡适当时一方面已经看到"言文一致"的白话文的规范必须建立在民族共同语之上,即"国语的文学";另一方面又看到作为文学语言的民族共同语还是需要雅正,也就是说必须是典雅的,正规的,即"文学的国语"。不过这白话文的雅正,却没有先秦两汉那样的经典范文作楷模,虽然有《水浒传》《红楼梦》等一批杰出的白话文小说可资参考,可这"国语的文学"和"文学的国语"究竟是什么样子,白话文究竟应该怎样建立它的规范,却依然是不明确的。说来也难,因为要提出一个明确标准,还有待于大量的白话文实践,有待于典范的白话文的产生。

真正把现代汉语书面语言(白话文)的规范问题提出来,并经过中国有史以来规模最大的语言工作者的集体讨论,对有关语言规范问题做出明确答案的这一历史任务,是在新中国成立后的50年代完成的。建国伊始,由于中国共产党重视文化教育的基本建设,自然会重视语言运用问题。另一方面,白话文运动以后经过30多年的实践,我国已经产生了一大批典范的白话文著作和一些现代的语言巨匠,研讨现代汉语的规范问题的时机也已成熟。先是1951年6月6日《人民日报》发表了著名社论《正确地使用祖国的语言,为语言的纯洁和健康而斗争!》,号召要向中国历史上的语言巨匠和运用现代汉语的大师们学习,正确地运用语言,同语言运用中的一切错误现象作斗争。与此同时《人民日报》上还发表了著名语言学家吕叔湘、朱德熙合写的《语法修辞讲话》。这部讲话在《人民日报》上逐日连载,达数月之久。各种语文刊物也都加以配合,掀起了全国范围的学习语言的高潮。这样,经过数年的学习,实践,准备,语言规范问题逐渐明确起来。终于在1955年10月中国科学院哲学社会科学部召开了全国性的"现代汉语规范问题学术会议"。这是中国有史以来规模最大的有关语言问题的学术会议,它集中了全国各地的语言学家以及与语言问题有关的各界代表,进行了空前热烈的讨论。会议中心明确,成果突出,对于汉语的规范和发展来说,其作用堪称是划时代的。罗常培、吕叔湘的学术报告《现代汉语规范问题》,总结了历史经验,第一次把语言规范问题提到语言学理论的高度加以研究;第一次给汉民族共同语——普通话作出明确的界定,并对普通话形成的历史渊源作出科学的论证;第一次阐述了语言规范化对发展科学、繁荣文学、普及教育等方面的重大意义;第一次系统地说明了关于语言规范化的理论原则问题。

在这次历史性的会议之后,汉语规范化工作立即在全国普遍展开,短时期内就取得了前所未有的巨大成果。这主要表现在全国大力推广普通话、大规模的方言调查、制订汉语拼音方案、整理并简化汉字、审订异读词、在全国各大中学里加强汉语规范化的教学等等方面。取得巨大成绩主要是由政府组织专家学者并发动广大群众共同参与、共同努力的结果,这是解放前仅由一些专家学者自发推行的"国语运动"所绝对不能比拟的。

当然,回顾解放以来将近半个世纪的汉语规范化工作,站在今天的高度,也可以发现其中的一些不足之处。这里除关于推广普通话工作等专题要分章专门论述之外,只着重指出以下四点:

(1)把语言规范化的工作重点放在匡谬正俗方面,忽视了前瞻性的引导工作。从《语法修辞讲话》到一些报刊开辟的语言规范专栏"语文短评"(见《中国语文》)、"不规范的词和句子"(见《语文知识》)等,基本模式都是从一些出版物中找出一些有问题的词句加以改正,并分析其错误的原因。匡谬正俗针对已存在的语文问题当然是必要的,但是远远不够。因为对提高运用语言的能力来说这只是消极的做法,应该采取更积极的措施。《语法修辞讲话》的作者在1979年的《再版前言》中就指出了这一点:"……只从消极方面讲,如何如何不好,没有从积极方面讲,如何如何才好。这样,见小不见大,见反不见正,很容易把读者引上谨小慎微、不求有功但求无过的路上去。"

(2)没有从理论上提出对变化中的语言进行抉择的原则标准,即对突破现有规范的语言现象如何确定它是否合乎语言发展的原则标准。对不合现有规范的语言现象大多是零打碎敲,就句论句来加以评论。对于一个句子的正与误有时不同的人有不同的看法,各执己见,争执不休。综观50年代《现代汉语规范问题学术会议文件汇编》中许多文章以及其后各报章杂志所发表的大量有关语言规范的文章,也大多是针对具体问题谈如何处理的,很少看到就如何确立规范的原则标准问题的论述。

(3)对语言是变动不居的、发展变化的这一点未予足够的重视,只看重语言的相对稳定的一面,因此对一些社会需要的、新生的语言形式也加以排斥,如有些匡谬正俗的文章认为"取得成绩、需不需要"等都不合规范,其实这些说法以及有些"语文短评"中被指为不合规范的语言形式,今天普遍使用,其中有些已经成为不可被取代的。

(4)虽然在认识上强调"规范化的主要对象是书面语言",[⑩]但在实际工作中并未能很好体现,表现为政府行为的尤为少见,近几年有所好转,但投入的力量仍然薄弱。目前,全国浩如烟海的出版物中,除少数书刊外,语言文字的运用水平不高,较之50年代呈下降趋势。这是极应重视的。

四、语言规范化理论的再检讨

1. 规范和规范化

作为一个术语,"语言规范"指的是语言系统在相对稳定的状态中所提供的能正确表达而又为绝大多数人所接受的语言形式。这"绝大多数人"限定在操共同语言的语言群体之内,亦即在这个语言群体中"说话人之间的不同只是个人的特异",不是所操语言的差别。[⑪]就我国来说,就是通行于全国的汉民族共同语——普通话。从语言表达对规范的需要程度来看,书面语较之口语更为迫切。口语可以通过非语言因素(如手势、表情等)加强或完善其表达,而书面语则不具备这些条件,因此对规范的依赖程度更大。另外,"书面语言通过印刷物在文化上的发展起着极其广大的作用,它领导整个语言,包括日常口语,向更完善的方向发展"。[⑫]基于此,探讨语言规范问题最好将其主要对象放在书面语言上。

"语言规范化"则是人们谋求和保证信息传递效果的一种主动行为,是人们对语言使用情况和发展情况进行干预,以期语言这个重要工具按照人们的愿望来发挥最大的作用。如果我们考察一下与人类生活有关的各个领域中的事件进程,就可以发现它们大都有一个从无序到有序、从混乱到合乎规范的发展过程。虽然有序和合乎规范的状态有时会被新的无序和混乱状态突破,但建立新的有序和合乎规范的状态则依然是事件进程的目标。形成这种情况的主要原因,可以说就是人类在科学知识增进的前提下对事件进程所采取的理智而自觉的干预。现在,随着分子生物学和遗传工程学方面的重大科学进展,人们甚至已经初步获得了通过改变遗传密码来控制基因的遗传性能的方法,进而连对包括人类在内的生物本身的遗传和发展都要进行干预。在现代科学技术革命的推动下产生的系统控制理论,激发了经济控制论和社会控制论的诞生。这证明作为方法论基础的控制论思想不仅适用于自然科学,也同样适用于社会科学,特别是与社会管理有关的社会科学。语言,无论是就其体系庞大和复杂来看,还是就其作为符号的能指和所指关系的可变性来看,还是就其使用范围的广泛和使用人员的众多因而有可能造成混乱局面来看,都不可能设想既要求它符合预期地充分发挥其传递信息的效能,另一方面却又没有或忽视相应的管理工作。语言科学也不应该只是记录人们在怎样使用语言而不研究并且告知人们应当怎样使用语言。事实上,社会对于语言运用方式的干预,古往今来一直就没有停止过,只不过现代社会的干预更自觉,更主动,更科学化罢了。美国描写语言学派的代表人物布龙菲尔德在其名著《语言论》中,用了整整一章的篇幅来讨论语言的正确性、标准化以及英语拼写法的改进等等问题。最后他预言道:"语言研究也许能帮助我们去了解和控制人类的事态,这只是个远景,但并不是无限地遥远。"法国语言学家索瓦热奥认为"不仅必须观察语言的发展及其功能,而且必须控制相应的语言过程",要"在控制语言过程方面采取自觉行动","在新的、有科学根据的基础上'进攻'"。⑬苏联语言学家切莫丹诺夫则把"社会(以语言学家为代表)有目的地干预语言发展过程,并对这一过程进行有组织的引导"视为"社会语言学的特殊任务"。⑭在我国,国家语言文字工作委员会的设立,语言文字应用研究所的设立,一些关于语言文字应用方面的指令性文件和建设性意见的公布,一些有关学者所从事的相应研究工作,实际上也都是对语言的应用过程和发展过程加以积极的干预。

　　2."约定俗成"的含义

　　对语言规范化持否定态度的人不同意发挥人的主观能动作用来对语言的运用和发展进行干预,根据就是现在用得有点滥了的"语言是约定俗成的"。"约定俗成"几乎成了"习非成是"的同义语,其意若曰:既然大家都这么说,这么用,即使不合理,对语言发展不利,也得承认它是正确的,语言学家对此想要施加人为的影响,注定是徒劳的。从问题的一方面看,事实确是如此。历史上这种例子不胜枚举,"每下愈况"和"谈何容易"原来的含义跟今天普遍使用的意义大相径庭,可谁想要在今天来恢复在《庄子》和《汉书》中两个词语的原义必定是白费力气。但是从问题的另一方面看,约定俗成并不等于习非成是。为了能取得对这个近于语言学术语的成语接近一致的认识,这里只好再来引用一下《荀子·正名》:"名无固宜,约之以命,约定俗成谓之宜,异于约则谓之不宜。"杨倞注:"名无固宜,言名本无定也。约之以命,谓立其约而命之,若约为天,则皆谓之天也。"刘师培认为"约字当训'界',谓以人所命之义,立为界说也。约定者,界说定也;异于约者,背乎界说也。"以上是对"约定"的解释。至于"俗成",即荀子所谓"散名之加于万物者,则从诸夏之成俗曲期"中的"成俗",是说"习俗之既成者"。这里的"曲期"是"周遍约定"之意。梁启超理解这句话是"荀子之意,盖欲以诸夏之成俗曲期,立为一种标准之名词,而远方异俗,取则于此,则可以互通"。⑮可见成俗的过程中仍然有普遍约定之意。荀子这里说的是名和实的关系以及事物名称的形成过程,并不是语言规范问题;但是他认为约定俗成是先制定名称,然后形成习俗,其中强调"约定"的作用这一点是很明显的。这同今天在语言规范问题上所指的"确定规范原则"并"推广到群众中去使之成为习惯"的两层意思非常接近。按理说,约定俗成的意思同发挥人的主观能动性去干预语言的主旨并无抵触,因为约定本身就含有干预的意思,可是多年来这个成语的含义在使用中被逐渐地曲解了,改变了。其中"规定、确定"的意思没有了,只剩下了"俗成"(而且抽掉了"曲期"),整个成语的意思变为"在习俗中自然形成"。例如《辞源》(1978年版)对"俗语"词条的释义是"约定俗成、广泛流行的定型语句"。其实,俗语是在群众的语言运用中自然形成的,并没有一个规定的过程,所以释义中的"约定俗成"实际等于"自然形成"。如此看来,那种以讹传讹改变了原义(如"每下愈况"《现代汉语词典》就说它的原义是"愈下愈甚",今天变成了"情况越来越坏")或者改变了原来的结构层次(如"谈何容易"原来的结构层次是"谈/何容/易",今天变成了"谈何/容易")的词语由"非"而成"是"的过程,严格说来不应该叫作约定俗成。把这种现象称为约定俗成,使它带上自然主义的色彩,有违荀子的原意。当然,约定俗成今天已被普遍地理解为自然形成,我们也无意改变这种状况,谈这个问题,目的是同语言规范联系起来,强调"约定",即人为的因素在语言发展中的作用。

谈规范化不能忽视这具有关键作用的"约定",以及在约定之后又尽快地促使它达到"俗成"。这方面的任务只能落在语言学家以及广大的语文工作者的肩上。语言学家要进一步就语言规范和发展的理论问题进行更深入的探讨,对语言的变化亦即突破现有语言规范的现象作出科学的评价和抉择,提出评价的原则和标准,对在语言运用中有争论的问题做出具体的裁断。在这些问题上,只要有根据,就可以主动地去"约定",或者像索瓦热奥所说的那样,去"进攻"。由少数语言学家根据研究的结果提出对某些问题的解决办法,然后在广泛的实践活动中加以检验,这是完全合理的,必要的。古代专家在标准语音的审定上,如陆法言在《切韵·序》中引述魏渊所说的那样,"我辈数人定则定矣"的做法,不但是可以理解的,而且从效果上看甚至可以说是必要的。早在1983年我国著名的学者吴世昌就提出过一个十分明确而又发人深思的主张,他说:"我想,我们只有一个文字改革委员会和一个语言研究所,进行语言规范化工作,似乎还不够。是不是还得有一个语言整理机构,把祖国的语言从各方面考察,加以纯洁化、标准化? 如有歧义、误解,可由那个机构裁决,大家遵守。"⑯实际上,由国家机构如审音委员会审定的异读字音,由国家语言文字工作委员会公布的许多有关规定等等,都是由少数委员、专家裁决的结果,确乎是"定则定矣"。当然,我们在"约定"一种语言现象时,务必谨慎从事,切忌主观武断。50年代,我国语言规范化工作处于高潮的时期中,有些语文工作者、语文教师,把语言规范的框子定得既窄又死,这也不行,那也不妥,结果由于主观判断的失误,反倒使许多人对语言规范化产生怀疑,甚至产生反感。

3. 前瞻性的引导

语言规范化从宏观的角度看是语言规划(language planning)的重要组成部分,而语言规划是一项既针对现在更针对未来的具有前瞻性质、涉及许多方面的系统工程,因此语言规范化就不应该仅仅是针对既成的语言错误去匡谬正俗。有针对性的匡谬正俗是亡羊补牢,当然也是语言规范化中的一项重要工作,但是如前所述,虽未约定但已俗成的错误说法,即使花大力气加以纠正,有时也无济于事,甚至不可逆转。而积极地发挥人的主观能动性去干预并引导语言的约定俗成,则是未雨绸缪,效果当会更好。E. Haugen认为语言规划是"对语言变化的评价",而且要"有意引导语言向一定的方向变化"。⑰捷克著名词典学家兹古斯塔认为"规范可视为语言系统所提供的全部可能形式中的'好的',即功能上最合适的那些形式"。⑱如果我们有意识地引导语言朝着"好的"即合乎规范的方向变化,变化的结果就是合乎理想的新的约定俗成。以报刊编辑为例,设想他重视语言规范问题,并且掌握了语言规范的理论知识,那末他发现稿件中有新的、超出现有规范的语言形式时,就会以规范理论为依据来处理:合理的就放行,这将会促进新的约定俗成,有利于语言的发展;不合理的就删改,这将阻遏新的约定俗成,有利于语言的规范。如果这个系统工程里的所有人员都能如此对待语言,其效果将是令人鼓舞的。

语言规范化的理论研究工作主要应该由从事这一工作的研究人员、专家负责,而对语言变化在具体实践中加以前瞻性的引导的重任则主要落在语言规范化工作前沿的"尖兵"肩上。"尖兵"们包括:(1)书籍、报刊的编辑人员,(2)教师特别是语文教师,(3)文秘工作者,(4)广播、电视的节目主持人,(5)播音员,(6)演员,(7)其他有关的语文工作者。这些"尖兵"如果在语言规范理论方面训练有素,能敏锐地发现、捕捉并认真地分析语言的变化,在此基础上根据规范的原则对这种变化做出评价,最后采取措施——拦住那些看来新鲜而实际却对信息传递有消极作用的变化,修改它,使它合乎规范;放开那些真正有益于表达因而有助于语言发展的变化,推广它,使它成为新的规范。这里没有把作家算在"尖兵"的范围之内。从语言规范的角度来要求,当然盼望作家们能促进规范并发展规范;但是作家们往往以"创造性地使用语言"为己任,至于结果是对语言的规范和发展有益还是无益,有些作家则很少考虑。个别的文学评论在谈到语言运用时竟然认为汉语语法结构使"人们审美心理已经产生了长期阅读疲劳",而把"打破……汉语语法结构,采用引进冷僻词语、颠倒语言秩序等技巧"的做法称之为"语言的符号性变革,以及语言符号的构造法则的多方面探索和实验,充分标明了文学自身的一种进步"。⑲这是一些缺乏语言学常识的外行话。个别作家故弄玄虚,滥用省略手段,故意违背标点符号用法,致使文句忽而长得离奇,忽而短得古怪,有的评论却称这种做法"是那样富于张力,表现力和魅力",“会使专门研究语法或修辞的语言学家感到无所适从"。㉓无论对文学还是对语言,这种写作都是极其有害的。语言学界对这样的作品应该负起批评的责任,以避免造成新的语言混乱。对于作家们的语言规范问题,我们寄希望于作品的责任编辑。

4. 理性原则和习性原则

语言形式的变化多种多样,从规范化的角度来分析,任何变化都是对现有语言规范形式的一种突破。所谓突破就是对现有语言在语音、词汇、语法等方面有所改变,冲破了现有规范的范围。突破可以分成两种类型——有益的突破和无益的突破。这些突破有社会的因素,在社会形态处于剧烈变革的时期,对相对稳定的语言形式必然有大幅度的冲击;也有个人因素,一些有影响的人物通过传媒把他们在文章、演说、谈话中使用的语言广为传播,其中如果在语音、词汇、语法等方面有了突破现有规范的新变化,往往会流传开来,形成新的规范。E.Haugen 称这样的人物为“领头人",说“他们被认为值得模仿",因此“就使得他们的用法‘散布’开来"。㉑事实正是这样,这就要求那些“领头人"在工作中,特别是在与语言打交道的工作中,重视自己的影响,尽可能地正确运用语言,如对现有规范有所突破,当然应该是有益的突破。另一方面,E.Haugen 没有谈到更大量的语言变化来自茫茫的芸芸众生之中,不知出于谁人之口、谁人之手,但同样流传开来,而且可能比那些“领头人"对语言规范的突破更为广泛。处理这方面问题的是语言规范化前沿的“尖兵"们的不可推卸的责任。我们相信,在今天的信息时代里,传播手段空前发达,传媒工作空前普及,只要“尖兵"们重视语言规范化问题,而且具备较高的相关理论素养,那末语言的运用与发展问题一定能在人们的主动干预下获得合乎理想的解决。

当前有关规范化理论中的一个关键问题就是确立对语言变化的评价、抉择的原则标准。在考虑这个问题时必须看到语言的发展具有理性的和习性的两个方面。对两个方面都要重视,不能只执其一端。就评价语言的变化来说,它们可以称为理性原则和习性原则。㉒所谓理性原则是指对那些既合乎现有规范又有利于语言发展的新生语言形式加以推广,因为它是合乎语言发展规律的。所谓习性原则是指对那些已经习非成是的新生语言形式予以认可,因为它虽不合理却是不可逆转的。语言规范化的前沿“尖兵"们在日常处理大量的“言语作品"时,当然要强调理性原则,因为它直接影响语言的健康和发展。但是即使严格把关,在一些情况下语言群体中总会出现背离理性原则和现有规范的语言形式。如果它流传开来而且不可逆转,那就不妨权宜处之,让它习非成是。总之,当一种语言形式已经“俗成",跟在后面做“有罪判决"是徒劳的。必须强调,语言规范化从宏观上考虑是前瞻性的未雨绸缪,是引导性的主动行为。而当发现无益的突破出现时,当然应该极力去匡谬正俗,用赵元任的话说叫作“挽狂澜于未倒";㉓但是这毕竟是一种补救行为,当匡谬正俗无力阻遏一种无益的突破时,就只能承认它是正常的说法。不过从语言规范化工作的角度看,这种情况虽然不能杜绝,但应当发挥人的主观能动作用使它缩小到最小的限度之内。

理性原则需要有判断标准。这里只就宏观方面提出三条(具体的标准将在相关的章节中说明):第一,准确性。准确性是指信息发出者和接受者之间对信息的理解尽可能地一致。在理性原则中这是第一位的。准确不等于“确定",如果要发出的信息本身就是不确定的,这时“模糊"反而成为准确,如把“30 来岁"说成“30 岁、29 岁、31 岁"都不准确,尽管这些数字都是确定的,只有加上个“来"字才是发出者所要传递的信息。第二,简洁性。简洁性是指在保证准确的前提下力求简单明快,省时省力。如果两种语言形式表达效果完全相同(如“来自北京——来自于北京"),那就取其简短者。但简短决不应妨碍准确,妨碍准确的简短就成为苟简。第三,优美性。优美性是指表达上的更高要求,意在取得修辞效果。这种更高要求从语言规范的角度来衡量,其重要性居于第三位,因为不够优美的语言可以是完全合乎规范的语言。以上三条标准有时会相互间发生冲突,这时候就需要在准确的前提下综合考虑。应尽力排除对语言变化评价时的先入为主的因素,避免按个人的主观好恶定取舍,力求使评价以及据此而进行的抉择具有客观性。

五、语言规范化工作的当务之急

当前我国的报纸、杂志、广播、电视等宣传媒体在使用语言的质量上,同 20 世纪 50 年代比较起来明显下降了。这是多种因素造成的,而最主要的一点就是有关领导部门对语言运用的质量重视不够,解决问题的魄力不够。在有些情况下应该采取政府行为来解决一些重要的问题,例如我国推广普通话工作在 50 年代的高潮之后逐步回落,目前有些方言区少数人甚至有意无意地抵制普通话的推广,教师可以不用普通话进行教学,个别人竟以说普通话为耻。但是据我们所知,台湾省推广普通话的成绩却相当可观,城市里文化程度很低的家庭妇女多数都可以用普通话交谈,知识界就更不需多说了。像台湾这样地道的方言区何以会取得如此令人瞩目的效果? 其中最主要的一条经验就是采取果断的政府行为。据《大陆·台湾》杂志 1985 年第 2 期刊载的《推广普通话台湾可借鉴》一文的介绍,那里的有关部门敢于"采取强制性措施。教育当局设置各级'国语推行委员会',明令会议上用普通话发言,各级学校师生在校一律使用普通话;给违者以限期罚款或解除教师职务的处罚"。当然,大陆的情况较台湾一省远为复杂,我们不能凭主观贸然从事,但是在对全国各地充分调查研究的基础上采取一些有力措施,则不能不说是政府有关部门应当立即着手的工作。推广普通话工作如此,其他有关语言规范化的工作也是如此。我们认为语言规范化工作的当务之急主要在大力加强政府行为,并在此基础上调动广大群众的积极性。为此当前应该抓好以下 7 项工作:

1. 制定并大力实施一些指令性的规定,加强语言文字方面的立法工作。国家语言文字工作委员会是语言文字问题的调查、整理、审定的领导机构,也应该是语言文字问题的执法机构。列入指令性的项目应当包括:民族标准语的法律地位、各地区各类人员掌握标准语所应达到程度的最低要求、国家级的规范性语言教科书和工具书的审定、公共场所牌匾广告的语言文字审查、对造成广泛影响的语文错误的直接责任者的处理条例,等等。

2. 加强关于正确使用语言的宣传工作和引导工作。语音、文字、词汇、语法等在使用过程中都会产生一些偏离规范的现象,情况比较复杂,不可一概而论。指令性的规定有时并不适用,不宜于硬性处理,只能广泛宣传和及时引导。

3. 除了提高语言规范前沿"尖兵"们辨别语言、驾驭语言的能力之外,影响较大的报刊和出版部门在今后一定时期内设立专职的"语言编辑",负责语言文字方面的把关工作。

4. 公开出版专事监察全国印刷品以及广播电视里的语言运用的刊物,表扬好的,批评差的,以便对一些忽视语言运用的各部门形成一种压力,促使其改进语言运用方面的工作。

5. 大力提高书籍报刊编辑、节目主持人、广播员、语文教师的语文素养,对在职人员普遍进行一次有关语文能力的考核,然后采取相应措施,以保证传媒的语言质量和教师的教学水平。录用新的人员时,语文能力必须作为一项重要条件来考虑。

6. 大学中文系要彻底改变重文学轻语言的教学倾向,一定要采取有效措施保证毕业生在语言理论和实践上都具备坚实的基础。新闻专业及有关传媒的专业也应把语言理论和实践当作一项重要的前提条件切实地打好基础。

7. 成立有关语言规范化问题的学术组织,其成员包括语言研究工作者、与语文政策和语文教育有关的公务人员,特别是前面所说的规范化前沿的"尖兵"们。通过学术组织推进语言规范化问题的研讨,开展语言规范化的实践工作。

附　注

① 高振东《语言是活的东西》,《人民日报》1987 年 8 月 24 日。

② L·R·帕默尔《语言学概论》(中译本,商务印书馆 1983 年出版)的《作者序》。

③ 罗常培、吕叔湘《现代汉语规范问题》,《现代汉语规范问题学术会议文件汇编》,科学出版社 1956 年版。

④ L·布龙菲尔德《语言论》,袁家骅等译,商务印书馆 1980 年版。

⑤ 参看《从语言学的危机到危机的语言学:社会语言学》,《国外语言学》1981 年第 3 期。

⑥ Л. И. Скворцов 《Теоретичское основы курътуры речн》(《言语规范的理论基础》),Издательство 《Наука》,1980,Москва.

⑦ 徐渭《南词叙录》,见郑奠、谭全基编《古汉语修辞学资料汇编》,商务印书馆 1980 年版。

⑧ 李贽《童心说》,见《焚书·续焚书》,中华书局 1975 年版。

⑨ 胡适《建设的文学革命论》，见 1918 年 4 月 15 日《新青年》第 4 卷第 4 号。

⑩ 罗常培、吕叔湘《现代汉语规范问题》，《现代汉语规范问题学术会议文件汇编》，科学出版社 1956 年版。

⑪ 参看 E.Haugen《语言学与语言规划》，《国外语言学》1984 年第 3 期。

⑫ 罗常培、吕叔湘《现代汉语规范问题》，《现代汉语规范问题学术会议文件汇编》，科学出版社 1956 年版。

⑬ A·索瓦热奥《昨天的法语还是明天的法语》，见《国外社会科学著作提要》第 13 辑，中国社会科学出版社 1982 年版。

⑭ 切莫丹诺夫《国外社会语言学研究概况》，《语言学动态》1978 年第 6 期。

⑮ 以上所引各家之说均见梁启雄《荀子简释》，古籍出版社 1956 年版。

⑯ 吴世昌《〈最好水平〉书后》，《人民日报》1983 年 4 月 22 日。

⑰ 参看 E.Haugen《语言学与语言规划》，《国外语言学》1984 年第 3 期。

⑱ 拉迪斯拉夫·兹古斯塔《词典学概论》，林书武等译，商务印书馆 1983 年版。

⑲ 罗强烈《小说叙述观念与艺术形象构成的实证分析》，《文学评论》1986 年第 2 期。

⑳ 参看《作品与争鸣》1986 年第 4 期所载小说《荒原》及有关评论。

㉑ 参看 E.Haugen《语言学与语言规划》，《国外语言学》1984 年第 3 期。

㉒ 参看邹韶华《试论语法规范的依据问题》，《语言文字应用》1996 年第 4 期。

㉓ 参看赵元任著《语言问题》，商务印书馆 1980 年版。

参考文献

《现代汉语规范问题学术会议文件汇编》，科学出版社 1956 年版。

赵元任《语言问题》，商务印书馆 1980 年版。

戴昭铭《规范语言学探索》，《北方论丛》编辑部 1994 年版。

吕冀平、戴昭铭《语言规范问题琐议》，载《汉语论丛》，华东师范大学出版社 1990 年版。

吕冀平、戴昭铭《语文规范工作四十年》，《语文建设》1990 年第 4 期。

邹韶华《试论语法规范的依据问题》，《语言文字应用》1996 年第 4 期。

（节录于《当前我国语言文字规范化问题》，上海教育出版社 1999 年）

（二）语音

普通话音位研究中的几个问题

王理嘉

有关普通话音位研究的文章近几年来时有可见。从这些文章来看，音位分析中一些早已存在的问题，如果提出来共同进行一些讨论，也许会有助于更好地开展普通话的音位研究。

一

普通话的元音音位系统中只需要一个低元音音位，大多数人都是这么看的。但是也有个别语言学家认为必须建立两个低元音音位：一个前低的/a/和一个后低的/ɑ/。① 赵元任最早举出了前[a]和后[ɑ]对立的例子："您不来了"[tʼam pu lailə]——"他们不来了"[tʼɑm pu lailə]。在这个例子里，[tʼam]和[tʼɑm]构成了最小对立。他还举了普通话里中元音[ɤ]和[ə]在句子里发生对立的例子："这是蛇么？"[tʂɤ ʂɿ ʂɤm mə]——"这是什么？"[tʂɤ ʂɿ ʂəmmə]。② 赵元任把这种在分布范围边缘发生对立的语音称之为边际音位，并且认为边际音位应该尽量避免。这些例子表面上似乎只是对具体语言中个别音位分合的意见不同，实际上涉及音位分析中更一般的问题，即音位对立应该在哪个平面上进行考察。

在音位分析中都是利用最小对立体来确定音位的。例如，根据[san⁵⁵]（三）和[ʂan⁵⁵]（山）的对立，确定[s]和[ʂ]是两个不同的音位。最小对立体突出了语音差别和意义差别的联系，简单而又准确地把语言中的音位显示出来。但是，所谓"最小"，指的是被对比的双方只有一个最小的音差（有人称之为"最小音差辨义词对"），至于对立体本身是一个多大的语言单位，并无任何限制。例如，语素"甘"和"帆"（[k]：[f]），词"河南"和"荷兰"（[n]：[l]），句子"大家全饱了"和"大家全跑了"（[p]：[pʼ]），这些例子全是最小对立体，因为每一对对立的例子彼此之间都只有一个最小音差。

以不同的语言单位作为音位分析的对象，可能会导致不同的结果。有时在词（或语素）的平面可以构成最小对立的语音，在句子平面是永远不会碰头的。有人以苏门答腊北部的一种语言为例，③ 这种语言里有两个元音[o]和[ɔ]，从词的平面来看它们是对立的：[jolo]（前面）——[jolɔ]（表敬助词），因此应分属不同的音位/o/和/ɔ/。但是在整句话的分布范围里这两个元音却是互相排斥的，因为没有两句话是仅仅依靠[o]和[ɔ]的对立而区别意义的。也有相反的情形，在语素或词的平面上处于互补分布的语音，在句子里却构成了对立。上面所举的普通话里前[a]和后[ɑ]的对立，[ɤ]和[ə]的对立，都属于这一类例子。这两对元音就语素或词（非儿化词）的平面来说，各自的分布范围是不交叉的，也就是它们不会出现在相同的语音环境里，所以不会互相对立，但是在句子里，由于音节之间的语流音变的作用，却成了最小对立体之间唯一的语音差别。

音位分析究竟应该从哪个平面入手？音位定义或分布分析法本身回答不了这个问题。从描写语言学的角度来说，语言分析的程序应该从话语开始，而语法描写又应该在音位分析之后。因此，归纳音位应该从未经解释和分解的原始材料——语句入手，但是这样做在实践上和理论上都会碰到很大的困难。

首先，句子里的语音处于各种因素的交互影响之下，会发生同化、异化乃至于脱落、增音等各种变化。从话语里的句子直接归纳出来的音位和音位变体，必定是十分烦琐纷杂的，这不符合音位分析的目的。倒如，从句子平面入手归纳音位,普通话里就需要建立两个独立的低元音音位:/a/和/ɑ/,增加一个辅音韵尾[m]。与此同时,韵母系统里也就多了两对对立的韵母:/am/和/ɑm/,/uam/和/uɑm/。中元音音位的数目同样也要增加,因为有些原来在非儿化韵系统中互补的元音,在句子平面里都因为语流音变的作用彼此发生了对立。④

其次,音位分析如果从还没有分解为语素和词的句子入手,用以鉴定音位的句子本身是不是最小对立体,有时都是难以确定的。例如,英语语句(1)I am going to market today。(今天我要买东西去);(2)I am going to mark it today。(今天我要把记号标出来)。在快速的话语里,这两句话变成了最小对立体,因为它们之间唯一的语音区别表现为送气的[kʻ]和不送气的、无除阻的[k]之间的对立,即 market[maːkʻɪt]和 mark it[maːkɪt]的不同。⑤但是,美国语言学家并不据此就把[kʻ]和[k]分为两个不同的音位,他们认为这两个音实际上并不处于相同的语音环境里。送气的舌根清塞音后面是没有停顿的,因为 market 是一个词;不送气的舌根清塞音则处在一个可以有但是未实现的潜在停顿之前,因为 mark it 是两个词。所以[kʻ]和[k]实际上不是对立的,而是互补的,即[kʻ]不出现在表示停顿的零音位/#/之前,而[k]则总是出现在/#/之前。这样的分析当然言之成理。但是,如果事先不知道语句里词的切分,那么这种在快速的话语里没有表现出来的潜在停顿([maːkɪt]mark it,)又怎么可能发现呢? 要求不依赖做好词(语素)的切分,直接从整句话里把语音变体归纳成音位,事实上是做不到的。

法国功能学派语言学家马丁内在他写的《普通语言学教程》第三章里曾经说过:音位分析最好从通常称之为"词"的成分入手,而且最好是由简单词干形成的单音节词。马丁内认为这是进行音位对比最理想的形式,因为这种可以独立成词的单音节语素,内部绝对不包含潜在的停顿,语音的组成又较为简单。在许多语言里要提取这种单音节词是比较困难的,因为绝大多数的词都是多音节的,但在汉语(单音节语)里却比比皆是,我们的音位分析岂不是正好从通常表现为一个音节的最小表义单位——语素入手?

二

音位分析根据对立原则确定两个音是不同的音位,根据互补原则确定两个音可以归并为一个音位。说两个音是互补的就是它们各有自己的分布范围,从不出现在相同的语境里。可是大到一个句子,小至一个音节都是一个语音环境,语境范围的大小与音位归纳有没有联系? 如果有联系,互补分布显然也有一个在哪个平面考察最为合适的问题。

音位内部包括哪些变体,多少变体,这跟考察互补分布的语境范围的大小是直接有关的。例如,有的《现代汉语》教科书里说,普通话的鼻音/ŋ/有两个变体:"一个是韵尾[ŋ],持阻、除阻期都不发音,如'当'[tɑŋ]、'江'[tɕiɑŋ],是唯闭音。一个是声母[ŋ],有鼻音发音的三个阶段,但只出现在后续语气'啊'之前,同前面有韵尾[-ŋ]的音节连读时因同化作用常有这种[ŋ-]声母。如'唱啊'[tʂʻɑŋŋA]。"⑥音位学并没有给考察互补分布的语境范围规定任何限制,所以确实也没有什么理由认为词首添加音[ŋ]不能算/ŋ/音位的一个变体。问题是诸如此类的语流音变现象是否都可以这样处理呢?

从目前的文章来看,大家对上述问题并没有一个明确的看法。大多数时候,归纳在一个音位里的音位变体都是音节内部的,但也有一些变体是音节连读时产生的。例如,普通话轻声词里轻读的音节都是后附的,由于轻声读得短而弱,轻声音节里本来就是弱辅音的不送气清塞音和清塞擦音,在前后都是浊音的条件下受同化作用的影响,往往由清变浊。例如:

[p]→[b]　　　哑·巴[iA bə]

[t]→[d]　　　我·的[uo də]

[k]→[g]　　　五·个[u ge]

[tɕ]→[dʑ]　　　姐·姐[tɕiɛ dʑiɛ]

[tʂ]→[dʐ]　　　站·着[tʂan dʐə]

[ts]→[dz]　　　椅·子[i dzə]

这些在音节连读中产生的浊辅音通常都被分别归并在相应的辅音音位/p/、/t/、/k/、/tɕ/、/tʂ/、/ts/里,作为该音位的一个音位变体。但是,轻声里韵母的许多变化,如元音央化:"妈·妈"[mᴀ·mə],"哥·哥"[kɤ gə];前响复韵母单元音化:"热·闹"[ʐɤ nɔ],"明·白"[miŋ pɛ];这些音变现象在音位分析中都没有分别归入相应的元音音位。既然轻声现象都是作为音节连读时的语流音变看待的,为什么声母和韵母在音位分析中不同样处理呢?还有,舌尖鼻音[n]作韵尾时在音节连读中产生的一系列语音变体,如"面包"[n]→[m],"很好"[n]→[ŋ],"选举"[n]→[ȵ],"班长"[n]→[ŋ],等等,大家也不列入/n/音位的音位变体。那么,为什么又把音节连读中产生的词首添加音[ŋ]("唱啊"[tʂʰaŋŋᴀ])当作/ŋ/音位的一个音位变体呢?可见,在音位归纳中如何处理语流音变中产生的许多变体,大家并没有一个明确的统一的看法。

音位在语音序列中的变体,有的是由于音节内部语音之间的相互影响产生的,有的是由于音节连读的影响而产生的。前一种以音节内部的语音环境作为变化条件,这种音变是强制性的,因为组成一个音节的若干音素是在发音器官肌肉一次紧张中发出来的;后一种音变以音节外部的语音环境作为变化条件,这种音变是非强制性的,因为音节之间可以有停顿,连音变化不一定发生。由音节外部影响产生的连音变化有一些是很复杂的。例如:

    "木樨肉"[mu ɕi ʐou]   →[mu ɕy ʐou]

    "白石桥"[pai ʂʅ tɕʰiɑu]   →[pai ʐʅ tɕʰiɑu]

    "不知道"[pu tʂʅ tɑu]   →[pur tɑu]

    "没意思"[mei i sʅ]   →[mei is]

总之,语境的范围越大,可能出现的语境变体就越多。归纳音位变体的语境范围倘若既包括音节内部的又包括音节外部的,那就必然会使音位内部的变体数量大大增加,并使音位之间的关系复杂化。例如在上述例子里,有的发生了音位交替([i]~[y];[ʂ]~[ʐ]),有的整个韵母脱落了([isʅ]→[is]),有的发生了音节融合现象([pu tʂʅ]→[pur]),要把诸如此类的音变现象,条分缕析,一一归并到各个音位中去,即便做到了,其结果也一定是整个音位系统因此变得烦琐枝蔓,不得要领。

从音位归纳应该做到简明系统的要求出发,我们最好把归纳在一个音位内的不同变体限于音节内部的连音变化。例如,普通话的辅音音位/n/可以包括下列音位变体:

/n/

    [n]   舌尖齿龈音,作声母,如"拿"[nᴀ]

    [n˺]   舌尖齿龈音,不除阻,作韵尾,如"班"[pan]

    [ŋ]   舌尖前腭音,如"闹"[ŋɑu]

    [ȵ]   舌面中腭,如"泥"[ȵi]

    [n̥]   圆唇的[n],如"暖"[n̥uan]

/n/在音节连读中还会与[m][ŋ]发生音位交替的现象。例如,由于逆同化的影响,"很好"里的[n],往往读成舌根鼻辅音[ŋ],"电报"里的[n]常常读成双唇鼻辅音[m],但并不引起意义的变化。这一类语音变体应该另立一类,放在音位在音节连读中的变化里给予叙述和描写。由于轻读而产生的各种变体也应这样处理。

<h1 style="text-align:center">三</h1>

互补是把变体归纳为一个音位的必要条件,但不是充足条件。归纳音位不能没有语音近似这一条原则,否则当一个音同时与好几个音有互补关系的时候,我们就无法确定这个音应该与哪个音归并在一起,不应该与哪个音归并在一起。但是,对这一条原则的理解和使用存在着许多问题。

首先,语音近似原则在音位分析中究竟处于什么地位?西方有些语言学家认为把音素归并为音位不是根据语音上的异同,而是根据它们的分布关系。他们在实践中为了符合经济原则总是力求把互补的语音归入一个音位,变体在语音上近似与否似乎无关紧要。而我们则倾向于另一个极端。有的人把语音近似抬高到音位分析主要原则的地位,认为:"主要应当根据'音感'来确定音位……本地人自然地把一类语音认同为一个单位(即音位),这就是音位的音感特征。"[⑦]这种提法会不会造成认识上的混乱?对立或互补是音位学的理论核心,对立说的是哪些语音不能归并为一个音位,互补说的是哪些语音可以归并为一个音位。语音近似原则只能与互补原则结合在一起使用,如果抛开了对立或互补这两条根本原则,以"音感"作为主要原则来确定音位,事实上是做不到的。

其次,语音近似有没有客观标准? 霍凯特曾经说过:"我们无法确切地规定'语音相似的程度',所以如何恰如其分地应用这条原则并不总是清楚的。"⑧由于语音近似与否,都凭个人听感来判断,每当意见不一致时,总是谁也说服不了谁。普通话里元音[i][ʅ][ɿ]在音位分合上的争论,最典型地反映了语音近似原则本身的局限性。主张舌面元音[i]同舌尖元音[ɿ][ʅ]应该归并为一个音位的一派,认为这三个元音在听感上和谐,语音上是相近的;主张把这三个元音分为/i/和/ɨ/(ɿ,ʅ)两个音位的一派,则认为"鸡"和"兹"押韵,"谁都觉得不好听",语音上显然不相近。争论的双方都以"音感"作为音位分合的依据,可是对语音近似与否的判断却截然相反,因而在音位归纳上意见也针锋相对。⑨

语音相似原则在使用上不仅有主观任意的毛病,而且有时还包含了一些模糊的或是错误的认识。例如,有人认为普通话元音[o]和[ɤ]不应归并为一个音位,因为读音上不相似,说:"作为规范的普通话语音,[o][ɤ]不容相混。"⑩这种意见会给人一种错误的印象,似乎语音相近就是可以相混。可是,在音位分析中认为某几个音素语音上相近,可以归并为一个音位,决没有而且也不可能有这几个音素是可以相混的意思。另一方面,作者本人紧接着又不作任何分析就宣称[ɤ]与[ɛ][e]等音素声音是相近的,可以归并为一个音位。何以[ɤ]与[o]语音不相近,而与[ɛ][e]是相近的? 不作任何分析说明,就凭个人的听感裁定,语音近似原则的使用岂非变成完全可以随心所欲的了?

不少人在寻找确定语音相似的标准。有人主张根据能否押韵来判断语音近似与否,有人认为应该根据发音生理的分析,"在听感上声音比较接近就是辅音的发音部位、方法,元音的舌位、唇形比较接近。"⑪此外,还有人用声学上音波近似来证实听感上的相近。⑫这些主张并没有解决问题。近几年来,语音声学特性的研究普遍采用物理—心理的感知实验来进行验证。这使我们得到了一点启示。由于实验语音学已经证明,语音的生理、物理和听觉之间不是一种简单的一对一的因果关系,有时不同的声腔形状也可以发出同样的声音,而不同形状的声波在感知上可能并无意义。因此企图仅仅从语音的发音生理或物理特性去进行分析,由此证明音感上相近不相近,大概都是徒劳的。如何确定语音近似与否最终还是要从听觉感知入手去解决,但不能只凭自己的听感,个人说了算。我们可以尝试设计一些听辨实验来探求语音之间的混淆率,混淆率越大,则相似度越大,以此确定语音近似的程度。⑬这种听辨实验应该把普通话的全部语音放在一起进行群集分析,而不是个别语音的孤立比较;而语音之间是否相近,应该以一定数量的受测试者的反映为依据;语音之间相似度的大小也要根据听辨的数据进行计算统计得出来。以这样的听辨实验作为确定语音近似的依据,比较起来自然要客观可靠得多。

当然,互补的语音即便证实了它们在语音上是相近的,也未必就一定要归并在一个音位内,因为还有其他因素要考虑。例如,普通话里的[m]只出现在音节开首,[ŋ]只出现在音节末尾,这两个音虽然符合互补分布和语音相似的要求,但大家仍然把它们分为两个不同的音位。因为作声母的辅音和作韵尾的辅音在音节结构的格局中不是处于同一个层次的,各有自己的发展道路。比如,普通话作韵尾的[m]和[n]在历史上发生了音位合并的现象,而作为声母的[m]和[n]仍然是两个各自独立的音位。所以从历史音韵以及方言和普通话对应的角度来看,普通话里的[m]和[ŋ]在音位上仍以各自独立为宜。照顾历史音韵,这本来也是归纳音位时要考虑的一个方面。⑭

四

由于对音位理论的基本概念缺乏深入的了解,在普通话音位研究中表现出来的问题也表现在其他方面。例如,有的人反对把儿化韵里的卷舌成分[-r]抽象出来,作为辅音音位/r/([ʐ])的变体(/ar/=/a/+/r/),理由是[-r]不是一个独立的音素,怎么能算一个音位? 儿化韵在音位分析中如何处理,完全可以有不同的意见,这里暂不讨论。但上述的反对意见,显然不了解音位可以小于一个音素,也可以大于一个音素。在音位分析中一个音素的组成成分可以分解出来,分别属于不同的音位;同时两个音素,甚至于是辅音和元音的结合体也可以是一个音位的音位变体。此外,音素标音和音位标音的关系也还有人没有完全弄清楚。例如,有人把儿化韵里出现的卷舌元音归并在相应的元音音位里,如/a/音位里包括[ʌ][a][ɑ][ɛ][ɐr]等音位变体,[15]于是,"花"[xuʌ]和"花儿"[xuɐr]的音位标音都是/xua/。把几个音素归并在一个音位里,那就意味着在音位标音中,这些音素都应该用同一个音位符号来标写。两个词的读音如果相同,音位标音的形式也应相同;反之,两个词的读音如果不同,那么音位标音的形式必须不同。"花"和"花儿"读音不同,音位标音形式怎么能相同呢?

以上所说的各个问题,赵元任在《音位标音法的多能性》这篇文章虽实际上从不同的角度都专门讨论过了,但是结合这几年的普通话音位研究来看,问题还存在,因此,重新提出来共同探讨一下,仍然是十分必要的。

附　注

① 参看桥本万太郎《普通话音位学札记》(1970),见《一般语言学和东方语言学研究》。

② 参看赵元任《汉语口语语法》,37 页至 39 页。为说明方便,引例改为音标。

③ 参看《语言学资料》,1964 年,第 1 期,第 25 页。

④ 参看赵元任《汉语口语语法》,36 页至 39 页。

⑤ 转引自李兆同《关于普通话零声母的分析问题》,《语文研究》1985 年第 1 期。原例出处见该文附注⑦。

⑥ 黄伯荣·廖序东主编《现代汉语》(上册),第 117 页。

⑦ 游汝杰等:《论普通话的音位系统》,《中国语文》,1980 年 328 页。

⑧ 霍凯特:《现代语言学教程》(上),124 页。

⑨ 参看拙作《北京话的高元音音位》,《语文研究》1985 年第 1 期,21—22 页。

⑩ 李延瑞《普通话音位研究述评》,《中国语文》,1984 年 257—258 页。

⑪ 徐世荣《普通话语音知识》179 页。

⑫ 同上 185 页。

⑬ 参看张家骒、吕士楠、齐士钤《汉语语音感知特征的群集分析》,美国《中国语言学报》1982 年 6 月。

⑭ 参看赵元任《语言问题》,第三讲,音位论。

⑮ 参看黄伯荣、廖序东主编《现代汉语》(上),1980 年本 258 页。

（原载《语文研究》1988 年第 4 期）

普通话韵母的分类

王洪君

现行的高校现代汉语教科书对普通话韵母的分类都基本一致。以北京大学中文系现代汉语教研室编的《现代汉语》(1993)一书为例：普通话韵母首先分成单韵母、复韵母、鼻音韵母三大类。大类之下，复韵母又分为前响、后响、中响三小类，鼻音韵母又分为舌尖鼻音韵母、舌根鼻音韵母两小类。

方言学界常用、但在现代汉语教学中影响不大的是另一种韵母分类方案。该方案可以以《语音常识》(董少文,1959)为代表。它首先把普通话的韵母分为开尾韵母(i[ɿ、ʅ]、i、u、ü、a、ia、ua、o/e、uo、ie、üe①)、元音尾韵母(ai、uai、ei、uei、ao、iao、ou、iou)、鼻尾韵母(an、ian、uan、üan、en、in、uen、ün、ang、iang、uang、eng、ing、ueng、ong、iong)、卷舌韵母(er)四大类。元音尾韵再分为i尾韵和u尾韵，鼻尾韵母再分为n尾韵和ŋ尾韵，各两个小类。(前面所列韵母示例中的逗号表示小类的界限)

本文拟比较这两种方案的优劣。为称说方便，我们把前一种方案称为A方案，后一种方案称为B方案。具体比较之前，我们先在什么是理想的分类这个问题上花些笔墨。

从理论上说，分类的目的一是使同一层次的单位显示出内在的组织条理，便于记忆；二是使组合规则的描写简明。

分类的结果应该满足下面的要求：1.同类成员至少在一个自然属性上相同且分出的类型成整齐的格局。这样的分类才便于记忆。2.同类的成员在结合成更大的结构体时的作用有共同之处。这样的分类才有用处。在一个自然属性上相同且能构成整齐分类格局的同组成员，在组成更大的结构时必然会有相同的作用。比如普通话声母表对声母的分类。表中每一横行的声母发音部位相同，每一竖列的声母发音方法相同；无论是横向还是竖向，同行或同列声母的发音和谐，也就很好记。同时，每一横行的声母在组成音节时的行为相同。如g、k、h都不与齐齿、撮口呼相配，j、q、x都不与开口、合口呼相配等；每一竖列的声母在语流音变中也有相同的行为，如b、d、g、j、zh、z在词中位置出现时常常浊音化，f、x、s、sh可能自身浊音化也可能使后面的韵母无声化，m、n则可能使后面的韵母脱落而自成音节等。这样的分类很有用，也表明了它们的确属于系统里同一个相互制约、相互联系的小组。

用上述标准衡量，高校教学中普遍采用的A方案无论在科学性还是在实用性上都显然不如B方案。下面我们分别讨论两种方案的分类依据、系统价值和实用价值。

B方案其实是根据韵母的组成成分韵头和韵尾的情况来分类的。根据韵头位置可能出现的音位，韵母分为开齐合撮四呼。根据韵尾位置可能出现的情况，就得到B方案所主张的四大类。

B方案的分类有自然属性的依据：它抓住韵尾的特点从而反映了韵(韵母除韵头之后的部分)发音时的舌位走向和气流通道，从而形成了韵头之后的音段在发音上大致接近的类。念起来上口，便于记忆。

B方案的分类更能很好地反映系统的格局。韵和韵头是韵母的直接组成成分。开齐合撮反映了韵母起始部分是否相同，开尾/元音尾/鼻尾/卷舌尾则反映了剩余部分是否有相同的趋向。二者相配，形成了说明韵母大类特点的理想的纵横两轴。普通话的韵母表正是按这两根轴设计的。安排在这样两根轴中的韵母显现出纵横系列颇为平行对称、空格很少的格局，便于掌握和记忆。

B方案的分类对于音系规则的描写也很有价值。在音节结构的构造、语流音变、儿化等构词音变、诗歌押韵、方言对应等诸多方面，韵母都常常按B方案的四大类或按以四大类为基础的更大的类或更小的类分组活动。更大的类如元音尾韵与开尾韵可合为非鼻尾韵,元音尾韵又可与鼻尾韵合为有尾韵。更小的类如前述的 i 尾韵、u 尾韵等。这一级分类还可以按韵腹的情况再细分。分到最小就是韵腹与韵尾都相同的韵母,即韵母表同一横行的韵母,称为一组韵(如 a、ia、ua)。此外,i 尾韵与 n 尾韵可合称前韵尾韵,u 尾韵与 ŋ 尾韵可合称后韵尾韵。有了四大类及以它为基础的大类和小类,就可以以简驭繁地掌握各种规则:

一、韵母分类与音节结构规则完全相应。记住了音节的韵尾位置可以出现哪些音位,也就很容易掌握 B 方案四大类韵母的区分。记住了韵头及韵腹位置可出现哪些音位,也就等于记住了四大类各类辖有哪些韵母。

二、语流音变韵母弱化的规律由此可表达为: 开尾韵央化(如 a、ia、ua→[ɐ、iɐ、uɐ]→[ə、iə、uə],e/o、uo→[ə、uə]);元音尾韵(特别是韵腹为低元音的韵)单化,i 尾韵单化为前元音,u 尾韵单化为后元音(如 ai、uai→[ɛ]、[uɛ],ao、iao→[ɔ]、[iɔ])。若没有四大类及其上下级的分类,就只能逐个韵母地列举这些现象,规律将被掩盖。常提到的语气词“啊”的音变也是如此,这里不再赘述。

三、儿化构词音变的规律首先是同一组韵的儿化变化相同,如 a、ia、ua 变为 ɐr、iɐr、uɐr。这就要用到四大类的下级分类。而有尾韵中的前韵尾韵(i 尾韵和 n 尾韵)的儿化都是脱落韵尾,后韵尾韵(u 尾韵和 ŋ 尾韵)的儿化则是保留韵尾或保留韵尾的发音特征(鼻化)。这又用到了四大类的上级分类。

四、诗歌押韵只用四大类的最小的下级分类——韵腹韵尾都相同的一组韵。如 a、ia、ua/ai、uai/an、ian、uan、üan 在押韵中分为三韵。

五、方言与普通话的对应也与 B 方案的分类有关。如普通话与吴方言的一个显著不同是韵母有如下对应性的差异:ai∶ɛ,uai∶uɛ,an∶ɛ̃,ian∶iɛ̃,ei∶e,uei∶ue 等等。这些差异可以用一句话来概括:吴方言缺乏有尾韵。

下面再看 A 方案。

A 方案也有自然属性的依据: 单韵母为单元音或带卷舌动作的单元音,复韵母为复合元音,鼻音韵母为元音加鼻辅音。但从自然属性看,A 方案有明显的缺陷。首先是类的命名与自然属性不完全相符。单韵母、复韵母从名称来看是指组成成分是否单一,但单韵母中的卷舌韵母发音有动程,成分并不单一;鼻音韵母同样有两个以上组成成分却又不属于复韵母。[②]再有是小类的分类标准不一:复韵母之下分为前响、中响、后响三小类,那么,鼻音韵母为什么不也按响度分类呢? 反过来,鼻尾韵按收音的发音部位分为前后两类,复韵母为什么不能按同样的标准分类呢?

更重要的是,进入了具体语言系统的元音及其组合都不再是单纯语言学意义上的成分。作为音系的一级单位,韵母的分类应该首先考虑与语音系统有关的语音要素。而 A 方案的分类却脱离了音节结构的位置来考虑韵母里元音的情况。因而该方案的分类结果无法与根据音节结构韵头位置的情况而分出的四呼相配成纵横成系列的整齐格局,记忆相当困难。很明显,A 方案在分类系统格局的安排方面不如 B 方案。

A 方案的分类也无助于语音规则的掌握:

一、掌握了 A 方案的分类,仍需另外学习和记忆音节结构规则。反之,学会了音节结构规则,也仍需另外学习 A 方案的韵母分类。

二、在语流音变、儿化等构词音变方面,A 方案中与 B 方案分类不一致的所谓复韵母的类别从来用不上: 所谓复韵母的 ai、ua、uo、ie、üe 从来不与分在一类的 ia、uai、ei、uei、ao、iao、ou、iou 一起变化,连大致相同的变化趋向也找不到。相反,如前所述,它们倒是经常与所谓的单韵母一起行动。

三、很难说明押韵的规则。北大《现代汉语》教材上说“四呼的分类也能反映汉语诗歌押韵的特点”,但紧接着又说“诗歌押韵一般只考虑韵腹和韵尾是否和谐,不管韵头(四呼)的区别”。这两句话是矛盾的。前一句说四呼的分类反映汉语押韵的特点,后一句又说押韵不管四呼的区别。显然,只有后一句话才是对的:四呼的分类(处于韵母表同一纵行的韵母)与能否押韵无关。押韵只要求韵腹与韵尾相同(处于韵母表的同一横行)。如前所述,这正是 B 方案开尾韵/元音尾韵/鼻尾韵/卷舌尾韵四大类的下级分类。A 方案由于在韵母的第一级分类上就走了歧路,所以才不能说明押韵的根据。

四、不能很好地说明方言对应。不少《现代汉语》教材上说吴方言缺乏复韵母。如前所述,更确切的说法应该是吴方言缺乏有尾韵。

　　总之,A 方案对于掌握韵母表、描写音节结构、语流音变、构词音变、诗歌押韵、方言对应都没有太大的帮助,成了一种为分类而分类的分类。要求学生记忆,记住了却从来用不上,这无疑会影响学生的学习积极性,同时也说明它在理论上有较大缺陷。我们建议,高校现代汉语教材的这一部分应作较大的改动,改用 B 方案的韵母分类法。以上意见是否合适,希望得到学界同行与从事教学工作的广大教师的指正。

附　注

　　① 我们改动了《语音常识》与汉语拼音方案韵母标写法不一致的个别标音符号,以便与北大方案对比。

　　② 胡裕树主编的《现代汉语》避免了这一问题,因为该书韵母大类的名称为:单元音韵母、复元音韵母、带鼻音韵母。

（原载《语文建设》1995 年第 1 期）

语 流 音 变

林　焘　王理嘉

一、语流音变的性质

1. 不自由音变和自由音变

我们用语言进行交际的时候,总是一个音紧接着一个音说的,各个音连续不断,形成了长短不等的一段段语流。语流内的一连串音紧密连接,发音部位和发音方法不断改变,有时难免相互影响,产生明显的变化。这种语音变化就称之为"语流音变"。前面已经谈到过,北京话韵母 ian 里的 a 读成[ɛ],是受前面 i-和后面-n高舌位影响产生的语音协调作用,这种协调作用就是语流音变的一种表现。

语流音变是共时性的,但有时能成为语言历时性音变的原因。例如,古代汉语舌根音声母[k][kʻ][x]是可以和齐齿呼韵母配合的(古代没有撮口呼韵母),现代闽粤一带的方言仍保存着这种配合关系,如"基、欺、希"厦门话读成[ki][kʻi][hi],"骄、桥、晓"广州话读成[kiu][kʻiu][hiu]。其他地区的方言这些字大都读成舌面音声母[tɕ][tɕʻ][ɕ],这是因为舌根音[k][kʻ][x]受它后面前元音[i]的影响,产生协调作用,发音部位前移,读成了舌面音。这本是几百年前产生的共时性语流音变,成为古代声母[k][kʻ][x]到现代在齐齿呼和撮口呼韵母前变为[tɕ][tɕʻ][ɕ]这个历时性音变的原因。

更常见的语流音变是在音节之间产生的,也称"连读音变"。例如,北京话语气词"啊"[a]前面的音节如果以[i]收尾,"啊"就要变读成"呀"[ia](如"你呀"),如果以[n]收尾,就要变读成"哪"[na](如"看哪");福州话声母[p][pʻ]前面的音节如果是鼻音韵尾,就要变读成[m],如"棉袍"[mien pɔ→mien mɔ],"产品"[saŋ pʻiŋ→saŋ miŋ]。英语 can not[kæn nɔt](不能)两音节连读时合成一个音节 can't[kænt],也是语流音变的结果。超音质成分也同样可以产生音节间的语流音变,其中以连读变调最为常见,北京话两上声音节相连,前一个上声音节变得和阳平调值相同,就是很典型的例子。

语流音变一般都有比较强的规律性,但是这种规律性只适用于特定的语言和特定的时代。各语言和方言都有自己特殊的语流音变规律,汉语方言中有韵母 ian 的很多,但并不是都和北京话一样因协调作用而变读成[iɛn]。福州话[p][pʻ]在鼻音韵尾后变成[m]在汉语方言中更是不多见的。有的规律具有一般性,但在各语言和方言中所表现的具体内容并不完全相同,这点在下文还会谈到。

语流音变可以分为两种类型:一种是不自由的,只要音变条件出现,音变现象就必然产生。北京话的上声变调和"啊"变读成"呀、哪"以及福州话的[p][pʻ]变读成[m]等等都属于不自由音变。另一种是自由的,音变条件虽然出现,但是音变现象并不一定必然产生,也就是说,变不变是两可的,随语言环境和个人习惯而异。北京话韵尾[-n]后面音节如果是唇音声母,可以变读成[-m],例如"根本"[kən pən→kəm pən],"人民"[rən min→rəm min],但是也可以不变,变不变比较自由,就属于自由音变。

不自由音变不受语言环境的影响,不论说话速度快或慢,态度认真或随便,都会产生音变。自由音变则往往要受语言环境的影响。说话快一些,随便一些,就出现音变;慢一些,认真一些,音变现象就可能消失。个人习惯也对语流音变有影响,有的音变现象对一些人是自由的,对另外一些人可能就是不自由的,这和每个人的年龄、性别、文化程度、社会地位等都有关系。

在语言环境中,说话速度对自由音变的影响最大。各语言说话速度并不相同,英语正常说话速度平均每秒约五个音节,汉语要慢一些,北京话的正常说话速度平均每秒约四个音节,每个音节平均 250 毫秒左右,如果说话速度较快,每秒达到五个音节甚至更多,每个音节平均不到 200 毫秒,就会产生一些正常速度不存在的音变现象,例如,"四个"[sๅ kə]可以读成[sๅ ə],"不知道"[pu tʂๅ tao]可以读成[pu ๅ tao],第二音节声母脱落,这种现象只有在说话随便、语速较快时才会出现。

北京话语气词"啊"经常要受它前面音节韵母或韵尾的影响产生种种不同的语流音变,其中有些是不自由的,有些则是自由的,音变情况如下:

前音节韵母或韵尾	"啊"音变	例
[-a, -i, -y]	[a→ia]	他呀,你呀,去呀
[-n]	[a→na]	看哪

　　　　　　　　(以上不自由音变)

[-o, -ɤ, -ɛ]	[a→ia]	说呀,喝呀,写呀(啊)
[-u]	[a→ua]	哭哇(啊)
[-ๅ]	[a→za]	字啊
[-ɚ]	[a→ra]	纸啊
[-ŋ]	[a→ŋa]	听啊

　　　　　　　　(以上自由音变)

自由音变的结果因说话速度和个人习惯而异,其中说话速度是主要的,说话速度比较快时,以上这些音变都必然会产生,不因个人习惯而有所不同。只有说话速度正常或更慢一些时,个人习惯的不同才有可能显示出来。例子中外加括号的"啊"表示汉字既可以写成"呀""哇",也可以写成"啊",是两可的,不像不自由音变那样一定要写成"呀"和"哪"。

　　2. 几种常见的音变现象

各语言和方言都有自己特有的语流音变规律,音变现象千差万别,产生音变的原因也多种多样。有的音变原因比较简单,例如北京话"啊"变读成"哪",很明显是受了前面音节收尾-n 的影响;有的音变原因相当复杂,例如北京话两上声相连为什么前一个上声会变得和阳平调值相同,到目前还没有能够找到十分合理的解释。

最常见的语流音变是语音的同化。不相同的音在语流中相互影响变得发音相同或相似,这种音变称为同化作用。

音节内部的同化作用往往表现为各音之间发音部位的协调。例如,辅音处在圆唇元音之前时往往被同化成圆唇化辅音,北京话除唇音声母外,其他声母处在合口呼和撮口呼韵母之前时都要受[-u]和[-y]的影响圆唇化,"都"[tu],"国"[kuo],"去"[tɕ'y]里的声母实际读音是[t̚]、[k̚]、[tɕ̚];英语 do[du:](做),cool[ku:l](凉),法语 du[dy](从),cour[ku:r](宫廷)等音节开头的辅音也都受后面圆唇元音的影响读成[d̚]、[k̚]等等。舌根辅音[k][k'][x]处在元音[-i][-y]之前时发音部位受[-i][-y]的影响前移接近于舌面中音,和处在[-a][-u]等元音之前时的发音部位显然不同,这种语音上的协调也是音节内部常见的一种同化作用,比较厦门话"急"[kip]和"甲"[kap],广州话"骄"[kiu]和"鸡"[kai],英语 key[ki:](钥匙)和 car[kɑ:](汽车),法语 cuve[ky:v](桶)和 cave[ka:v](地窖),都可以明显感到[k]发音部位的这种变化。

音节之间的同化最容易出现在两音节相连的地方,也就是说,前一音节的末尾和后一音节的开头,这个位置以辅音居多,因此,最容易产生辅音的同化作用。福州话声母[t][t'][s]前面音节如果是鼻音韵尾,就全都被这鼻音韵尾同化成舌尖鼻音[n],如"皇帝"[xuoŋ ta→xuoŋ na],"甜汤"[tien t'ouŋ→tien nouŋ],"精神"[tsiŋ siŋ→tsiŋ niŋ],这种同化是前面音影响后面的音,称为"顺同化"。广州话"今日"[kam jat→kəm mat],英语清擦音[s]处在浊辅音之后被同化为[z],如 cards(卡片—多数)[kɑ:dz] dogs(狗—多数)[dɔgz],都是顺同化的例子。

后面的音影响前面的音称为"逆同化",前面所举音节内部发音部位协调的例子都是逆同化的。音节之间逆同化的例子也很多，北京话[-n]韵尾后面音节如果是双唇音声母，就可以被逆同化成双唇音[-m]，如"面包"[miɛn pɑo→miɛm pɑo]，"分配"[fən pʻei→fəm pʻei]，"门面"[mən miɛn→məm miɛn]。许多方言都有类似的逆同化现象，如上举"门面"，苏州话[mən mɿ→məm mɿ]，广州话[mun min→mum min]，福州话[muoŋ miɛn→muom miɛn]。英语前缀 im-只用在以 b，m，p 开始的词根之前，如 imburse（偿还），immediate（直接），impossible（不可能）等等，这是前缀 in-受后面唇辅音影响逆同化的结果。英语中只有少数几个词如 inbeing（本质），inmate（居民），input（输入）是例外，这几个词里的 in-都读重音，和一般的前缀 in-的性质并不完全相同。

音节之间元音的同化现象比辅音少，也比音节内部的元音同化少。两音节之间的元音往往被音节中的辅音隔开，不能直接接触，但同样可以产生同化作用。例如北京话把"木樨"[muɕi]读成[muɕy]，[i]受前面音节[u]的影响变读成圆唇的[y]，于是菜单上出现了"木须肉""木须汤"的写法。福州话"红蚣（蜈蚣）"[øyŋ kuŋ]读成[øyŋ ŋøyŋ]，"蚣"的声母[k]变读成[ŋ]，是受前音节韵尾[ŋ]影响产生的辅音同化，韵母[uŋ]变读成[øyŋ]，则是受前音节韵母[øyŋ]的影响产生的元音同化。以上这两个例子都属于顺同化。云南贡山独龙语[tɯ mi]（火），[lɯ gɹu]（鞋）等等在连读时要变读成[ti mi][lu gɹu]，[ɯ]被后面音节的元音同化，则是元音逆同化的例子。

在一些语言里，有一种让词中第一音节或重读音节的元音决定其他音节元音音色的倾向，这也是一种元音同化现象，称为"元音和谐"。元音和谐是阿尔泰语系的语言的突出特点。维吾尔语词干第一音节中的元音如果是前元音，后面音节中的元音往往也是前元音，如[kelin]（儿媳），[ødɛk]（鸭子）；第一音节中的元音如果是后元音，后面音节中的元音往往也是后元音，如[buʁɑ]（鹿），[oruɡ]（瘦）。新疆柯尔克孜语词干第一音节是[a]或[ə]时，后面的音节一般只能是[a]或[ə]，如[ʃamal]（风），[adər]（丘陵），[əsəq]（热），[məna]（这）；第一音节是[e]或[i]时，后面的音节一般也只能是[e]或[i]，如[ene]（母亲），[eki]（二），[ini]（弟弟），[itʃek]（肠子）。土耳其语名词复数附加成分在[gül-ler]（玫瑰）里是[ler]，在[at-lar]（马）里是[lar]，随词根元音的前后而改变，更能明显地看出元音和谐所起的作用。

和同化作用相对的是语音的异化作用。相同或相似的音在语流中接近时，发音容易拗口，于是产生了异化作用，变得发音不相同或不相似。异化作用远没有同化作用普遍，往往可以从中看出历时音变的线索。例如，汉语在隋唐时期有[-m]韵尾的韵母，其中有少数字能和唇音声母配合，如"品、禀、凡、犯、范"等。到了元代，[-m]韵尾仍保留，可是这几个唇音声母的字却读成了[-n]韵尾，这显然是因为音节首尾都是唇音，产生了异化作用。现代广州话仍旧保留了这种历时音变的痕迹，古代[-m]韵尾在广州话里相当完整地保存了下来，只有这几个字要读成[-n]韵尾："品、禀"[pɐn]，"凡、犯、范"[fan]。拉丁语 marmor（大理石）到了法语变成 marbre，第二音节的 m 被第一音节的 m 异化成 b；传到英语，前后两个 r 又产生异化作用，变成了 marble，也是很典型的例子。

异化作用一般不出现在直接相连的音之间，这也是和同化作用不同的地方。云南普米语箐花话两个紧邻音节如果都是以送气辅音开头，第二个送气辅音往往异化为不送气辅音，两个送气辅音并不相连，如[phʐi]（酒）和[thiē]（喝）连读时变为[phʐi tiē]（喝酒），[skhyɛ]（心）和[phʐə̄]（白）连读时变为[skhyɛ pʐə̄]（诚实）。两音相连的异化现象比较少，蒙古语[-ŋ]后面和舌尖鼻音[n-]紧相连时要异化成非鼻音的[-g]，如[ʃaŋ]（奖品）变读成[ʃagnăn]（奖励），这样的例子是并不多见的。

除同化和异化以外，比较常见的语流音变还有增音、减音、合音和换位。

语流中两个音之间增添一个音进去称为"增音"。增音的原因很多，有的是为了分清音节界限，北京话"这儿、那儿、哪儿"有人说成"这合儿、那合儿、哪合儿"，在"儿"[ər]之前增添舌根辅音[x]，两个音节界限清楚；有的是为了发音方便，英语 athlete[æθliːt]（运动员）往往读成[æθəliːt]，在[θ]和[l]之间增添[ə]，避免了发音部位过快的变化；有的则是语音同化产生的结果，福州话"中央"[tyŋ yoŋ]要读成[tyŋ ŋyoŋ]，"旷野"[kʻuoŋ ia]要读成[kʻuoŋ ŋia]，原来零声母增添成[ŋ-]，显然是前面音节[-ŋ]韵尾同化的结果。

语流中某些应该有的音没有发出声音来称为"减音"。减音现象最常出现在语速较快的语言环境。前面曾经提到，北京话"四个、五个"里的"个"、"不知道"里的"知"快读时声母[k]和[tʂ]都可以不读出来，就是一种减音现象；英语在语速较快时 asked[ɑːskt]（问—过去时）可以减去[k]读成[ɑːst]，factory[fæktəri]（工厂）可以减去[ə]读成[fæktri]，也属于减音现象。有些减音和语速已经没有直接关系，例如北京话"两个、三个"不但减去"个"的声母[k],连[k]后面的[ə]和前面"两"和"三"的鼻音韵尾也都减去,"两个"读成[lia],写成"俩","三个"读成[sa],可以写成"仨",这种读法已经不大受语速变化的影响。类似的例子如苏州话入声韵尾[ʔ]处在其他音节之前时消失,"石板"[zɒʔ PE]读成[zɒ PE],"寂寞"[ziʔ moʔ]读成[zi moʔ];福州话声母[k][kʻ][x]处在开尾韵音节之后时减音变成零声母,"米缸"[mi kouŋ]读成[mi ouŋ],"机器"[ki kʻɛi]读成[ki ɛi],"词汇"[sy xuoi]读成[sy uoi],都是不大受语速影响的减音现象。

两个音或两个音节在语流中合成一个音或一个音节称为"合音"。北京话前响复元音 ai,ei,ao,ou 在轻音音节中可以变读成单元音[ɛ],[e],[ɔ],[o],就是一种合音现象,例如"明白"的"白"读轻音,韵母 ai 可以读成[ɛ],"木头"的"头"读轻音,韵母 ou 可以读成[o]。两音节合成一音节的合音现象在语言里很常见,一般多出现在少数常用词语中,例如,北京话"不用"búyòng 合成"甭"béng,苏州话"勿要"[fɤʔ iæ]合成"覅"[fiæ],广州话"乜野(什么)"[mat jɛ]合成[mɛː],英语 can not[kæn nɔt](不能)合成 can't[kænt],it is[it iz](它是)和 it has[it hæz](它有)都合音成 it's[its]。汉语有不少方言的"儿"音节和它前面的音节合音成为一个音节,形成一套儿化韵母,如北京话的"花儿"huār,"盘儿"pánr 等等,这种儿化合音是成系统的,将在下文专门介绍。合音往往同时包含减音现象,如北京话韵母[ou]轻读合音成[o],实际也是减去了[u];"两个"减音读成"俩",也是两音节合成一个音节的合音现象。

两个音在语流中可以互换位置,这种现象称为"换位"。有一些老北京人把"言语(说话)"yányu 说成 yuányi,就是[i]和[y]的换位。麻窝羌语[thɑpkɑ](司厨)也可以说成[thɑkpɑ],是[p]和[k]的换位。福州话"旁边"[pouŋ pieŋ]要读成[puom mieŋ],其中"旁"的韵尾[-ŋ]和"边"的声母[p-]都变读成[m],是语音的同化,"旁"的韵母中的[ou]变读成[uo],则是元音的换位。英语 enmity[enmiti](敌对)有人读成[emniti],是[m]和[n]互换;法语 luxe[lyks](奢侈)有人读成[lysk],是[k]和[s]互换,这种读法虽然一般认为比较粗俗,但也反映出了换位现象。

二、连 读 变 调

1. 连读变调的性质

声调语言的两个或两个以上音节连在一起时,音节所属调类的调值有时会发生变化,这种现象称为"连读变调"。连读变调是声调在语流中产生的音变现象,只可能发生在相连音节之间。北京话上声调类单念或处在停顿之前时调值是[˨˩˦ 214],处在其他音节之前时调值变为[˨˩ 21]或[˧˥ 35],就是典型的连读变调现象。[˨˩˦ 214]是分析和记录北京话上声调类的基本形式,称为"本调"或"单字调",[˨˩ 21]和[˧˥ 35]是上声音节和其他音节连读时产生的调值变化,称为"变调"。为了和本调区别,在用五度制标写调值时,变调的调值要标在直线的右侧,如[ʟ 21][ʅ 35],如果需要和本调比较,应该放在本调之后,如[˨˩ʟ 21][˨˩ʅ 35]。本调和变调并没有主次之分,只是调类在不同语言环境中所表现的不同语音形式而已。

调类相同的音节本调的调值必然相同,连读变调规律一般也应该完全一致。如果连续变调规律不一致,也就是说,本调相同而变调不同,而且不同的变调各有自己的变调规律,就有可能应该分为两个调类,这时调类划分的根据不再是本调而是变调。例如浙江温岭话本调调值读[˥˩ 31]的音节就有两套完全不同的连读变调规律,一套处在其他音节之前基本上不变调,另一套处在任何音节之前都要变调读成升调。基本不变调的一套所包括的字和古代或现代一些方言中的阳上声字相当,变调一套所包括的字则和古代或现代其他方言中的阳平声字相当。例如:"是"[zɿ]和"胡"[ɦu]本调都是[˥˩ 31],在"是非"和"胡须"中都处在阴平声之后,这时"是"不变调,"胡"要变读成[ʅ 35];"父"[vu]和"杨"[liã]本调也都是[˥˩ 31],在"父子"和"杨柳"中都处在阴上声之前,这时"父"也不变调,"杨"要变读成[˩˧ 13]。变或不变有很强的规律性,而且和古代或现代一些方言中阳上和阳平两调类完全相当,温岭话本调读[˥˩ 31]的音节就应该根据两种不同变调规律分为阳上和阳平两个调类。

银川话按本调只有三个调类:平声[˧ 33],上声[˥˧ 53],去声[˩˧ 13]。上声处在去声之前时有两套完全不同的变调规律,一套不变调,另一套变读成[ʅ 35]。不变调一套所包括的字都和古代或现代其他方言中的阳平声字相当。例如"浅"和"前","纺"和"防",银川话单读时都是[˥˧ 53],是同音字,如果后面紧跟着一个去声音节,"浅"和"纺"都变读成[Ⅰ 35],"前"和"防"不变,仍旧读[Ⅰ 53],"浅近"和"前进","纺织"和"防治"并不同音。严格地讲,银川话的上声也应该根据这种变调分为上声和阳平两类,只是这两类除处在去声之前外已合二为一,不像温岭话那样两套变调的界限十分清楚。

连读变调有时是区分语义或语法结构的一种手段。例如,河南获嘉话上声本调是[Ⅰ 53],"雨水""虎口"都是两上声连读,如果只是前一音节变调,读成[Ⅳ 31Ⅰ 53],"雨水"指一般的雨水,"虎口"指老虎的嘴;如果前后两音节都变调,读成[Ⅳ 31Ⅳ 13],"雨水"就专指雨水节气,"虎口"就专指拇指和食指相连的地方。浙江舟山群岛定海话"平地"[biŋ⌐ 22 di↗ 13]不变调指平整土地,是述宾结构,如果"地"变调读[Ⅳ 34],就指平坦的土地,是偏正结构;同样"生蛋"如果"蛋"[↗ 13]不变调指鸡下蛋,如果变调读[Ⅳ 34],就指不熟的生蛋了。

有的连读变调规律只能适用于个别语素,分两种情况:一种是语素本身产生特殊的连读变调,例如北京话语素"不"本调是去声,如果处在另一去声之前,就要变调读成[Ⅰ 35]和阳平调值相同,如"不去"búqù,"不对"búduì。另一种是语素影响其他音节,使其音节产生特殊的连读变调,例如山西长治话入声调值是[Ⅰ 54],处在词尾"子"和"底"之前时分成两套,一套变调读[Ⅳ 4],相当于古代或现代一些方言中的阴入声字,如"瞎子""热底";另一套不变调,相当于阳入声字,如"脖子""薄底"。长治话入声是否变调,是由后面"子"和"底"这两个语素所决定的,和其他语素以及语音环境并无关系。

2. 连读变调的类型

连读变调是声调语言中极为常见的语流音变现象,有的语言连读变调非常复杂,有的语言比较简单,也有的语言并不存在明显的连读变调现象。汉藏语系是典型的声调语言,各语族的变调情况也很不相同,苗瑶语族的连读变调一般就比侗台语族复杂得多。同一种语言的各方言也有很大差别,苗语中贵州毕节县大南山苗语连读变调规律相当复杂,湖南花垣县腊乙坪苗语就没有明显的连读变调现象。汉语方言中,东南沿海一带吴方言和闽方言的连读变调都很复杂,粤方言和客家方言则比较简单,也可以认为不存在明显的连读变调现象。北方方言中以山西一带方言最为复杂,北京话可以说是最简单的一种。

连读变调可以发生在两音节之间,也可以发生在三音节、四音节甚至更多的音节之间,但一般都是以两音节的连读变调为基础。两音节变调可以分为三种类型:(1)前变型。两音节相遇,前音节受后音节影响产生变调。如北京话"海岛""想走"等两上声音节相连,只前一音节"海""想"变调读成[Ⅰ 35],后一音节"岛""走"并不变调;福州话阴平[Ⅰ 44]处在上声[Ⅴ 31]之前时变调读成[↗ 52],后一音节上声并不变调,如"工厂"[kuŋ↗ ʒuoŋ↘],"思想"[sy↗ luoŋ↘]。(2)后变型。两音节相遇,后音节受前音节影响产生变调。苏州话前一音节如果是阴平声,后一音节一律变读成低降调,如"东风"[toŋ↑ Ⅰ foŋ↑ Ⅰ],"工人"[koŋ↑ n̩in↗],"空气"[k'oŋ↑ tɕ'i↘]。(3)全变型。有后变型变调的方言往往同时也有前变型变调,如果前后两音节都变,就成为全变型。苏州话前音节如果是阳去声[↘ 31],后音节和在阴平声之后相同,一律变读成低降调[↘ 31],前音节也变调读成低升调[Ⅰ 13],如"问题"[vən↘ di↘],"雨伞"[ɦy↘ sɛ↘];也有人前音节变读成[⊢ 22],后音节变读成[⊢ 33]或[⊢ 44]的,"问题"读成[Ⅳ Ⅳ],"雨伞"读成[Ⅳ Ⅰ]。

不同类型的变调在有的方言里可以起区分语义或语法结构的作用。前面提到的河南获嘉话"雨水""虎口"的两种意义就是用前变型和全变型的不同变调类型来区分的。山西平遥话两去声[Ⅰ 35]相连,如果是述宾结构就用前变型,如"败兴"[pæ↘ ɕiŋ↑],如果是并列结构或偏正结构就用后变型,如"病痛"[pi↗ t'uŋ↘],"慢待"[maŋ↗ tæ↘];两上声[Ⅰ 53]相连,如果是述宾结构就用全变型,如"打顶(打盹)"[tɑ↘ tiŋ↘],如果是并列结构或偏正结构,就不变调,如"卯榫"[moↃ Ⅰ suŋↃ Ⅰ],"小米"[ɕioↃ Ⅰ im Ⅰ]。

三音节、四音节甚至更多音节的连读变调要比两音节复杂得多,而且往往受到语义和语法结构的影响,但多半都以两音节的变调规律为基础。以三音节为例,浙江温岭话是后两音节按两音节规律变调,第一音节基本不变,"东南"[tuŋ⊣ Ⅳ nɛn Ⅳ]两音节都变调,"东南风"变成[tuŋ⊣ nɛ Ⅳ fuŋ⊣],"南风"按两音节规律变调,"南"由降调改为升调,"东"不再变调。厦门话则是前两音节按两音节规律变调,第三音节不变,如"好学生"[ho Ⅴ hɑk Ⅱ siŋ⌐],"差不多"[ts'a⊢ put Ⅴ to⌐]。厦门话四音节或更多音节也总是最后音节不变,其余都要变调,最后音节一般处在语音停顿之前,往往受构词法和句法的制约,例如"中华人民共和国"往往分成"中华""人民""共和国"三段来变调,并不是前六个音节都变,只有最后的"国"才不变。

有时多音节变调和两音节变调规律毫无关系。北京话阳平声处在两阴平声之间时往往产生变调,读成[ˈ 55],和阴平同调值,如"科学家""工农兵",中间音节都可以读成[ˈ 55],这种变调就和两音节变调规律无关。苏州话三音节连读时有两派读音。一派前两音节按两音节规律变调,第三音节一律变成低降调,如"火车站"[həu˩ tsʼo˥˧ ze˩],"火车"按两音节阴平处在上声之后的变调规律变读成[˩˥ 35]。另一派读音中间音节主要由它本身的调类来决定,阴平处在中间音节并不变调,"车"仍旧读[˦ 44],这一派的读法就和两音节变调毫无关系了。

3. 普通话的连读变调

普通话的连读变调可以说是和北京话完全一致,变调规律非常简单,严格地讲,只有一种不自由的变调,就是前面已经提到过的上声变调。普通话上声[˨˩˦ 214]处在阴平、阳平和去声之前时变调读成[˨˩ 21],处在另一上声之前时变调读成[˧˥ 35]。试比较:

上声+阴平:	语音	好听	两张	买书
上声+阳平:	语言	好人	两条	买鞋
上声+上声:	*语法	*好笔	*两碗	*买米
上声+去声:	语义	好看	两块	买布

直行比较上列各例,很容易感觉到上声两种变调的区别。两上声音节相连,前一音节的上声调值显然和处在其他三声之前大不相同,例中前加星号以示区别。

上声处在阴平、阳平和去声之前读成[˨˩ 21],可以认为是只读出了上声调值[˨˩˦ 214]的前一半,因此也可以称为"半上",半上仍保持了上声低调的特点,只是把原来的降升调变为低降调而已。

上声处在另一上声之前读成[˧˥ 35],已经变得和阳平声同调值:"语"和"鱼""好"和"毫"同音,"两碗"和"凉碗""买米"和"埋米"没有区别,只有在强调或对比两者的分别时才有可能把上声变调读得略低一些,成为[˨˦ 24],这样"两[24]碗"和"凉[35]碗""买[24]米"和"埋[35]米"才略略有些不同。如果需要说下列这样一句话:"北京市只有白[35]塔寺,并没有百[24]塔寺",就应该把阳平声"白"和上声"百"的变调区分开。但就一般情况看,两者的调值应该说是完全一样的。

普通话两去声音节连读,前一个去声听起来很像变读成高降调[˥˧ 53],例如:"注意、现在、再见、放假"等等。实际上普通话两音节连读时,前一音节的调域往往比后一音节高一些、窄一些,各声调都是如此,两个阴平声音节连读,例如"今天、新书",听起来就往往是前一个音节显得略略高一些。普通话去声调值[˥˩ 51]从最高的5,到最低的1,占据了整个调域,两去声连读,实际是一个调域略高、略窄的[˥˩ 51]紧跟着一个调域略低、略宽的[˥˩ 51];和后一个[51]相比,前一个[51]听起来自然会有些像是[53]。严格地讲,普通话去声和阴平、阳平一样,并不存在明显的连读变调现象。

有不少世居北京的地道北京人把两去声连读时的前一音节变读成[˧˥ 35],和阳平声同调值,"现在"读得和"闲在"同音,"注意"读得和"竹意"同音,这种现象遍及北京城区和近郊,主要存在于文化层次较低的人随随便便的日常谈话之中,是北京话的内部方言歧异,不能算是普通话。

普通话三音节、四音节甚至更多音节连读时,如果其中包括上声音节,一般都按两音节上声变调规律变调,试比较下列各三音节词语:

普通话[˨˩ ˈ ˥˩]	山海关[ˈ ˨˩ ˈ]
漂白粉[˨˩ ˊ ˨˩]	原子能[ˊ ˨˩ ˊ]
选举权[˧˥ ˧˥ ˊ]	副厂长[˥˩ ˧˥ ˧˥]
感谢信[˨˩ ˥˩ ˥˩]	电影院[˥˩ ˧˥ ˥˩]

左边四个词第一音节是上声,右边四个词第二音节是上声,都要根据后面音节的性质变调:左边的第二音节,右边的第三音节都按阴平、阳平、上声、去声顺序排列,可以清楚地比较出不同的变调结果。处在第三音节的上声"粉"和"长"后面没有其他音节,并不变调。

如果三个音节都是上声,变调情况就复杂一些,往往因语言环境和个人习惯的不同而有所变化。一般情况是前两个上声音节都变调读成[˧˥ 35],如:

| 展览馆[˧˥ ˧˥ ˩] | 买手表[˧˥ ˧˥ ˩] |

"展览馆"是"展览+馆",属于"双单格","买手表"是"买+手表",属于"单双格"。单双格如"买手表、好领导、你演讲"等等,第一个上声也可以不变读成[˧˥ 35],而是变读成半上[˩˩ 21],成为[˩˩ ˩˩ ˩]。双单格第二音节也可以不变读成[˧˥ 35],而是变读成前后两音节之间从高到低的过渡调,大致相当于[˦˨ 42],"展览馆、选举法、手表厂"等等读成了[˩˩ ˩˩ ˩]。这种不同的音变现象,是不必强求一律的。

四个或四个以上音节如果都是上声,最简单的变调是除最后一个音节外,其余的都变读成[˧˥ 35],如:

岂有此理[˩˩ ˩˩ ˩˩ ˩]

领导很了解[˩˩ ˩˩ ˩˩ ˩˩ ˩]

我买五把好雨伞[˩˩ ˩˩ ˩˩ ˩˩ ˩˩ ˩˩ ˩]

但是这种情况比较少。语流越长,语音停顿、语义重点、语法结构以及语调的变化就越多,各种因素交织在一起,可以形成非常复杂的变调局面。例如,在语音停顿前可以变读成[˩˩ 21],甚至可以不变读,仍旧读[˩ 214];需要强调的音节也可以变读成[˩˩ 21],同时还可以加宽调域。这些变化主要是由语法结构和语义关系决定的。

普通话三音节连读时,如果中间的音节是阳平声,也有可能产生变调。当阳平声前面是阴平或阳平,后面是阴平或去声时,由于前面的调尾和后面的调头都很高,中间的阳平往往变调读成[˥ 55],和阴平同调。例如:

阴平+阳平+阴平:	科学家	新农村
阴平+阳平+去声:	中文系	烧羊肉
阳平+阳平+阴平:	同情心	梅兰芳
阳平+阳平+去声:	同学会	洋白菜

左面四例都是双单格,右面四例都是单双格,中间的阳平声都可以变调读成[˥ 55],但也可以不变,属于自由音变。如果语速较快时,则一般都要按变调读。

其他情况中间的阳平声一般仍保持[˧˥ 35]原调,并不变调。例如:

阴平+阳平+上声:	*消毒粉	酸牛奶
阳平+阳平+阳平:	*文言文	黄皮鞋
上声+阳平+阳平:	主席团	老同学
去声+阳平+阴平:	数学家	下决心

但是,如果前面是阴平或阳平,后面是阳平或上声,在双单格中,中间的阳平有可能变读成较短的过渡降调,大致相当于[˥˧ 53],例中加星号的"消毒粉、文言文"以及"青年节、和平里"等等中间的音节都有可能这样读,在语速较快时更容易出现。单双格的如"酸牛奶、黄皮鞋"等等则一般不出现这种变读。

普通话里有四个语素具有特殊的连读变调规律,其中"不"和"一"属于不自由音变,"七"和"八"属于自由音变。

"不"本调是去声,处在另一去声之前时变调读阳平声,处在其他调类之前时不变调仍读去声。试比较:

| 不干 bùgān | 不净 bújìng | 不闻 bùwén | 不问 búwèn |
| 不管 bùguǎn | 不顾 búgù | 不上 búshàng | 不下 búxià |

"一"本调是阴平声,处在去声之前时变调读阳平声,处在其他调类之前时变调读去声。试比较:

| 一心 yìxīn 一意 yíyì | 一模 yìmú 一样 yíyàng |
| 一草 yìcǎo 一木 yímù | 一唱 yíchàng 一和 yíhè |

也就是说,"一"处在任何调类之前都要变调。但是,如果作为序数或十位以上数的个数时,"一"就不再变调,仍读阴平声,例如,"第一期、十一期""第一名、十一名""第一种、十一种""第一次、十一次"分别处在阴平、阳平、上声和去声之前,就不能变调,仍旧读阴平声。只有在去声之前才可以变读成阳平声,如"第一(yí)次,五十一(yí)次",但是否变读是自由的,依个人习惯或语言环境而定。

"七"和"八"本调都是阴平声,处在去声之前可以变调读阳平声,处在其他调类之前则不变调。试比较:

| 七天 qītiān 七夜 qíyè | 七零 qīlíng 八落 báluò |
| 七嘴 qīzuǐ 八舌 bāshé | 七上 qīshàng 八下 báxià |

处在去声之前的变调是自由的,也可以不变调仍旧读阴平声。

三、汉语的儿化音变

1. 汉语儿化的特点

汉语许多方言都存在儿化音变现象。绝大多数儿化是语尾"儿"和前面音节合音形成的,成为一种特殊的音变现象。例如北京话"花儿、歌儿、本儿"等等,虽然都写成两个汉字,实际上已经读成一个音节,"儿"只表示前面音节的韵母加上卷舌作用,本身不再独立发音。由儿化音变形成的韵母就是"儿化韵"。

有少数儿化音变和语尾"儿"并没有关系。例如,北京话"今儿(个)、昨儿(个)、前儿(个)、明儿(个)"里的"儿"原来应该是"日","这儿、那儿、哪儿"里的"儿"原来应该是"里",现在汉字虽然也都写成"儿",但实际是语素"日"和"里"的语素变体,和语尾"儿"并无关系。北京话三音节连读,所有读 er 的语素处在中间音节时都有可能和前面音节合音成儿化韵,在语速较快时更是如此,如"普洱茶"可以读成 pǔr chá,"哈尔滨"可以读成 Hǎrbīn,"连二灶(双眼灶)"可以读成 liánr zào,这些儿化韵也和语尾"儿"完全无关。

就分析汉语的儿化现象来看,起儿化作用的究竟是语尾"儿"还是"日、里、洱、尔、二"或其他,关系不大。无论如何,语尾"儿"在儿化现象中占绝对多数,是最主要的,在讨论儿化时,可以只以语尾"儿"为代表。

大部分北方方言都和北京话一样,"儿"读成卷舌元音[ər],一般也都存在儿化现象,但儿化的程度和方法并不完全相同。儿化以后的韵母一般都有所合并,如北京话"汁儿"zhīr 和"针儿"zhēnr 都读成[tʂər],韵母 ï 和 en 合并成[ər];"鸡儿"jīr 和"今儿(今天)"jīnr 都读成[tɕiər],韵母 i 和 in 合并成[iər]。北京话大部分韵母在儿化后仍保持区别,合并的只是少数。有一些方言大部分都要合并,如重庆话韵母[au][ai]和[ən]等儿化后合并都读成[ər],"刀刀儿(小刀)"的"刀儿"读[tər],"盖盖儿(小盖子)"的"盖儿"读[kər],"书本儿"的"本儿"读[pər];韵母[ɑŋ]儿化后和[an]合并都读成[ar],"网网儿(小网)"的"网儿"读[war],"饭碗儿"的"碗儿"也读[war]。这些韵母在北京的儿化韵中都是不能合并的。重庆西面的荣昌话更进一步,所有韵母儿化后都合并成[ɜr],只保留了四呼的分别,"杯杯儿"[pei pɜr]"缸缸儿"(水盂)[kɑŋ kɜr],"(小)刀刀儿"[tɑu tɜr]"橘柑儿"[tɕy kɜr]第二音节儿化后韵母都读成[ɜr],"电影儿"[tiɛn iɜr],"蛋黄儿"[tan xuɜr],"金鱼儿"[tɕin yɜr]第二音节韵母也是[ɜr],只是四呼不同而已。

大部分方言的儿化韵只是韵母产生卷舌作用,也有一些方言儿化韵的卷舌作用不仅限于韵母。山东阳谷话老派读音"兔儿"读[tʰlur],"刀儿"读[tlɑor],"座儿"读[tsluɣr],"嗓儿"读[slar],卷舌作用从韵母之前就开始,声母后面紧跟着一个舌位略靠后近似滚音的辅音[l],很像是形成了复辅音;如果是齐齿呼和撮口呼韵母儿化,还可解被分成两个音节,"碟"[tie]、"样"[iɑŋ]、"卷"[tɕyan]儿化后读成"碟儿"[tiler]、"样儿"[ilar]、"卷儿"[tɕylɛr]。山西平定话儿化韵的韵母本身不卷舌,只是在韵母前面加上卷舌边音[l],如"豆儿"[tlɤu]、"牌儿"[plɛ]、"今儿"[tslɤŋ]。山东金乡话老派读音儿化韵在韵母之前也加卷舌作用,如"刀儿"[trər]、"兜儿"[trour]、"边儿"[priãr];如果声母是舌尖前音[ts][tsʰ][s],连声母也产生卷舌作用,变成舌尖后音[tʂ][tʂʰ][ʂ],"子"[tsɿ]、"层"[tsʰə̃]、"三"[sã]儿化后读成"子儿"[tʂər]、"层儿"[tʂʰə̃r]、"三儿(小名)"[ʂãr],儿化音变影响到整个音节。

有的方言"儿"并不读卷舌元音[ər]也同样可以产生儿化音变,只是不用卷舌作用来体现。洛阳话"儿、二、耳"等读[ɯ],韵母儿化是以[ɯ]作为韵尾,三十几个韵母儿化后合并成[əɯ][iɯ][uɯ][yɯ][ɛɯ][iɐɯ][uɐɯ][yɐɯ]八个儿化韵,如"本儿"[pəɯ]、"味儿"[viɯ]、"虫儿"[tʂʰuɯ]、"曲儿"[tɕʰyɯ]、"(肉)末儿"[məɯ]、"(一)片儿"[pʰiɐɯ]、"花儿"[xuɐɯ]、"(公)园儿"[yɐɯ]。

吴语很多方言"儿"读鼻音[n̩]或[ŋ̍]等,也同样可以产生儿化音变。浙江义乌话"儿"读[n̩],儿化时[n]成为前面音节的韵尾,同时加长前面的元音,如"兔"[tʰu]、"花"[hua]儿化后读成"兔儿"[tʰuːn]、"花儿"[huaːn];如果前面音节原来有韵尾,则原来的韵尾失落,如"桶"[doŋ]儿化后读成"(小水)桶儿"[doːn]、"狗"[kəɯ]儿化后读成"(小)狗儿"[kəːn]。浙江平阳话和温州话"儿"都读[ŋ̍],做语尾时可以自成音节,也可以儿化,儿化时也是[ŋ]成为前面音节的韵尾,同时加长前面的元音。如平阳话"刀儿"可以读成[tœ ŋ̍]两音节,也可以儿化读成一个音节[tœ ːŋ],"兔"[tʰy]可以儿化成"兔儿"[tʰyːŋ],"盘"[bø]可以儿化成"盘儿"[bøːŋ],

"羊"[ie]可以儿化成"（小）羊儿"[ie:ŋ]。平阳话语尾"儿"自成音节时调值是[ʎ 13]，儿化以后和前面音节合音成一个音节，整个音节的声调也读成[ʎ 13]或[ʌ 24]：声母是浊音时读[ʎ 13]，如"盘儿"[bøːŋʎ]，声母是清音时读[ʎ]，如"刀儿"[tœːŋʎ]。温州话有的儿化音节合音非常紧密，[ŋ]前面的元音并不加长，如"（笑）话儿"[fioŋ]儿化时不读[fioːŋ]而读[fioŋ]和"红"同音，当地就经常有人把"笑话儿"写成了"笑红"。

儿化韵是表达小称的一种手段，词在儿化以后往往增加一层小、可爱或轻视的意义。汉语方言表示小称并不只限于儿化一种方法。西南官话常用重叠的方法表示小称，有的同时儿化，如上面所举重庆话和荣昌话的一些例子；有的并不儿化，如贵阳话"篮篮、盒盒、箱箱（抽屉）"等等，只重叠，不儿化。福州话也常用重叠的方法，"瓶瓶、柜柜、罐罐、盒盒"等等也都表示小称。吴方言和粤方言有时用调值的变化表示小称，可以称为"小称变调"。浙江永康话各调类都有自己的小称调值，如"猪"[tɕi˧]在"（小）猪"中读成[tɕi˩]，阴平[44]在小称时读成[324]，"树"[zy˧]在"（小）树"中读成[zy˩]，阳去[24]在小称时读成[11]。浙江温岭话平声小称时读[ʎ 15]，"鸡"[tɕi˧]在"（小）鸡"中读成[tɕi˥]。广州话"麻包"的"包"[pau˥]调值是[53]，"荷包"的"包"[pau˦]调值变成[55]；"热带"的"带"[tai˧]调值是[33]，"鞋带"的"带"[tai˥]调值变成[35]，都起了小称的作用。广东信宜话小称变调比广州话要严格得多，不管原来是什么调类，小称时一律变为高升调[ʌ 35]，而且调域提高。"杯"[pui˥]调值是[53]，小称时读成[35]，调域还要升高一些，"狗"[kɐu˥]调值原来就是[35]，小称时要把[35]再提高一些，并不会混淆。如果是单元音韵母，后面还要加上[-n]韵尾，"路"[lu˨]小称时读成[lun˥]，"鱼"[n̩y˩]小称时读成[n̩yn˥]，[ʌ 35]调值是调域升高了的高升调。广西容县话的小称变调和信宜话很相似，只是单元音并不加[-n]韵尾，如"碗"[un˧]小称时读成[un˥]，"鱼"[n̩y˨]小称时读成[n̩y˥]，后面并不加[-n]。

2. 普通话的儿化韵

普通话的韵母除自成音节的[ər]（"儿、耳、二"等）以外，全都可以儿化。儿化的卷舌作用从韵腹开始，直到韵尾，韵头并不受影响。"碴儿"chár[tʂʻar]，"兔儿"tùr[tʻur]，"（小）刀儿"dāor[tɑor]，"（小）狗儿"gǒur[kour]都是整个韵母儿化，"鸟儿"niǎor[niɑor]，"花儿"huār[xuar]，"（配）角儿"juér[tɕyɛr]的韵头[i][u][y]并不儿化。

有一些韵母儿化后韵母结构产生较大的变化，分为三种情况：

（1）韵母i[i]，ü[y]儿化时后面加上[ər]，[i]和[y]实际上由韵腹变成了韵头，如"（小）鸡儿"jīr[tɕiər]，"（小）鱼儿"yúr[yər]。韵母ï[ɿ][ʅ]也是后面加[ər]，但[ɿ][ʅ]不再发音，也可以认为是儿化后变成[ər]，如"丝儿"sīr[sər]，"（树）枝儿"zhīr[tʂər]。

（2）韵尾-i[i]，-n[n]儿化时不再发音，只前面的韵腹产生卷舌作用，如"（小）孩儿"háir[xar]，"盘儿"pánr[pʻar]。如果韵腹是[i][y]，则按前一种情况后面加[ər]，如"信儿"xìnr[ɕiər]，"（合）群儿"qúnr[tɕʻyər]。

（3）韵尾-ng[ŋ]儿化时和前面韵腹合并成鼻化元音，同时加卷舌作用，如"缸儿"gāngr[kãr]，"（小）虫儿"chóngr[tʂʻũr]。如果韵腹是[i][y]，也要按第一种情况后面加[ər]，同时鼻化，如"（花）瓶儿"píngr[pʻiə̃r]，"（小）熊儿"xióngr[ɕyə̃r]。

儿化韵的声学特性主要表现在 F_3 频率大幅度下降，向 F_2 接近，越是接近，听感上的卷舌色彩也越重。普通话儿化韵的卷舌动作几乎是和韵腹同时产生的，F_3 在韵腹的开端一般就呈现下降的趋势，有时一开始就能下降几百赫。如果 F_2 的频率较高，受到 F_3 下降的影响，频率也会有所下降。这种下降趋势在 ir 中表现最为明显，因为[i]的 F_2 和 F_3 都是非常高的。图6-1是韵母 i 和 ir 语图的比较：

图6-1中 i 的 F_3 高达3 700赫，F_2 也有2 500赫；儿化成 ir 以后，F_3 很快就下降到2 000赫，F_2 也受到影响，从原来的2 000赫下降到1 500赫。

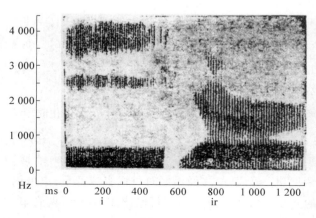

图 6-1

普通话的儿化韵和北京话是完全一致的,37 个韵母儿化后合并成 26 个儿化韵,合并情况如下:

[ər] ï（丝儿）	[iər] —	[uər] —	[yər] —
ï（枝儿）	ir（鸡儿）	—	ür（鱼儿）
eir（碑儿）	—	uir（柜儿）	
enr（根儿）	inr（今儿）	unr（棍儿）	ünr（裙儿）
—	—	[ur] ur（屋儿）	
[ɤr] er（歌儿）			
—	[iɛr] ier（叶儿）	—	[yɛr] üer（曲儿）
[or] or（婆儿）	—	[uor] uor（窝儿）	—
[ar] ar（把儿）	[iar] iar（芽儿）	[uar] uar（花儿）	[yar] —
air（牌儿）	—	uair（拐儿）	—
anr（盘儿）	ianr（尖儿）	uanr（罐儿）	yanr（院儿）
[aor] aor（刀儿）	[iaor] iaor（票儿）	—	—
[our] our（钩儿）	[iour] iur（球儿）	—	—
[ãr] angr（缸儿）	[iãr] iangr（亮儿）	[uãr] uangr（筐儿）	
[ə̃r] engr（灯儿）	[iə̃r] ingr（影儿）	[uə̃r] uengr（瓮儿）	[yə̃r] iongr（熊儿）
		[ũr] ongr（空儿）	

普通话的儿化韵和北京话虽然完全一致,但是可以儿化的词少得多。表中所列例词有一些很难说是已经进入普通话,只能说明普通话可以存在这类儿化韵。有的儿化韵在北京话里也是罕用的,如[uə̃r],只在"瓮儿"这一个词中使用,而"瓮"本身就是一个很不常用的词。

　　北京话的儿化韵近几十年来处在比较大的变动中,存在着相当明显的个人读音分歧。例如,有的人把 air 和 anr 读成[ɐr],和 ar[ar]并不同音,"板儿"bǎnr[pɐr]和"把儿"bǎr[par],"(小)罐儿"guànr[kuɐr]和"(小)裙儿"guàr[kuar]发音并不相同。有的人把 er[ɤr]也读成[ər],和 ïr,eir,enr 等同音,"歌儿"gēr[kər]和"根儿"gēnr[kər]毫无分别。还有的人甚至连 ier[iɛr]和 üer[yɛr]也读成[iər][yər],"(树)叶儿"yèr 和"(脚)印儿"yìnr 都读成[iər],变成完全同音。总起来看,北京老年人的儿化韵趋向于分,青年人则趋向于合,这些都是北京话内部的个人读音差异,并不影响普通话儿化韵的分合。

（节录于《语音学教程》,北京大学出版社 1992 年）

汉语语句的节律问题

文　炼

节律即节奏的规律。什么是节奏？简单地说，指的是事物有规律的重复和变化。单有重复而无变化，或者单有变化而无重复，都不能构成节奏。寒暑代迁，朔望交替，这是自然界的节奏；秋收冬藏，晨兴夜寐，这是人类社会的节奏。自然界的节奏是客观存在的，人们力求发现它的规律，以便于适应和利用。人类社会的各种节奏有客观的基础，同时常伴有主观的安排。语言方面的节奏属于后者。

语言节律的客观依据主要体现在两个方面，一是构成节奏时有特定的可供选择的要素和方式，二是在安排节奏时要考虑到某些选择限制（selection restriction）。选择限制虽然不能形成节奏模式，却是构成节奏时必须遵守的准则。这种准则有不同的层次。首先是民族语言特点的限制。比如用汉语写诗歌，可以利用音色构成节奏，也就是押韵。可以利用音高构成节奏，即配置平仄。还可以利用音长（包括停顿）构成节奏，即安排音步。但是，我们不能像印欧语那样利用词的重音来表现节奏，这属于民族语言特点的选择限制，其次是语体的限制，这主要表现在不同的语体在选择节奏要素方面的差异。如格律诗须押韵，散文则避免用韵。在旧体诗歌中，近体诗的平仄安排有一定的格式，即所谓律句，古体诗则避免使用律句。古体诗如果都用律句，就失去了它的风格了。当然，这并非说不同的语体的节奏的构成没有共同之处，事实是在许多方面须遵守共同的原则，下边就此谈几个问题。

一、节拍特点与节奏焦点

节拍是节奏的单位。在汉语里，节拍和意群通常是吻合的。不论是诗歌还是散文，每个句子可以分割出若干意群，意群和意群之间有明显的停顿，这就构成节拍。这种节拍的划分多少带有主观的性质，不过并非无规律可寻。能停顿的地方有时也可以不停顿，但是不能停顿的地方不能划分出节拍来。当然，像格律诗那样每句都有固定的音步，那就不存在划分不一致的情况了。现代认知心理学认为人们理解句子时对组块（chunk）作出反应，而组块的划分常受个人文化修养的影响，这种理论与节拍划分的实际情况是十分吻合的。组块是短时记忆的单位，它是个变数，可以是一个词或一组词，而节拍作为意群的表现形式，其实也不过是一种短时记忆的惯例罢了。

在汉语里，值得注意的是不同长度的节拍所显示的特点，我国古代有不少文论家谈到这方面的问题。《文心雕龙·章句》中说："若夫笔句无常，而字有常数，四字密而不促，六字格而非缓，或变之以三五，盖应机之权节也。"《文镜秘府论》说："然句既有异，声亦互舛，句长声弥缓，句短声弥促。施于文笔，须参用焉。就而品之，七言以去，伤于太缓，三言以还，失于至促，惟可以间其文势，时时有之。至于四言，最为平正，词章之内，在用宜多，凡所结言，必据以为述。至若随之于文，合带以相参，则五言六言，又其次也……然大略而论，忌在于频繁，务遵于变化。"这里讲的"句"当然不是语法上所严格规定的句子，可以理解为语段，也就是根据停顿切分出来的意群。上边的议论有几点值得注意。

第一，四音节语段有显著的特点，[①]它给人以稳定的感觉，所以被广泛采用。

第二，要避免使字数相同的语段频繁出现。语段字数有奇有偶，相间使用才能相得益彰。

我们知道，《诗经》以四言为主，它的基本结构方式是两个双音节成分的组合。双音节语言单位与单音节语言单位相比,多具有稳定和独立的特点,两个双音节语言单位用在一起,这个特点就更为突出。可是频繁使用四音节语段,虽能表现庄重、平稳的风格,却带有板滞、单调的意味。既要保留平稳的优点,又要避免板滞的缺点,较常用的安排是让成对的三音节出现在作品之中,例如:

(1)出东门,不顾归;来入门,怅欲悲。(《乐府诗·东门行》)

(2)举秀才,不知书。察孝廉,父别居。(《抱朴子·审举》)

(3)说凤阳,道凤阳,凤阳本是好地方。(《安徽歌谣》)

三音节的语言单位的特点是活泼、轻快,但是单独使用容易使人产生一种不稳定的感觉。如上边的例(3),有一个"说凤阳",还要来一个"道凤阳",道理就在这里。两个不稳定的单位连在一起,正如负负得正一样,就变成稳定的了。

稳定感大概是人们对视听形式的一种普遍的要求。在语言方面,稳定或不稳定的感受主要来自节奏焦点(rhythm focus)。节奏焦点与信息焦点(information focus)通常是一致的。句子要传达新信息,新信息的重点即信息焦点。汉语表示信息焦点有种种方式,比如可以利用重读,可以使用某些副词,可以用对比形式,而最常见的方式是依靠语序的安排,即让信息焦点在句末出现。正因为句尾的信息最易引起注意,所以它所代表的节拍也最能引起共鸣。格律诗的节奏安排比较固定,但也有一定的灵活性。相对地说,诗句末尾的音步(即末了三字)其灵活性最小,如押韵的规定,平仄的安排,都有严格要求。这也说明诗歌中的节奏焦点的重要性。散文的情况当然不同,它并不需要考虑全句的音步如何安排,但是作者对节奏焦点仍旧是重视的。有些作者在句末有意识地安排稳定的节奏,使人感到庄重、和谐。典型的例子如范仲淹的《岳阳楼记》,频繁使用四字短语,但并不显得板滞,多少有一些诗的韵味了。白话文也常有在节奏焦点频繁使用四字短语的,下边举朱自清的《背影》的开头一段为例:

> 我与父亲不相见已二年余了,我最不能忘记的是他的背影。那年冬天,祖母死了,父亲的差使交卸了,正是祸不单行的日子。我从北京到徐州,打算跟父亲奔丧回家。到徐州见着父亲,看见满院狼藉的东西,又想起祖母,不禁簌簌地流下眼泪。父亲说:"事已如此,不必难过,好在天无绝人之路!"

我们当然并不认为散文必须如此写作,不过在散文中适当注重节奏焦点的安排,大概是我们的一种传统。句末使用了双音节动词,我们常常要在动词前边添上"加以""进行"之类,凑成四音节语段,也是一种旁证。

二、上句与下句

节奏焦点的刻意安排能给人以稳定感,但是节奏的形成却是由不稳定到稳定,不断变化,不断反复,然后产生平衡的效果的。平衡有两种不同的表现形式,一种是对称的形式,它好比天平以中轴为基准,两边有相等的部分。另一种是不对称的形式,它好比秤杆的支点两边长短不一,但仍旧能够保持平衡。典型的对称平衡是对仗,它包括上句和下句。律诗中间四句用对仗,共两联。每联的上句不用韵,末了的音步由三音节构成,是不稳定的节拍;下句用韵,节奏焦点再出现三音节,于是转为稳定的了。两个三音节音步虽然不是连续出现,但因为都处在节奏焦点的位置,所以效果与连续出现的相同。

不对称的平衡形式多种多样,仍旧可以分为上句与下句,上句属不稳定成分,下句则使不稳定变为稳定。常用的方法有下列几种。

(一)句调上扬属不稳定形式,句调下抑属稳定形式。一扬一抑,构成上下句,这是常见的。把"问"和"答""因"和"果""起"和"承"作为上下句的例子俯拾即是。当然,这里讲的"句",也可能不止一个句子。正因为如此,上下句在长度上通常是不对称的。

(二)以仄声收尾的句子为上句,以平声收尾的句子为下句,这是由来已久的。不必认为只有文人学士撰写对联才遵循这一习惯,许多民间谚语也都如此。列如:"一只碗不响,两只碗叮当。""人不可貌相,海水不可斗量。""冰冻三尺,非一日之寒。"道理很简单,平声字较仄声字更能使声音延长,使人感到语气完满。

(三)利用节奏焦点的奇偶搭配来达到平衡的目的。这又包括一些不同的搭配方式。常见的如:

(1)山,快马加鞭未下鞍。惊回首,离天三尺三。(毛泽东:《十六字令》)

(2)悲,故人知未知?登楼意,恨无上天梯。(马致远:《散曲》)

以上两例的上句节奏焦点和下句节奏焦点都是奇音步,互相配合以达到平衡。

(3) 帘外雨潺潺,春意阑珊。……梦里不知身是客,一晌贪欢。(李煜:《浪淘沙》)

(4) 风乍起,吹皱一池春水。(冯延巳:《谒金门》)

以上两例的上句的节奏焦点是奇音步,下句的节奏焦点是偶音步(由四字构成),由奇而偶,也是一种平衡形式。

(5) 斑竹枝,斑竹枝,泪痕点点寄相思。(刘禹锡:《潇湘神》)

(6) 云笼月,风弄铁,两般儿助人凄切。(马致远:《散曲》)

以上两例的上句由两个奇音步组成,已经是一种稳定的格式,下句再接上一个三音节或四音节音步,是将稳定格式加以延伸,达到平衡。

上边列举的是几种常见的格式,在此基础上还可以扩展变化。举例限于词曲,是因为词曲最能显示音步安排的灵活性。至于散文,情况虽然不会相同,但基本格式大体一致,即根据节奏焦点安排上下句,达到上口的目的。刘勰说:"是以声画妍蚩,寄在吟咏,吟咏滋味,流于字句。"这是十分确切的。

有这么一个故事。抗日战争时期,在重庆的一些诗人和演员曾经在某饭店举行一次朗诵会。赵丹临时赶到,应邀参加表演。他站起来拿了一张纸朗诵得十分动听,大家都不知道他念的是谁的作品。有人把那张纸拿来一看,原来是饭店里的菜谱。这就说明,虽然内容决定形式,但是人们的节奏感是从语音形式得来的。话还得说得周密一些,如果赵丹手里拿的是一纸拗口令,怎么也不能朗诵出抑扬顿挫的声调来的。

三、常规与变例

按照常规,形式与内容吻合,节拍表示的是意群。可是实际上有不少变例。变例并不否定常规,正因为肯定常规的存在,才显示变例的特殊。这里包括两种情况:一种是无意识的变例,也就是人们习焉而不察的。另一种是有意识的变例,大都属某些作家在修辞方面的创造。前者如四字成语通常由两个双音节单位组成,读出来则在当中稍作停顿,如"风调——雨顺""称心——如意""屈指——可数"这里的停顿表示意群的切分,是一种常规。可是另外有些成语,人们照旧在当中停顿,其实并不反映意群的关系,例如下列成语的意群分割是:

无——可适从　　　不——动声色　　　一衣带——水

呆——若木鸡　　　病——从口入　　　如——出一辙

人们注重的是成语的整体意义,停顿不能正确表示意群,也并不在意。

另一种情况可举崔颢的《黄鹤楼》诗为例。这首诗被称为绝唱,且不论诗的意境如何出神入化,就表达形式而言,却有不少变例。历来认为它有几个特点:第一,前三句反复出现"黄鹤"二字,通常认为是格律诗的大忌。第二,"黄鹤一去不复返",除第一字外,全用仄声。"白云千载空悠悠",末音步连用三个平声字,两句又不讲对仗,这也是违反常规的。我们还可以补充一点,崔诗前四句的意群划分不同于一般律诗。一般律诗的意群安排是前四后三(如"清明时节——雨纷纷"之类),而崔诗却是前二后五(如"昔人——已乘黄鹤去"等等),这就使意群与节拍脱钩了。尽管如此,由于崔诗的后边四句完全入律,这正是在常规中突出变例,而这种变例又能造成一种磅礴的气势,自然属难能可贵的了。

在格律诗中,意群的安排打破常规的例子并不少见,不过大都是八句之中有一两句属变例而已,下边再举几个例子:

(葡萄美酒夜光杯,)欲饮——琵琶马上催。(王翰:《凉州词》)

酒债——寻常行处有,(人生七十古来稀。)(杜甫:《曲江二首》)

永夜角声悲——自语,中天月色好——谁看。(杜甫:《宿府》)

格律诗节拍与意群的安排比较固定,多少显得板滞。在常规中插入一两个变例,能使文气变为活泼。

当然,变例如果成为通例,也就当认为是常规了。例如京剧的唱词,如西皮快板之类,节拍的安排是"2+2+3",因为末尾音步是三音节,通常有上下句,如"一见马谡跪帐下,不由老夫咬钢牙"之类。可是用导板作为唱腔的上句,虽然字数也是"2+2+3",下句并不一定用相同的节奏,常见的是一连串短句合起来作为下句。

这种情况起初是变例,后来属常规了。此外,京剧里有时有了上句而无下句,下句用一套锣鼓点代替,即所谓"扫头"。因为用得不普遍,在目前还只能视为变例。总之,常规与变例既有区别,又有联系,而它们之间的关系也并非一成不变的。

在散文中,一般地说,有问必有答,有因必有果,有起必有承,总之,有上句必有下句。但是也可能只出现上句而无下句,在作品中当然不可能有什么音响成分来代替下句,不过,下句代表的信息总是隐含在文字之中的,其中的奥妙确也不难意会,可以算作无音响的"扫头"吧。

附　注

① 吕叔湘先生曾经说,在汉语中,四字格很值得研究。受吕老的启发,我曾写过《固定短语和类固定短语》一文,载《世界汉语教学》1988 年第 2 期。

参考文献

刘　勰《文心雕龙·章句》。

吕叔湘《汉语语法论文集·现代汉语单双音节问题初探》。

（原载《中国语文》1994 年第 1 期）

（三）汉字

汉字的性质[*]

裘锡圭

从比较文字学的角度来看，汉字跟古埃及的圣书字和古代两河流域的楔形文字是同类型的。近代研究比较文字学的学者，起初把这种类型的文字称为表意文字。这种类型的文字都包含大量表音的成分，把它们简单地称为表意文字，显然是不妥当的。到本世纪 40 年代，有人提出了"过渡文字"（指由表意向表音过渡的文字）的说法。但是，把古汉字、圣书字、楔形文字等有几千年历史的成熟的文字体系称为过渡文字，显然也是不妥当的。进入 50 年代之后，采用表意文字说和过渡文字说的人越来越少了，代之而起的是"词-音节文字"（word-syllabic writing，或译"表词-音节文字"）"音节-表意文字"等说法。国内在 50 年代也有人提出了汉字不是表意文字，而是"综合运用表意兼表音两种表达方法"的"意音文字"的主张。^①下面谈谈我们对汉字性质的看法，重点放在分析汉字所使用的符号的性质上，因为一种文字的性质就是由这种文字所使用的符号的性质决定的。至于究竟给汉字这种性质的文字体系安上一个什么名称，那只是一个次要的问题。

文字是语言的符号。作为语言的符号的文字，跟文字本身所使用的符号，是不同层次上的东西。例如汉字"花"是汉语里花草之｛花｝这个词的符号，^②"艹"（草字头，原作"艸"，即古"草"字）和"化"则是"花"这个字所使用的符号（"花"是一个形声字，"艹"是形旁，"化"是声旁）。

在汉字里，像"花"这样可以从结构上进行分析的字，一般称为合体字。合体字的各个组成部分称为偏旁。秦汉以后所造的合体字，基本上都是用已有的字充当偏旁的（有些字用作偏旁时有变形的现象，如在上方的"艸"变作"艹"，在左边的"水"变作"氵"等）。但是在上古汉字里，有不少可以从结构上进行分析的表意字，却是用不一定能独立成字的象形符号组成的，如像用手开弓射箭形的 𢎨（射）字。这类字是否可以称为合体字，是需要商榷的。我们姑且把它们称为准合体字。

有些汉字从结构上看不能分析，一般称为独体字。对于独体字来说，也存在语言的符号跟文字所使用的符号这两个不同的层次。例如古汉字里的"⊙"，作为｛日｝这个词的符号来看，是一个有音有义的字；作为"日"字所使用的符号来看，则仅仅是像太阳之形的一个象形符号。这种区别在拼音文字里同样存在。例如英文里的"a"作为英语里不定冠词｛a｝的符号来看，是有音有义的；作为英文所用的符号来看，则仅仅是一个表示一定语音的字母。为了使概念明确，下面把文字所使用的符号称为"字符"。

语言有语音和语义两个方面，作为语言的符号的文字，也必然既有音又有义。就这一点来说，各种成熟的文字体系之间并没有区别。只有根据各种文字体系的字符的特点，才能把它们区分为不同的类型。

英文可以说是一种表音文字，但是这并不是说英文只有音没有义，只是说英文的字符，即二十六个字母是表音的，不是表意的。例如：英文的 sun 是英语里｛sun｝这个词的符号。它既有音，即｛sun｝这个词的音——[sʌn]；也有义，即｛sun｝这个词的义——太阳。但是 sun 所使用的字符 s、u、n，跟它所代表的词只有语音上的联系，没有意义上的联系，所以我们把它叫作表音字。同样，我们所以把古汉字⊙（日）叫作表意字，是因为⊙作为字符，即太阳的象形符号来看，跟｛日｝这个词只有意义上的联系，没有语音上的联系。如果作为｛日｝这个词的符号来看，它也是音、义兼备的。^③

讨论汉字性质的时候，如果不把文字作为语言的符号的性质，跟文字本身所使用的字符的性质明确区分

---

* 本文在写作和修改的过程中，得到了朱德熙先生的很大帮助，谨致谢意。

开来,就会引起逻辑上的混乱。

各种文字的字符,大体上可以归纳成三大类,即意符、音符和记号。跟文字所代表的词,在意义上有联系的字符是意符,在语音上有联系的是音符,在语音和意义上都没有联系的是记号。拼音文字只使用音符,汉字则三类符号都使用。

汉字的字符里有大量意符。传统文字学所说的象形、指事、会意这几种字所使用的字符,跟这几种字所代表的词都只有意义上的联系,所以都是意符。我们所说的表意字就是总括这几种字而言的。形声字的形旁跟形声字所代表的词也只有意义上的联系,所以也是意符。

意符内部还可以分类。有的意符是作为象形符号使用的,它们通过自己的形象来起表意作用,如古汉字里的"人""日"等字所使用的 ⺅、☉ 等符号,又如构成 ⻊(射)字的弓箭形和手形。几何形符号如果不是用作记号,而有以形表意的作用,如 一、二、三、亖(古"四"字)、囗(古"方"字)、〇(古"圆"字)等字所用的符号,也应该归入这一类。古汉字里的独体字,基本上都是用单个象形符号造成的表意字。

有的意符不是依靠自己的形象来起作用的。这种意符通常都是由已有的字充当的表意偏旁,它们就依靠本身的字义来表意。例如:合体表意字"歪"由"不""正"二字组成,它的意思就是"不正"。"不"和"正"在这里就是依靠它们的字义起作用的意符。形声字的形旁一般由依靠本身字义来指示形声字字义的字充当,所以也应该归入这一类(少数在象形字上加注音符而成的形声字,如"齿"的繁体"齒"等,在这方面是例外。这种字过去多看作加声的象形字)。

在有必要区分上述这两种意符的时候,可以把前一种称为形符,后一种称为义符。在汉字变得不象形之后,形符基本上就不使用了。

汉字的字符里也有很多音符。假借字就是使用音符的。人们在假借某个字来表示一个跟它同音或音近的词的时候,通常并不要求它们之间原来在意义上有什么联系。例如古汉字借"箕"的象形初文 ⊠ 来表示语气词|其|,|箕||其|二词在意义上就毫无联系。又如近代假借花草之|花|来表示动词|花|(如花费、花钱),花草之|花|跟动词|花|在意义上也毫无联系。所以尽管 ⊠ 本来是表意字,"花"本来是形声字,在它们借来表示语气词|其|和动词|花|的时候,都是纯粹作为音符来起作用的。当然,"⊠"和"花"作为假借字,即作为语气词|其|和动词|花|的符号看,也是既有音又有义的;但是作为假借字所使用的字符来看,则只有表音作用。这跟☉作为|日|这个词的符号看既有音又有义,作为"日"字的字符看则只有表意作用的情况是一致的。

有时也能看到被假借的字跟借它来表示的词不但同音或音近,而且在意义上也有某种联系的现象。这种现象大概有很多是无意中造成的。在汉语里,彼此的语音相同或相近并且意义也有联系的词,是很常见的。人们在为某个词找同音或音近的字充当假借字的时候,很有可能无意中找了一个跟这个词在意义上也有联系的字。有意假借一个跟某个词在意义上也有联系的字来表示这个词的情况,也是存在的。例如明代初年怕"元由""元来"的"元"跟元朝的"元"相混,假借意义跟它相近的"本原"的"原"字来代替它。这种情况并不常见,可以作为假借的特例来处理。

形声字的声旁也是音符。声旁也有两类。一类是单纯借来表音的,如"花"的声旁"化"。另一类跟形声字所代表的词在意义上也有联系。例如一种用玉石等物作的耳饰叫作|珥|(与"耳"同音),"珥"字从"玉"("玉"用作左旁时写作"王")从"耳","耳"就是跟"珥"在意义上有联系的声旁。这种声旁可以看作音符兼意符。

汉字的音符跟拼音文字的音符有很大区别。即使撇开汉字还同时使用意符和记号这一点不谈,也不能把二者等量齐观。拼音文字的音符是专职的,汉字的音符则是借本来既有音又有义的现成文字充当的。有很多汉字在充当合体字的偏旁的时候,既可以用作音符,也可以用作意符,而且还能兼起音符和意符的作用。例如"耳"字在"饵""铒"(音耳,金属元素名)等字里是音符,在"聪""聋"等字里是意符,在"珥"字里是音符兼意符。一般拼音文字所使用的字母,数量都相当少。汉字音符的情况就不同了。从原则上说,汉字里每一个字都有可能借用为音符;实际上用作音符的字,数量也很大(古今用作声旁的字超过一千)。同样的字音往往借用不同的字来表示。如果要强调汉字和拼音文字的音符的区别,可以把汉字的音符称为"借音符"。不过为了行文的方便,我们在下文中仍然称它们为音符。

　　下面再讨论汉字字符里的记号。

　　用记号造的字，字形跟所代表的词没有内在联系，不易为人们所接受。所以用记号造字的情况是极为少见的。在文字体系形成过程的开始阶段，可能有少量在原始社会中长期沿用的记号被吸收到文字里来。古汉字里✕（五）、∧（六）、十（七）、八（八）等数字，大概就来自这种记号。除此之外，用记号造字的情况就很难找到了。④但是在汉字发展的过程中，由于字形和语音、字义等方面的变化，却有很多意符和音符失去了表意和表音作用，变成了记号。

　　由于汉字字形的演变，独体表意字的字形大都丧失了原来的表意作用。例如古汉字的⊙变成隶书、楷书的"日"之后，已经一点也看不出太阳的样子了。如果不考虑"日"字的历史，根本无法找出"日"这个字的字形跟｛日｝这个词有任何联系。可见"日"字的字符已经从意符变成了记号，"日"字已经从表意字变成了记号字。同类的例子举不胜举。唐兰先生在《中国文字学》"记号文字和拼音文字"节里说："图画文字和记号文字本是衔接起来的，图画演化得过于简单，就只是一个记号。"（109 页）这是很正确的。

　　有人把"日"这一类字形由象形到不象形的变化，看作由表形到表意的变化，认为⊙是表形符号，"日"是表意符号。这是不妥当的。所以会产生这种看法，大概是由于没有把字符的作用跟文字的作用区分开来。"日"这一类字使用的字符变为记号这个事实，并没有改变这些字作为语言里相应的词的符号的性质。字形变得不象形之后，这些字仍然保持着原来的字音和字义。这一点并不能反过来证明它们的字符没有变成记号。如果因为"日"字还有意义，就把它的字符看作表意符号，把它看作表意字；那末根据"日"字还有读音这一点，岂不是也可以把它的字符看作表音符号，把它看作表音字了吗？这显然是不合理的。

　　由于记号字仍然代表着它们原来所代表的词，它们在用作合体字的偏旁，或假借来表示其他词的时候，仍然能起意符或音符的作用。例如"日"字虽然已经变成了记号字，"晴"字所从的"日"却并不是记号，而是以"日"字的身分来充当意符的（只取"日"字之义而不取其音）；"䭾"字（音日，古代驿站用的马车）所从的"日"和假借来记录外国地名日内瓦的"日"，也不是记号，而是以"日"字的身分来充当音符的（只取"日"字之音而不取其义）。总之，尽管"日"一类字自身使用的字符是没有表意表音作用的记号，它们仍然能够作为意符或音符来起作用。

　　所以，汉字字形的演变虽然使绝大部分独体字——它们也是构成合体字的主要材料——变为记号字，却并没有使合体字由意符、音符构成的局面发生根本的变化。汉字绝大部分是合体字。合体字的性质没有发生根本的变化，也就是汉字的性质没有发生根本的变化。所以我们既要充分认识到记号字跟表意字的不同，又不能过分夸大记号字的出现对汉字的整个体系所发生的影响。唐兰先生在《中国文字学》里说："截至目前为止，中国文字还不能算是记号文字……还是形声文字"（109 页），已经把这个意思很扼要地讲了出来。

　　在独体表意字之外，还有一些字也由于字形的演变而成了记号字。

　　准合体字有不少变成了记号字。例如："立"字本作 ，像人立地上，"並"字（现已并入"并"字）本作 ，像两个人并立在地上，演变成隶书、楷书之后，就都变成不能分析的记号字了。前面讲过的"射"字虽然从表面上看仍可分成两个偏旁，但是由于弓箭形被改成形近的"身"字，实际上也已经成为记号字了。

　　合体表意字也有少数变成了记号字。例如："表"字本作 （裘），由"衣""毛"二字合成。"表"本是罩在皮衣外面的衣服的名称。古人的皮衣有毛的一面朝外，所以"表"字从"衣"在"毛"上示意。这个字写成"表"之后，也就只能看作一个记号字了。

　　形声字偶尔也会演变成记号字。例如从"禾""千"声的 字，就变成了形旁、声旁全都遭到破坏的记号字"年"。

　　字形的演变还造成了一些半记号字，即由记号跟意符或音符组成的字。这类字大都是由形声字变来的。例如："春"字本作 ，《说文》分析为"从艸，从日，艸春时生也，屯声"。后来声旁"屯"跟"艸"旁省并成"夫"旁。这个偏旁既无表音作用，也无表意作用，是一个只有区别作用的记号。可是偏旁"日"仍有表意作用，所以"春"就成了由记号跟意符组成的半记号半表意字。

　　还有不少字，虽然其结构并没有由于字形演变而遭到破坏，但是由于语音和字义的变化，对一般人来说实际上也已经变成了记号字或半记号字。比较常见的一种情况，是形声字的声旁由于语音的变化丧失表音作用，转化为记号。例如"恥"（"耻"的本来写法）本是从"心""耳"声的字，后来"耳""恥"二字的读音变得毫无共同之处,"耳"实际上成了仅有区别作用的记号,"恥"实际上成了半记号半表意字。"恥"字写作"耻",始见于东汉碑刻,可能当时"耳""恥"二字的读音已经有了很大距离,有的人不知道"耳"是声旁,就把"心"旁改成了读音与"恥"相近的"止"(汉隶中"止"和"心"的字形相当接近)。"耻"可以看作由记号"耳"跟音符"止"组成的半记号半表音字。

合体字的表意偏旁由于字义的变化丧失表意作用,转化为记号的情况,也是存在的。例如:形声字"特"的本义是公牛,所以用"牛"为形旁。由于这个本义早已不用,对一般人来说,"牛"旁实际上已经成为记号。

形声字有时还会由于语音和字义两方面的变化而完全变成记号字。例如上面所举的形旁丧失表意作用的"特"字,由于声旁"寺"的表音作用也已经由于语音演变而丧失,对一般人来说,实际上已经完全成为记号字了。

假借字也可能变成记号字。假借字是借用已有的字作为音符来表示跟这个字同音或音近的词的。对根本不认得被借字的人来说,假借字实际上只是个记号字。有些假借字所借之字的原来用法已经被人遗忘。在这种情况下,如果所借之字不是形声字,假借字就会变成记号字。例如:"我"字在较早的古文字里写作,像一把锯子。它本来所代表的词,一定跟⎰锯⎱同义。由于第一人称代词⎰我⎱跟这个词同音或音近,古人就假借"我"字来记录它。可是在相当早的时候,"我"字本来所代表的词就已经废弃不用了。因此作为你我之"我"所用的字符来看,"我"已经丧失表音作用,变成了一个硬性规定的记号;作为一个文字来看,"我"已经从假借字变成了记号字。现在用来表示虚词⎰其⎱的"其"字,[⑤]一般人并不知道它本来所代表的词是⎰箕⎱,实际上也已经成为记号字了。

如果被借字是形声字,当本义已经湮没的时候,声旁一般仍有表音作用。例如"笨"本来当竹子里的白色薄膜讲,后来这个字被假借来表示愚笨的⎰笨⎱,本义不再使用,形旁"竹"实际上已经变成记号,但声旁"本"仍有表音作用。

总之,由于种种原因,在我们现在使用的汉字里,原来的意符和音符有很多已经变成了记号。相应地,很多表意字、形声字和假借字,也就变成了记号字或半记号字。

通过以上的分析,可以得出如下结论:汉字在象形程度较高的早期阶段(大体上可以说是西周以前的阶段),基本上是使用意符和音符(严格说应该称为借音符)的一种文字体系;后来随着字形和语音、字义等方面的变化,逐渐演变成为使用意符(主要是义符)、音符和记号的一种文字体系(隶书的形成可以看作这种演变完成的标志)。如果一定要为这两个阶段的汉字分别安上名称的话,前者似乎可以称为意符音符文字,或者像有些文字学者那样把它简称为意音文字;后者似乎可以称为意符音符记号文字。考虑到这个阶段的汉字里的记号几乎都由意符和音符变来,以及大部分字仍然由意符、音符构成等情况,也可以称它为后期意符音符文字或后期意音文字。

前面说过,有人把汉字这种类型的文字体系称为"词-音节文字"。此外,还有人把汉字称为"词文字"(word writing,或译表词文字)或"语素文字"。[⑥]这些名称应该怎样理解呢?

首先应该指出,语素文字说跟词文字说在基本观点上并没有多大分歧。语素是语言中最小的有意义的单位,能够独立活动的语素就是词。上古汉语里单音节词占绝对优势,汉字一般都是代表单音节词的。但是有很多单音节词后来变成了不能独立活动的语素,在今天一个汉字往往只是一个语素的符号,而不是一个词的符号。这是有些人不愿意把汉字叫作词文字,而要叫作语素文字的原因。按照这种考虑,词-音节文字这个名称也可以改为语素-音节文字。[⑦]

所谓语素文字究竟是一种什么样的文字体系呢?拼音文字可以按照字符所表示的是音节还是音素,分成音节文字和音素文字。"语素文字"是不是可以理解为字符表示语素的文字呢?不能这样理解。一般认为"日"这一类字是典型的语素字。但是我们只能说"日"字表示语素⎰日⎱,而不能直接说字符"日"表示语素⎰日⎱。这一点前面早就说明了。有的人是因为看到汉字里一个字通常代表一个语素,称汉字为语素文字的。像这样撇开字符的性质,仅仅根据文字书写的基本单位所代表的语言成分的性质,来给文字体系定名,也是不妥当的(这里所说的文字书写的基本单位,就是一般所说的字。汉字的笔画可以称为用笔的基本单位)。英文里几乎每个字都代表一个词,大家不是并没有把它看作表词文字,而是把它看作音素文字的吗?这样说来,语素文字这个名称是不是根本就不能成立呢?那倒也不必这么看。音素、音节、语素,是语言结构系统里由低到高的不同层次。我们可以把语素文字解释为字符属于语素这个层次,也就是说,字符跟语素这个层次发生关系而跟音素、音节这两个层次没有关系的文字;或者解释为能够表示语言的语素结构(即能够表示词由什么语素构成)而不能表示语言的音素或音节结构的文字。语素-音节文字可以解释为既使用属于语素这个层次的字符,又使用表示音节的字符的文字。

按照上面的解释来看,汉字究竟应该称为语素文字呢,还是应该称为语素-音节文字呢?下面就来讨论这个问题。

汉字的意符和记号都不表示语音,前者只跟文字所代表的语素的意义有联系,后者只能起把代表不同语素的文字区别开来的作用。它们都是属于语素这个层次的字符。所以汉字里的独体、准合体和合体表意字以及记号字和半记号半表意字,都可以看作语素字。

但是,汉字使用的音符,虽然都由原来是语素的符号的现成文字充当,却应该看作表示音节的符号。使用音符的假借字(就记录汉语固有语素的假借字而言),以及由意符和音符构成的形声字,通常也以一个字代表一个语素,但是我们不应该因此就把它们也都看作语素字。

那些记录具有两个以上音节的音译外来词的假借字,它们表示语素的音节结构的性质,是十分明显的。例如元代假借来记录出自蒙古语的官名的"达鲁花赤"这四个字("达鲁花赤"的本来意义是统治者、掌印者),显然都是作为音节符号使用的。记录汉语里固有的双音节语素的假借字,如"仓庚"(鸟名)、"犹豫"之类,表示音节结构的性质也很明显。

那些用来记录汉语固有的单音节语素的假借字,其实同样具有表示音节结构的性质。只不过在一个语素只包含一个音节的情况下,语素和音节之间的层次界线容易被忽略而已。作为字符来看,假借来表示动词｜花｜的"花"跟"达鲁花赤"的"花",其本质并无不同,二者都是表示 huā 这个音节的符号。它们的不同在于前者单独用来表示一个单音节词的音,后者则只表示一个多音节语素里的一个音节。"花"作为假借字所使用的字符看,只有表音节的作用;但是作为记录动词｜花｜的假借字来看,则既有音也有义(即"花"字的假借义)。"达鲁花赤"这四个字必须连在一起才能表示出一定的意义,其中每一个字都只能看作一个没有意义的表音节的符号。如果不是按照一般习惯以"书写的基本单位"当作"字"的定义,而是以"语素或词的符号"当作"字"的定义的话,只有"达鲁花赤"这个整体才有资格称为假借字。

英文里表示不定冠词的"a"字所使用的字母"a",其本质并不因为单独成字就跟与其他字母拼合成字的"a"有所不同。汉字里表示动词｜花｜的假借字"花",以一个字代表一个语素这一点,当然也不会影响到它所使用的字符的表音节的本质。所以假借字都可以看作音节字。

形声字的声旁也是表音节的符号。例如:读音相同的"饵""洱""珥""铒"代表四个不同的语素,但是它们都有一个共同的表音成分——音旁"耳"。这个"耳"显然应该看作表音节的符号("珥"所从的"耳"兼有表意作用,已见上文)。由于形声字的形旁只跟语素的意义有联系,可以把形声字看作介于语素字跟音节字之间的一种文字。半记号半表音字的性质,也可以这样看。

前面曾经指出,汉字使用的音符跟拼音文字的音符有很大区别。这种音符作为表音节的符号来看,跟音节文字的音符当然同样是有很大区别的。汉字既使用表音节的符号,也使用属于语素这个层次的符号。表音节的符号都是借现成的文字,即语素的符号充当的,而且借来表示同一个音节的字往往有很多个。[8]这些都是跟音节文字不同的地方。

通过以上的分析可以知道,汉字不应该简单地称为语素文字,而应该称为语素-音节文字。不过,对汉字使用的表音节的符号跟音节文字的音符之间的区别,也应该有足够的认识。

语素-音节文字跟意符音符文字或意符音符记号文字,是从不同的角度给汉字起的两种名称。这两种名称可以并存。意符和记号都是属于语素这个层次的字符,所以语素-音节文字这个名称对早期和晚期的汉字都适用。

附　注

① 周有光《文字演进的一般规律》,《中国语文》1957 年第 7 期。又见《字母的故事》2—7 页,上海教育出版社,1958 年修订版。

② 为了行文的方便,并为了明确字跟词的区别,我们一般用花括号来标明文章里提到的词或语素。

③ 以上一段所说,大体上是根据赵元任先生的意见。参看 *Language and Symbolic Systems* 150 页,剑桥大学出版社,1970。

④ 天干中的"十"(甲)、"乚"(乙)、"·"(丁)等字,可能也是源于原始社会所使用的记号的。参看拙作《汉字形成问题的初步探索》164 页,《中国语文》1978 年第 3 期。

⑤ "其"由"⊠"变来,演变情况大致如下:⊠——其——其——其。有人认为"丌"(音基)是加注的音符。"箕"是由"其"分化出来专门表示它的本义的。

⑥ 词文字说是美国的布龙菲尔德在三十年代发表的《语言论》中提出来的(袁家骅等译,360 页,商务印书馆,1980)。词-音节文字说是美国的 Gelb 在 1952 年发表的 *A Study of Writing* 中提出来的(第三章,芝加哥大学出版社,1963)。语素文字说是赵元任在 1959 年发表的《语言问题》中提出来的(144 页,商务印书馆,1980)。

⑦ 赵元任在注③所引书中"文字"章的一个小标题里,曾称汉字为"语素-音节文字"(103 页),但是他在正文里又说汉字是典型的语素文字。看来,他所说的"语素-音节文字"的含义,跟这里所说的不一样。

⑧ 这种现象有很大一部分是由于本来不同音的字演变为同音字而造成的。例如《新华字典》yī 音节下所收的全部形声字使用了"意""衣""奇""殹""昍""伊""韦""多"等十来个不同的声旁,但是这些形声字有很多在古代并不同音。为了区别同音词而借用不同的字来表示同一音节的现象也是常见的。例如:"潢"和"湟","蟥"和"蝗",都是同音的。为了从字形上把它们区别开来,分别使用了"黄"和"皇"这两个声旁(这跟拼音文字有时为了区别同音词把它们拼得不同形的情况相似)。此外,借用不同的字来表示同一音节的现象,当然也有不少仅仅是由于选择音符缺乏规律性而造成的。

(原载《中国语文》1985 年第 1 期)

现代汉字的性质和特点

费锦昌

现代汉字的性质和特点是现代汉字学讨论的基本问题,也是我们评价汉字,整理、改革汉字的出发点和依据。对这个问题的探究,有一个不断深化的过程。我们之所以不揣浅陋,敢于把目前的初步认识提出来跟大家一起讨论,是基于这样一种想法:对汉字的科学评价、有关汉字前途的科学结论,不可能来源于主观臆断,而只能来自不断的、踏踏实实的研究和实践。

一、现代汉字的范围

对"现代汉字"这个术语,可以作广义和狭义的两种理解。[①]

广义的理解:现代汉字是指汉字发展史中现代阶段所使用的汉字,它是跟"古代汉字""近代汉字"相对应的一个术语。

狭义的理解:如果说,把汉字分为古代汉字、近代汉字和现代汉字是在读者面前展现了汉字发展史的纵剖面的话,那么,我们以"现在"作为切口,在"现代汉字"这个阶段横切一刀,展现在读者面前的就是汉字发展史上的一个横断面。因为这个层面是属于"现代汉字"阶段之内的,所以,在这个层面上的汉字都可以统称之为"现代汉字"。有的研究者从"现在通行"这一点着眼,把它们称为"现行汉字"。在这个层面上的汉字,又可以根据它们记录对象的不同和形体结构的差异,分为:现代汉语用字(中国大陆用字,台、港、澳地区用字)、古代汉语用字、外族语言用字。本文重点讨论的是中国大陆目前通行的汉字。

我们用下图把对"现代汉字"广义和狭义的理解表述如下:

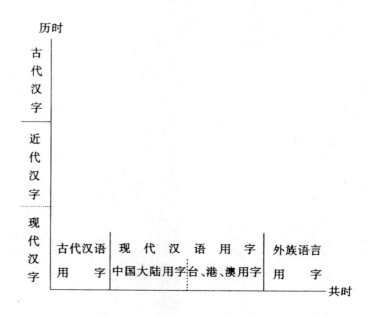

二、现代汉字的性质

关于汉字的性质有种种说法：粗通文墨的老百姓说它是象形文字、表意文字；语文工作者说它是表词—音节文字、音素—表意文字、意音文字、语素文字、语素—音节文字，等等。

我们认为，要讨论汉字的性质，首先要明确考察的对象和角度。

（一）考察的对象

文字是记录语言的。文字作为语言的符号，它的每一个单位，一般来说，都是既有音又有义的，因为语言本身是音义的结合物。比如"芽"，它作为记录汉语中一个名词的符号，既有音[jɑ]，又有义（"植物的幼体"）；再如 I，它作为记录英语中一个人称代词的符号，既有音[ɑi]，又有义（"我"）。如果着眼于语言的符号这个层次来考察文字，那么，无论是汉字还是英文都是既表音又表义的。这显然对确定文字的性质没有什么意义。那么，应该以什么作为对象来考察文字的性质呢？我们只应该以文字所使用的符号作为考察的对象。比如汉字"芽"，它所使用的符号是"艹""牙"；英文"water"，它所使用的符号是"w""a""t""e""r"。综合汉字所使用的全部符号的功能和特点，就可以判定汉字的性质；综合英文所使用的全部符号的功能和特点，就可以判定英文的性质。

这就告诉我们，要准确地考察文字的性质，首先必须分清"作为语言的符号的文字"和"文字所使用的符号"这两个不同层次上的客观对象。

我们再举两个例子来具体说明：汉字"日"，作为汉语 rì 这个名词的符号，它既有音[ʐʅ]，又有义（"太阳"）；如果作为汉字所使用的一个符号来考察，古汉字⊙"日"是摹写太阳的一个象形符号，它仅仅跟"太阳"这个意义有联系，而跟[ʐʅ]这个语音没有必然的联系，所以，它是一个表义符号。英文 sun，作为英语中一个名词的符号，它既有音[sʌn]，又有义（"太阳"）；如果从 sun 所使用的符号来考察，那么，"s""u""n"都只跟它们所记录的词在语音上发生联系，而跟"太阳"这个意义不发生直接的联系（sun 是通过语音作为中介物跟"太阳"这个意义联系起来的），所以，"s""u""n"是表音符号。

（二）考察的角度

明确了考察的对象以后，还要确定考察文字性质的角度。一般来说，有两个角度，一是文字符号记录语言的方法，二是文字符号记录的语言单位。

我们先来讨论文字符号记录语言的方法。

语言是音义的结合物。文字符号记录语言的时候，或者从音入手，或者从义入手，或者同时从音、义入手。例如：

英文 man 是用字母 m、a、n 把语音[mæn]表达出来的方法来记录英语中的一个名词的。这是从音入手。

汉字"人"是用符号的形象描摹字义的方法来记录汉语中的一个名词的（古汉字像侧立的人形 ），这是从义入手。

(1)   (2)

纳西文(1)是在用符号的形象描摹字义的同时，又用另一个符号记录语音(2)像山崖形；在纳西语中"山崖"跟"鸡"同音，所以用鸡头来标注"山崖"的读音），这是同时从音、义入手。

我们再来讨论文字符号记录的语言单位。

从语音的角度来看，文字符号记录的单位，有的是音素，如上举的英文字母 s、u、n；有的是音节，如日文的假名字母 あ、か、さ、た……

从语义的角度来看，文字符号记录的单位，有的是一个句子甚至句群的意义（有的称"义句""义丛"），比如"文字画"（当然，严格地说，"文字画"还只是文字的前身）；有的是一个词的意义（有的称"义位"），比如早期的埃及文字、苏美尔文字以及部分阿兹特克文字；有的是语素义，比如现代汉字中的"民""晴""巨""寒"等。

（三）汉字的性质

明确了考察文字性质的对象和角度以后，我们就可以来讨论汉字的性质了。

1. 从记录汉语的方法来考察

（1）古代汉字记录汉语的方法

古代汉字的象形程度较高,它所使用的符号主要是意符和音符。

1）从义入手,用意符记录语言,如:

用🐦记录 niǎo(鸟)这个名词;

用🖐记录 cǎi(采)这个动词;

用三记录 sì(四)这个数词;

用◯记录 yuán(圆)这个形容词。

读者从字形就可以知道这些符号分别记录的是哪些语词。

2）从音入手,用音符记录语言,如:

🦌本像人执牛尾跳舞,后借去记录"有 wú"的 wú(无,繁体作"無");

🐾本像胡须,后借去记录"必 xū"的 xū(须);

🧺本像簸箕,后借去记录代词"其";

🔱本像一种锯齿形的武器,后借去记录代词 wǒ(我)。

这些符号,当它们被借去记录同音的语词时,跟词义毫无关系,仅在语音上保持联系。

3）同时从音、义入手,兼用意符和音符记录语言,如:

🦷下半部像牙齿,跟名词"齿"在意义上有联系,是意符;上半部"止"标注这个词的读音,是音符。

🐓右半部像鸡,跟名词"鸡"在意义上有联系,是意符;左半部"奚"标注这个词的读音,是音符。

可见,古代汉字兼用表义和表音的方法,用的主要是意符和音符。

（2）近代和现代汉字记录汉语的方法

从秦汉开始,汉字进入隶楷阶段。随着线条变为笔画,汉字的形象性越来越弱,汉字符号跟它所记录的语言在义、音上的联系发生了一系列变化:

1）许多象形表义的符号从字面上已经看不出所像之形、所表之义。如◯像一轮红日,楷书写成"日",像扇窗户了;☽像一弯新月,楷书写作"月",像架梯子了;🧍像一个人俯首对着一盆水照脸,楷书写成"監(监)",从字面上怎么也看不出俯首照脸的形状了;🏹用箭射到某个地方表示"到达"的意思,楷书写作"至",找不到箭矢的影子了。这些古代汉字中的意符,在近代、现代汉字中都变成跟音、义均无联系的记号。

2）由于许多词语的意义引申转化,而汉字意符的形体相对稳定,使意符失去了跟所记录的语词在意义上的联系而变成记号。如:"骄",原意是"马壮健貌",所以用"马"作形旁,现在的常用义转化为"自高自大",跟"马"不相干了,意符"马"变成了记号;"极",原意是"房屋的中栋",所以用"木"作形旁,现在的常用义引申为"顶端、最高点",看不出跟"木"有什么直接的关系了,意符"木"也变成了记号。

3）由于许多语词的读音发生了变化,而汉字使用的音符没作相应的调整,使原来的音符跟所记录的语词在读音上失去了联系而变成记号。如被许慎作为形声字的典型例子的"江""河",它们的音符"工""可"都不再能表示现在的读音 jiāng、hé 了,音符"工""可"变成了记号。

4）有些合体字,因为所使用的意符、音符都失去了表义、表音作用,它们就成了记号字。如"罪",原意是"捕鱼的竹网",上半部像网形,是意符;下半部标注读音,是音符。现在的常用义成了"犯法的行为",读音也跟"非"相去甚远。"罪"成了由两个记号组成的记号字。

5）有些合体字,因为所使用的意符或音符中间有一个失去了表义或表音作用,它们就成了半记号字。如"铠",意符"金"还有表义作用,仍是意符;音符"岂"不能标注现在的读音 kǎi,成了记号。"铠"成了由意符和记号组成的半记号字。再如"较",原意是"车厢两旁的横木",现在的常用义成了"比",意符"车"成了记号;音符"交"基本上还能标注现在的读音,仍是音符。"较"成了由记号和音符组成的半记号字。

6）现代汉字中有不少意符（多作形旁），尽管它们的字形不再象形了，但由于它们已经跟记录的词义形成了密不可分的联系，所以，它们仍能起到模糊的表义作用，如："氵、扌、土、鸟"等。这些形旁仍然是意符。

通过上面的分析，我们可以知道，从汉字记录汉语的方法来考察，近代汉字和现代汉字有意符、音符、记号组成，它们中间有表意字，有形声字，有假借字，还有记号字和半记号字。从汉字符号记录汉语的方法来考察，早期的汉字是意符音符文字，后期的汉字是意符音符记号文字。由于记号字和半记号字在现代汉字中还没有占到绝对多数，又由于这些记号也是从意符音符逐渐演变过来的，从它们的深层还可以追溯到表义表音功能的痕迹。所以，总起来说，汉字是一种意符音符文字，用的是表义兼表音的方法，可以简称为意音文字。

2. 从记录的汉语单位来考察

汉字的符号记录了什么样的语言单位？让我们分别考察意符、音符、记号的具体情况。

（1）意符

1）当一个意符单独组成一个汉字的时候，它记录的是音义俱全的语素。（这些语素，有的独立成词，有的跟别的语素组合成词。）如 𝕄 "山"用字形描摹出起伏的山峰，它所记录的是语音为 shān、语义为"地面上由土石构成高起的部分"的那个语素。

2）当一个意符跟一个音符组成一个汉字的时候，意符记录的是一个语素的义类。如 荷（荷），它的意符是 艹，表示这个语素的意义跟花草有关，属植物一类。

3）当一个意符跟另一个（或几个）意符组成一个汉字的时候，意符表示的只是跟被记录的语素义相关的意义成分。如 "舀"表示用手从臼里取出东西来。意符 爫 和 臼 都不能单独地完整记录"舀"的语素义，而只能记录跟语素义相关的意义成分。

4）当一个意符跟一个记号组成一个汉字的时候，有两种情况：当这个记号原先是一个音符，即它们组成一个形声字时，意符记录语素的义类，充当形旁。如"轨"，声旁"九"已经失去表音作用，仅是一个记号，而意符"车"充当形旁，仍能表示所记录的语素义跟车辆有关。另一种情况是，当记号配合意符一起表达语素的意义时，意符所记录的仅是跟语素义相关的意义成分。如 本"本"，在意符"木"下加记号"一"指示根部的位置，二者合起来记录语素"本"的意义："草木的根或茎干"。意符"木"本身不能完整地记录"本"的语素义，而只能表示跟这个语素义相关的意义成分。

（2）音符

1）当一个音符独立成字的时候，它记录的是一个音节。如"马达""比利时""布尔什维克"这 10 个字在 3 个词中都只能起到记录音节的作用。

2）当一个音符跟一个意符组成一个汉字时，它所记录的是一个音节。如"惶、煌、蝗"中的音符"皇"记录的都是音节 huáng。

3）当一个音符跟一个记号组成一个汉字时，它所记录的也是一个音节。如"笨"，上边的竹字头已经失去表义作用，只是一个记号，而下边的"本"记录的是音节 bèn。

（3）记号

1）当记号原先是一个独体表意字时，它记录的是一个语素。如"日"，由于字形已经不能摹写太阳，所以，这个字符已经从意符变成记号，但由于约定俗成，这个记号所记录的仍是语音为 rì、语义为"太阳"的语素。

2）当记号跟音符组成一个汉字时，记号只起到从字面上区别同音语素的作用。如"骄"，形旁"马"在现代汉字中已经失去表义作用，是个记号。这个记号在字中的作用是把"骄"跟同音的"娇"、近音的"矫、轿"等从字形上区别开来，以保证这些语素在书面形式上不发生混淆。

3）当记号跟意符组成一个汉字时，记号只起到从字面上区别相同形旁的作用。如"池、沁"的声旁"也、心"在现代汉字中已经失去表音作用，都是记号。它们在字中的主要作用是把都用"三点水"作形旁的"池"和"沁"从字形上区别开来。当然，它们还能反映出古今字音的历史联系。

4）当记号跟另一个记号组成一个汉字时，它们合起来记录一个语素。当然，这个字形跟被记录的语素在音、义上的联系也是约定俗成的。如"特"，在现代汉字中，它的形旁和声旁都分别失去了表义、表音作用，都是记号。人们通过约定俗成，规定"特"这个字形记录的读音为 tè、意义为"不平常的"这一语素。

综上所述,从汉字的符号所记录的语言单位这个角度来考察,汉字的符号所记录的不外乎是语素、语素的意义成分或音节。(当然,也有个别的例外,如"花儿"中的"儿"记录的只是 huar 这个音节的韵母之一部分;再如"嗯"记录的是音素 ng。)所以,汉字是语素—音节文字。

上面我们分别从汉字符号记录语言的方法和记录语言的单位这两个角度进行了考察。如果把这两方面考察的结果综合起来称说,汉字应该是表意兼表音的语素—音节文字,也可以简称为意音文字或语素文字。[②]

至于一般人口头上说的"象形文字",只是从早期汉字字形的表现方法着眼来称说的。作为一种俗称可以流传,但若要根据它来为现代汉字定性,那就不科学了。正确地把握现代汉字的性质,对于准确地评价汉字,对于学习、应用和整理、改革汉字都是十分重要的。

三、现代汉字的特点

现代汉字主要有以下特点:

1. 符号的数目多、结构繁

这是语素文字的性质决定的。在现代汉字中,除了极少数例外,都是一个汉字代表一个语素。语素的数目比音素和音节要多得多,所以,国家主管部门选定的通用汉字有 7 000 个、常用汉字也有 3 500 个。面对这个事实,我们不能不说现代汉字符号的数目是多的。

现代汉字是意音文字,绝大多数符号由形旁和声旁两部分组成,许多形旁和声旁又是由两个甚至两个以上的部件组成的。这就决定了现代汉字符号的结构,相对别的文字来说,显得复杂。7 000 个通用汉字的平均笔画数是 10.76 笔,其中笔画最多的竟达 36 笔(齉);3 500 个常用汉字的平均笔画数是 9.74 笔,其中笔画最多的达 24 笔(蠹)。面对这个事实,我们不能不说现代汉字的结构是繁的。

正因为符号的数目多、结构繁,掌握这套文字工具确有相当的难度。据裘锡圭先生估计,"一般知识分子掌握的字数只不过两三千左右"。[③]对于初入学的儿童来说,强烈的求知欲和相当发达的语言能力跟繁难的汉字形成了尖锐的矛盾,汉字束缚了儿童智力的早期开发。中国的文盲这么多,除了社会原因外,文字工具比较难不能不说是一个重要的原因。从技术上说,电子计算机完全能够处理汉字,但是如何降低成本、提高效率仍然是一个难题。

2. 不同汉字的使用频率相差悬殊

文字符号在使用中出现的频率不同,这在各种文字中是普遍现象,但没有一种文字相差得像汉字那样悬殊。经过统计,人们发现,同是现代汉字,字与字的使用频率却天差地别。70 年代,我国用手工统计了 2 165 万字的语料,共得 5 991 个汉字。使用频率最高的是"的"字,共出现 830 322 次,占统计语料总字数的 3.834%,即每 100 个字中就有 4 个"的"字。而有 345 个汉字在总字数高达 2 165 万字的语料中都只出现 1 次。它们跟"的"字的比差是 1∶830 322。汉字的这个特点,使得人们只要掌握了两三千个字就具备了基本的读写能力,从而在一定程度上缓解了汉字符号多、结构繁这个难点。

3. 形声字是主体

这是意音文字的性质决定的。据估计,形声字要占到现代汉字总数的百分之八九十。形旁表义类,声旁表读音,从造字原理上,形声字集中体现了意音文字的优势。形旁与声旁互补,增多了文字符号提供的信息量,为记录音节结构比较简单、同音语素比较多的汉语创造了一条基本适用的路子。

但是,形旁和声旁都"先天不足"。形旁只能记录粗疏的义类,分类也不十分科学。声旁用象形符号充当,不便准确标音,同一个读音用不同的声旁表示,同一个声旁又可以标注不同的读音,甚至一开始记录的就是近似音或地方音。形旁和声旁又都"后天有亏"。语义是经常变化的,形旁却相对固定,使得不少形旁在汉字演变的过程中失去了表义作用。如"原子弹""氢弹"都不是用"弓"射出去的,"水泥桥""大铁桥"也都不是用"木"造的了。其他如:"始"为什么用"女"旁、"极"为什么用"木"旁、"落"为什么用"草"头、"答"为什么用"竹"头……如果一定要对学字的人作解释,管保越说越胡涂。中国人又有按"形声"析字的习惯,于是,把"急躁"写成"急燥"、把"包子"写成"饱子",成了人们常犯的毛病。语音也在不断演变,而声旁却相对稳定。碰到不识的字,按照声旁去念,往往要出洋相,如把"百舸(gě)争流"错念成 bǎi kě zhēng liú,把"良莠(yǒu)不齐"错念成 liáng xiù bù qí。这类误读连高级知识分子也在所难免。

4. 记号字、半记号字增多

以象形表意为基础的汉字,经过长期的演变,发展到现代汉字阶段,其有理性愈益削弱,无理性愈益增多。记号字、半记号字所占的比例越来越大。形符、声符的表意、标音作用有进一步削弱的趋势。记号字、半记号字的比例如果越过了一定的"度",就会给学习和使用带来更多困难,并可能导致汉字性质的变化。

5. 简化字成为标准字形

在汉字的发源地和集中使用的地方——中国大陆,简化字已被作为标准字形广泛推行。根据抽样统计,在日常书面交际中,简化字要占到所用汉字总数的三分之一。在其他使用汉字的国家和地区,也程度不同、数量不等地推行了简化字。如新加坡、马来西亚、日本、韩国等国都或多或少地正式推行了简化字。中国香港地区采取了"繁简由之"的办法;中国台湾地区 1976 年制定的《标准行书范本》中,简化字约占 40%。"台、湾、双、战、窃、虫、灯、会、粮、实"等简化字,不但早已为民众手写时习用,而且还经常出现在报刊上。这是人们在书面交际频繁时产生的希望字形简化的合理要求。有人说,汉字已经进入"简化字时代",这是不无道理的。

6. 字形呈方块,不实行分词连写

现代汉字是方块形的平面文字。字形由笔画、部件、整字三级单位逐级组成。几十个笔画构成几百个部件,几百个部件再组成成千上万个整字。大多数拼音文字是线形文字,它们的构成成分顺着一个方向展开。汉字是平面文字,构成成分沿着纵和横双向展开,形成一个平面。在一个平面内,不管有多少构成成分,都要均衡地分布在一个个方方正正的框架里,所以,汉字又叫"方块字"。现代汉字笔画和部件的组合方式复杂多样,从而构成形体各异的字形。由于多数字的字形差别比较明显,阅读时,视觉分辨率较高,有利于提高速度和节省眼力。但是,繁多的字形又给学习和书写苔来困难,也给计算机处理汉字带来麻烦。

一个方块字记录一个单音节语素,刚好形成一一对应的关系。两个方块字的组合、倒置、替换,就可以记录以双音节为主体的现代汉语合成词,显得既整齐,又灵活。如

语音、语病、语文、语气 … — 语 —用语、标语、术语、谜语 …

语言

言语

言论、言行、言辞、言教 … — 言 — 誓言、怨言、格言、流言 …

相邻的方块字,不管它们是独自记录单音节词还是合起来记录多音节词,在书面上,一律分开书写。人们从字面上看不出所记录的词形。这给用汉字书写的作品带来了整齐的形式美,但也是造成破读的主要原因。如"三里屯二小将举办足球训练班",既可以读成"三里屯 二小将 举办 足球 训练班",又可以读成"三里屯二小 将举办 足球 训练班"。如何让计算机准确地自动分词已成为中文信息处理中一个难度很大的课题。

7. 渊源流长,社会性特别强

在历史的长河中,汉字记录、保存了中国人民千百年来在科学技术和文学艺术上无与伦比的智慧结晶。时间的长度和覆盖面的广度使汉字跟中国优秀的传统文化结成了密切的关系。任何文字都有社会性,但汉字的社会性尤为突出。汉字在中国人民心目中占有极其重要的位置。所有这些,使得我们在认识和整理、改良汉字的时候,必须十分重视汉字那悠久、深厚的人文背景,包括长期形成的文字观念,采取特别慎重、特别稳健的方法,否则就会误伤人们的感情,使问题变得格外地复杂起来。

正因为汉字有这么多长处,所以,1986 年的全国语言文字工作会议重申:"在今后相当长的时期,汉字作为国家的法定文字还要继续发挥它的作用";正因为汉字有那么多不足,所以,新时期的语文工作方针规定,还要"继续推动文字改革工作",逐步实现文字的规范化、标准化,并在汉字不便使用或不能使用的方面推广使用汉语拼音。

正如本文开头所说的,我们之所以敢于把以上肤浅的认识发表出来,想法只有一个:跟所有愿意默默耕

耘的同志一起,认真探索、逐步积累,从而求得对现代汉字的科学认识。若干年以后,当我们一旦又面对"汉字前途"这样的重大问题时,可以捧出一份正确、明确的答案,而不再用已故总理周恩来的那句名言把对这个问题的回答推迟到下一个轮次。

附　注

① 参看费锦昌《汉字研究中的两个术语》,《语文建设》1989.5。

② 参看裘锡圭《文字学概要》第二章,商务印书馆,1988。

③ 裘锡圭《谈谈汉字整理工作中可以参考的某些历史经验》,《语文建设》1987.2。

（原载《语文建设》1990 年第 4 期）

现代汉字中声旁的表音功能问题

周有光

声旁是汉字中间的表音符号。它在现代汉字中的表音功能究竟如何？这是理解现代汉字的一个关键问题。

研究现代汉字中声旁的表音功能，要把现代汉字作为一个整体来观察。目的不是理解个别的汉字，而是理解整个汉字体系，求得定量的和定性的具体答案。

在现代汉字中有多少声旁能准确表音？有多少汉字能依靠声旁准确表音？应当算出一个声旁的"有效表音率"。这是有关现代汉字的主要数据之一。这里试用分析和统计的方法求得这个数据。

有几个先决问题：

1. 什么是"现代汉字"？这有广狭两义。广义：一本今天流行的通用字典中所收的全部汉字都算是现代汉字。狭义：经过严格审查，书写现代汉语所必须用到的汉字才是现代汉字。这里暂从广义，把《新华字典》（1971年版）所收全部"正字"（不包括繁笔、异形等"非正字"）作为研究对象。字数统计，全依《新华字典》。

2. 什么是"声旁"？为了便于统计，这里把部首以外的半边一概视作声旁（实际是暂借声旁这个名称），其中包括能表音的和不能表音的，还有形式类似声旁而实际不是的。声旁的意义改变了，所以把含有声旁的汉字称为"含旁字"，不称"形声字"。汉字按现代字形机械地归类，不考虑原字的历史背景。含旁字绝大部分是形声字，但也包括"类形声字"。[1]

3. 什么叫作"表音功能"？这也有广狭二义。狭义：含旁字的声、韵、调完全相同于声旁的标准读音。广义：不论四声，只论声母和韵母。这里从广义，附带说明四声。

研究现代汉字，需要摆脱传统观点。这种尝试可能是不成熟的。

一、声旁的有效表音率

全部汉字可以分为两部分：1. 声旁，2. 含旁字（另有少数"孤独字"）。[2]

声旁	1 348	17%
含旁字	6 542	81%
（孤独字）	（185）	（2%）

如果声旁都能正确表音，那么，认识五分之一作为声旁的汉字，就能读出全部汉字。可是情形并非如此。

声旁按照它在含旁字中的表音功能分为：1. 同音声旁，2. 多音声旁，3. 异音声旁。

含旁字按照它跟声旁读音是否相同分为：a. 同音含旁字，b. 半同音含旁字（声母或韵部相同），c. 异音含旁字。

多音和异音，半同音和异音，都是非同音。

1. 同音声旁只有同音含旁字，没有非同音含旁字，例如：[3]

声　旁	同　音	半　同　音	异　音
ai 爱[4]	嫒[4] 暧[4] 瑷[4] 叆[4] 嗳[4]	（无）	（无）

2. 多音声旁既有同音含旁字,又有非同音含旁字,例如:

声　旁	同　音	半　同　音	异　音
ban 般[1]	搬[1] 瘢[1]	pan 磐[2] 槃[2]	(无)
bi 敝[4]	蔽[4] 弊[4]	bie 鳖[1] 蹩[1]	pie 瞥[1] 撇[13]
dou 斗[34]	抖[3] 蚪[3]	(无)	liao 料[4] ke 科[1]

3. 异音声旁没有同音含旁字,只有非同音含旁字,例如:

声　旁	同　音	半　同　音	异　音
ba 把[34]	(无)	pa 笆[2]	(无)
ba 罢[45]	(无)	bai 摆[3]	pi 罴[2]
bo 帛[1]	(无)	(无)	mian 棉[2],jin 锦[3]

非同音不能表音,或者不能准确表音,都没有表音功能。只有能够准确表音的(不论声调)才有表音功能。

声旁的有效表音率的计算方法暂定如下:

A. 声旁的表音功能单位:每一同音声旁为1,多音声旁和异音声旁为0,声旁中多音字为0,不成字声旁减半。

同音声旁	473	表音功能单位数	473
其中不成字	43	减去 21⎫44⎬减余	408
其中多音字	44	声旁表音功能单位总数	408

声旁表音功能单位总数 408÷声旁总数 1 348 = 有效声旁比 30%。

B. 含旁字的表音功能单位:每一同音含旁字为1,半同音含旁字和异音含旁字为0,含旁字中多音字为0。

同音含旁字	3 426	表音功能单位数	3 426
同音含旁字中多音字[④]	309	减去 309　减余	3 117
		含旁字表音功能单位总数	3 117

含旁字表音功能单位总数 3 117÷含旁字总数 6 542 = 有效含旁比 48%。

C. 以有效声旁比和有效含旁比的平均,作为现代汉字中声旁的有效表音率:

$$(30\%+48\%)\times\frac{1}{2}=39\%$$

现代汉字声旁的有效表音率是 39%。

二、声 旁 的 分 析

1. 声旁取半边

这里的声旁,取字形的半边,不取半边的某一部分。例如:"笆"取"把",不取"巴"。"傅"取〔尃〕(不成字),不取"甫"。

声旁位置无定:在左(方:邡),在右(方:防),在上(敝:弊),在下(敝:蔽),在内(古:固);在外(门:闷),在中间(保:褒),在两边(辛:辩辩辫辩),在左上(痳:瘌),在左下(安:氨),在右上(卬:迎),在右下(荅:瘩)。位置无定,削弱表音功能。

2. 成字和不成字

按照是不是字典里的"正字",声旁分为"成字"声旁和"不成字"声旁。不成字,可能是异形字、繁笔字、古字、简化形成的新偏旁、本字典不收而其他字典收的字。

正字除自身外,能作另外一个字的偏旁,不论是否同音,就算成字声旁。例如:

zuo 左³＝佐³(同音)

zong 总³≈cong 聪¹(半同音)

fou 缶³≠yao 窑²(异音)

(＝表示同音,≈表示半同音,≠表示异音,下文同此。)

非正字除自身外,能作至少两个字的偏旁,不一定同音,就算不成字声旁。成字声旁在字典中有标准读音;不成字声旁自身没有标准读音,只能以含旁字中比较有代表性的一种读音,或含旁字较多的一种共同读音,作为假定读音,不标调。(〔〕表示不成字)例如:

ban〔班〕＝斑¹ 班¹(不取古音"毂""觉")

xue〔⺌〕＝学² 峃²(简化形成,古无此旁)

成字声旁和不成字声旁的比例:

成字声旁	1 172	87%	不成字声旁	176	13%

不成字声旁超过声旁总数十分之一,削弱了声旁的表音功能。

3. **孤独字**

本字不作他字的声旁,本字所含声旁也不作他字的声旁,称为孤独字。这些字无法归入其他声旁下面。例如:

cong 匆¹——字典不收〔怱〕(繁笔字、非正字),所以"匆"不作他字的声旁,成为孤独字。

fu 敷¹——声旁取〔尃〕,不取"甫",〔尃〕不作他字的声旁,所以"敷"是孤独字。

孤独字占字典总字数 2%,从略不分析。

4. **声旁中多音字**

成字声旁中有多音字,称为声旁中多音字(跟多音声旁是两回事,切勿相混)。

例一: 阿〇 a¹＝锕¹ 啊¹²³⁴⁵

　　　　〇 e¹＝婀¹ 屙¹

例二: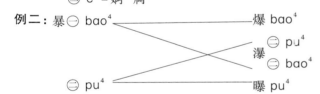

声旁中多音字占成字声旁数的 10%,损害了声旁的表音功能。

5. **声旁的分类统计**

声旁分三类:同音、多音和异音,说明见前。它们的数量比例如下:

同音声旁(其中不成字)	473(43)	35%	
多音声旁(其中不成字)	642(133)	48%	65%(非同音)
异音声旁	233	17%	

声旁中只有三分之一是同音声旁。

6. **一个音节有几个声旁?**

每一音节平均有声旁三个。但是分布不均匀:

声旁多少	音节数	%
缺少声旁	60 ⎫ 68	16%
只有孤独字	8 ⎭	
1	81(20%)	
2—5	198(48%) ⎬ 327	79%
6—9	48(11%)	
10—24	19 ⎫ 20	5%
29	1 ⎭	
音节总数 415		100%

只有一个声旁的音节数占 20%,这些本来可以说是比较理想的声旁表音音节,可惜其中有一半各自只管一个含旁字,这样,实际上就打了对折。缺少声旁的音节数占将近五分之一,这是表音符号的空白区。同一音节声旁过多,又扰乱表音功能。特殊的例子是音节 yi,有 29 个声旁:伊、猗、宜、夷、移、已、艺、意、义、乂、一、壹、衣、疑、矣、以、乙、易、亦、益、邑、弋、藙、羊、異、㔾、目、臣、殹。

7. 声旁的谱系

有的声旁又作另一声旁的声旁。由此,声旁分为基本声旁和滋生声旁。

基本声旁　　　　　　　545　　　　　　　(47%)(全部汉字的 8%)

滋生声旁　　　　　　　627　　　　　　　(53%)(重见于含旁字中)

基本声旁是第一代,滋生声旁从第二代到第某代。

例一:

第一代 fu 甫^3＝辅^3;≈bu 捕^3,pu 匍^2 浦^3

第二代 fu〔尃〕＝傅^4;≈pu 溥^3;≠bo 博^2

　　　　pu 匍^2＝葡^2　　　pu 浦^3＝蒲^2

第三代 pu 溥^3≈bu 簿^4;≠bo 薄^{24}

第四代 bo 薄^{24}＝礴^2

例二:

第一代 gong 工^1＝巩^3 贡^4 红^1⊖hong^2

　　　　　　≈knog 空^{14},tong 仝^2,qiong 邛^2

　　　　　　≠jiang 江^1

第二代 gong 巩^3≈kong 恐^3

　gong 贡^4＝唝^4;≈gan 赣^4

　hong 红^2＝荭^2

　kong 空^{14}＝控^4;≠qiang 腔^1

　tong 仝^2＝砼^2

　qiong 邛^2＝筇^2

　jiang 江^1＝茳^1;≠鸿^2

第三代 gan 赣^4＝赣^4

第四代 gan 赣^4≈gang 戆^4

声旁传代,读音易变,损害了声旁的表音功能。

三、含旁字的分析

1. 含旁字的分类统计

含旁字跟声旁读音相同称为同音含旁字;跟声旁的声母或韵部相同(双声或叠韵)称为半同音含旁字;跟声旁读音不同称为异音含旁字。半同音和异音都是非同音。韵部是否相同,根据"十三辙"。

各种含旁字的数量比例如下:

同音含旁字	3 426	52%
半同音含旁字	1 775	27% }48%(非同音)
异音含旁字	1 341	21%

含旁字中一半是同音含旁字,分属于同音声旁和多音声旁。

2. 含旁字对声旁的比例

平均每一声旁管含旁字五个半。分布不均匀。

属于同音声旁的含旁字(同音含旁字)　　　1 189　　　　　18%

属于多音声旁的含旁字	4 713	72%
（同音含旁字）	（2 237）	（34%）
（非同音含旁字）	（2 476）	（38%）
属于异音声旁的含旁字（非同音含旁字）	640	10%

82%（属于非同音声旁）

属于同音声旁的含旁字不到五分之一，属于非同音声旁的含旁字超过五分之四。

同音含旁字的分属比例如下：

同音含旁字	3 426	100%
属于同音声旁	1 189	35%
属于多音声旁	2 237	65%

同音含旁字有三分之二属于多音声旁。由于多音声旁同时又管更多的非同音含旁字，同音含旁字的表音功能就被扰乱和抵消了。

非同音含旁字的分属比例如下：

非同音含旁字	3 116	100%
属于多音声旁	2 476	79%
属于异音声旁	640	21%

非同音含旁字大部分属于多音声旁。

非同音含旁字还有一个特点：读音分散。平均 1.4 字就有一种读音。非同音含旁字读音分散，也就是非同音声旁的表音混乱。

3. 声旁的表调功能

上面所说同音声旁和同音含旁字，都不考虑四声是否相同。这里从含旁字来观察一下声旁的表调功能。

不少声旁各调皆表，也就是没有表调功能。例如：

tian 忝³ ＝ 添¹ 萘² 舔³ 掭⁴

多音声旁、异音声旁、声旁中多音字、不成字声旁，这些，由于自身表音功能的种种缺陷，即使表调正确也没有意义，都作为没有表调功能。成字的而又非多音字的同音声旁，如果跟所管同音含旁字全部声调相同，才算有表调功能。根据这个规定，有表调功能的声旁数如下：

管同音含旁字数	有表调功能的声旁数	占声旁总数
1 个	145	11%
2—5 个	85	
6—8 个	3 〉89	6%
12 个	1	
合计 234		17%

有表调功能的声旁不到五分之一。如果把只管一个同音含旁字的声旁除去，那就不到十分之一。声旁的表调功能如此微弱，有完全的表调功能的只有一个唯一的例子：

huang 皇² ＝ 喤² 湟² 惶² 隍² 煌² 徨² 锽² 蝗² 鳇² 篁² 遑² 凰²

各种字典字数不同，各次版本也有改动。绝对数字的计算可能有出入和差错。但是百分比有相对稳定性，足以说明问题。汉字声旁表音乱。乱的真象如何？这里根据分析和统计提供了初步的具体说明。⑤

（"声旁表音功能分析统计资料"从略）

附　注

① "类形声字"包括非形声字（如：阴、明）和假形声字（如：烛、浊）。

② 清朝王筠统计，《说文解字》9 353 字中，形声字占 82%（7 697 字），其余 18% 是会意字（1 653 字）、象形字（264 字）、指事字（129 字）以及转注字、假借字。

③ 字右上角的数字¹·²·³·⁴·⁵表示阴、阳、上、去、轻。例如：ai 嗳³⁴¹，表示㊀读上，㊁读去，㊂读阴平。

④ 字典多音字总数（734），减去声旁中多音字（115），即作为含旁字中多音字（619）。假定同音含旁字

中多音字为含旁字中多音字数的一半。

　　⑤ 这里探索的只是现代汉字中声旁的有效表音率。如果用同一公式对古代字书进行计算，可以比较不同时代汉字中声旁的有效表音率。例如，根据《广韵声系》(沈兼士著)计算《广韵》所收汉字中声旁的有效表音率，探索一千年来汉字表音功能的历史演变，可以增进我们对汉字发展规律的认识。

（原载《中国语文》1978 年第 3 期）

简化字与繁体字的转换

苏培成

一、总　说

1.1　现行汉字中有两千多字存在着简体和繁体两种体式。在中国大陆,简化字是规范字,可是繁体字在某些场合也要使用。这种局面将会持续一个相当长的时期。因此,在当今汉人的文字生活中,不时要进行简—繁转换或繁—简转换。特别是在古籍整理、海峡两岸交往(经济、政治、文化等)、中外文化交流等方面,汉字两种体式的转换更是经常遇到的。由于简化字和繁体字并不都是一个和一个的整齐对应,而是呈现出复杂情况,这就给转换带来许多困难。在实际转换工作中,不管是人工转换还是计算机转换,都遇到了一些问题。本文试图就这方面问题做些讨论,给从事汉字转换工作的朋友作为参考。

1.2　大陆上应用的简化字,有明确的标准,那就是 1986 年重新发表的《简化字总表》。《简化字总表》包括三个字表,共有简化字 2 235 个。而繁体字的应用,没有严格的法定的标准,只有习惯的标准。汉字楷书自汉末形成以来至今近两千年,其间自然也有相当的发展变化。目前,中国大陆使用的繁体字和港澳台地区使用的繁体字有一些细微的差别,我们在讨论简—繁转换时所说的繁体字大体上是以 1956 年《汉字简化方案》推行前,中国大陆使用的繁体字为标准。

本文对简—繁和繁—简转换的分析,以《简化字总表》为依据,只着眼于现在实际的使用,不完全顾及字源的分析。

二、简体转换为繁体

2.1　为了讨论的方便,我们把简化字分为两类,一类叫专用简化字,一类叫借用简化字。专用简化字指只用作简化字的那些汉字,也说是专为简化繁体字而造出来的简化字。离开了相应的繁体字,它本身就失去了存在的价值。比如,“书”是書的简化字,而且只作为書的简化字。借用简化字指原来有自己的音和义,后被借来充当繁体字的简化字的那些汉字。比如“筑”,本指古代一种弦乐器,现在又成为築的简化字,而弦乐器的意义依旧存在。

2.2　专用简化字又可以分为两类。Ⅰ类是一个简化字和一个繁体字对应,这类字占专用简化字的大多数。例如:碍(礙)、袄(襖)、罢(罷)、华(華)、贞(貞)、沧(滄)。

2.3　专用简化字的Ⅱ类,是一个简化字和两个繁体字对应。这类简化字转换为繁体时要注意分化。共有 22 个。

第一表 10 个:复(復複)、获(獲穫)、签(簽籤)、纤(縴纖)、苏(蘇嚕)、坛(壇罎)、团(團糰)、须(須鬚)、脏(臟髒)、钟(鐘鍾)。

第二表 8 个:当(當噹)、发(發髮)、汇(匯彙)、尽(盡儘)、历(歷曆)、卤(鹵滷)、万(萬万)、云(雲云)。

第三表 4 个:摆(擺襬)、恶(惡噁)、饥(飢饞)、弥(彌瀰)。

分化举例:

发₁—發 fā① 交付：~货。② 说出：~言Ⅰ~誓。③ 放射：~炮Ⅰ~光。④ 散开：~汗Ⅰ蒸~。⑤ 开展，张大。~面。⑥ 打开：~掘。⑦ 显现：~黄Ⅰ~烧。⑧ 开始动作：出~Ⅰ~动机器。

发₂—髮 fà 头发：理~Ⅰ脱~Ⅰ怒~冲冠Ⅰ令人~指。

获₁—獲 huò① 捉住，擒住：捕~Ⅰ俘~。② 得到：~得Ⅰ~胜Ⅰ~罪Ⅰ不劳而~。

获₂—穫 huò 收割：收~。

万（萬）、云（雲），情况有些特殊。万和云本是萬和雲的古本字，萬和雲是后起字。而万和云又是多音多义字，因此在简—繁转换时，要注意分化。这两个字暂列专用简化字的Ⅱ类。

万₁—萬 wàn 十千。《玉篇·方部》："万，俗萬字。"

万₂—万 mò 万俟（复姓）。

云₁—雲 yún① 由水滴、冰晶聚集形成的在空中悬浮的物体：白~。② 云南的简称：~贵。

云₂—云 yún① 说：诗~Ⅰ人云亦~。② 古汉语助词：岁~暮矣。

2.4　借用简化字大量用做同音（近音）代替字。多数是一代替一，也有少数是一代替二，或者是一代替三。在简—繁转换中容易出现问题的就是这一类，如西太后误为西太後。这类简化字多数在《总表》的第一表中。

第一表68字：板（闆）、表（錶）、别（彆）、卜（蔔）、才（纔）、冲（衝）、丑（醜）、出（齣）、担（擔）、淀（澱）、冬（鼕）、斗（鬥）、谷（穀）、刮（颳）、合（閤）、后（後）、胡（鬍）、划（劃）、回（迴）、伙（夥）、家（傢）、姜（薑）、借（藉）、卷（捲）、克（剋）、夸（誇）、困（睏）、累（纍）、里（裏）、帘（簾）、了（瞭）、霉（黴）、面（麵）、蔑（衊）、辟（闢）、苹（蘋）、仆（僕）、朴（樸）、千（韆）、秋（鞦）、曲（麯）、确（確）、舍（捨）、沈（瀋）、术（術）、松（鬆）、涂（塗）、咸（鹹）、向（嚮）、旋（鏇）、余（餘）、御（禦）、吁（籲）、郁（鬱）、愿（願）、折（摺）、征（徵）、症（癥）、致（緻）、制（製）、种（種）、朱（硃）、筑（築）、准（準）、干（乾幹）、蒙（曚濛懞）、台（臺檯颱）、系（係繫）、只（隻衹）

第二表2字：丰（豐）、几（幾）

第三表1字：芸（蕓）

这类简化字在简—繁转换时，要注意分化：哪些地方仍用原字，哪些地方换用繁体。

分化举例：

淀₁—淀 diàn 浅的湖泊：白洋~。

淀₂—澱 diàn 渣滓：沉~。

芸₁—芸 yún 芸香。

芸₂—蕓 yún 菜名：~薹。

余₁—余 yú 我。

余₂—餘 yú① 剩下来的：剩~Ⅰ~粮Ⅰ不遗~力。② 整数后的零数：十~人。③ 后：兴奋之~，高歌一曲。

台₁—台① tāi〔天台〕山名，在浙江。② tái，敬辞：~鉴。

台₂—臺 tái① 高平的建筑物：戏~Ⅰ讲~。② 量词：唱一~戏。③ 台湾的简称。

台₃—檯 tái 桌子，案子：写字~Ⅰ柜~。

台₄—颱 tái 热带风暴：~风。

这类字中，有些字的繁体和简体存在着分化字和母字的关系，用同音代替来简化汉字，实际是把分化字重新合并到母字。如表（錶）、冬（鼕）、刮（颳）、回（迴）、家（傢）、卷（捲）、克（剋）、困（睏）、辟（闢）、千（韆）、秋（鞦）、舍（捨）、向（嚮）、系（係繫）等。在进行简—繁转换时，不考虑这些关系，只按照使用的传统转换。

2.5　借用简化字中也有少数和被简化的繁体字不同音。在简—繁转换时，要注意区分。这类字有9个。

第一表8个：厂（廠）、柜（櫃）、价（價）、腊（臘）、蜡（蠟）、么（麽）、适（適）、叶（葉）

第二表1个：广（廣）。

分化举例：

价₁—价 jiè 旧时称派遣传送东西或传达事情的人。

价₂—價 jià① 价格：物~Ⅰ市~。② 价值：等~交换。③ 化合价。

叶₁—叶 xié 和洽,相合:~韵。

叶₂—葉 yè① 植物的营养器官之一:树~。② 同"页":二十世纪中~。

《简化字总表》"么(麼)"字下的注释说:"读 me 轻声。读 yāo(夭)的么应作幺(幺本字)。吆应作吆。麽读 mó(摩)时不简化,如幺麽小丑"。根据这条注释,在简—繁转换时,要有下列的转换式:

① 么(me)——麼   ② 幺(yāo)——么   ③ 吆——吆

《简化字总表》"适(適)"字下的注释说:"古人南宫适、洪适的适(古字罕用)读 kuò(括)。此适字本作逜,为了避免混淆,可恢复本字逜。"根据这条注释,要有下列的转换式:

① 适——適   ② 逜——适

2.4 和 2.5 中的借用简化字合起来成为借用简化字的Ⅰ类。

2.6 借用简化字的Ⅱ类是一些古僻字,它们大多只在字书中出现,在古代文献中也极少用到。现在用来作为简化字,不一定是有意的借用,更大的可能是偶合。这类字在简—繁转换时,对字书中的生僻的音义可以置之不顾,视作专用简化字。古僻字的确定,暂时以《新华字典》为依据。某字的古代音义,在《新华字典》中不出现的,即视为古僻字的音义。古僻字有 31 个。

第一表有 26 个:肮忏胆灯敌儿范坏还极胶仅据夸亏猎扰洒胜体铁听痒样优证。

第二表有 5 字:虫党灵录宁。

古僻字古代音义举例:

体:bèn。《广韵·混韵》:"体,麤貌。又劣也。"《正字通·人部》:"体,别作笨,义同。"

猎:xī。《广韵·昔韵》:"猎,兽名,似熊。出《山海经》。"

听:yǐn。《说文·口部》:"听,笑貌。"

仅:nú。《说文·女部》:"仅,古文奴,从人。"

优:yóu。《龙龛手鉴·人部》:"优,五穀精如人白发也。"

证:zhèng。《说文·言部》:"证,谏也。"

《简化字总表》"宁(寧)"字下注释说:"作门屏之间解的宁(古字罕用)读 zhù(柱)。为避免此宁字与寧的简化字混淆,原读 zhù 的宁作㝉。"根据这条注释,要有下列的转换式:

① 宁——寧   ② 㝉——宁

2.7 在简—繁转换时,还要注意下列问题。

① 馀也是专用简化字,和它对应的繁体字是餘。《简化字总表》的注释说:"在余和馀意义可能混淆时,仍用馀,如文言句'馀年无多'。"

② 饥转换为繁体时,要区分飢饑。

③ 别(彆)、才(纔)、累(纍)、只(祗),这几个字的繁体在 1956 年以前也很少用到。例如,下文两处不用祗,而用只:

前路公文已到,只待會兵交换。(钟伯敬批评三国志,明末刻本)

其夜秉中老早的更衣着靴,只在街上往来。(清平山堂话本·刎颈鸳鸯会,明嘉靖刻本)

因此,这几个字在繁体中仍可以用简体。为了转换的方便,姑且认为,一律要转换为相应的繁体。

2.8 小结。《简化字总表》中两类简化字的统计:

	总字数	专用简化字Ⅰ	专用简化字Ⅱ	借用简化字Ⅰ	借用简化字Ⅱ
第一表	350	238	10	76	26
第二表	132	116	8	3	5
第三表	1 753	1 748	4	1	
合　计	2 235	2 102	22	80	31

专用简化字Ⅱ类和借用简化字Ⅰ类共 111 字,占全部简化字的 4.9%。这些字在简—繁转换时,需要分化。其余的 95% 以上的简化字都是一对一的转换。

三、繁体转换为简体

3.1　《简化字总表》共收繁体字 2 259 个。在繁—简转换时,其中的 2 204 个是一个繁体字和一个简化字对应,按照《简化字总表》的规定,一对一进行转换。如:補(补)、戰(战)。

3.2　另外有 46 个繁体字,是两个或三个和一个简化字对应。这些字是復複(复)、乾幹(干)、獲穫(获)、矇濛懞(蒙)、縴纖(纤)、蘇囌(苏)、臺檯颱(台)、壇罎(坛)、團糰(团)、係繫(系)、臟髒(脏)、隻衹(只)、鐘鍾(钟)、當噹(当)、發髮(发)、匯彙(汇)、盡儘(尽)、歷曆(历)、鹵滷(卤)、擺襬(摆)、彌瀰(弥)、惡噁(恶)。这类字在繁—简转换时,不发生困难。

3.3　下列 10 个繁体字转换为简化字时,要注意分化:有时要简化,有时不简化。

乾(1)　干 gān① 不湿:~燥|~枯。② 空,徒:~着急。③ 拜认的亲属关系:~娘。

(2)　乾 qián① 八卦之一:~坤。②〔乾隆〕年号名。

夥(1)　伙 huǒ① 同伴:~伴|~友|~计。② 由同伴组成的集体:合~|人~。

③ 共同,联合:~同|~办。④ 量词,用于人群:一~人。

(2)　夥 huǒ 多:获利甚~。

藉(1)　借 jiè① 依靠:凭~。② 假托:~口。

(2)　藉 jí① 散乱不整齐:狼~。② 宽慰:慰~。

剋(1)　克 kè① 严格限定(期限):~日完成|~期动工。② 暗中削减:~扣军饷。

(2)　剋 kēi 训斥,狠狠批评:~人。

瞭(1)　了 liǎo 明白,清楚:明~|~解|~如指掌|一目~然。

(2)　瞭 liào 远望:~望。

麼(1)　么 me 词的后缀:什~|怎~。

(2)　麼 mó 微小的东西:么~小丑。

蘋(1)　苹 píng(苹果)落叶乔木,也指它的果实。

(2)　蘋 pín 水生的蕨类植物,也叫田字草。

餘(1)　余 yú① 剩下:剩~|业~|~粮。② 某种情况以后的时间:兴奋之~,高歌一曲。③ 大数或度量单位后面的零头:五百~斤|两丈~。

(2)　餘 yú 在余(我)和餘意义可能混淆时,改用餘。如:"江海寄余生"和"江海寄餘生。"

摺(1)　折 zhé① 折叠:~衣服。② 可折叠的东西:存~|奏~。

(2)　摺 zhé 在折和摺意义可能混淆时,仍用摺。如:"手折"和"手摺"。

徵(1)　征 zhēng① 召集或收用:~兵|~税|~稿。② 证明:信而有~。③ 现象,迹象:~兆|特~。

(2)　徵 zhǐ,五音之一:变~。

3.4　乾字在 3.2 和 3.3 中重复出现,以 1 个字计算,3.2 和 3.3 两节共涉及 55 字。

四、余　　论

4.1　与简—繁转换相关的有异体字问题。文化部和文改会曾于 1955 年 12 月公布《第一批异体字整理表》,表中收入异体字 810 组,每组保留一个为选用字,淘汰 1 053 字。异体字和繁简字的关系非常密切,两者之间并没有绝对的界线。一般应用文字的人,也很难完全记住哪些是繁体,哪些是异体。50 年代整理汉字时,大体上把印刷厂有字模的不同形体做为异体,没有字模的字做为简体。实际上《第一批异体字整理表》中的不少选用字习惯上被看作简化字,相应的淘汰字被看作繁体。在《简化字总表》的附录中已经列有 39 个异体字。可是,包含在异体字表中的繁体字远不止于此。在进行简—繁转换时,如果不涉及异体字问题,转换出来的繁体字,并不完全符合 1956 年前用字的习惯。这当然不是说全面恢复异体字,更不是企图废止《第一批异体字整理表》,只是说在简—繁转换中要妥善解决这个问题。有的先生写的文章已经谈到这个问题。比如,《语文建设》1991 年第 2 期上申筂如先生的文章,批评《人民日报》(海外版)在使用繁体字时存在的问题。"布政司"在繁体字中仍应作"布政司",而"海外版"错成"佈政司"。此外,还把繁体字中"屆"错成了"届","凉"错成为"涼"。这里涉及到的都是《第一批异体字整理表》中的字,而和《简化字总表》没有关系。根据《第一批异体字整理表》,"佈"是"布"的异体,已经淘汰,而"海外版"的编者误当作"布政司"的"布"的繁体字,因而发生了错误。"屆"和"涼"本来在繁体字中是规范字,可是《第一批异体字整理表》当作"届"和"凉"的异体宣布淘汰。"海外版"的编者按照《整理表》的规定没有使用它们,结果又出了差错。这真叫编辑同志为难,而这个问题是他们个人很难完全解决的。

4.2 与简—繁转换相关的还有新旧字形问题。1965 年文化部、文改会联合公布了《印刷通用汉字字形表》,收字 6 196 个。《字形表》统一了印刷用字的字形,既涉及到简化字的字形,也涉及到那些未经简化的传承字的字形。在中国大陆出版的繁体字文献中,要不要使用《字形表》中规定的字形呢?我认为应该而且必须这样。大家知道,《字形表》的制定,对统一印刷用字的字形起了积极的作用。如果不执行《字形表》的规定,印刷用字的字形又要回到以前的分歧状况,出现新的混乱。这没有什么好处。大家也知道,近些年台湾当局也对字形进行了整理。目前的状况是,同为繁体字,大陆的和台湾的又稍有不同。这是事实。不过这种差别不大,不影响交际。怎么解决?这恐怕和繁简字问题一样,要在适当的时候,由海峡两岸有关方面进行协商,寻求解决的办法。

(原载《语文研究》1993 年第 1 期)

汉字和汉语的计算机处理

冯志伟

我们正在进入一个信息革命的新时代,这个信息时代的显著特点,是计算机在人类生活的各个方面,起着越来越大的作用。

自然语言是人们最重要的交际工具,它与信息处理有着十分密切的关系。在信息时代,只有 40 年历史的计算机向拥有 6 000 年历史的汉字提出了严峻的挑战。

汉语是汉藏语系最重要的语言。现在,世界上约有九亿四千万人以汉语为母语(编者按:据《中国大百科全书》(第二版,1993)统计,世界上以汉语为母语的人超过十二亿)。不仅中国的汉族讲汉语,新加坡和马来西亚也有不少人讲汉语,汉语还是联合国的工作语言之一。

汉字是记录汉语的符号集。在世界各种书面文字中,汉字是最大的符号集。拉丁字母有 26 个符号,斯拉夫字母有 33 个符号,亚美尼亚字母有 38 个符号,泰米尔字母有 36 个符号,缅甸字母有 52 个符号,泰文字母有 44 个符号,老挝字母有 27 个符号,藏文字母有 35 个符号,韩文字母有 24 个符号,日文假名有 48 个符号,而汉字符号是最多的。

在汉字从古到今的发展过程中,汉字的总数在不断增大。下面列举的是在不同的历史时代的辞书中所包含的汉字的数目:

字书名	编者	字数	年代
《仓颉篇》	李斯	3 300	秦代
《训篇》	杨雄	5 340	汉代,1—5 年
《续训篇》	班固	6 180	汉代,60—70 年
《说文解字》	许慎	10 516(重文 1 163 字)	汉代,100 年
《广雅》	张揖	16 150	汉代
《声类》	李登	11 520	魏代,230 年
《字林》	吕忱	12 824	晋代,400 年
《字统》	杨承庆	13 734	北魏,500 年
《玉篇》	顾野王	16 917	南梁,534 年
《切韵》	陆法言	12 158	隋代,601 年
《韵海镜源》	颜真卿	26 911	唐朝,753 年
《龙龛手鉴》	释行均	26 430	辽代,997 年
《广韵》	陈彭年	26 194	宋朝,1008 年
《字汇》	梅膺祚	33 179	明朝,1615 年
《正字通》	张自烈	33 440	明朝,1675 年
《康熙字典》	陈廷敬	47 043	清朝,1716 年
《大汉和辞典》	诸桥辙次	49 964	1959 年
《中文大辞典》	张其昀	49 888	1971 年
《汉语大字典》	徐中舒	54 678	1990 年
《中华字海》	冷玉龙	86 000	1994 年

面对这样的大字符集,如何用计算机来进行汉字的信息处理? 这是对计算语言学和语料库语言学的一个挑战。

远在40多年前的1956年,著名学者丁西林就提出了设计中文电动打字机的建议。另一位学者钱文浩在《科学通报》发表了《文字与通讯》一文,开始讨论汉字编码的问题。1959年,一些中国学者设计了俄汉机器翻译系统(RC-59),这是中文信息与计算机最早的结合。1969年9月,邮电科学研究院试制成功中国第一台电子式中文电报快速收报机,揭开了用计算机技术处理汉字信息的序幕。1974年8月9日,中国科学院、一机部、四机部、新华社和国家出版局向国家计委和国务院提出《研制汉字信息处理系统工程的请示报告》。9月24日,国家计委批准把汉字信息处理系统列为1975年国家科技发展计划。这就是有名的"七四八"工程。"七四八"工程把能够输出高质量汉字的汉字照相排版编辑系统作为重点攻关项目。研究人员经过20多年的艰苦奋斗,取得了令人瞩目的成就。我国已经以计算机激光汉字编辑排版系统改造了传统的铅字排版,在印刷技术上结束了"铅与火"的时代,在推广应用上达到了普及的程度。我国省以上的大报已采用了计算机激光汉字编辑排版技术,50%左右的地区一级的报刊以及部分书刊印刷也跨入了这一技术改造的行列。1989年,我国自行研制的计算机激光编辑排版系统开始出口海外。现在,中国香港、中国澳门,马来西亚的大多数中文报刊,美国、加拿大、澳大利亚、法国、巴西、印度尼西亚、泰国、菲律宾和中国台湾地区的一些中文报刊也先后采用了这个计算机激光编辑排版系统。我国自行研制的计算机彩色制版系统已成为商品推向市场。北京、上海、广州、香港、澳门和美国的部分中文报刊,已经采用了中国自行开发的彩色图片与汉字合一处理和整页编辑排版的系统,印出的彩色汉字报纸十分精美。

随着计算机汉字输入输出问题的解决,我国的中文信息处理技术得到了多方面的发展,诸如汉字信息压缩、汉字信息通讯、汉字输入与汉语语料库、语料库中汉语书面文本的自动切词、语料库中汉语书面文本的词性(POS)自动标注、语料库中汉语书面文本的自动短语定界与句法标注、机器词典的建造、术语数据库的建造、机器翻译、计算机辅助文本校对、情报自动检索、汉语语音自动识别、汉语语音自动合成、汉字自动识别等多项技术,均取得了显著的成就。中文信息处理已经不再停留在处理汉字上,而且还处理汉语,其中包括解决自动切词、自动标注、自动分析等更深层次的问题。其实其中的大部分问题,早在50年代初期就有研制机器翻译系统的语言学工作者提出了,只不过在80年代以后,需要从工程的角度更加系统地来研究它们而已。可以说,我国早期的中文信息处理研究是从机器翻译系统中自动句法分析和生成的研究开始的,以"七四八"工程为代表的汉字信息处理系统的研究比机器翻译系统的研究要晚得多。

现在,中文信息处理系统技术和产品的开发和生产、销售、服务,已经成为我国计算机信息产业的重要组成部分。在"七四八"工程中诞生的北京大学方正集团和华光集团1993年的年营业额已达到10亿元人民币(一亿两千万美元),年出口创汇近2 000万美元。长城集团的CCDOS、四通集团的中英文打字机、联想集团的联想汉卡、巨人集团的汉卡,都成为这些著名企业集团赖以发展的重要产品。此外,在中国还有数以百计的企业从事中文信息处理产品的开发、生产和经营。

在本文中,我们将介绍汉字和汉语计算机处理的主要成就,分12个方面来介绍:

1)汉字输入与汉语语料库

2)语料库中汉语书面文本的自动切词

3)语料库中汉语书面文本的词性(POS)自动标注

4)语料库中汉语书面文本的自动短语定界与句法标注

5)机器词典的建造

6)术语数据库的建造

7)机器翻译

8)计算机辅助文本校对

9)情报自动检索系统

10)汉语语音自动识别系统

11)汉语语音自动合成系统

12)汉字自动识别系统

1. 汉字输入与汉语语料库

现代汉字是以形声字为主要构造方式的表义兼表音的文字,这种文字体系不是纯表义的,但有相当的表义功能。这种文字体系也不是纯表音的,但在很多字形中又包含着表音的成分。表义成分和表音成分在现代汉字中互相制约、互相补充,却又很不完备。

由于我国简化了一大批汉字,现代汉字字形构造已不再纯粹按照"六书"方式,它已经明显地分成了两大类:一类仍然按照传统的"六书"方式,主要有象形、指事、形声、会意四种造字方式。其中,形声字占现代汉字总数的 80%—90%。但是,形声字的声旁,由于本身不是音素符号,再加上语音演变的影响,其有效表音率是很低的;形声字的形旁,由于词义的复杂性,再加上词义的不断发展,其表义功能极为宽泛、模糊而又十分有限。另一类是经过简化后不能再归入象形、指事、形声、会意四种构造方式的字。它们的构造方式有轮廓字(如"齐、变")、符号字(如"办、邓")、省略字(如"声、际")、草书楷化(如"专、长")等。传统和简化这两大类所包含的构造方式的总和,就是现代汉字全部的构造类型,也就是它的全部造字方式。

现代汉字的形体可以分为三个层次:

汉字→部件→笔画

汉字是最高层次,部件是中间层次,笔画是最低层次。如"湖"字的三个层次如下图所示:

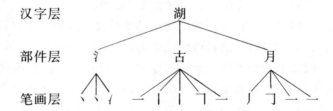

层次越高,表示一个汉字所用的符号越少,表示全部汉字所用的符号的总数越多。如最高一层,表示一个符号只需用一个符号,如果有五万个汉字,就得用五万个符号。层次越低,表示一个字所用的符号越多,而表示全部汉字所用的符号的总数越少。如最低一层,表示一个汉字最多要用几十个笔画符号(笔画最多的汉字有 64 画),而笔画符号的总数可减少到横、竖、撇、点、折等有限的几种。部件处于中间层次,它是组成现代汉字的能够相对独立的结构单位,它比笔画完整,又比汉字本身简单、灵活,所需符号数目适中。

如何把汉字输入输出计算机,成为汉字信息处理的关键性问题。电子计算机是西方发明的,它是建立在西方文化的基础之上的。它使用西文打字机键盘,会用西文打字机的人来操作电子计算机,马上就可以驾轻就熟,而如果要用电子计算机来处理汉字,就会遇到巨大的困难。计算机是一种文化的载体,而汉字则是汉字文化圈的文化基础。在汉字文化圈内,计算机如果不和汉字相结合,如果不能处理汉字,就不可能得到生存和发展,而要使计算机能处理汉字,就要解决汉字的数字化、信息化、智能化以及汉字输入输出计算机的问题。

我国在 60 年代末期就开始对汉字信息处理进行探索和实践,1968 年研制成汉字电报译码机,70 年代中期明确提出"汉字信息处理系统"的研究课题(即"七四八"工程)。自 1978 年以来,我国开始广泛应用大规模集成电路存储器和成套的微处理机芯片,为汉字输入计算机提供了物质条件,研制成了一些新型的汉字输入输出设备,并配制成各种应用系统。汉字信息处理的研制成果已经在中国的现代化建设中发挥着重要作用。

目前我国的汉字输入方法大致可以分为六类:编码输入法、整字输入法、拼音-汉字转换法、印刷体光学输入法、手写输入法、声音输入法等。这里着重谈谈编码输入法。

所谓编码输入法,就是给汉字规定一种便于计算机识别的代码,使每一个汉字对应于一个数字串或符号串,从而把汉字输入计算机。学者们提出的汉字编码方案已有近千个,其中上机通过实验和已被采用的编码方案已达数十种之多。这些汉字编码方案大致可以分为四种:

形码:根据汉字的字形来进行的编码。如笔形编码法和五笔字形编码法。笔形编码法在笔画层进行编码。这种方法把汉字的笔画分为一(横)、丨(竖)、丿(撇)、丶(点)、乛(折)、乚(弯)、乂(叉)、口(方)八类,分别用1、2、3、4、5、6、7、0等数字来代表,横、竖、撇、点为单笔,折、弯、叉、方为复笔。汉字代码是不等长码,最大码长为九码。五笔字形编码法在部件层进行编码。这种方法是把汉字分解为部件,把汉字的部件归并为664个,并进行部件的优选,合理安排部件在键盘上的布局。平均码长为四码,使用高频字简码和词汇码后,平均码长为2.8码。

音码:根据汉字的读音来进行编码。音码一般以汉语拼音方案为根据,汉语拼音方案已有三十多年的历史,1982年成为国际标准,标准号是ISO7098。由于汉语拼音方案是以国际通行的拉丁字母字符集以及与它们相近的发音为基础制定的,有利于国际交流。采用音码最大的困难是区分同音字的问题。汉字的音节不计声调共408个,而汉字的数目成千上万,这就必然导致大量的同音字的出现。现有的音码方案都把区分同音字作为主要的研究目标。例如智能ABC输入法采用以词定字的方法,在计算机中存储双音词和多音词数万个,按词输入,以词来定字,从而减少了重码。有一种叫作"自通"(autoway)的输入法,按照马尔可夫(Markov)信源模型来进行汉字序列处理的工程设计,用户可使用拼音直接向计算机输入汉语语流,系统可对用户输入的拼音形式的语流进行自动分词、自动筛选和自动频度统计,从而把输入的拼音语流自动转换为汉字文本。

形音码:这种编码法基本上立足于字形分解,把字分解为部件或笔画,部件和笔画统称为字元(element),各个字元又通过它们的读音来帮助记忆。

音形码:这是一种以音为主,以形为辅的编码,利用字形来区分同音字。

从1978年至今,汉字编码的研究出现了百家争鸣的局面,各种方案如雨后春笋,源源不绝,数不胜数。为了促进汉字编码的研究更加健康地向前发展,有必要对已有的汉字编码方案进行评测,以便由"百家争鸣"逐渐地发展到"百家归一",优选出最佳的汉字编码方案。

印刷体光学输入法(optical character recognition,简称OCR):首先把在纸面上的汉字信息转换成离散的电子信号,然后再由计算机来识别这些离散的电子信号,从而把汉字输入计算机。目前,OCR汉字识别系统能识别GB2312-80《信息交换用汉字编码字符集-基本集》中的6 763个汉字,识别正确率达99.6%。

声音输入法的目标是直接把汉语的语音转换为汉字。"四达863A"系统可识别汉语的398个基本音节,识别正确率为93%,响应时间小于0.1秒,输入速度为每分钟80个汉字。汉语的音节数比较少(不计声调只有420个音节,计声调也只有1 300个音节),而英语的音节有4 030个,俄语的音节有2 960个,因而有人估计,汉语的语音识别会比英语和俄语容易一些。

汉字输入计算机之后,就形成了机器可读的汉语书面文本,这就为建立汉语语料库提供了条件。从1979年到1992年,在国内建立的主要的语料库有:

汉语现代文学作品语料库(1979),527万字,武汉大学。

现代汉语语料库(1983),2千万字,北京航空航天大学。

中学语文教材语料库(1983),106万8千字,北京师范大学。

现代汉语语料库(1983),180万字,北京语言学院。

汉语新闻语料库(1988),250万字,山西大学,包括4部分:

《人民日报》:150万字;

《北京科技报》:20万字;

《电视新闻》(CCTV):50万字;

《当代》(杂志):30万字。

北大汉语语料库(1992):500万字,北京大学。

1992年以后,大量的语料库在我国研究中文信息处理的单位建立起来,语料库已经成为研究中文信息处理的基本语言资源。没有语料库的支持,中文信息处理的研究将会寸步难行。

此外,国家语言文字工作委员会语言文字应用研究所还建立了英汉双语语料库,其中包括一个计算机专业的双语语料库和一个柏拉图(Plato)哲学名著《理想国》(Republic)的双语语料库。在这些双语语料库上,他们进行了汉字极限熵的测定和双语对齐的研究。

　　1991 年,国家语言文字工作委员会开始建立国家级的大型汉语语料库,以推进汉语的词法、句法、语义和语用的研究,同时也为中文信息处理的研究提供语言资源,其规模计划将达 7 000 万汉字,这将成为世界上最大的汉语语料库。这个语料库的语料要经过精心的选材,语料应受到如下因素的限制:

　　时间的限制:选取从 1919 年到当代的语料,以 1977 年以后的语料为主。

　　文化的限制:主要选取受过中等文化教育的普通人能理解的语料。

　　使用领域的限制:主要选取通用的语料,优先选取社会科学和人文科学的语料。

　　这个语料库现在只完成了 2 000 万字语料的输入和校对工作,尚待进一步的加工,还是"生语料库",因而还不能供社会使用。

2. 语料库中汉语书面文本的自动切词

　　语料库输入和校对之后是生语料库,还需要进行深加工,使语料库由"生"变"熟",这样才能从熟语料库中获取蕴藏在语言中的各种知识。为了进行语料库的深加工,首先就要实现书面文本的自动切词。

　　书面汉语的句子,是连续的汉字流,词与词之间没有空白,除了标点符号之外,单词之间的界限无明显的标志。而中文的自动句法分析和语义分析,都是以单词为基本单元的,这样,书面汉语的自动切词,就成了中文信息处理的一个基本问题。

　　为了自动地找出隐藏在汉语文本中的单词,我们一般的做法是把文本中的汉字符号串与中文词典中的单词条目相匹配。主要的匹配方法有:

　　最大匹配法(maximum matching method,MM 法):选取包含 6—8 个汉字的符号串作为最大符号串,把最大符号串与词典中的单词条目相匹配,如果不能匹配,就削掉一个汉字继续匹配,直到在词典中找到相应的单词为止。匹配的方向是从右向左。

　　逆向最大匹配法(reverse maximum method,RMM 法):匹配方向与 MM 法相反,是从左向右。实验表明:对于汉语来说,逆向最大匹配法比最大匹配法更有效。

　　双向匹配法(bi-direction matching method,BM 法):比较 MM 法与 RMM 法的切分结果,从而决定正确的切分。

　　最佳匹配法(optimum matching method,OM 法):将词典中的单词按它们在文本中出现频度的大小排列,高频度的单词排在前,频度低的单词排在后,从而提高匹配的速度。

　　联想-回溯法(association-backtracking method,AB 法):采用联想和回溯机制来进行匹配。

　　尽管采用这些方法,某些切分有歧义的符号串(ambiguous segmentation strings,ASSs)和词典中的未登录词(unregistered words,URWs)仍然严重地影响着切词的准确性,这些问题在自动切词中必须解决。

　　ASSs 有两种类型:

　　交集型歧义切分字段:例如,"太平淡"可能切为"太平"或"平淡","平"成为交段,从而产生歧义。

　　多义组合型歧义切分字段:例如,"马上"本身是一个词,但也可以切为"马"+"上"两个单词,而"马上"与"马"+"上"的含义不同。

　　URWs 主要是专有名词,即人名、地名、机构名,它们一般在词典中没有登录。例如:"冯志伟"是一个不见经传的普通人,在词典中决不会登录;"蒂豪尼"(Tihany)是匈牙利的一个小城市,词典一般也不登录。这样的未登录词,在自动切分时将无法匹配,造成切分的困难。

　　为了解决这些问题,可以利用各种知识,特别是词类的知识。因此,如果把词类的自动标注与自动切词结合起来,将可以提高切词的精确度。

　　1992 年,在计算机界和语言学界的共同努力下,我国制定了国家标准 GB－13715《信息处理用现代汉语分词规范》,这个国家标准提出了确定汉语单词切分的原则,是汉语书面语自动切词的重要依据。

3. 汉语语料库的自动词类标注

　　自动词类标注的方法有两种:基于统计的方法;基于规则的方法。

采用基于统计的方法,词类自动标注过程可按如下步骤进行:

(1)从语料库中选出一定数量的文本,作为训练集(training set)。手工分析这个训练集,采用二元语法(digram grammar),从中归纳出统计数据。(2)根据对训练集的语料分析得出的统计数据,构造统计模型。(3)根据统计模型去标注语料库中新的文本。(4)标注时所用的标记都记录在词典中的单词上。

清华大学计算机系黄昌宁等采用统计方法建立了一个自动词性标注系统,标注正确率达 96.8%,自动标注的速度为每秒 175 个汉字。

对于基于规则的方法来说,最为严重的问题是兼类词。在汉语中,兼类词主要集中在动词、名词、形容词等常用词上。各种兼类现象的比例如下:

动词-名词兼类:37.6%

动词-形容词兼类:24.3%

名词-形容词兼类:10.4%

形容词-副词兼类:4.55%

动词-介词兼类:4.04%

动词-副词兼类:2.27%

名词-动词-形容词兼类:2.27%

名词-副词兼类:2.02%

其他兼类现象:12.55%

基于规则的方法主要根据句法、语义、上下文等语言学规则来消解兼类歧义。

事实上,基于统计的方法是一种经验主义的方法,而基于规则的方法则是一种理性主义的方法,我们应该把经验主义的方法与理性主义的方法很好地结合起来,并且在词性自动标注中吸收不同方法的长处。北京大学计算语言学研究所就采用这样的策略,实验结果如下:切词正确率:97.68%(封闭语料),词性标注正确率:96.06%(封闭语料),95.72%(开放语料)。

4. 语料库中汉语书面文本的自动短语定界和句法标注

在对汉语书面文本进行自动切词和自动词性标注之后,我们应该认真地检查实验的结果。如果我们确认这些结果都是正确无误和无懈可击的,那么,就可以开始自动短语定界和自动句法标注的工作。这些工作可按如下步骤进行:

根据单词的信息、词类类别和句法特征,确定哪一个单词是短语的左边界,哪一个单词是短语的右边界,哪些单词是短语的中间部分。

短语定界的格式如下:

[w w...w w]

其中,[w 是开括号,它是短语的头,w]是闭括号,它是短语的尾。

自动短语定界的步骤是:(1)根据上下文信息,把开括号与相应的闭括号对应起来。(2)根据歧义消解规则和统计信息,消解短语定界的歧义。(3)生成表示句子结构的成分结构树。

现在,北京大学计算语言学研究所正在开发一个汉语语料库的多级加工系统(Chinese corpus multilevel processing,CCMP)。这个 CCMP 系统包括两个子系统和一些辅助工具。

子系统是自动切词和词性标注子系统、自动短语定界和句法标注子系统。

辅助工具有查询工具、样本采取工具、统计工具、语料库管理界面等。

实验结果如下:交叉括号的百分比为 13.98%;错误短语标记的百分比为 8.65%。

从实验结果来看,汉语语料库的自动标注和多级加工处理,还有相当多的问题等待我们解决。

下面是一篇短文前 6 句的短语定界和句法标注结果,每句前面都标有序号。标注时采用北京大学计算语言学研究所的标注符号。

1[zj 纱笼/n。/w]

2 [zj[fj[dj 纱笼/n[vp 是/v[np[np 马来/n 民族/n]的/u[np 传统/n 服装/n]]]],/w[vp[vbar 富/a 有/v][np 浓厚/a 的/u[np 热带/n 情调/n]]]]。/w]

3 [zj[fj[dj[np 纱笼/n 的/u 用途/n][ap 很/d 广/a]],/w[dj[pp 除了/p[vp[tp 出外/v 时/n]穿/v]],/w[vp 也/d[vbar 被/p[vp 当做/v[np 浴衣/n、/w 睡衣/n 和/c[np 婴孩/n 的/u 摇篮/n]]]]]]]。/w]

4 [zj[fj[np 纱笼/n 的/u 图案/n],/w[fj[dj 不但/c[dj 设计/n 别出心裁/a]],/w[dj 而且/c[dj 色彩/n 鲜艳夺目/a]]]]。/w]

5 [fj[dj[np 它/r 的/u[np 制作/v 方法/n]][vp 有/v[mp 三/m 种/q]],/w[vp 即/v:/w[zj[np[np[vp[pp 用/p[np 模型/n]印制/v]的/u]、/w[np[np[np 人工/b 纺织/n]的/u]和/c[np 蜡染/n 的/u]]]。/w]]]

6 [zj[dj 其中/r[vp[pp 以/p[np 蜡染/n 的/u]][vp 最/d[vp 受/v 欢迎/v]]]]。/w]

最近由国家科委基础研究高技术司、国家高技术计划智能计算机系统主题 863 专家组、全国信标委非键盘输入分技术委员会组织了自然语言处理系统的评测。这个评测简称 863 评测。

在汉语文本的自动分词和自动标注方面,参加评测的有北京大学计算语言学研究所、北京工业大学计算机学院、北京邮电大学提交的三个系统。评测时,有自动分词和自动标注同时进行的一体化的综合测试,也有分词和标注同时进行的一体化的单项测试,也有只测试分词而不测试标注的单项测试。评测结果如下:

对北京大学计算语言学研究所 10 万语料的一体化综合测试结果,分词正确率 87.42%,词性标注准确率为 74.51%。

对 120 个测试点的动名兼类一体化测试,词性标注准确率为 51.67%;对 30 个测试点的形名兼类一体化测试,词性标注准确率为 33.33%;对 50 个测试点的形动兼类一体化测试,词性标注准确率为 42.00%。可以看出,兼类词判别的水平还有待提高。

北京工业大学计算机学院提交的系统主要进行自动分词的单项测试。对 229 个测试点的交集型歧义切分字段定点测试结果,准确率为 68.56%;对 20 个测试点的多义组合型歧义切分字段定点测试结果,准确率为 40.00%;对 741 个测试点的我国人名定点测试结果,准确率为 91.28%;对 855 个测试点的中国地名定点测试结果,准确率为 69.12%;对 456 个测试点的外国人名地名的汉语译名定点测试结果,准确率为 82.83%。可以看出,多义组合型歧义切分字段的切分结果,不如交集型歧义切分字段的切分结果,地名的切分结果不如人名的切分结果。今后还须加强多义组合型歧义和地名切分的研究。

北京邮电大学提交的系统也是主要进行自动分词的单项测试。对 229 个测试点的交集型歧义切分字段定点测试结果,准确率为 36.68%;而对 20 个测试点的组合型歧义切分字段定点测试结果,准确率反而比交集型歧义切分字段为高,这可能是因为组合型歧义切分字段的测试点只有 20 个,不足以真实地反映真实语料的面貌。

5. 机器词典的建造

机器词典是最重要的语言资源。北京大学计算语言学研究所俞士汶、朱学锋等开发的现代汉语语法知识库,就是一种机器词典。这项研究与北京大学中文系密切合作进行,在现代汉语语法知识库的基础上,他们又编写了《现代汉语语法信息词典》。这部机器词典以语法-义项相结合的原则以及词典编纂的普遍原则,选取了 5 万多个词语,又根据语法功能分布的原则,建立了面向语言信息处理的现代汉语词语分类体系,完成了这 5 万多个词的归类,确定了每个词的词性。由于属于同一类的各个词语的语法属性仍然有很多差别,采用了关系数据库文件格式来描述每一个词语及其语法属性的二维关系。机器词典中共有 32 个数据文件,其中包含全部词语的总库 1 个,各类词库 23 个。总库设 21 个属性字段,各类词库又分设若干属性字段,例如,名词库设 27 个属性字段,动词库设 46 个属性字段,等等。除此之外,某些类词库下面又设分库。例如,动词库下面设 6 个分库,代词库下面设 2 个分库,分别描述每一个子类的更细微的语法属性。所有的库都可以根据主关键字段(词语+词类+同形)进行连接。这样一来,32 个数据库文件构成了有上位下位继承关系的"树",在这样的树中,子结点可以继承父结点的全部信息,将父结点与子结点连接起来就可以得到关于每个词的更加全面的信息。如果把每个库所包含的词语数同该库的属性字段数的乘积定义为该库的"信息量",那么,现在总库的信息量约为 60 万,32 个库的信息量达 250 万。这些信息量所需的存储空间约为 16 兆字节。

这部语法信息词典已经为国内外不少计算语言学研究单位所采用,作为重要的语言资源。他们建立了一个比较完善的现代汉语词语的语法功能分类体系,把现代汉语的基本词类分为 18 类(括号内的英文字母是其代码):

名词(n):	例如,牛、书、水、教授、国家、心胸、北京
时间词(t):	例如,明天、元旦、唐朝、现在、春天
处所词(s):	例如,空中、低处、郊外
方位词(f):	例如,上、下、前、后、东、西、南、北、里面、外头、中间
数词(m):	例如,一、第一、千、零、许多、百万
量词(q):	例如,个、群、克、杯、片、种、些
区别词(b):	例如,男、女、公共、微型、初级
代词(r):	例如,你、我们、这、哪儿、谁
动词(v):	例如,走、休息、同意、能够、出去、是、调查
形容词(a):	例如,好、红、大、温柔、美丽、突然
状态词(z):	例如,雪白、金黄、泪汪汪、满满当当、灰不溜秋
副词(d):	例如,不、很、都、刚刚、难道、忽然
介词(p):	例如,把、被、对于、关于、以、按照
连词(c):	例如,和、与、或、虽然、但是、不但、而且
助词(u):	例如,了、着、过、的、得、所、似的
语气词(y):	例如,吗、呢、吧、嘛、啦
拟声词(o):	例如,呜、啪、丁零当啷、哗啦
叹词(e):	例如,哎、喔、哦、啊

这些基本词类可以合并成为较大的词类。名词、时间词、处所词、方位词、数词、量词统称体词,动词、形容词、状态词统称谓词。代词一部分属于体词,一部分属于谓词。体词、谓词、区别词、副词又合称实词。介词、连词、助词、语气词合称虚词。实词和虚词是汉语的两个最大的词类。此外,还有拟声词和叹词,它们被列在这两大词类之外。当然,这 18 个基本词类还可以再划分小类,这里不再细说。

语法信息词典中登录的基本是词,但是,在实际的文本中,常常会出现一些小于词的语言成分,如前接成分、后接成分、语素、非语素字等,又会出现一些大于词的成分,如成语、习用语、简称略语等,因此,词典中还增加了如下的词语类别:

前接成分(h):	例如,阿、老、非、超、单
后接成分(k):	例如,儿、子、性、员、器
语素(g):	例如,民、衣、失、遥、郝
非语素字(x):	例如,鸳、枇、蛴
成语(l):	例如,按部就班、八拜之交
习用语(i):	例如,木头疙瘩、光杆司令、跑龙套
简称略语(j):	例如,三好、政协

再加上文本中常出现的标点符号(代码为 w),形成了覆盖英文 26 个字母的现代汉语词语标记集。

这部《现代汉语语法信息词典》有电子版本,也有书面版本,叫作《现代汉语语法信息词典详解》。

中国人民大学语言文字研究所林杏光等研制了《现代汉语动词大词典》,这部词典的编制目的是"人机两用",因此,它对于汉语的信息处理有很大的参考价值。作者根据汉语的格语关系,把 22 个格组成的格系统分成三个层次:第一层由"角色"和"情景"组成;"角色"下面包括"主体""客体""邻体""系体"四个要素,"情景"下面包括"凭借""环境""根由"三个要素,这七个要素构成了格系统的第二层,它们以述语动词为核心,完整地表达了一个句子的意义;第三层是 22 个具体的格,它们分别属于上一层的七个要素。层次格局很清楚。本词典还根据格关系把汉语动词分为他动词、自动词、外动词、内动词、领属动词、系属动词六个次类，并从两条视线来考察一个动词：从动词往后看其客体，将动词分为两类，带客体的叫及物动词，不带客体的叫不及物动词；从动词向前看其主体，也可以把动词分为两类，连接施事主体的叫自主动词，连接当事主体的叫非自主动词。据此，自主而及物的动词是他动词（如"踢、吃、研究"等），自主而不及物的动词是自动词（如"跑、蹲、飞"等），非自主而及物的动词是外动词（如"听见、看见"等），非自主而不及物的动词是内动词（如"病、死"等）。再从主体和动词的领属关系、系属关系划分出领属动词（如"具有、属于"等）和系属动词（如"是、等于"等）。这样的分类把动词的语法属性同格关系联系起来，有助于计算机进行自动句法语义分析。

董振东建立的知网（how-net）是一种特殊类型的电子词典。它实际上是一个词典知识描述系统，描述的词汇包括汉语和英语两种语言，这两种语言是相对独立的，它们在词语之间的对应是建立在相同的属性描述的基础之上的。目前，知网有汉语词汇 33 069 条（41 791 个概念）、英语词汇 38 774 条（48 834 个概念）。

知网对概念作了形式化描述，把概念和它们的属性组织在一个完整的知识系统中，它对于自然语言的计算机处理是很有价值的。最近，董振东把他设计的知网在 Internet 上公布，免费提供非商业性的使用，成为网络上的一种有用的语言资源。

6. 术语数据库的建造

术语数据库是在专业领域内的机器词典，它的研究与机器词典密切相关。

科技术语是人类的科学技术知识在自然语言中的结晶，是一种非常重要的语言资源。

1990 年，我国成立了计算机辅助术语工作技术委员会（简称 SC3），挂靠在国家语言文字工作委员会语用所，由冯志伟担任秘书长。SC3 与 ISO 国际标准化组织的，TC37/SC3 对口，积极展开国际交流活动。

SC3 成立之后，制定了一系列的有关术语数据库的国家标准：

GB/T13725－92	《建立术语数据库的一般原则和方法》，1992 年。	
GB/T13726－92	《术语与辞书条目的记录用磁带交换格式》，1992 年。	
GB/T15387.1－94	《术语数据库开发指南》，1994 年。	
GB/T15387.2－94	《术语数据库开发文件编制指南》，1994 年。	
GB/T15625－95	《术语数据库技术评价指南》，1995 年。	
GB/T16785－97	《术语工作　概念和术语的协调》，1997 年。	
GB/T15786－97	《术语工作　计算机应用　数据类目》，1997 年。	
GB/T17532－98	《术语工作　计算机应用　词汇》，1998 年。	

最近正在编制《术语工作　计算机应用　机器可读术语交换格式（MARTIF）-协商交换》，该标准采用国际标准 SGML 语言来描述术语数据库。

1988 年以来，我国的术语数据库如雨后春笋一样地建立起来：

GLOT－C：英汉数据处理术语数据库，这是中国科学院软件研究所与德国夫琅禾费研究院（FhG）的合作研究课题，由中国科学院派冯志伟代表软件所在德国斯图加特 FhG 于 1988 年完成。这项国际合作项目开了我国术语数据库研究的先河。

TAL：英汉应用语言学术语数据库，含 1 万条术语。这是国家社会科学基金资助项目，由国家语言文字工作委员会语言文字应用研究所冯志伟等于 1990 年完成。

COL：英汉计算语言学术语数据库，含 1 万条术语。国家语委语用所与联邦德国特里尔大学合作于 1993 年完成。

多语言计算语言学术语数据库：汉-英-日-德四种语言对照，含 5 000 多条术语，由北京大学计算语言学研究所于 1994 年完成，英汉对照的书面本《英汉对照计算语言学词语汇编》于 1996 年由北京大学出版社出版。

多语言机械术语数据库：汉-英-日-德-法-俄六种语言对照，含 25 万条术语，由机械部信息研究院术语中心研制，第一期工程已完成，现正在开发中。

农业科学叙词表：汉英对照,含 2 万 5 千条术语,由中国农业科学院于 1991 年完成。

化工叙词表：汉英对照,含 2 万 5 千条术语,由中国化工信息中心于 1989 年开始开发。现已完成,有两种版本：书面出版物版本和电子出版物(软盘)版本。所有的术语可以通过网络检索。

大百科全书术语数据库：汉英对照,每条术语都有定义,18 万条,由新闻出版署拨款给中国大百科全书出版社开发,1995 年开始,正在开发中。

标准化术语数据库：汉英对照,这是中国标准化与信息分类编码研究所(China Standardization and Information-Classification-and-Coding Institute,简称 CSICCI)与奥地利标准化协会的合作研究项目,正在开发中。

汉英科技术语数据库：含 5 万条术语,由中国科学技术信息研究所开发,1995 年开始,正在开发中。

上述术语数据库的开发,是汉语词汇研究的重要内容,是词汇学和词典编纂现代化不可分割的部分,可惜这方面的研究常常被语言学界忽略,这是令人遗憾的。

7. 机 器 翻 译

我国是继美国、苏联、英国之后,第四个开展机器翻译研究工作的国家。早在 1956 年,国家便把机器翻译研究列入了我国科学工作的发展规划,成为其中的一个课题,课题的名称是："机器翻译、自然语言翻译规则的建立和自然语言的数学理论"。从此,机器翻译研究便在我国开展起来。国内主要的机器翻译系统如下：

(1) 俄汉机译系统：1957 年,中国科学院语言研究所刘涌泉等与计算技术研究所合作,开展俄汉机器翻译的研究。1959 年,他们在我国制造的 104 大型通用电子计算机上,进行了俄汉机器翻译试验,翻译了 9 个不同类型的、较为复杂的句子。这是我国最早研制的机器翻译系统。

(2) 英汉题录机译系统：1975 年 11 月,在中国科学技术情报研究所成立了一个由情报所、语言所和计算所等单位的工作人员组成的机器翻译协作研究组,以冶金题录 5 000 条为试验材料,制定英汉机器翻译方案并上机试验。1978 年 5 月,在计算所 111 机上进行抽样试验,抽样 20 条,达到了预期的效果。

(3) 汉-法/英/日/俄/德多语言机器翻译系统：1981 年,冯志伟根据依存语法和配价语法的理论,采用模块化程序设计的方法,研究汉语到外语的机器翻译,在法国格勒诺布尔理科医科大学的 IBM - 4341 计算机上通过试验,首次将 20 多篇中文科技文章用计算机翻译成法语、英语、日语、德语和俄语等 5 种外语,译文可读性强。研究成果在 COLING'82 国际计算语言学会议上得到好评。

(4) "译星"英汉系统：中国人民解放军军事科学院董振东等研制成功"科译 1 号"实用型全文与题录兼容的英汉机器翻译系统,于 1987 年在北京通过了技术鉴定。"科译 1 号"系统的基本原理是：由原语的线性结构出发,经过多层次、多次数的扫描,按规则的顺序匹配,形成以动词为根结点,以逻辑语义项为主结点的多结点、多标记的树形图,最后,从根结点逐层展开,形成译语的线性结构,得到相应的译文。该系统还采用了自行设计的专用的形式描述语言来书写自然语言的处理规则,实现了语言规则与计算机程序的彼此独立。此外,该系统还具有如下的翻译支援手段：1) 词典与规则库的增添和修改手段;2) 翻译过程的追踪和监测手段;3) 为用户提供批量专业术语的增添手段;4) 人用词典编制手段;5) 英语词汇动态分析统计程序。该系统于 1988 年由中国计算机软件与技术服务总公司实现了商品化,命名为"译星 1 号"。"译星 1 号"在商品化过程中,发展成现在的"译星"系统,在语言词典和规则方面作了进一步的改善,在软件硬件的开发环境方面作了进一步的优化,还建立了专业词典,主要专业领域有计算机、经济、通讯、陶瓷、火力发电、印刷机械、汽车拖拉机、石油物探、地质、化工等。

(5) "高立"英汉系统和日汉系统："高立"英汉系统由北京市高立电脑公司与中国社会科学院语言研究所刘倬等合作开发。高立英汉系统以具有普遍意义的语言学公理理论和原则作为语言分析器的理论基础,以智能化的机器词典代替传统的信息参数词典,使句法规则与词的个性相结合,使词义与词的参数和规则相结合,整个机器翻译系统实质上是一个词专家系统。这个机器翻译系统还建立了背景知识库,把语义分析与句法分析有效地结合起来,在抽象的形式分析中,充分地利用语义信息。由于机器词典与系统的运行程序彼此独立,用户可以通过追踪信息和词典维护程序来修改机器词典的内容,这样,用户就有可能在自己的使用过程中不断地修改机器词典,不断地提高机器翻译的译文质量。该系统具有良好的可扩充性和可移植性,系统的程序采用模块化的方法来设计与实现。整个机器翻译系统由翻译子系统、语言知识管理子系统、支援子系统三个部分组成。系统的基本词库收词 60 000 条,语法规则库收规则 800 条,背景知识库收规则 150 条,译准率达 80% 以上。

此外,高立电脑公司还开发了一个"日汉自动翻译系统",该系统采用了高立英汉系统的理论方法与开发策略。

(6) 863 - IMT/EC 英汉系统:该系统由中国科学院计算技术研究所陈肇雄等开发,从 1986 年开始研究,经历了理论探索(1986—1988)、模型系统试验(1989—1990)和实用系统开发等三个阶段,现已实现商品化。机器翻译系统研制的内容,包括语言学工程、翻译处理软件环境和知识处理环境三个部分。语言学工程研究如何把语言学知识和用于机器翻译的非语言学常识进行归纳和形式化描述,以适合于计算机处理。其中,语言学知识包括机器翻译过程中需要用到的词法、语法、语义以及语用知识,而非语言学常识包括机器翻译过程中常常涉及的学科分类、背景文化知识以及专业知识。翻译处理软件环境研究如何应用形式化的语言学知识和非语言学常识实现从原语输入到译语输出的转化,这一过程包括词法分析算法、结构分析算法、上下文相关处理、译语生成等分析和推理机制的实现技术。知识处理环境研究如何提供一套有效的软件工具环境,帮助语言学家归纳语言学知识和简单的非语言学常识,实现这些知识的形式化描述。

(7) Matrix 英汉系统:该系统是国防科技大学 1994 年由史晓东研制成功的,已经开始商品化。该系统翻译速度在 IBM PC386 - DX33 计算机上,每分钟能译 5 000—10 000 个英语单词,比国内外大多数机器翻译系统的速度高出 1—2 个数量级。按照日本电气工业促进协会 JIEDA 发布的关于 1992 年国际自然语言处理现状的报告中提出的标准,Matrix 系统的翻译速度是当今世界上最快的。

(8) 通译英汉-汉英系统:该系统由天津大通通译计算机软件研究所陈光火等研制,有英汉全文翻译、汉英全文翻译、Internet 在线翻译三个系列产品,专业词典丰富,涉及机械、电信、化学、冶金、医学、建筑、广播、石油、环境保护、能源、汽车、电力、造纸、船舶、农林牧、纺织、航空、计算机、水利、航海、经贸等专业。

(9) 雅信英汉系统:该系统由北京雅信诚软件技术有限公司开发,翻译方式有联机、自动和交互三种,可适应不同水平用户的需要。词库和语法库都向用户开放,用户不仅可以修改词库中的单词或词组,而且可以修改已有的语法模式或自己定义语法模式,突出人在翻译中的主导作用。

(10) LIGHT 英汉系统:该系统由深圳桑夏(Sunshine)科技发展有限公司史晓东等研制,翻译速度与 Matrix 相当,基本上可以满足实时翻译的需要。这个系统又叫作"桑夏译王"。近来他们在 Internet 上开发了自动翻译网站"看世界"(readworld),可以将网上的英文自动地翻译为中文,有力地帮助了网上英文信息的获取。这是一个非常有应用前景的翻译网站(网址: www.readworld.com)。

(11) Sino Trans 汉英-汉日机译系统:该系统由中国计算机软件与技术服务总公司吴蔚天等开发,于 1993 年 9 月通过了电子工业部的部级鉴定。包括汉英和汉日两个商品化的机器翻译系统。其中汉英系统的三个用户已翻译了数十万字的科技资料,节省了 50% 的工作量。Sino Trans 还是一个多功能的中文信息处理系统,具备汉语自动切词、当前词的词性自动确定、词组生成、汉语语法树生成、汉语外语转换及外语生成等功能。由于其中的每一个模块都可以单独使用,所以 Sino Trans 还能为自然语言理解研究、基于语词的语言学研究提供条件,为汉语教学提供帮助。

(12) E-to-J 英日机器翻译系统:由北京日电华公司冯志伟、董亦农等开发,英语分析采用短语结构语法,日语生成采用依存语法,现已经商品化,在日本市场上销售。

此外,哈尔滨工业大学计算机系的汉英机器翻译系统 CEMT,东北工学院计算机科学与工程系的汉英机器翻译系统 CETRANS 也正在向实用化的方向努力。

对机器翻译系统也进行了 863 评测。在英汉机器翻译方面,参加评测的共有三个系统,其中,深圳桑夏公司提交了两个系统,哈尔滨工业大学提交了一个系统。测试平台为奔腾 Ⅱ/266 的微型计算机和 Windows 95 操作系统。桑夏公司的两个系统成绩分别为 73.31 分和 72.94 分,哈尔滨工业大学的成绩为 64.08 分。

在汉英机器翻译方面,参加评测的也是三个系统,哈尔滨工业大学、中国科学院计算所和微电子中心各提交一个系统,成绩分别为 69.45 分、72.24 分和 72.84 分。

　　从评测结果来看,我国的汉英机器翻译系统有了很大的发展,研究水平也提高了。这与我国从 90 年代以来汉语计算语言学的基础研究是分不开的。

8. 计算机辅助书面文本校对

　　1992 年台湾工研院施得胜等在 ICCIP'92 上发表了《基于统计的中文错字侦测法》,首次提出利用计算机进行汉语文本校对的问题。此后,北京工业大学计算机学院、哈尔滨工业大学计算机系、清华大学中文系、山西大学计算机系等单位先后开展了这方面的研究。90 年代中期开始,先后上市的校对产品有"黑马校对系统""工智校对通""方正金山校对系统""三欧校对系统""文捷校对系统""WORDPRO 中文校对"等。由于种种原因,其中有一些系统已经停止开发。微软公司购买"工智校对通"的技术后开发的 WORD 中文校对系统已经发布测试版。所有这些系统都是以词语查错为主的,是人工校对的辅助工具。

　　其中,北京工业大学计算机学院宋柔等在国家和北京市的科研基金的支持下,开发出计算机辅助校对系统《工智校对通》。这个软件查错速度特别快,每秒钟达到数万字,每小时可达上亿字。查错和提供修改建议比较准确,能自动标示中西人名地名供人核查,还有多项辅助的知识检索核查功能,受到用户的欢迎。

9. 情报检索系统

　　我国从 1963 年开始进行机械情报检索的研究工作。1965 年进行了机械情报检索试验。70 年代以来开始研究计算机情报检索。1975 年进行了首次计算机情报检索试验。1977 年进行了计算机联机检索试验。1983 年在中国科学技术信息研究所建立了连接美国和欧洲主要国家的数据库联机检索系统,这个系统通过意大利的 ITALCABLE 分组交换中心,连接到欧洲空间组织的 ESA-IRS 系统,并由数据交换网转接美国的 DIALOG、ORBIT 系统,这样,我国就可以在北京利用通信卫星检索到欧美 200 多个数据库的几十万篇文献。目前,不少单位在建立各种中文文献库,有的单位在研究自动标引和自动做文摘的问题。全国的科技情报部门已配备大中小型计算机 120 台以上,已建立各种科技文献数据库、事实数据库、数值数据库 400 多个,其中,中文科技文献数据库累计记录量约为 150 万条。我国的计算机情报检索已经取得了令人瞩目的进步。

　　我国从 70 年代末期开始探讨汉语文献的自动标引问题,"七五"期间先后建立了一批试验性的自动标引系统,如上海交通大学王永成等研制的基于汉字部件词典的中文篇名自动标引系统,北京大学图书馆情报学系研制的基于规则和词典的中文文献自动标引系统,中国软件技术服务总公司吴蔚天等研制的基于非用字后缀表法的中文文献自动切词标引系统("非用字"是指那些不能做标引词的字,如"其、起、且、首"等。而"用字"是指那些可以做标引词的字,抽词时,如果为用字则取,如果为非用字则舍)。

　　在自动文摘方面,上海交通大学计算中心在 IBM-5550 微机上初步开发出一个自动编制中文科技文献文摘的试验性系统。该系统根据"大多数反映文献主要内容的句子往往出现在段首或段尾"以及"文献的篇名基本上能反映其主题内容"的统计性结论,把包含预置关键词与标题关键词的句子从文献的某些重要部分中选出,作为文摘的句子,然后再适当地把这些句子组织成文献的文摘。

　　我国的全文检索研究开始于 80 年代中期。1986 年,武汉大学开始接受国家教委文科博士点科研项目"湖北省地方志全文检索系统",建立了"湖北省地方志大事记"和"中国人民解放军大事记"两个全文数据库。接着,北京文献服务处(BDS)研制了"基于自然语言处理的中文情报检索和处理系统 CIRPON",用于 BDS 的文献自动标引和文摘自动处理,文献标引的查全率和查准率大体上相当于手工标引的质量。1990 年初,北京信息工程学院与《人民日报》社合作开发了全文检索系统 Biti FTRS(full text retrieval system 的简称),在人民日报开始使用,并已实现了商品化。山西大学计算机科学系刘开瑛等使用自动切词、自动分类、自动词性标注等自然语言处理技术,于 1991 年研制了"中文全文检索软件系统",现已被南京金陵石化总公司精细石化文献检索系统和山西省政府办公厅和太原市政府办公厅信息处理系统所采用。电子部计算机与微电子技术发展研究中心(CCID)中文信息处理开放实验室(CIPOL)张潮生等研制了中文全文检索系统

TIR,该系统可以对各种文本型资料和某些数据库的文件进行操作,避免了传统检索系统只能检索主题词,而对主题词之外的信息无能为力的局限。该系统现在能够检索一切输入文本,对原始文献里的字符无特别限制,可以处理各种通用的字符。此外,上海交通大学建立了"法律条目全文数据库",陕西省中医研究院建立了中医经典古籍《素问》《灵枢》《甲乙》《难经》的全文数据库,江苏省中医研究所建立了《伤寒论》《金匮要略》《脾胃论》等 20 余本中医古籍的全文数据库,深圳大学建立了古典文学名著《红楼梦》的全文数据库。所有这些全文数据库都为用户提供了有效的检索服务,也为汉字全文检索系统的进一步发展奠定了基础。

全文文本检索是西文情报检索软件普遍实现的基本功能。瑞典的 PROLOG 公司研制的 TRIP 全文检索软件具有全面的全文文本检索功能。1988 年,中国科技信息研究所与该公司合作,实现了 TRIP 系统的汉化。汉化 TRIP 系统的特点是:以每个汉字单字切分(最简单的汉语书面语自动切分)实现全文检索功能,可按字段(作者、标题、分类、日期、标引词等)检索,可用命令方式和菜单方式检索,可在主题词控制下进行检索。这一系统的缺点是空间开销偏高,不能自动抽出关键词。目前这一系统只能在 VAX/VMS 计算机上运行,有一定的局限性。该系统已在中国科技信息研究所用于建立"中国学术会议论文数据库"和"中文科技期刊联合目录系统",又被北方交通大学用来为《经济日报》建立了"《经济日报》新闻资料检索系统"。汉化 TRIP 全文检索系统的开发和应用,为中文全文文本的检索提供了可行的技术途径和有益的实践经验。如果以汉化 TRIP 全文文本检索系统为基础,在系统的存贮部分适当地增加关键词自动抽词功能,在系统的检索部分适当增加后控主题词表的管理和检索功能,将大大地提高这一软件对中文全文检索的适应能力。

10. 汉语语音识别系统

我国在离散单词、简单口令的语音识别方面已经取得不少进展。中国科学院声学研究所于 50 年代后期就研制出汉语单元音识别装置。60 年代对汉语的清晰度进行过系统的实验,取得了基本数据。70 年代末、80 年代初,采用模式匹配的方法,事先存入发话人的语音做成标准模式,计算机可识别该特定说话者的几十条口令,内容包括数字、算术四则运算符号及一些操作指令。1980 年,清华大学计算机系采用模式匹配法研制成我国 30 个大城市的地名识别系统,只要进行口呼地名输入,计算机就可以显示汉字。他们还于 1984 年建成"800 台电话声控查号系统",用于清华大学校内电话查号,已经投入实用。用户查询电话时,需由话务员复述单位名称,并由话务员通过自己的语音把单位名称报给计算机,计算机屏幕上就显示出该单位的电话号码,并可通过语音合成装置将号码自动地报给用户。1986 年,清华大学计算机系在长城 0520C－H 国产微型机的汉字编码输入的基础上,增加了汉字语音输入方式,他们研制的汉字语音输入系统具有约 1 000 个汉字的字表,在这个字表内的字以及由这些字组成的词,都可以通过语音输入到计算机中去,操作者无须经过专门训练,只要预先念一遍字词,让计算机熟悉其口音就行了,语音识别的正确率为 90%,字表的内容还可以根据使用领域任意确定。中国科学院声学研究所研制出"汉语孤立字全音节实时识别系统",该系统可识别 1 300 个汉语全音节,分为四声识别、辅音粗识别和音节细识别三个层次。四声识别的正确率达到 99.4%。辅音粗识别主要用来提取辅音强频区的分布、清辅音的长度、声母与韵母的时长比等辅音的音征,根据音征从全部辅音中选出候选声母,起到粗分类的作用。在粗分类之后进行音节识别,只限定识别包含上述 6 个候选声母的那些音节。这样做既可以节约匹配时间,又可提高识别的正确率。该系统在 1988 年西欧高技术展览会(TEC－88)上获得国际大奖,在此基础上,已制成语音打字机。清华大学研制了"大词汇量汉语语音识别系统",该系统采用分段矢量量化和分段概率模型,没有专门分割声母和韵母的步骤,但在建立矢量码本时以及在识别策略上,都考虑了二者的区别。该系统采取了两级匹配的策略,先是计算音节匹配的概率,继而计算词组匹配的概率,系统中建有单音节字表、双音节至四音节词表,可以直接口呼词进行识别,识别精度高,响应速度快。中国科学院自动化研究所研制了"汉语大词汇量语音识别与口呼文本输入系统",以声韵调为基元来进行语音识别,识别时采用了隐马尔可夫模型及人工神经网络方法。

我国在非特定说话者语音识别方面也取得了进展。清华大学研制成功非特定说话者中词汇量语音识别系统。非特定说话者的语音识别难度很高,识别时要强调众多说话者的语音共同参数,采用类聚和模糊处理使其具有一般性,并要解决语音多变性和语流速度变异问题,采用更为有效的时间规正技术。采用这样的语音识别系统,使用者不必经过训练,在 400 多个词汇的范围内,有很高的识别率。另外,清华大学还研制成基于神经网络方法的非特定说话者小词汇量语音识别系统,以 30 个军事用语作试验,使用者不必经过训练,识别正确率接近 100%。北京四达技术开发中心和哈尔滨工业大学合作,研制了汉语语音识别系统"四达 863A"。该系统以单音节作为语音识别的基本单元,选择 398 个无声调单音节作为语音识别的基本内容,这 398 个单音节包含了国家标准一、二级汉字库中所有汉字的语音。用户在初次使用该系统时需要作短暂的训练,因此,该系统是认人的。该系统还把语音识别技术与拼音汉字简单转换技术结合起来,使用者只需朗读所要输入的汉字,属于同一音节的若干个汉字由拼音-汉字转换程序来确定是哪一个汉字。"四达 863A"系统的一次识别正确率超过 93%,系统的响应时间小于 0.1 秒,四个声调的识别正确率为 99%,每分钟可口呼输入 80 个汉字。

IBM 公司最近推出的 Via Voice 汉语语音识别系统,已经达到实用水平。

11. 汉语语音合成系统

中国科学院声学研究所与瑞典皇家工学院语言通信和音乐声学系合作,于 1983 年研制成"汉语文语转换系统",采用规则合成方式来合成汉语语音。该系统首先分析了汉语的语音频谱和音位规则,建立了合成规则。可以通过键盘或光电阅读装置输入用汉语拼音拼写的文章,让计算机根据合成规则,读出合成后的语音。该系统还可以根据句型调整语调,根据句子中某些单词上标出的着重点进行重读,它合成语音的词汇量是无限的,已经可以用计算机来朗读故事。

中国社会科学院语言研究所近年来从声学语音学和发声语音学两方面入手,研究汉语语音特征,以提高合成语音的自然程度,在单元音和复合元音的研究方面已取得一定成绩,建立了汉语普通话规则合成系统。

清华大学计算机系在文语转换系统的研制中,采用了以词为单位的合成策略,这个系统不但能够合成单字的语音,而且还能够根据对文章的理解进行自动切词,并根据语言的上下文和音变规则确定正确的发音,将书面的文本按单词的自然停顿实时地读出来,保持了自然语言的韵律,提高了文语转换的可懂度和自然度。

12. 汉字识别系统

我国自 70 年代开始汉字自动识别的研究,自 1986 年以来取得了很大的成绩。联机手写体汉字识别已经商品化,有些产品的性能达到了国际水平,识别的汉字字数为 6 763—12 000 个,初次使用的识别正确率为 80%左右,经常使用可达 95%以上,识别速度基本上能跟上人的书写速度。清华文通信息技术公司研制的"文通笔",可以用来直接书写汉字输入计算机,用户用不着学习任何汉字输入法,只要会写汉字,就可以在书写板上把汉字输入到计算机中。

印刷体汉字识别也开始实用化。有十多个单位推出了实用化系统,可识别国家标准的 1 级和 2 级简体汉字 3 755 到 6 763 个,繁体汉字 5 401 个;可识别的汉字字体,简体有宋、仿宋、报宋、黑、楷以及多体混排,繁体有明、楷、仿、黑等,也可以识别多体英文混排;识别速度用 286 微机时为每秒 9—14 个汉字,用 386 微机时为每秒 20 个汉字;识别正确率,对低等质量的印刷品为 95%以下,对中等质量的印刷品为 98%—99%,对高等质量的印刷品则达到 99%以上;输入设备大多采用普及型图形扫描器或传真机,能识别印刷体的字号为 3 号到 5 号。这些系统配备了方便的用户界面,能够进行版面分析、文本识别、识别结果的后处理、自动纠错、编辑、输出等。

脱机手写印刷体汉字和无书写限制的脱机手写体汉字的识别近几年也进行了许多研究,建成了一些试验系统。现已有近于实用的交互式自学脱机手写体汉字识别系统,可识别国标一级汉字 3 755 个,如果加上专用特征库就可识别不加任何书写限制的汉字,识别速度用 386 微机时为每秒 1 个汉字。

由于我国的汉字识别系统几乎都是在汉字操作系统下工作的,识别结果为汉字内码,因而可以把识别出的汉字直接在计算机上显示或打印出来。

　　汉字识别如果不是仅仅局限于一个字一个字地孤立地进行模式匹配,而且还能利用词以及上下文关系的信息,那么将会显著地提高识别的正确率。例如,在汉字识别系统中,可利用汉字单词和词组的信息来进行自动纠错,利用语言知识修改部分误识字,利用词的联想来修改误识字和拒识字,在这些方面都获得了很好的识别效果。因此,把自然语言计算机处理的技术应用到汉字的自动识别中,将会使汉字自动识别系统如虎添翼。

　　对于汉字自动识别系统也进行了 863 评测。评测结果如下:

　　印刷体汉字文本识别可以分为简体汉字文本识别和繁体汉字文本识别两类。在简体汉字文本识别方面,参加评测的有清华大学电子工程系和中自汉王公司两个单位。对于质量较差的文本,清华大学电子工程系的识别率为 95.61%,中自汉王公司的识别率为 95.23%。对于质量较好的文本,清华大学电子工程系的识别率为 98.46%,中自汉王公司的识别率为 98.26%。使用奔腾 II/266 微型计算机和 Windows 95 操作系统,清华大学电子工程系的识别速度为 95 字/秒,中自汉王公司的识别速度为 68 字/秒。在繁体汉字文本识别方面,参加评测的单位只有清华大学电子工程系,识别率为 97.27%,识别速度为 71 字/秒。这些测试结果表明,我国的印刷体汉字识别的技术已经相当成熟。

　　如果在汉字文本中加入表格,识别的难度就会增加,因此,我国还进行了印刷体表格识别的评测,参加评测的有清华大学电子工程系、智能计算机研究开发中心、北京信息工程学院三个单位。表格分析正确率都比较高,清华大学电子工程系的表格分析正确率为 84.89%,智能计算机研究开发中心为 92.38%,北京信息工程学院为 84.48%。但是,如果在汉字中加入表格,尽管单独的表格分析正确率比较高,但是,汉字的识别率却大大下降。清华大学电子工程系的识别率为 64.37%,智能计算机研究开发中心的识别率为 77.36%,北京信息工程学院的识别率为 72.63%。看来,对于带表格的汉字自动识别还有待加强。

　　手写体数字识别的评测也有较好的成绩。参加评测的清华大学电子工程系、中国科学院自动化所、清华大学计算机系,识别正确率都在 95% 以上。

　　脱机手写体汉字识别难度较大。在脱机手写体汉字单字识别方面,参加评测的单位有六个:中自汉王公司的识别率为 88.87%,中国科学院自动化所的识别率为 75.85%,北京邮电大学信息系的识别率为 75.81%,清华大学计算机系的识别率为 69.60%,武汉工业大学的识别率为 67.37%,清华大学电子工程系的识别率为 64.86%。在脱机手写体文本识别方面,参加评测的单位有四个:中自汉王公司的识别率为 95.44%,清华大学计算机系的识别率为 80.62%,武汉工业大学的识别率为 73.49%,清华大学电子工程系的识别率为 64.86%。在脱机手写体汉字人民币大写字符识别方面,参加评测的单位有六个:中自汉王公司的识别率为 99.90%,北京邮电大学信息系的识别率为 99.39%,中国科学院自动化所的识别率为 99.15%,武汉工业大学的识别率为 98.90%,清华大学计算机系的识别率为 98.74%,清华大学电子工程系的识别率为 95.86%。中自汉王公司在脱机手写体汉字识别的各项评测中都处于领先地位。

　　联机手写体汉字识别的测试样本分为工整手写体样本和自由手写体样本两类。参加评测的单位有六个,其中一个单位在测试中出现故障,无法继续进行现场测试,其他各单位的评测结果如下:

　　在工整手写体联机汉字识别方面,中自汉王公司的识别率为 94.40%,清华大学电子工程系的识别率为 94.63%,台湾蒙恬公司的识别率为 89.79%,北京大学计算所的识别率为 89.05%,美国摩托罗拉公司的识别率为 88.19%。

　　在自由手写体联机汉字识别方面,中自汉王公司的识别率为 91.04%,清华大学电子工程系的识别率为 87.50%,台湾蒙恬公司的识别率为 82.60%,美国摩托罗拉公司的识别率为 76.49%,北京大学计算所的识别率为 74.88%。

　　中自汉王公司在联机手写体汉字识别的各项评测中,也处于领先地位。

　　计算机中文信息处理技术的发展任重道远,我们要为在中国实现初步的信息化,为在中国不同行业、不同背景下的人广泛应用计算机信息技术建立起中文信息处理技术的计算机文化基础,我们还要发展中文信息处理的基础技术,优化键盘输入技术,实现手写和语音汉字输入技术,突破汉字、词和句的信息处理技术,发展人工智能技术,逐步实现图像、汉字、声音宽带高速传输技术,实现互联网上的多文种机器翻译技术,克服信息网络时代的语言障碍,为迎接本世纪高度的信息化社会奠定坚实的基础。在全世界范围内,本世纪必将是计算机文化的世纪,计算机将真正成为一种文化载体,普及到各行各业,进入到千家万户。在汉字文化圈内,一个高度信息化的计算机汉字文化的新时代必将到来。

我国在中文信息处理方面的研究是与我国的语言学研究密切相关的。希望我国的语言学工作者能够注意这方面的研究,迎接这个计算机文化的新时代。

参考文献

陈肇雄主编,1992,《机器翻译研究进展》北京:电子工业出版社。

董亦农等,1995,MMT(ODA)项目中基于中间语言的分析和生成的机制。《中文信息学报》第 4 期。

董振东,1998,语义关系的表达和知识系统的建造。《语言文字应用》第 3 期。

冯志伟,1979,形式语言理论。《计算机科学》第 1 期(创刊号)。

冯志伟,1984,汉-法/英/日/俄/德多语言自动翻译试验。《中国的机器翻译》上海:知识出版社。

冯志伟,1985,机器翻译的困难性和它的工程化。《情报学报》第 4 期。

冯志伟,1989,《现代汉字和计算机》北京:北京大学出版社。

冯志伟,1991,Martin Key 的功能合一语法。《国外语言学》第 2 期。

冯志伟,1995,《自然语言机器翻译新论》北京:语文出版社。

冯志伟,1997,《现代术语学引论》北京:语文出版社。

冯志伟,1999,《应用语言学综论》广州:广东教育出版社。

冯志伟,1999,中国情报检索的历史和现状。《资讯传播与图书馆学》(台湾)第 5 卷,第 4 期。

冯志伟,2000,《术语浅说》北京:语文出版社。

国家标准 GB13715,1992,《信息处理用现代汉语分词规范》北京:中国标准出版社。

林杏光等,1994,《现代汉语动词大词典》北京:北京语言学院出版社。

刘开瑛,1993,中文全文检索技术研究。《计算语言学研究与应用》北京:北京语言学院出版社。

刘开瑛,2000,《中文文本自动分词和标注》北京:商务印书馆。

刘涌泉、刘倬、高祖舜,1962,俄汉机器翻译规则系统新旧方案比较。《中国语文》第 10 期。

刘志杰、刘倬,1997,基本词典与专业词典的关系。《语言工程》北京:清华大学出版社。

钱文浩,1956,文字与通讯。《科学通报》10 月号。

宋柔等,1993,基于语料库和规则库的人名识别法。《计算语言学研究与应用》北京:北京语言学院出版社。

孙茂松、黄昌宁等,1997,利用汉字二元语法关系解决汉语自动分词中的交集型歧义。《计算机研究与发展》第 5 期。

王永成,1992,《中文信息处理技术及其基础》上海:上海交通大学出版社。

吴蔚天等,1994,《汉语计算语言学—汉语形式语法和形式分析》北京:电子工业出版社。

吴文虎,1992,汉语语音识别的现状与展望。《语文建设》第 6 期。

杨顺安,1992,语音合成与语音学研究。《语文建设》第 8 期。

俞士汶、朱学锋、E. Kaske、冯志伟,1996,《英汉对照计算语言学词语汇编》北京:北京大学出版社。

俞士汶、朱学锋等,1998,《现代汉语语法信息词典详解》北京:清华大学出版社。

张潮生等,1995,中文信息全文检索系统。《中文信息处理应用平台工程》北京:电子工业出版社。

张忻中,1992,计算机汉字识别技术。《语文建设》第 10 期。

（原载《当代语言学》2001 年第 1 期）

（四）词汇

现代汉语语素说略

施关淦

一、什么是语素？

1.1 在我国语法学界，一般把语法单位分为四级：（1）语素（词素），（2）词，（3）短语（词组），（4）句子；并把语法分成句法和词法两个部分。句法主要研究句子和短语的内部构造，以词为基本单位；词法主要研究词的内部构造，以语素为基本单位。句法和词法属于两个不同的平面。

习惯上，人们总把词类的研究放在词法里边。其实，词类的研究应划归句法。因为划分词类，一是凭形态，一是凭句法，汉语没有地道的形态，只能凭句法，即根据句法功能来给词分类和归类。所谓词类，是结构中的类，词形有变化，一定跟结构有关，这些变化不过是结构上的一种标记而已。所以，凭形态分类也就是凭句法功能分类。任何语言都是如此。

1.2 由于词既是一级句法单位，又是词法研究的对象，而有些语素又能单独构成词，人们就容易把词和语素混淆起来。例如，下面这两种说法就都是似是而非的：

A.“看书”这个动宾短语是由“看”和“书”两个语素构成的；

B.“火！”这个句子是由一个语素“火”造成的。

之所以说这两种说法是似是而非的，是因为它们都混淆了不同的层级和平面，给语素加上了它本不该具有的句法功能。这两句中的“语素”都应当改成“词”。

“词”作为一级句法单位，是要搞清楚它的对外功能，跟它的对外功能无关的因素，句法学不必管。

“词”作为词法研究的对象，是要搞清楚它的内部构造，跟它的内部构造无关的因素，词法学不必管。

在我们看来，语素的语法功能只表现在构成词的能力上面，它只是词法研究的对象；它不应有句法功能，不是句法研究的对象。

1.3 语素是语言里头最小的语音语义相结合的单位，词则是语言里头最小的能够独立运用的语音语义相结合的单位。两者最根本的区别只在于：后者能独立运用，具有句法功能；前者不能独立运用，不具有句法功能。

由一个语素构成的词，是语素词（morpheme word）。从构成的角度说，它是一个语素；从可以独立运用的角度说，它是一个词。换言之，从内部结构的角度说，它是一个语素；从外部功能的角度说，它是一个词。由于词是可以独立运用的，所以它在言语作品里头，一般既有意义又有内容；语素不能独立运用，就只有意义而无内容。这里的“意义”是指语言形式直接表达的意义，“内容”则是指语言形式的指称意义。这不可不辨。

如果让语素也能独立运用，可以像上述 AB 两例中的“看”“书”“火”那样充当句法成分，甚至独立成句，那么，这样的语素跟词的区别便不复存在，语素和词也就不能成其为两级不同的语法单位了。可见，要把词和语素作为两级不同的语法单位，就有必要把语素的语法功能局限在构词的能力上面。

1.4 在传统语法里，人们讲词素；在结构主义语法里，就讲语素；到了变换语法，便变成形素了。其实，词素、语素和形素，在英语里是一个词——morpheme。现如今汉译名既然不同，想必意思也多少会有点出入了，但有一点似可肯定，即它们所指的语言单位的实体是差不多的，都是比词（Word）低一级的单位，不可等于词,更不会高于词。

1.5　我在本文中用"语素"这个术语,而不用"词素"或"形素"的说法,并不意味着对不同学派的选择。而只是觉得,讲"语素"比较好一点。顾名思义,得先把词找出来才能讲词素;而语素的说法则不受这个限制。而且,在汉语里头,要把词给切分出来,相当不容易,而切分语素,却要容易得多。至于"形素",它的确切含义是什么,老实说,我还搞不大清楚;再说,这个术语虽摩登,但在我国的"知名度"还很低,用它,还不怎么大众化。

二、汉语语素的特点

一般认为,现代汉语的语素具有以下几个特点:

(一)汉语语素最小的语音形式是一个音节。例外只有一个,即后缀"儿(—r)"不成音节,却是个语素。

这跟欧洲和其他许多地区的语言很不相同。在欧洲和其他许多地区的语言里,音位有两个作用:一是区别意义,一是可能充当最小的表义语音形式[①]。汉语的音位却只有第一个作用,没有第二个作用。

(二)单音节语素占绝大多数,约占汉语全部语素的95%。多音节语素只占5%左右,主要有以下五类:

(1)古汉语遗留下来的"联绵字"。如"徘徊、犹豫、蟋蟀"等。

(2)音译外来语素。如"沙发、咖啡、布尔什维克"等。

(3)多音节后缀。如"绿油油、羞答答、黑不溜秋"里的"油油、答答、不溜秋"等。

(4)叠音名称。主要是一些亲属称谓,如"爸爸、妈妈、叔叔、姑姑";此外如"星星、(坏)头头"等。

(5)"毛毛虫""哈哈镜""呱呱叫"里的"毛毛""哈哈""呱呱"之类。

这些多音节语素不但数量很少,而且构词能力也很弱。应该说,汉语中起决定作用的是单音节语素。

(三)语素的语音形式一般不变。汉语的语素,不论是单独构成词,还是跟别的语素一起构成合成词;不论它处于何种位置,跟哪个语素为邻,它的语音形式一般都保持不变。这有两点要稍加说明:

(1)汉语中,两个上声音节相连,前一个上声变阳平。这是有规律的变调现象。

(2)汉语里也存在着极少所谓的"语境音变"现象。例如:

剥(bāo,剥皮,bō,剥削)

答(dā,答应,dá,回答)

壳(ké,蛋壳;qiào,地壳)

但总的说来,上述两点在汉语语素中所起的作用不大。

(四)语素跟语素结合成词相当自由。人们写文章,不但用词造句,而且有时还用语素造词。可以毫不夸张地说,在报刊上每天都有新词出现。汉语的词究竟有多少,谁也讲不清楚。但语素的数量大概可以讲清楚,据尹斌庸统计(尹,1984),"现代汉语共使用着大约5 000个单音节语素"。如果再把多音节语素加上去,也不过五千二三百个。这个事实说明,要掌握汉语,在学习语素上多下些功夫,是值得的。

布龙菲尔德说"各种语言的区别,在词法上比在句法上更大"。(布,1933)这话是讲得很深刻的。可惜在我国语法学界,对词法的研究还很不够。一般认为,汉语是孤立语。我们指出的汉语语素的上述特点,希望能多少反映出一点作为孤立语的汉语的本质。

三、汉语语素的分类

3.1　给语素分类,可以用不同的标准。标准不同,分出来的类的性质也就不同。例如,我们用音节多寡做标准,可以把语素分成单音节语素、多音节语素和不成音节语素三大类。又例如,我们用语义做标准,可以把语素分为有词汇意义的语素和基本上没有词汇意义、但却有语法意义的语素这样两大类。显然,凭这样的标准分出来的类,不会是语法上的类。

3.2　要对语素进行语法上分类,得用语法功能标准。语素的语法功能,表现在它的构词能力上面。我们以此做标准,可以把语素分成两大类四小类:

（1）能单独构成词的语素（简称"成词语素"）。可以分为 AB 两小类：

A 类成词语素。这类语素不但能单独构成词，而且还能做合成词的构词成分。例如"天、地、山、水、来、看、好、坏、不、从"等。

B 类成词语素。这类语素一般只能单独构成词，不能做合成词的构词成分。例如"吗、呢、啊、喂、嗯、呐"等。

（2）不能单独构成词的语素（简称"非成词语素"）。可以分 CD 两小类：

C 类非成词语素。这类语素一般不能单独构成词，但可以作词根，跟别的词根一起构成复合词。如"民、言、习、丽、金"等。

D 类非成词语素。这类语素绝对不能单独构成词，只能作词缀，跟词根一起构成派生词。例如"（柱）子、（花）儿、（锄）头、者、们、阿、了、着、过"等。②

上面这四个小类，都可以往下分出更小的类，如果有这个必要的话。

3.3　有些学者用划分词类的方法把语素分成名词性语素、动词性语素、形容词性语素之类，只在词类名称的后面加上"性""语素"三个字便算了事。这样分类，方便是方便了，但有明显的缺陷。

（1）这种分类是以分好词类为前提的，要是词的语法分类还没有分好，也就丧失了前提，此其一。其二，词类虽已分好，但问题很多，如汉语现在所分的词类那样，那么，这样分类也势必会出同样的问题。

（2）分类必须以全部成员为对象，但这种分类不能管住全部，如词缀，它就管不住，因为在词类表里并没有词缀这一类。尹斌庸在上述文章里把名词后缀如"子、头"等归入名词性语素，恐怕是没有办法的办法。

（3）有不少词根是不能单独构成词的，要判定它们的词性得求助于古汉语，因为它们在古汉语里是可以单独构成词的。这就是说，光靠共时描写还不能确定它们的词性，得依靠历时描写。这种用古汉语形类来充任现代汉语形类的办法，至少不能认为是理想的。

（4）不仅如此，即使对于那些能单独构成词的语素来说，用词性来代替语素的语法性质也是不很妥当的。因为它混淆了不同的层级和平面，用测定词性的框架来测定某个语素的性质，实际上已把这个语素当作词了。所以，这样分出来的类只能算是词类，而不是语素的类。

3.4　有些学者给语素分类，先把语素分为自由和粘着两类。赵元任先生把自由语素定义为"能单独说的"语素。而实际上，又把自由词定义为"最小的自由形式"，而这里的"自由"也是指能单独说。（赵，1968）赵先生的这种观点，跟布龙菲尔德在《语言论》里的有关说法一脉相承。我们怀疑这种观点的正确性，因为按照这种观点，自由语素都是自由词，语素跟词的界限就被混淆了。

我们以为，语素是词法研究的对象，而句子则是句法研究的对象，它们所处的平面不同，用属于不同平面的概念来下定义是不妥当的。其结果只能是自乱学说体系，令人看了眼花缭乱，无所适从。

应当承认，美国描写语言学派为语言学的发展作出了重大贡献。但也不必讳言，美国描写语言学有明显的缺陷，其中之一是重语素轻词儿，在一定程度上忽略了词法和句法的重要差别。美国著名语言学家查尔斯·弗朗西斯·霍凯特指出："关于词法部分，我现在要把书中的处理方法贬称为'原子语素理论'。在四五十年代，笼罩美国描写语言学的假设是：话语由最小的有意义的成分（语素）配列组成，而这些单位以及它们的配列可以解释话语的全部意义。我在写书的时候已经怀疑这个理论（……），长久以来我深深感到无法能使这个理论言之成理。"（见霍凯特于 1984 年为他的《现代语言学教程》中译本所作的"序"）是的，这个理论确实是难以言之成理的。因为这个理论明显不符合这样一个客观事实：人们不是拿语素来造句，而是用词来造句的。同时，这个理论也无视构词同造句的重要差别。需要指出的是，这一失误源于布龙菲尔德的《语言论》。在那本书里边，对词法结构和句法结构不加严格区分，布氏所提出的向心结构和离心结构的理论，既管词法结构，又管句法结构。但实际上，这种理论只适用于句法结构，而不适用于词法结构（至少，拿这个理论来分析词法结构并无实际意义）。现在有人指出布氏的这种理论管不住词法结构，这当然是对的；但由此就要全盘否定布氏的这个理论，好像也未必能符合语言的实际。

四、关于汉语语素的同一性问题

什么时候一个语素是同一个语素或者是另一个语素？这是语素的同一性问题。

4.1　语素是语言里头最小的语音语义相结合的单位,它既是最小的词汇单位,又是最小的语法单位。这里所说的"语义",包括词汇意义和语法意义。

如果我们对于语素性质的这种认识可以成立,那么,有关语素的同一性问题,就应当考虑到以下这两个方面:

(一)同一性问题跟语音语义都有关系,都应当予以考虑,光考虑语音或语义,都是片面的。

(二)要考虑所讲的同一性,是指语音上的同一性,还是指语义上的同一性;是指词汇上的同一性,还是指语法上的同一性。如果指语音上的同一性,找出来的是同音语素;如果指语义上的同一性,找出来的是同义语素;如果指词汇上的同一性,找出来的是词汇意义上的同一个语素;如果指语法上的同一性,找出来的是语法意义上的同一个语素。不分别语音和语义,词汇和语法,混而统之地讲同一性,讲凌驾于这四者之上的同一性,那恐怕是讲不清楚的,也是没有什么实用价值的。

举例来说,《现代汉语词典》在 suǒ 音节下面收了十个单字条目:索¹,索²,索³,赏,琐,唢,锁,所,璅,鎍。其中单个儿的"赏"和"唢"没有意义,不是语素。其他八个都有意义,但"璅"同"琐","鎍"同"锁",两个字音义都完全相同,只是写法不同,只能算一个语素。八个里头就有六个语素。它们的语义不同,但语音完全同一,是同音语素。③

这里有两点似可注意:

(1)一个语素一般用一个汉字来记录,如"锁""所"。也有一个语素用不止一个汉字来记录的,如"琐,璅""锁,鎍",这不经济,保留一个就可以了。还有用一个汉字来记录两个以上的语素的,如"索",用加上角码的办法来加以区别。如改成拼音文字,上角码得用六个(1—6),因有六个不同的语素。于此可以看出汉字的一个好处:它帮助我们分化了大量的同音语素。

(2)《现代汉语词典》分出三个"索"来,好像是要说明它记录了三个不同的语素。所本的依据是什么呢?《现汉》在"凡例"中说,是依据"意义"。说法较笼统,但从它对条目的具体处理中,我们可以体味出来,它说的"意义"是指词汇意义:如在词汇意义上看不出有联系或共同之点的,就分立条目。拿"索"来说:

索¹:① 大绳子或大链子:船～绳｜麻～｜绞～｜铁～桥。② (suǒ)姓。

索²:① 搜寻;寻找:搜～｜遍～不得。② 要;取:～取｜～还｜～价。

索³:〈书〉① 孤单:离群～居。② 寂寞;没有意味:～然。

这三个"索"的词汇意义之间,看不出有联系,所以被分立为三个条目。索²、索³各有两个义项,因两个义项之间显然有联系,就被放在同一个单字条目之下了。但索¹的两个义项之间也很难说有什么联系,为什么又被放在同一个单字条目之下呢?看来主要是为了图方便,省篇幅。这样处理也许有好处,但严格讲来,表姓氏的"索"还是单立成条较好。

光从这个例子看,好像也能解释为《现汉》是据语法意义把"索"分立成三个条目的,因为很明显,索¹是表示事物的,索²是表示动作的,索³是表示性状的。其实,这不过是一种巧合。这只要看一看《现汉》对"锁"和"所"的处理,就清楚了(下面的引文有删略):

锁:① 安在门、箱子、抽屉等的开合处或铁链的环孔中,使人不能随便打开的金属器具,一般要用钥匙才能开。② 用锁使门、箱子、抽屉等关住或使铁链拴住:～门。③ 形状像锁的东西:石～。④ 锁链:枷～。⑤ 缝纫方法,用于衣物边缘或扣眼儿上,针脚很密,线斜交或钩连:～边｜～眼。

所:① 处所:场～｜各得其～。② 明代驻兵的地点,大的叫千户所,小的叫百户所。③ 用做机关或其他办事地方的名称:研究～。④ 量词:一～医院｜两～学校。⑤ 助词:为人～笑｜我～认识的人｜全国的形势,是同志们～关心的。⑥ (suǒ)姓。

从这两个条目看,我们应当承认《现汉》是严守"有联系或共同之点"这个原则的。这样多的义项,就因为在词汇意义上有联系,而被放在一个单字条目之下,被看成是同一个语素,虽然明知道在义项之间存在着语法意义、语法形式和语法功能的不同(有的它已注明所属不同词类的名称),也在所不顾。这是坚持词汇意义上的同一性,是理所当然的。

但从语法的角度看,"锁"显然记录了两个不同的语素:一个是表示动作的(～门｜～边④),一个是表示事

物的(双保险~|石~|枷~)。如果我们要编一本用法词典的话,无疑是应当分锁¹、锁²的。至于"所",则至少可以分三个,要是把表示姓氏的"所"也分出来,便是四个了。这是讲的语法意义上的同一性。

当然,语法上的同一性跟词汇上的同一性也是有关系的。这种关系大率可以描述为:凡是词汇上认为是不同一的,语法上也得认为是不同一的,如对上面的三个"索",语法上也得承认它们是三个不同的语素;但词汇上认为是同一的,语法上却不一定认为是同一的,如从语法角度看,"锁"是应分为锁¹、锁²两个语素的。反过来说,语法上认为是不同一的,词汇上却不一定认为是不同一的,如词汇上认为只有一个"锁";语法上认为是同一的,词汇上一般也认为是同一的,如"琐",不论从语法还是从词汇的角度说,它都只表示一个语素。

4.2　从以上分析中不难发现,我们固然可以从不同的角度来讲语素的同一性问题,但从中起关键作用的,不是别的因素,而是语素的意义。

我们讲同音语素,从表面上看,可以撇开语义了,其实不然。我们之所以没有把"贡"和"唢"看成是"索¹"等的同音语素,是因为它们不能单独表示意义;我们也没有把"璅"和"鏁"看成是"索¹"等的同音语素,是因为它们跟"琐"和"锁"的意义完全相同,它们只不过是异体字而已。至于同义语素,则更是直言不讳地凭意义。

从词汇上讲同一,起决定作用的也是意义。在同音同字的情况下,它所表示的究竟是几个语素,就看它的几个义项之间有无联系。同一个音节,可以充任多个语素的语音形式。甚至还有用不同的音节表示同一个语素的现象,如我们在第二节里所指出的"语境音变"现象:剥 bāo,bō;答 dā,dá;壳 ké,qiào。其判断的主要依据是:在读音不同的时候,语义仍保持不变。

从语法上讲同一,仍然离不开词汇意义。如果在词汇上已经分为几个同音语素(其判别标准是意义上没有联系),语法上也得承认它们是几个不同的语素。

现代汉语语素问题,涉及的范围很广,本文只是选择了几个较为敏感的方面,谈了一些粗浅的看法。目的是想抛砖引玉,促进语素研究。

附　注

① 如俄语中的 B、C 等,可以独立为前置词。

② 这种"词缀"有的可以加在短语的后面,如"叔叔、伯伯们""学习和研究了"等,使它有点儿名不副实。或许称为"语缀"要好一些。但它们的作用,是使这些短语紧密地结合在一起,在句法结构里用如一个单词。

③ "爸爸、爸、父"语音不同,但基本语义相同,是同义语素。

④ 请注意,第⑤个义项的释义和例子配不上。

参考文献

尹斌庸　《汉语语素的定量研究》,《中国语文》1984 年第 5 期。

徐　枢　《谈谈语素》,《教学语法论集》,人民教育出版社,1983 年。

布龙菲尔德　《语言论》,1933 年初版,袁家骅、赵世开、甘世福译,商务印书馆,1980 年。

霍凯特　《现代语言学教程》,1958 年初版,索振羽、叶蜚声译,北京大学出版社,1986 年。

施关淦　《现代汉语里的向心结构和离心结构》,《中国语文》1988 年第 4 期。

赵元任　《汉语口语语法》第三章,1968 年初版,吕叔湘译,商务印书馆,1979 年。

吕叔湘　《汉语语法分析问题》,商务印书馆,1979 年。

朱德熙　《语法讲义》第一、二章,商务印书馆,1982 年。

胡裕树主编　《现代汉语》增订本,上海教育出版社,1982 年。

(原载《语法研究和探索》(六),语文出版社,1992 年)

现代汉语的前缀和后缀

郭良夫

○、引　　言

0.1　语缀(affix)也叫词缀,是前缀(prefix)跟后缀(suffix)的总称。

前缀,在词的前头,是词的一部分,也叫词头;后缀,在词的末尾,是词的一部分,也叫词尾。但是有时候,前缀在词组的前头,是词组的一部分,叫词头不如叫前缀;后缀在词组的末尾,是词组的一部分,叫词尾不如叫后缀。前缀、后缀合起来总称词缀,当然不能概括这个语言事实,因之叫词缀也就不如叫语缀(吕叔湘,1979)。

0.2　语言学的一般论点是:意义的有无,是音位(phoneme)跟语素(morpheme)的分界。这就是说,音位这样的单位还没有意义,到了比音位高一级的单位——语素才有意义。所以语素的定义一向是:"最小的有意义的单位"。不过,意义的有无并不是绝对的,而只是程度的不同(赵元任,1961)。

汉语的语素向来又分虚实。实语素有实在的意义,虚语素没有意义。所谓有实在的意义,指的是有词汇的意义(lexical meaning);所谓没有意义,指的是没有具体的词汇意义,却有抽象的语法意义,或者叫作有结构的意义(structural meaning)。其实,语素的虚实也并不是绝对的,而只是程度的不同(赵元任,1970)。

根据定义,语素本来都是有意义的。只是有的语素虚化了,由实语素变成了虚语素。变化有一个过程,有的完全虚化了,有的尚未完全虚化。前缀、后缀,是虚语素。换句话说,实语素,即仍保留着原来的词汇意义的,就不是前缀、后缀。实际上,有的语素,既是实的,又是虚的。这就是说,同一个语素,当作实语素用的时候,它还保留着原来的词汇意义,当前缀、后缀用的时候,它是虚语素,只表示语法功能,不表示具体的词汇意义。

既然虚化有程度的差别,那么典型的前缀、后缀之外,就还有一种类前缀、类后缀。加个"类"字,是因为它们在语义上还没有完全虚化(吕叔湘,1979)。

一、前　　缀

1.1　汉语里典型的前缀不多,只有几个,而且使用范围极其有限。

先说"老",本是个实语素,一直作形容词和副词用,例如:老干部;老远。"老"当前缀用:

a. 动物名称:老鹰　老虎　老鼠　　　方言还有:老鳖　老鼋(开封)

动物不论年龄,都可以用"老",如山东西南部地区儿歌:"小老鼠,上灯台,偷油吃,下不来。"其实不限于山东西南部,这儿歌流行颇广。

b. 排行:老大　老二　老幺　老末

只限于用在"二"之后,"十"之前。不论大小,都可以用"老"。如上面的例子:老大,老幺。

c. 用在单音节的姓之前表示称呼:老张　老李

a 项里的"老",是虚化了的,已没有争论。b 项里的"老"也可以认为是虚化了的,但"老"的反义语素

"小",是实的还是虚的,有争论。c 项里的"老",是实的还是虚的,有不同的看法。

赵元任(吕叔湘译,1979):"'老'的反义语素'小'还没有成为前缀,'小三儿'还保留小的意义。'小张'常常用来区别于此人的父亲或哥哥。[今不尽然。]"方括号内是吕叔湘先生加的附注。赵元任先生是说,"老"已经是一个前缀了,而"小"还不能当作前缀来看,因为它还保留着"小"的原来的意义。吕叔湘先生的附注,意思是说,今天"小"跟"老"差不多,也可以说是前缀了。朱德熙(1982):"跟'小王'对比,'老王'也还保存着形容词'老'原来的意义。"

据上所述,有三种看法:第一种看法:"老"是前缀,"小"还不是,因为它还保留着"小"的原来的意义。第二种看法:"老"和"小"都已经虚化,都是前缀。第三种看法:"老"虽然是前缀,但在跟"小"对比的情况下,它还保存着形容词"老"原来的意义。

三种看法归纳起来,不外是两种认识。第一:前缀,或者说典型的前缀,在语义上是已经虚化了的,如果一个语素还保留着它原来的意义,就不能把它当作前缀来看。第二:同样认为前缀是虚语素,只是还残留着具体的词汇意义,或在特定的情况下还保存着原来的意义。

先看语言事实。排行的"老二""老三""老九",也可以称作"小二""小三""小九"。只是"老大"不能称作"小大"。同是一个人,可以叫他"老张",也可以叫他"小张"。这一点随意性说明当作前缀的"老"跟"小"都已经虚化,没有什么具体的词汇意义了。区别儿子跟父亲,或弟弟跟哥哥,实际上常是这样称呼的:在"老×"前加"小"或"大",例如有姓许的哥儿俩,人们称哥哥为"大老许",称弟弟为"小老许"。这也证明"老"已经虚化,没有什么具体的词汇意义了。这里也提供了另外一种情况,"小"跟"大"在这里当然都不是前缀,对比着说,也是更加能够显出它们本来的词汇意义。"小老许"跟"大老许",也常说成"小许"跟"大许"。如果跟"大"对比着说的"小"具有原来的字面意义,那么跟"老"对比着说的"小",也应当还带有原来的字面意义。

但是"小"跟"大"也可实可虚,例如:

大小孩儿   小小孩儿   大小姐   小老大(青红帮)   小大姐(方言)

可见上面引述吕叔湘先生所说"今不尽然"的话,是确切的,令人信服的。

综上所述,可以概括成如下的规律:虚语素是由实语素变来的;语素的虚实有程度的差别;语素的虚实有普遍和特殊的差别。

1.2   在现代汉语口语里,"第"简直没有什么地方可以当作实语素来用了。"第"算是一个地道的前缀。"第"附在整数前头造成序数,例如:"第一""第二",但是实际情况相当复杂。

a. "第"跟单纯的数词结合,例如:第一   第五   第十

b. "第"也跟复合的数词结合:

一般的复合数词,例如:第二十   第三十四

长串的复合数词,例如:第四万八千九百五十六

这里面有一个值得研究的问题。试举两个例子:

(1)第/四五排   (a)   第四五/排   (b)

(2)第/三万八千九百六十二号   (a)   第三万八千九百六十二/号   (b)

两种分析,反映了两种不同的认识。例(1)和例(2)的(a)认为"第"是词组的前缀,例(1)和例(2)的(b)认为"第"是复合数词的前缀,即复合数词加上前缀造成序数,然后再跟量词构成词组。

陆志韦(1957,47 页):"序数/量又往往紧缩成数/量。   (第)一/组   (第)二/等   (第)三/师   这个格式很容易跟亲属名称的'大叔','二爷','三舅'区别开;后一类结构是数→名→名词,前面不能加'第'。这么说来,有些意义紧凑的例子,像'二/轮儿,二/房(妾)'之类也应当作词组处理。"这段话后头紧跟着一个注:"'二组'可以是'第二组人',也可以是'第二个组'。第一种说法是序数/量缩成数/量。第二种说法是数→名→名词。"这样的分析,就是上述例(1)(2)(b)的认识。因此:第三万八千九百六十二/号正是序数/量。只有一点不同的是,陆志韦先生用的是单纯数词,例(1)(2)的(b)用的是复合数词。

"头一个"跟"第一个"的意思一样,但是"头"跟"第"的用法很不一样。

a. "第一"后头可以没有量词。"头一"后头不能没有量词,一定得说成"头一个"才成。

b. "头"后头可以跟量词,如"头个"(元杂剧里的"第一折"常常写作"头折"),也可以跟名词,如"头天"(≠第一天)。当然,这个"天"字可以说是名词,也可以说是准量词。"第"后头不能跟量词或名词,只能跟数词。

由此也可以证明,"第"是附加在数词(单纯的数词或复合的数词)前头的,而不是附加在数/量词组前头的,因为序数后头根本就可以没有量词么。所以还是把复合数词前头的"第"看成是词的前缀,才是符合实际的。

上面说"头一个"跟"第一个"的意思一样,又说"头"跟"第"的用法很不一样。其实不仅用法不一样,而且它们的性质也不一样。"第"是个虚语素,是个前缀,"头"是个实语素,不是前缀。"头名"固然等于"第一名":"头名=头一名=第一名"。可是:"头天=头一天=前一天≠第一天","头三名=前三名≠第三名"。"头"有实在意义,"头名"或"头一名"的"头"都有前头的意义,所以跟"第一名"的"第"偶然相同了。

1.3 "初"当作实语素,跟别的语素结合可以造成许多复合词。"初"当前缀用,加在"一"到"十"的前边,表示每个月的头十天。以前只用在旧历每月的头十天上头,现在新历也这么用了。"初二三"跟"第二三"一样,"第"既然是复合数词的前缀,"初"当然也是复合数词的前缀;它们都不是词组的前缀。

1.4 新兴的前缀,也可以看成是复合词里在前的语素。但是从用法来看,它们跟一般的复合词不大一样,跟一般的造句结构更不一样。例如"多"是个表示数量的形容词,本来不能直接修饰名词,可是把它当作前缀来用,就可以完全不受这个限制:

多倍体植物 多边 多边形 多弹头 多晶体 多卷本 多棱镜 多面手 多幕剧 多神教 多头 多细胞生物 多项式 多义词 多音节 多元论 多足类

又如:半成品 半导体 半封建 半价 半决赛 半劳动力 半裸体 半流质 半票 半日制 半时助教 半托 半文盲 半透明 半无产阶级 半音 半元音 半自动

新兴的前缀还有"单、超、非、无、不、反、亲、自、次",等等。它们都可以相当自由地用来构成新词,这也可以说明它们正在发展成前缀。这些新兴的前缀,大多数都是在多音节词前头,这是因为新兴的前缀总是在新兴的词前头,而新兴的词总是双音节的或多音节的。

二、后　缀

2.1 汉语的后缀比前缀多得多。典型的后缀都是虚语素,一般附在词的后头,表示词的语法功能。它们大多数是轻声,甚至有的不自成音节,如卷舌的"儿"。

2.2 零后缀。有一些多音节的动词,可以表示人的身份或职业,这就成了名词。这种名词就是带有零后缀的,零后缀表示的是"执事者"名词,如:领导、编辑、编剧、调度。这种名词有的也可以带上"者"后缀,如"领导者,编辑者"。

2.3 有的词不加"儿"是量词,如"眼"——"一眼井";加了"儿"是名词,如"眼儿"——"窟窿眼儿"。因此,三眼井≠三眼儿井。"三眼井",即三口井,"眼"是量词;"三眼儿井",是有三个眼儿的一口井,不是三口井,"眼儿"是名词。这里,"儿"这个指小后缀(diminutive suffix)表示"小"的意义特别明显。

一般认为名词"盖儿"是动词性词根加上名词后缀"儿"造成的。当然,"盖"独立时可以是动词,但是并不排斥它也可以是名词。比较:

a. 瓶盖儿 瓶子的盖儿 壶盖儿 茶壶的盖儿

b. 锅盖 大锅的盖 缸盖 水缸的盖(子)

a、b 都是名词性的,但是 a 带有明显的指小的意义,而 b 正好表示排除指小的意义。

2.4 一般说,"儿"是用来标志名词的,但也有几个是作为动词的后缀的,语法书上能举出例子来的总是以下几个:

玩儿 颠儿了(走了) 火儿了(生气了) 葛儿了(死了) 嗔儿(责备)

除此以外,还可以补充几个:票儿了(或"票儿过")一出戏 盖了帽儿了 蹿儿了

2.5 "们"是一个表示复数的后缀,可以跟代词合用,也可以跟名词合用。多音节动词,又是带零后缀的

名词。这样的名词,可以带上表示复数的"们",例如:

编辑们　编剧们　调度们

但是,"娘儿们儿""哥儿们儿""爷儿们儿",因为最后有了指小的后缀"儿","们"所表示的复数意义便消失了,例如可以说"三个娘儿们儿""这个老哥儿们儿""一个老爷儿们儿"。这是一种解释。另有一种不带"儿"的形式,如"娘儿们""哥儿们""爷儿们",这样的"们"也并不表示复数,例如仍然可以说"三个老娘儿们""这个小哥儿们""一个老爷儿们"。遇到这种情况,上述的解释显然就用不上了。从历史来看,这个后缀原来就不尽是表示复数的意义的。张相在《诗词曲语辞汇释》中说:

> 懑,与们字、每字同。《通俗编》三十三,们字条:"北宋时先借懑字用之,南宋别借为们,而元时则又借为每。"然今日则通行们字,每字已不习用,懑字更绝对不用矣。赵辑《宋金元人词》,晁元礼《鹊桥仙》词:"自家懑都望有前程,背地里莫教人咒骂。"按曲词中习惯,用每字时不尽为多数义,此懑字亦然。

张相的话是不错的,像元代戏曲中的"每"字就确是如此,例如关汉卿《刘夫人庆赏五侯宴》头折:"你富的每有金球,俺穷的每受孤独。"

"们"也可以是词组的后缀,例如"老师、同学们"。这样用的"们"是有限制的:a. 只限于用在并列的词组之后。b. 并列的词组中的词,只能是名词,不能是代词,例如不能说"我、你、他们"。c. 并列的词组的后缀跟词的后缀,价值完全相等,例如:"老师、同学们""老师们,同学们"。

因此,更常见的形式是:同志们,朋友们。

2.6　当作后缀用,"子"跟"儿"在形式跟意义上有许多相同之处,也有许多不同之处。这是语言学者已经注意到了的。还有历史的变化这一点也值得注意,例如现在说"魂儿",历史上曾经说"魂子"。宫大用(一本作费唐臣)《死生交范张鸡黍杂剧》第二折:

> 我恰才向前些,他紧拦遮。魂子遮面云:哥哥靠后些。兄弟却怎生折回衫袖把面皮遮。张元伯云:哥哥你岂知我心中烦恼。我见他自跌自推空自哽咽,无言低首感叹伤嗟。

这里的"魂子",现在说"魂儿",指的是鬼魂。

龙果夫注意到"子"跟"儿"的不同,认为"儿"表示抽象(如"魂儿"),"子"表示具体(如"身子")。但是也有跟这相反的现象,如表示具体的"面儿"(面或粉)跟表示抽象的"面子"。还有,无论用"儿"还是用"子",都是既可以表示具体,也可以表示抽象。如:

	表示具体	表示抽象
脸儿	画了个花脸儿	变脸儿了
脸子	脸子长得好看	给人脸子看

2.7　"者"在现代汉语里是标志名词的后缀,它跟动词结合就使动词变成了名词。在口语里,"者"的用法严格受限制。首先,单音节的动词不能随便用,例如:有"患者",没有"病者",有"歌者",没有"唱者"。其次,纯粹的口语不跟这带有书面语性质的"者"结合,因此没有"谈者"和"笑者",等等。如果不是跟单音节词结合,而是跟多音节词结合,它又是相当自由的。例如:

a. 违法者　b. 违章者　c. 扮演者　d. 实业救国论者　e. 精神病患者

e 项可以分析为"精神病/患者",这个"者"是"患"的后缀,即词的后缀。d 项有两种分析:

ⅰ 实业救国论/者　ⅱ 实业救国/论者

按 ⅰ 的分析,"者"只能解释为词组的后缀,按 ⅱ 的分析,"者"仍然是词的后缀。这样的分析不符合一般人的语感,但是并非没有道理。其实,"实业救国论者"本来就是"实业救国论论者";依照汉语的习惯,两个"论"字重合时,就用一个套装的形式,不重复第二个"论"字。同一个语素先出现在第一个直接成分的末尾,又出现在第二个直接成分的开头,向来不再重复。这种现象在别的语言里也有,但是在汉语里表现得尤为突出,例如:

中国语言学报　　　　中国语言学　　　　学报

总务处长　　　　　　总务处　　　　　　处长

这两例都是套装的,分开说就是"学报",而不是"报",是"处长",而不是"长"。

这里附带说一下两可的情形:

| a. 恭亲王府 | ⅰ 恭亲王　王府 | ⅱ 恭亲王　府 |
| b. 段祺瑞执政府 | ⅰ 段祺瑞执政　府 | ⅱ 段祺瑞执政　执政府　执政　府 |

我认为北京的"王府井"和"府右街"的街道名称,正是反映了 a、b 的 ⅰ 的分割情形。

2.8　"坛"本来就是一个后缀,如:文坛、诗坛、画坛、歌坛。现在用这个"坛"做后缀,造成了许许多多新的词,例如:

体坛　足坛　篮坛　排坛　乒坛　田坛　棋坛　乐坛　剧坛

跟"坛"结合的只有单音节,没有双音节或多音节。因此这种单音节的语素,差不多都是一种简称。从"坛"要求跟单音节语素结合这一点来看,后缀主要倾向是做词的后缀。当然上面的这许许多多新词是否能够成立,还要经受实践的考验。

2.9　"家",有完整的声调,不是轻声。如"诗家""画家""小说家"等等,确是"古已有之"。这样的"家",可算是后缀,但在一般人的心目中,它仍然有实义。京剧演员关肃霜不愿意人家称她为"京剧表演艺术家"的时候说:"我们不能自我吹嘘,随随便便就称上一个'家'。"[①]

对于这个"家",丁声树等(1961,223 页)认为:"一类是动词或名词加'家'尾表示从事某种专门事业的人。例如:作家　画家　革命家　教育家　文学家　军事家　政治家　这一类的'家'尾都不轻读。"这是说"家"是一个词尾即后缀,它的类义(class meaning)是"表示从事某种专门事业的人"。但是这个说法还不能完全概括语言事实,例如胡乔木同志在一篇文章中说:"这些人难道是空想家? 不是的,他们是脚踏实地的共产主义的实干家。"[②]"空想家"就不能说是什么"从事某种专门事业的人"。用"家"造新词,当然不能随意仿造,但是也不能限制过死。比如我们原以为有冒险家没有投机家,可是事实上却早就有了。1933 年 8 月 13 日出版的《中华日报》副刊《小贡献》上刊登的瞿秋白(笔名施蒂而)的《读〈子夜〉》中说:"起初是吴老太爷到上海来就病故,吴荪甫在治丧中,商定企业计划,做公债投机家赵伯韬来联合他,能花钱买得混战的军阀败退,而成功的投机!"[③]"投机家"之外还有"阴谋家"。

此外,周扬同志曾在一篇文章中说:"周恩来同志 1941 年在纪念郭沫若五十岁生日的时候说,郭沫若同志是'学术家与革命行动家兼而为之'的人。"[④]由此可见,用"家"来造新词是相当自由的,同时也可以看出它确实是日益虚化了,虚化成了一个指人的名词后缀。从这方面来看,也可以说"家"是一个新兴的后缀。

陆志韦先生(1957)认为:"'者'和'家'在现代汉语似乎还只能当做向心结构的中心语"。但从上述的语言事实和我们的分析看来,至少可以说"家"已经是一个名副其实的后缀了。

2.10　陈望道(1938)指出:"中国语将来会不会变成有语尾变化的语言? 我的答语是:中国语似乎有语尾增多的倾向……还有名词加'儿'加'子'等等,都可以看作一种倾向的象征。"新兴的后缀日益增多,确乎是事实。新兴的后缀在语义上还没有完全虚化,但如果它真正成为前缀或后缀,最终必将虚化。除了上面说的"家"外,这里再举一个用"品"做名词后缀的例子:

产品　制品　作品　商品　精品　次品　麻醉品　毒品　用品　食品　艺术品　工业品　果品　蛋品　药品　礼品

"果品、蛋品、药品"的"品",恐怕不能说它还有什么实在的意义,只能说是一个名词的后缀。

2.11　动词的后缀,只说三个:了、着、过。这三个后缀都是轻声。

关于表示动作完成的"了",也只说它除了能做单纯动词的后缀以外,还能做词组的后缀这一点。

a. 用在单纯的动词之后。例如:看了书　画了画

b. 用在动词词组之后。

ⅰ 用在动补结构之后,例如:看完了(一本)书　画好了(一幅)画

ⅱ 用在并列动词结构之后,例如:调查、研究、分析了情况　布置和检查了工作

ⅲ 用在动宾结构之后,例如:出土了一百多件文物

c. 用在形式上是动宾结构,实际上是动词之后。列如:出版了一本新书

但是也可以说:出了一本新书,"了"就在动词之后。

2.12　表示动作进行或持续的"着",除了能做单纯动词的后缀,也能做词组的后缀,例如"纠缠、争吵、厮打着"。但是有两点必须注意:第一,这样的用法只限于书面语,口语中不见。第二,单音的动词都不能这样

用。可见实际上"着"只是动词的后缀。

表示过去的"过",实际上也只是动词的后缀。例如：

看过那个电影　　出版过一部十万字的长篇小说

三、结　　语

3.1　语缀,主要是词的前缀、后缀;有时候是词组的前缀、后缀,但极有限制。所以名称不妨叫作语缀,实际仍然属于构词法,不属于造句法。

3.2　确定一个语素是不是前缀或后缀,一要看它在语义上的虚化程度,二要看它能产的程度,两者又是互相联系的。一个类前缀或一个类后缀,使用的次数多了,使用的范围广了,就会成为名副其实的前缀或后缀。

3.3　说一个语素没有完全虚化,这有两种意思:一种意思是说,当作前缀或后缀,它在语义上还没有完全虚化;一种意思是说,它既是实语素,又可以当作前缀或后缀来用。显然,当前缀或后缀用的时候,这语素便是虚的,即没有什么实在的意义。

3.4　语缀,特别是后缀的语法功能是固定的,例如名词的后缀,动词的后缀,形容词的后缀等。语缀,特别是后缀所表示的类义,可以是变动的,例如"儿"原来有指小的意义,后来这意义消失了;又如表示具体或抽象,并不是一成不变的。

四、余　　论

4.1　有的同志认为,研究词缀,应该从结构上来考虑,可以给词缀下一个定义:即定位的不成词的黏着的成分。

我正是从结构上来考虑的,引言一开头就交代了。前缀在前,后缀在后,位置固定,不能移动,所有的例子无不如此。既名"缀",当然只能是黏着的。包含词缀的词不是复合词,而是派生词。词缀已经失去词根的意义,仅仅是附加成分,当然是不成词的。

不过,我以为除了从结构上考虑以外,还必须从语素的虚实来考虑,才能区分清楚。例如"老王"的"老"是前缀,只是在跟"小王"对比时,它还残留着形容词"老"原来的意义。这就是说,不跟"小王"对比时,它在语义上虚化了。如果不考虑意义的虚实,我们就会遭遇困难。例如:

老儿子　　老闺女　　老妞儿

这里的"老",不是虚的,而是有实在意义的,意思是排行最末,所以它不是前缀。如果光从结构来考虑,那就很难跟"老鹰、老幺、老王"区分开来。

4.2　有的同志说,"家"是有意义的,是"成名成家"的意思。因此不能说"家"是后缀。这样提出问题,实际上已经承认了我们以意义的虚实来区分语缀和非语缀的标准。至于"家"究竟算不算后缀,当然是可以讨论的。有的同志说"家"的意义就在于它是指人的。正是这样,我们完全同意。"家"发展到今天,它已经虚化成了一个指人的名词后缀。

4.3　有的同志说,"家"可以自由运用,并不是黏着的,例如可以说:"你是什么家?"其实这个理由是站不住的,只要看看下面的例子就够了,例如:

问:他是老几?　　答:他是老三。　　问:他是老什么?　　答:他是老王。

你如果承认这里的"老"仍然是前缀,你便无法不承认"你是什么家?"里的"家"仍然是后缀。

附　注

① 见《人民日报》1982 年 10 月 27 日第五版。

② 胡乔木《关于共产主义思想的实践》,载《人民日报》1982 年 9 月 24 日第一、四版。

③ 见《新文学史料》1982 年第 4 期。

④ 周扬《纪念郭沫若诞生九十周年和庆祝郭沫若故居开放》,载《人民日报》1982 年 11 月 18 日第四版。

参考文献

吕叔湘《汉语语法分析问题》,1979。

赵元任《语言成分里意义有无的程度问题》,载台湾《清华学报》新 2 卷第 2 期,台北,1961。Yuen Ren Chao, *A Grammar of Spoken Chinese*, 1970.

吕叔湘译、赵元任著《汉语口语语法》,1979。

朱德熙《语法讲义》,1982。

陆志韦《汉语的构词法》,1957。

丁声树等《现代汉语语法讲话》,1961。

陈望道《一种方言的语尾变化》,载《陈望道语文论集》,1938。

张相《诗词曲语辞汇释》。

（原载《中国语文》1983 年第 4 期）

汉语复合词内部形式的特点与类别

刘叔新

0.1　词的内部形式,理解为构词形式是不正确的。[①]把它混称为"词的理据",[②]也须要澄清。按照区别于外部形式来理解,词的内部形式是词义(一个意义,下同)的表现方式,"用词表达概念的方式"。[③]说得更明白准确些,词的内部形式是词义最初形成时反映事物对象的特点所采取的形式,它为词形所制约和固定。比如"木耳"的意义虽然反映了这种蕈类植物的多种性质特点,可是表现出来却只是最初所着重反映的"木头上(长)"和"耳朵形"这样两个特点,即整个意义以"木头上(长)"+"耳朵形"作为展现自身的方式;这种表现形式为词形 mù'ěr 所制约和固定,它就是"木耳"一词的内部形式。由于最初着重反映的特点总须用表示这特点的语言材料来固定,因而词的内部形式自然就成为何以用某个词形来命名的缘由,从而合乎逻辑地引申出"词的理据"的理解。但是,理据并不等于着重反映的特点本身,它是词源学历时性的概念。对于词义表现形式本身的分析,则是共时的。词义的共时描写,应按"词义在词中的表现方式"的理解来应用"词的内部形式"这一术语。

0.2　本文试作一种轮廓式的共时描写。限于篇幅,不把汉语各种词都纳入分析的范围,而只对复合词作个简要的考察。这复合词也只限于现代汉语(普通话)体系的范围。复合词的内部形式在现代汉语全部词的内部形式中是占主体地位的,具有主要模式的意义。[④]

1.1　从语言共时系统的平面看,现代汉语的复合词并不都存在内部形式。随着现实事物、词义和语音形式的历史变化,有的复合词的内部形式已经消失,词义只以反映事物区别性特点和其他某些特点的一般形式而出现。用历史方法所"恢复"的内部形式,只是存在于某个历史时代的东西。例如"逍遥",根据先秦和秦汉古籍"遥""摇"假借互通的材料,[⑤]可查知其内部形式是"消受着,(身体)晃动着",借此表现早先"优游自得貌"的意思。这样反映的优游自得貌的特点,今天一般人已不能从"逍遥"中意识到,这说明它业已消失,只是存在于古代。类似的例子,还可举出"跋扈、磊落、蹀躞、陆离、勃谿、当归、蟾蜍、鹌鹑、蝙蝠、蝼蛄"等等。在对现代复合词内部形式的描写中,显然应该把这一部分排除在分析范围之外。

这里,存在一个界限问题。有的复合词,须是文化较高的人才能意识到或迅速推知其内部形式,如"推敲、涂乙、滥觞、泰斗、春晖、刀笔"之类。它们的内部形式只为某一部分人所知晓,但应该承认是现代语言系统中的语义事实,因为它无须通过历史的考查而意识到。因此,凡内部形式能被相当一部分人所知晓的复合词,应列入共时分析的范围;而凡内部形式须作历史的探查才能得知,仅为很少专业人员所明了的,可以排除出去,划归词源学研究范围。这样一种界限,可能比较符合实际。

1.2　不能忽略的是,现实中具有内部形式的复合词,有一部分的内部形式在不同程度上是模糊的。多半由于词中某一语素所表示的对象(词所指的对象,下同)含有什么特点,难以了解,即不清楚某一语素对整个词义的表现起什么作用。但是不同语素之间在对象特点上的联结关系,仍可明了。如"鲫鱼、鲤鱼、鲅鱼、麋鹿、猕猴、猛犸、菠菜、韭菜、苋菜、川芎、槭树、苹果、澧水、漊河、鄅县、郏县、蓝本、肥皂、惝恍、婵娟"等等。这类复合词,其内部形式可以说是不完全的或半消失的。

含有音译和意译部分的外语词如"摩托车(motorcycle)、拓扑学(topology)、冰激凌(ice-cream)"等,音译部分成了一种特殊的语素,不表示对象的任何特点(除非查考相应的外语词的那部分)。整个外语词音译,再加上意译对象类属的外来词,如"芭蕾舞(ballet)、啤酒(beer)、卡宾枪(carbine)、古兰经(koran)"等,音译部分的情形也如此。所有这两类外来词,显然都没有完全的内部形式;只是由于有外语词的出处,内部形式的不完全程度比上述"鲫鱼、菠菜"之类的复合词低一些。

1.3 现代汉语复合词的内部形式存在上述完整程度不等的级别,可以看作是一个特点。从内部形式如何形成和表现来看,汉语复合词的内部形式还有两个特点:1. 除去纯粹音译的情形,意义组合的直接成分以单音语素为其体现的基础;2. 意义组合的双项性。下面分别略加阐述。

2.1 在具有内部形式的情形下,复合词的词义总含有若干个不同的意思,并且就以这些意思互相组合的方式而表现出来。这"意思"代表着某种特性或事物,同词所指的对象密切相关,通过它来表明词义着重反映对象的什么特点。每个这样的意思,不仅成为词义的成素,而且是内部形式组合的直接成分,也就是该组合的结构项。如"木耳"一词内部形式的两个结构项,是"木头上(长)""耳朵形"这样两个意思。在汉语,一般用单音语素来体现和固定。如"木头上(长)"只表现于"木","耳朵形"只表现于"耳"。凡是具有完全的内部形式的双音复合词,如"棱角、冷盘、花絮、心腹、累赘、狐媚、汗漫、勒索、续弦、滑翔"等等,都是用单音语素来体现和固定的。

由于汉语的大量单音语素本来都是根词,到了现代,大多数也仍可单独作词来用,以它们来体现和固定内部形式的结构项,那是非常自然、经济的。即使有常用的合成词跟某个单音语素都表示同样的意思,也往往以单音语素来体现内部形式的结构项。例如,说"童话",不说"儿童话";说"地衣",不说"地衣服";说"兜肚",不说"兜肚子";说"拐棍",不说"拐棍子";说"鼠疫",不说"老鼠瘟疫";说"木棉",不说"树木棉花",等等。这成为相当普遍的构造方式。不过,也有少数例外。比如,说"老虎凳",不说"虎凳";说"土皇帝",不说"土帝"。另外,某个意思在没有现成的单音语素来表示时,则用合成词(按其本来的性质说)或两个临时组合的单音语素来表示,如"美人蕉、走读生、天然气、铁饭碗","挡箭牌、通心粉、童养媳、大锅饭"。这种情形,只占较小的比例,而且使用的"合成词"或语素组合本身仍由单音语素构成,而余下的结构项(如"铁饭碗""挡箭牌")又一般由单音语素来体现(汉语的复合词很少超过三个音节),因而这里的内部形式仍然是以单音语素作为其结构项的体现基础。

若把单音语素看作"字",那么可以说,汉语复合词的内部形式(结构项)一般具有单字性。这种特性使内部形式十分简洁、精炼。

2.2 体现着内部形式结构项的字,虽说纷繁庞杂,但是有一部分出现的频率较高,其余绝大多数也不只见于个别的词。复合词所用的字,从词的内部形式着眼,有其类别、条理。一组词某一结构项采用相同的字组成,这表明对象同属一类或有某种共性,表明在内部形式上有相应的共同的结构项。如以生活在海中而形态颇似豹的特点来命名的一种水栖哺乳动物,有"海豹"这个词;同样取生活在海中的特点,有"海狮、海象、海狗、海豚、海牛、海马"等。又如"睡莲、王莲、旱莲、木莲、铁线莲、水浮莲、半边莲",每个词所用的"莲"都表明所指的植物相似于莲花的特点;"鲸鱼、鳄鱼、章鱼、鱿鱼、墨鱼、娃娃鱼"等所用的"鱼",同样反映词所指的动物相似于鱼类的特点。像这样成系列的词,显然凭共用的字而聚合,凭它显示出各自所指的对象有类同之处,彼此在内部形式上同中有异而互相比照。

可见,结构项的单字性,使复合词的内部形式可以彼此整齐地对应,形成一个个内部同异关系很清楚的聚合体。

2.3 意义组合的双项性,是比结构项的单字性更为普遍的特点。"双项",指整个结构只由两个结构项组成。汉语复合词的内部形式一律只有两个直接成分,即两个结构项。当复合词含有三个词汇性的单音语素时,其中两个语素所含的意思都只是内部形式某一结构项的直接成分,和另一个语素的意思并不处于同一个结构层次。例如:

"山丛"和"里头"是内部形式结构项"山丛里头"的直接成分,次于"山丛里头——红色"的层次;"山里红"一词内部形式的结构项,只是"山丛里头"和"红色"。同样,"敌百虫"内部形式的两个结构项,是"抗住"和"许多种害虫"。当复合词含有两个单音词根语素及一个纯语法的单音语素时,意义组合的双项性是较为明显的。如:

汉语复合词大多数只含两个单音语素,其内部形式由两个结构项组成,当然更为清楚。

意义组合的双项性,加上结构项的单字性,使复合词的内部形式构造整齐而很有规律,给揭示词义提供简明的线索,也便于人们理解和记认。

3.1　复合词内部形式线索的简明性,在复合词内部也存在程度、方式等方面的差别。这些差别,通过对复合词内部形式的分类可以看清楚。

3.2　要得出汉语复合词内部形式的类别,首先须讲求分类的准则。这准则应来自现象的本质或存在的条件、特点,从而既能使划分出的类别互相区别,又可进一步揭示现象的基本性状或基本方式。根据上述的看法,我们定出两种划分汉语复合词内部形式的准则,并得出两种不同的分类。

3.3　依据对象具有什么特点这一准则,复合词内部形式能划分为实质的和表征的两大类。

"实质的"着重反映对象的本质特点,采用分析概括的反映方式。如"晨光、风纪、大街、淡水鱼、爱护、瞄准"等词中所体现的。"晨光"指早晨的阳光;这对象的本质特点,一是早晨,一是太阳发出的光线,前者由"晨"来反映,后者的"光线"由"光"加以反映。"风纪"指作风和纪律,由"风"反映作风的本质特点,"纪"反映纪律的本质特点。这类纯由对象实质的反映所构成的内部形式,数量较多,构造较明显,但是抽象而平直,和词义逼近或一致。它包含四式:

1. 定性式。以一个结构项指明对象所属的一个大范围的事物,既表明具有这事物的一些特点;又以另一个结构项定出对象的特性,从而表明大范围事物中具有这种特性的部分。对象特性的反映先出,大范围事物特点的反映后现。例如下列复合词中的内部形式:

A　彩霞　岛国　木偶　冰橇　朝阳　暗室　白面　愁容　初衷　安眠　哀鸣　侧击　曲解　痛哭　自杀　持久战　常备军　策源地

B　菜色　列车　晨光　风筝　扫帚菜　灯心草　份儿饭　大理石　辰砂　官腔　烙饼　变蛋　担架　劣弧　常春藤　蜜月　安歇　投缘

A组两个结构项分别反映了事物两种重要的本质特点,反映较全面,和词义一致。B组由于有一个结构项(加着重号的)只反映事物某个抽象特点而不反映更重要的特点(如"菜色"的"菜"只指以菜充饥,"列车"的"列"只表示(形体)成一长列),整个组合的反映小于单项词义,显出了内部形式的个性和作用。

2. 选性式。两个结构项结合起来,有选择地反映对象部分本质特点;内部形式和词义的差距,比定性式的B类大些。如"粮草",其内部形式只反映粮食和草料,舍去了军用性;"父老"的内部形式只反映"父辈的、年老的",不取"一国之中或乡中的"。再如"风土、风采、纠纷、尘肺、缝穷、恬淡、徒手、涂乙、出挑、投奔、推托、传神、默契"等词的内部形式,都只反映对象部分本质特点。

3. 联结式。两个结构项分别反映对象的某一本质特点,又彼此平行地联结起来。例如:

A　风华　风纪　谋略　富贵　安康　镇静　丑恶　奥妙　辨析　捕捞　种植　崩塌　爱护　保墒　待命　凌云　接力　阐明

B　粮饷　观瞻　观光　瞄准　临危　投宿　论难　生造　究办　联防　莽撞　窘促　奋迅　流利　明快　热烈　随便　简慢

A组内部形式反映对象的本质特点比较完全,同词义几乎没有差别(如"风华"反映了风采和才华的本质特点,"风纪"反映了作风和纪律的本质特点)。B组有一个结构项(加着重号的)并不完全反映对象某个本质特点的各个方面(如"粮饷"的"粮"只反映粮食而没有反映军用的性质;"观瞻"的"瞻"只反映被(别人)往前或往后看到,没有反映被看到的反应和留下的印象),能显出内部形式的个性和作用。

4. 重合式。对象的本质特点及一般特点在每个结构项上都反映了出来;两个结构项的加连是一种重合,用以加强抽象的反映,强化对象的概念内容和印象。例如:

A　诞生　洗濯　怜悯　流淌　逮捕　痊愈　诠释　行走　飞翔　聆听　气恼　惭愧　寻觅

　　奔跑　寒冷　凛冽　道路　途径

B　愤愤　腾腾　袅袅　悠悠　冉冉　蒙蒙　莽莽　娓娓　茫茫　苍苍　蠢蠢　明明　匆匆

　　碌碌　稍稍　略略　每每　常常

A 组的两个结构项用不同的字来体现;B 组则用同样的字,有时除加强抽象的反映之外,还借以体现对象的某种状态(如"愤愤"表现气愤貌,"腾腾"表现不断涌起、上升的情状)。

3.4　表征的内部形式,着重反映对象表之于形的、易于感知的特征,采用具体描写的反映方式。如"壁虎、三弦、松花、贻贝、佛手、映山红、白头翁"等词中所体现的。"壁虎"的内部形式"墙壁上似老虎一般的",明显地反映一种爬行动物的活动场所和扑起吞噬蚊蚋、小蛾时迅猛如虎的形态。"三弦"的内部形式"(张着)三根丝弦",是对一种弹拨乐器外部构造特征的描写。这类内部形式反映对象的某种形态或情状,多姿多彩,生动别致,很好理解,使人容易记住它的特征。但是由于不侧重反映对象的本质,表征的内部形式同词义之间就有较大的差距,通过自身的意义组合而引出词义的线索不如实质的内部形式显豁。这种从具体表征到抽象本质的曲折性,正好配合了反映的具体性,使内部形式饶有风趣而越加生动,使它别具特殊的表意方式和表意功能而有较大的描写价值。因而表征的内部形式,是复合词内部形式中的主要部分。它包含两式:

1. 体现式。反映对象易被意识到的具体特点(如某种密切关联的物象,某种行动或状态),从而把对象体现出来。有一定程度的具体性,但只以具体表现为目的,对象并不表现真切,没有形象感。例如"笔墨",不是抽象地反映文字的性质,而是以书写工具表现出借它写出的东西。这是具体的,虽然书写工具和文字都并没有形象地展现。又如"出家",以离开家庭来体现脱离世俗生活去当和尚或尼姑的行为,也相当具体,但没有形象性。类似的例子,再举出一些:

头脑　腿脚　地雷　财迷　搭腰　马扎　万笔　三弦　冬青　贻贝　分寸　眉目　夹竹桃

穿山甲　插身　拨冗　串门儿　串花　烧心　拿手　点缀　对垒　寒暄　贪青

2. 显示式。真切地反映对象的具体特点,使它形象地被感觉到,也就是形象地显示出来。如"映山红",展现出所指的植物开花时一片嫣红,与青山辉映的形象;"苍穹"把对象显示为碧蓝色的穹隆形大圆盖;"落网"使人感觉到就像某个动物掉进捕捉它的网里那样。再举一些例子:

佛手　爬山虎(指一种藤本植物)　雪里红　鞍马　把柄　绊脚石　天河　羊齿　龙眼　豺狼　蓝点

颏　薄脆　滴水(指滴水瓦的瓦头)　漏网　垮台　穿梭　抵牾　挨肩儿　捣蛋　联袂　蹭蹬　熬煎

沉浮　穿凿　笔挺　黄昏

这类的内部形式或由于相似的事物十分具体的比喻,或由于对象可感触的特征被如实反映,而具有形象性。对象呈现的鲜明、具体程度大大高于体现式,其结果,使词义涂上形象色彩而增强了明彻性,并利于生动的表达。[6]与此同时,内部形式同词义之间的差别就更为突出,词的内涵明显地包括两层意义——表层(字面)的和深层(真实)的(如"映山红",其表层意义是"与青山辉映的一片嫣红色",深层意义是"一种植物——杜鹃花");只有了解对象的特征,才可将表层同深层联系起来。这是显示式所以生动的一种因素。

显示式和体现式之间没有明显的界线。存在着一些介乎两式之间的内部形式,如"腐竹、百合、门路、沉香、葱白"等。有的表征式,由于相应的词使用时间很长或使用频繁,起初具有的形象性处于日趋淡薄的过程中,如"提纲、立脚点、倒霉、昂扬、同胞"等。把它们划入显示式或体现式,都无不可。

3.5　在表征的和实质的两种内部形式之间,也存在一些混合的或中介的现象。如"暗笑、呃逆、鳞伤、车轮战、马桶、带鱼、大头针、梅花鹿"等,既有表征的具体反映(带着重号的),也有实质的抽象反映。这类内部形式毕竟含有描写价值较大的表征成分,其中有的甚至表现出较强的形象性(如"梅花鹿、金钱豹"),因此把它们基本上归入表征式,比较合适。

3.6　反映对象特点的途径如何,是划分复合词内部形式的另一个准则。依据这一准则,可以划分出直指的、喻指的、引指的三类。

"直指的"比较普通,直接反映对象的特点。可分为全指、略指两式。全指式比较全面地直接反映对象的重要特点,导出词义的线索最为明白,如"大街、变蛋、父老、肠梗阻、莽撞、带鱼、没落、长臂猿"等。略指式只直接反映部分重要特点,导出词义的线索不如全指式的明豁。例如"草虫",指一种花草、昆虫的国画,词的内部形式只反映这种画的特殊题材;"土木"指修建工程,词的内部形式只反映一种主要的施工对象和一种材料。再如"同行、裁缝、便衣、教授、三弦、刘海儿、插戴、垫脚、兜肚、双响、薄脆、滴水"等等,都是用了略指式。

"喻指的"以某种近似的事物的反映来比喻对象的特点,比较生动和风趣。可分为纯喻、半喻、借喻三式。纯喻式整个组合都是比喻,字面意义不能明显地透出实际意义。如"累卵",以内部形式"层层堆叠着的蛋"比喻形势极不稳定,随时有垮台的危险;"刀俎"以"菜刀和砧板"比喻宰割者或迫害者。内部形式属于纯喻式的词例,还可举出"卵翼、手足、落汤鸡、顶梁柱、泰斗、风云、浪潮、心腹、把柄、矛盾、蚕食、续弦、撑腰、推敲、沉浮、沉溺、鼎沸、兔脱"等。半喻式只有一个结构项比喻对象的特点,另一结构项则是直指,因而导出词义的线索比纯喻式明显得多。如"鸭舌帽",内部形式一个结构项"帽子"直指对象所属的事物类别,另一结构项"鸭子舌头(状)"则比喻形状特点;"蟊贼",以"做大坏事的人"直接指明对象所属的范畴,以"吃根苗的害虫"比喻危害国家、人民。再如"兔唇、子母扣、蒲剑、芭蕉扇、斗车、风险、土皇帝、安全岛、党羽、地雷、河马、笼罩、尝试、拔高、蜂拥"等,都是兼具喻指和直指两种情形的。借喻式把词的本义的内部形式借用来比喻另一对象的特点,也是整个组合都作比喻,性质上和纯喻式基本一致,不同只在于有个固定的本义同时也起烘托、比喻的作用,即比喻性更强。例如"脉络"的内部形式"血脉网状分支",借来比喻条理、线索,而本义"血管系统"也同时起着烘托、比喻的作用。复合词中,带借喻式的相当多,这里只再举一些例子,如用在转义上的"背景、堡垒、舵手、冰山、标兵、本末、独角戏、门楣、冲撞、出马、帮腔、蠢动、锤炼、亮相、饾饤、麻痹、赤裸裸"等。

"引指的"出现在词的引申义上。它反映的特点实际上属于本义所表明的对象,须通过本义的环节才同引申义关联起来,因此反映对象的特点是间接的、转折的。如"调门儿"反映的特点"音调途径",首先表现本义"唱或说时音调的高低",通过这本义才与引申义"论调"相关联,即成了论调某种间接地和转折地反映的特点。又如用在引申义上的"对象、短打、对话、抽象、消极、村野、冷僻、收拾、攻击"等,其内部形式也如此曲折地同对象的特点关联上。

4.1   汉语复合词内部形式如上两种分类所得出的不同类别,各有不同的应用场合。在分析内部形式的组合时,特别是揭示突出反映对象哪个方面或分析反映的内容时,须要用上实质的、表征的及其下各种子类的类别范畴;而在揭示内部形式与词义及对象的关联特点时,是首先要使用直接、喻指、借指这种类别范畴的。

4.2   存在于现代复合词中的内部形式,相当一部分不见得能普遍地为人们所识晓。因而细致地描写它们的内容、构造及与词义的关联等,对于语文教育来说,很有必要。为研究汉语词义及其组织关系,作这种描写的必要性自然也无可置疑。而对词的内部形式作细致、系统的分析,不建立在明确其特点及类别的基础上,是难以进行的。本文的写作,就是企望能对这种工作起一点促进的作用。

附　注

①　张永言《关于词的"内部形式"》(《语言研究》1981 年第 1 期)有对这种观点的中肯批评。还可补充一点:构词形式是外在的、整个词的结构上的,词的内部形式则纯是语义现象。

②　一般有以"词的理据"或"内部的语言理据"(见 B. A. 兹维金采夫的 Семасиология, 186 页, 1957 年)来理解和指说词的内部形式的情形。张永言《词汇学简论》(27 页, 1982 年)明显地把词的内部形式和词的理据列为同一现象的异名。

③　P.A.布达哥夫:Введение в науку о языке, 63 页, 1958 年, 莫斯科版。

④　原因是:单纯词绝大多数在现代已难看出其内部形式;派生词的内部形式,一般或者十分简单(如"编者、商人"),或者难以看出来(如"样子、甜头")。只有复合词的内部形式复杂多样,而且复合词占了词

的大多数。

　　⑤ 如《礼记·檀弓上》:"孔子蚤作,负手曳杖,消摇于门。"

　　⑥ 参见拙文《词语的形象色彩及其功能》,《中国语文》1980 年第 2 期。

（原载《中国语文》1985 年第 3 期）

同义词研究的几个问题

符淮青

建国以来,同义词的研究取得很大成绩。理论的说明由浅到深,由粗转精,积累了不少辨析材料。80 年代以来,编成了几部有一定影响的同义词词典。由于辨析词义的异同是复杂的工作,这种分析又难做到严格的形式化,在理论说明、具体辨析方面仍存在分歧,不尽完善。本文拟就下列三个问题作些讨论:一、同义词词义内容的说明;二、在组合中分析同义词;三、不同目的的同义词分析。

一

同义词的"同"指什么?一般用"意义相同、相近"的说法,有学者认为是表示的概念相同,[①]有学者认为是"反映的对象一致"或"所指事物对象的同一"。[②]这些说明都是把词义的构成要素"二分",所谓"二分"就是把词的语音外壳作为词义构成要素的一方,词的所指对象为另一方。词的所指对象可以用不同的名称来指称,例如"意义""概念""反映的对象""所指事物对象"等等。

随着人们对词义认识的深入,学者对词义的说明逐步深入。由奥格登(C. K. Ogden)和瑞恰慈(I. A. Richards)提出的语义"三角图"将词义的构成要素区分为三(即 Symbol 指号,Thought or Reference 思想或指示活动,Referent 被指示的东西),西方语言学者多在"语义三角图"的基础上说明词义内容。英国学者莱昂斯(J.Lyons)在所著《语义学》(Semantics Ⅰ)一书中综合语言学家、哲学家的观点,对词义内容作了更细致的分析。其要点是:[③]

1. 把语言单位区分为词位(Lexemes)、词位变体(forms)和应用中的词语(expressions)。如原形的 find(找到)代表一个词汇单位的词,是词位,现在时的 find,过去时和过去分词的 found 是词位变体;find 和 found 用在具体上下文中就是应用中的词语。

2. 把词语的意义细分为:sense:词位和应用中词语的意义。reference:应用中词语的具体所指,词位无这个内容。denotation:词位指示的客观存在对象。referent:应用中词语所指客观对象。

试以汉语"书"一词解释这些区分。词典说明"书"是"装订成册的著作",这是 sense,作为词位和应用中的词,"书"都有此义。"我去买书""他家里书很多"中的"书"是应用中的词,它可有单称、普称、定指、不定指的区别,这是 reference 的变化。(按,莱昂斯所说的这些变化,主要属于词义的指示范围,应用中词义的变化不限于此,详后)作为词位的"书"指示客观所有的书,这是"书"的 denotation,应用中的"书"指示的客观对象是它的 referent。

在这个分析的基础上,莱昂斯指出同义词的同是指词位意义(sense)相同:"同义词是 sense 相同,并非 reference 相同。"[④]"两个或更多的词语可以有相同的 sense,如果它们在言辞中互相替换而不改变言辞的描述义。"[⑤]这种说明对同义词的词义(按,这里指概念义或理性内容)的分析有相当的启发。它启发我们:1)词义内容不只简单归结为"意义""概念""所指对象"等等,而是区分为词位、词位义的客观所指、应用中词的意义、应用中的词的具体所指。2)同义词只是词位义相同,它们在应用中的词义内容是有变化的。下面举例讨论这种现象。

"年龄""年纪""岁数"可以看作一组同义词。《现代汉语词典》(以下简称《现汉》)对这三个词的解释是：

年龄　　　人或动植物已经生存的年数：入学～｜退休～｜根据年轮可以知道树木的～。

年纪　　　（人的）年龄；岁数：～轻｜小小～，懂什么？

岁数　　　（～儿）人的年龄：妈是上了～的人了｜他今年多大～了？

《现汉》的释义可看作是对这三个词词位义的说明。下面分析这几个词在几个句子中的应用。

在（1）"他今年多大____？"中，这三个词都可以用，这时这三个词成了应用中的词，具体所指相同，而且同它们的词位义是一致的。

在（2）"根据年轮可以知道树木的____"中，只能用"年龄"，不能用"年纪""岁数"，这是由它们的词位义有所不同决定的。

由此可以说，（1）显示了它们词位义一致的地方，（2）则显示了它们词位义的差别。

在（3）"妈是上了____的人"中，可以用"年纪"也可以用"岁数"，但不能用"年龄"。在（4）"他是一把____的人了"中，只能用"年纪"，不能用"年龄""岁数"。

（3）（4）中不能用"年龄"不能从词位义找到解释。实际上（3）（4）中的"年纪""岁数"是指"人生存较长的年龄"。也就是说，当"年纪""岁数"作为应用中的词出现在一定的组合中，它的具体所指已不完全等于词位义，而是发生了变化。而"年龄"作为应用中的词，出现在（3）（4）这种组合中并无这种变化。这样"年龄"不能用于（3）（4）这种组合中就不是从词位义中找到原因，而是从应用中的词具体所指可以发生变化找到原因。（4）中的"一把年纪"中的"年纪"不能换为"岁数"，也不能从词位义找到原因。可以从两个角度说明这种现象，一是"一把年纪"是一种固定的搭配；二是"岁数"出现在"一把____"中不能如它出现在"上了____"这种组合中那样，具体所指变为"人生存较长的年龄"。

再如，"边境""边陲"是一组同义词。《现汉》对这两个词的解释是：

边境：靠近边界的地方。　　　边陲：〈书〉边境。

在（5）"战士守卫着祖国的____"中，二者皆可用。这两个词在这里作为应用中的词的具体所指同词位义是一致的。但（6）"中缅边境"不能换成"中缅边陲"，（7）"祖国边陲"不能换成"祖国边境"，这从两个词的词位义找不到解释。实际上在（6）的组合中"边境"指"两国靠近国界的地方"，在（7）的组合中"边陲"指"靠近国界的本国领土"，它们的具体所指已发生了变化。[⑥]

由此可见，将词义内容区分为词位义、应用中的词的具体所指等不同的方面，对说明同义词的词义关系，同义词在应用中有时可替换，有时又不可替换的情况有明显的帮助。

二

同义词的同异包括词位义、应用中的词义变化、用法的不同等都是在组合中实现的。在组合中分析同义词至关重要。

在组合中分析同义词，"替换"试验是主要方法。不能把"替换"仅仅作为鉴定同义词是否同义的方法，[⑦]而应把它作为进行多方面对比分析的方法。

在组合中分析同义词有许多问题可以讨论，本文着重讨论下列几个问题。

1. 组合中词的语义范畴有变化

50年代周祖谟和张世禄讨论过同义词词性是否应该相同的问题。周认为同义词应该词类相同。张认为"不同词类的词，只要意义近似，也就可以属于同义词"。[⑧]以后多数学者认为同义词应该词性相同，也有学者指出在一定条件下某些不同词类的词可以构成同义关系。我们来分析一下周祖谟和张世禄讨论过的一组同义词"光辉"和"辉煌"。"光辉的成就/战果"可以说成"辉煌的成就/战果"，因此可以认为它们是同义词。但一般认为"光辉"是名词，"辉煌"是形容词，词性不同。《现汉》对这两个词的解释如下：

光辉　　❶闪烁耀目的光：太阳的～。❷光明，灿烂：～前程。

辉煌　　光辉灿烂：灯火～｜金碧～◇战果～｜～的成绩。

按照这种解释，"光辉"有二义，❷义为形容词义，这样，它的❷义同"辉煌"构成同义词，不是词性不同。但如果我们在组合中展开分析,可以有新的认识。

"光辉"带定语充当中心语组成的结构可充当主宾语:

(1)太阳的光辉照耀大地。   (2)人民永沐伟大思想的光辉。

(1)(2)中的"光辉"不能换为"辉煌"。

"辉煌"可充当谓语:

(3)灯火辉煌。   (4)战果辉煌。   (5)成就辉煌。

(3)(4)(5)中的"辉煌"不能换为"光辉"。

"光辉""辉煌"作定语的比较:

(6)辉煌的战果。   (7)辉煌的成就。   (8)辉煌的成绩。

(6)(7)(8)中的"辉煌"可换为"光辉"。

(9)光辉的前程。   (10)光辉的思想。

(9)(10)中的"光辉"不能换为"辉煌"。

又(6)(7)(8)中,"辉煌"前可再加程度副词"很""非常",若换为"光辉",则不可。

由此可见,"光辉"只是在以"战果""成就"等充当中心语的定中结构中同"辉煌"可以互相替换而所指不变。它不能作谓语((3)(4)(5)所示),充当定语时它也不能再加"很""非常"这些程度副词((6)(7)(8)所示)。因此可以说,"光辉"仍是一个名词。名词能充当定语(加"的"或不加),在(6)(7)(8)中能同充当定语的"辉煌"相替换,但为什么在(9)(10)中不能同充当定语的"辉煌"相替换呢?可以这样解释:"光辉"是一个名词,其词位义属体词性语义范畴(形式标志是:其词位义以体词性扩展词语释义),当它充当定语而修饰"战果""成就"等词时,其具体所指发生了变化,义为"光明灿烂(的)",属表性状的语义范畴(形式标志是:它处在定语的位置上,起修饰限制作用)。这样,它同"辉煌"在这里的具体所指相同。而在(9)(10)这样的组合中"光辉"不能生出这种变化。因此我们认为,"光辉"是名词,《现汉》为它立的❷义,仅仅是它在一种组合中发生的变异而已。从这个例子也可以看到,词性不同的词,在一定的组合中,可以因具体所指发生变化,语义范畴变化而同义。

再如"红"是形容词,"红色"是名词,按同义词应该词性相同的见解,它们不是同义词。在下列句子中它们可以替换而所指相同。

(11)她穿一件红上衣——红色(的)上衣

(12)衣服镶上了红边——红色(的)边

在下列句子中这两个词不能替换

(13)这块布染红了——*染红色了

(14)这块布染成红色了——*染成红了

(15)他喝了酒,两颊变红了——*变红色了

(16)他喝了酒,两颊泛起了红色——*泛起了红

(13)(15)中作为补语的"红"不能换成"红色",(14)(16)中作为宾语的"红色"不能换成"红"("红"可作为表心理活动动词的宾语)。这可以说是"红""红色"词性不同,构不成同义词。

但在(11)(12)中,"红""红色"皆作定语,它们可以替换,替换后所指完全相同,可以认为,在这种组合中,它们表示的不同语义范畴的对立消失,"红色"原表体词性语义范畴,在(11)(12)的组合中,变成表性状语义范畴,同"红"一致了。这个例子说明,不同词性的词,在一定组合中可因语义范畴对立消失而同义。

2. 显示同义词组合的差别

从聚合、组合关系来看,同义词是聚合词群。但这种聚合词群的成员,在各种可能有的组合格式的同一位置上,并不都能同时出现。其差异是各种各样的。例如上举"年龄""年纪""岁数"这组同义词,在"他今年多大____?"中这三个词都能出现,在"妈妈是上了____的人"中,只能出现"年纪""岁数"。在"他是一把____的人"中,只能出现"年纪"。同义词的细致辨析,正是要在这些方面下功夫。下面再举一例。

《现汉》释"见"义为"看到;看见",释"看见"为"看到","看见"和"见"词位义相同,是同义词。从下面的句子可看到它们组合上的差别:

（17）他抬头看，看见了云层中的飞机。 （18）他往远处看，看见一个人影。

上二句多用"看见"，少用"见"。

（19）你坐在前排，能看见台上的演出吗？ （20）他坐在前排，应该看见台上的演出。

上二句"看见"不能换为"见"，这表示"见"表示"看见"义时，其所构成的谓词性结构，不能作助动词"能够""应该"的宾语。

（21）你去天津，能看见老张吗？ （22）他去天津，应该看见老张。

在上二句中，"看见"若换为"见"，则"见"义为"会见；会面"，在《现汉》中是"见"的❺义。这表明"见"在表"会见，会面"义时，其构成的谓词性结构可以充当助动词"能""应该"的宾语。

（23）只见水静如镜，岸柳如丝。 （24）此诗为他见了友人一画有感而作。

上二句中"见"换为"看见"显得不协调，用"见"更合语体的要求。

由此可知在组合中，同"看见"比较起来，"见"的基本义的不少用法已受到了限制，"见"的基本义多用于书面语色彩浓的组合中。⑨

3. 在组合中辨析词的词位义

同时通过组合分析，可以更好地辨析词的词位义，对某些有争论的问题，作出更合理的解释，例如"改良"和"改善"，有学者认为是词义相同而不能替换的同义词，有学者认为既然二者不能替换，就不是同义词。下面就此作一番讨论。

《现汉》对这两个词的解释如下：

改良 ❶ 去掉事物的个别缺点，使更适合要求：~土壤 | ~品种。❷ 改善。

改善 改变原有情况使好一些：~生活 | 两国邦交。

为"改良"立❷"改善"义，却无用例。在"改善"条列举的用例中，"改善"不能换为"改良"。

张志毅《简明同义词典》对这两个词的差异之处说明如下：

改良 着重指改得更好一些（去掉个别缺点）。对象常是较具体的东西，如品种、土壤、作物等，有时也是技术、生活等。

改善 着重指改得更完善、更好一些。对象常是较抽象的事物，如生活、关系、条件、待遇、状况、方法、工作等。

张着重说明两个词所用对象不同，已显示了这两个词组合的重要差别。又如：

（25）地方对军队的关系必须改善。

（26）技术的改良有助于提高产品质量。

（27）群众的生活这些年来大大改善了。

（28）经过几年努力，我们改良了果树的品种。

（29）改善工作条件，改善投资环境，促进经济发展。

（30）改良社会，改良文学，开发民智。

上述六个句子中的"改善"和"改良"都不能互换。这样，我们可以有理由认为，这两个词经常结合的意义上的受事对象应该进入词位义的说明：

改善 改变关系、生活、条件等的原有情况，使更好。

改良 改变品种、土壤、技术、环境等的不足之处，使更良好。

从这两个词以上词位义的说明中可以看到，它们在"改而变好"这一点上义同，在改变的对象方面则有明显的差别。这样，这两个词的同异和不可替换从词位义得到说明，避免用它们是不可替换的同义词或不是同义词这类简单的说法。

三

比较不同的同义词典，可以发现，不同的词典所确定的各组同义词的成员有一部分是一致的，也有不少是不一致的。例如，张志毅《简明同义词典》以"盯、看、瞧、望"为同义词，刘叔新主编的《现代汉语同义词词典》以"看、望、瞧、瞥、瞅、视、观、顾"为同义词,又另以"看见、见、瞥见、睹"为同义词。

　　笔者曾用"词义成分—模式"分析说明过汉语表现眼睛活动的词群中各成员的意义,上面这些词的词义是:⑩

B	d₁ D₁	E

	B	d₁ D₁	E
看	眼睛	注视	事物或方向
瞧	同"看"。		
视	同"看"。但在现代汉语中,"视"一般已不作为词来用,多作为语素存在于合成词和固定结构中,如:视线、视觉、环视、俯视、视而不见、熟视无睹。		

	B	d₁ D₁	e	E
看见	眼睛	感受到	注视的	事物
见	同"看见"。			
睹	同"看见"。"睹"在现代汉语中也不作为词来运用,多作为语素存在于合成词和固定结构中,如:目睹、先睹为快、惨不忍睹。			

	B	d₁	D₁	E
瞥	眼睛	很快 一下	看	
瞥见	眼睛	一眼	看见	
望	眼睛	望远处	看	
顾	眼睛	往回	看	
观	眼睛	仔细地	看	
盯	眼睛	集中视力	看	某物

以上"顾""观"在现代汉语中一般不作为词来用,多作为语素存在于合成词和固定结构中,如:回顾、环顾、顾影自怜、瞻前顾后;观看、观望、隔岸观火、坐井观天。

　　根据上述说明,"视""睹""顾""观"不应作为现代汉语词的成员看待。"看""瞧"义同;"看见""见"义同;"瞥""瞥见"义近;"望"含有空间限制的内容,同"瞻望(抬头往远处看)""张望(向四周或远处看)"义更接近;"盯"含有特定的关系对象的内容,同"注视(注意地看)"义更接近。这说明在词汇成员众多、词义区分细致的词群中,要恰当地说明词的同义关系需要在更大的词汇系统、词义系统中进行分析。

　　颜色词中的同义词分析也属这种情况。例如现代汉语表"红"的颜色词是一个很大的词群,其中有形容词(红、鲜红、绯红)、区别词(大红、朱红、宝石红,不能作谓语)、状态形容词(红彤彤、红丹丹、红艳艳)、名词(红色、绛色、茜色)。这些词的出现就是为了表示红颜色范畴中的细微差别,如何在这个词汇词义系统中确定同义词,应该根据更严格的标准。⑪

　　综观汉语同义词研究的发展,我们认为,因目的需要的不同而形成了三种同义词分析:

　　1. 古代学者为理解古籍中词义的异同所作的同义词分析。这就是《尔雅》为代表的、以"×××,×也"形式对词义共同内容所作的概括。其中有同义词,如"流、差、柬,择也。"(《尔雅·释诂》),有的用来解释的词是被解释的词的上位词,如"禋、祀、祠、蒸、尝、禴,祭也。"(《尔雅·释诂》)其中"禋"是烟祭,"祠"是春祭,"蒸"是冬祭,"尝"是秋祭,"禴"是夏祭,"祀"是永久祭祀。"祭"是这些词的上位词。有的"×也"只是概括了被释的几个词的共同的意义内容。如"曩、尘、仁、淹、留,久也。"(《尔雅·释诂》)其中"曩"意为从前、过去,表示过去较长的时间;"尘"通"陈",指时间长久,表性状;"仁"为久立,"淹"为久留,"留"为停止在某处时间长,此三词皆表行为。"久也"之"久"是对这些词包含的共同意义内容的概括。⑫

　　2. 为指导语言应用,对现代语言词义、用法异同所作的同义词分析。建国以来的同义词研究,多考虑语文教学、促进语言规范、指导语言应用的需要。其特点是:确定同义词较宽松,多考虑指导应用的需要,不同的同义词词典确定的同义词有较多差异;出现了罗列众多同义、近义、相关义词目,以供应用中挑选的词典。

3. 为研究词汇、词义系统所作的同义词分析。随着学者对同义词这种现象认识的深入，出现了词汇、词义系统中分析同义词的研究，上文已指出这一点。刘叔新在《汉语描写词汇学》中提出同义词是一种"结构组织"的观点，[13]也体现了从词汇、词义系统中确定、分析同义词的要求。但是明确、深入地从这个要求分析同义词，还有待于作进一步的探讨。如何在词汇、词义系统中，从聚合、组合关系两个角度分析同义词，无疑还有很多工作可以做。

附　注

① 见周祖谟《汉语词汇讲话》，46 页，人民教育出版社 1959。石安石《关于词和概念》，《中国语文》1961 年 8 期。

② 孙常叙《汉语词汇》，220 页，吉林人民出版社 1957。刘叔新《同义词和近义词的划分》，《语言研究论丛》，天津人民出版社 1980。

③ J. Lyons *Semantics* Ⅰ 50—52，174—208，Cambride University Press Reprinted 1978。

④ 同③，199 页。

⑤ 同③，202 页。

⑥ 此例取自北京大学中文系罗曼玲硕士毕业论文《现代汉语同义词的词义分析和组合分析》，1998，5。

⑦ 刘叔新在《现代汉语同义词词典》"导言"中提出"同形结合法"代替"替换"，如"招待"分别加上"来宾""来客"，招待来宾＝招待来客，则"来宾""来客"为同义词。但换一个角度看，"招待"是不变的词，"来客""来宾"仍是互相替换。

⑧ 张世禄《词义和词性的关系》，收入《张世禄语言学论文集》，326 页，学林出版社 1984。

⑨ 参看拙文《"看"和"看见"等词义的异同和制约》，《汉语学习》1993 年 5 期。

⑩ 参看拙文《汉语表眼睛活动的词群》，《中国语言学报》1995 年 6 期。

⑪ 参看拙文《汉语表"红"的颜色词群》（上、下），《语文研究》1988 年 3 期，1989 年 1 期。

⑫ 参看拙著《汉语词汇学史》21—22 页，安徽教育出版社 1996。

⑬ 刘叔新《汉语描写词汇学》287 页，商务印书馆 1990。

（原载《中国语文》2000 年第 3 期）

现代汉语反义词的关系

谢文庆

　　词义所概括的现实现象有各种不同的关系,反义关系不可能孤立地存在于现代汉语的词义系统当中。它同词的多义关系、同义关系错综地交织在一起,因此,反义词之间不可能全是一对一的关系。多义词有几个互相联系的意义,每个意义都可能有反义词;一组同义词可能只有一个反义词,但更多的情况是有几个反义词,而这些反义词之间又可能出现相互错综交织的情况,这样,就出现了一个词与若干个词形成反义关系,构成由若干关系角度形成的反义聚合的复杂现象。分析研究现代汉语反义词之间的复杂关系对于我们把握现代汉语反义词系统,掌握词义,编纂词典时分立义项、注释词义等都会有很大的帮助。本文试图从分析现代汉语单义词之间、多义词之间、同义词之间的反义关系入手,平面地描述现代汉语反义词之间关系的概貌。

一、单义词间的反义关系

1. 两个单义词间的反义关系

　　两个单义词构成的反义关系都是一对一的对等关系,这样的反义关系无论在任何语言环境中都是固定不变的。例如:"唯物论"和"唯心论"、"迅速"和"缓慢"。

　　两个单义词构成的反义关系大部分是反映一些学科同一个范畴内既相联系又相矛盾的关系。例如:

元音——辅音	阴电——阳电
化合——分解	同化——异化
遗传——变异	长波——短波
高频——低频	微观——宏观

　　其次,两个单义词构成的反义关系,反映了一些常见事物的矛盾、对立现象。例如:

朋友——敌人	快车——慢车
城市——乡村	懒惰——勤劳
集体——个人	朝气——暮气
高山——平地	乐观——悲观

2. 一个单义词与若干单义词的反义关系

　　一个单义词与若干单义词组成反义关系时就出现了一对二、一对三,甚至一对四、一对五等情况,即出现了以一个单义词为中心与若干个单义词构成的反义词群。例如,"减少"这个单义词,可以分别与"增加""增添"等单义词组成反义关系,构成一个反义词群;"懒惰"这个单义词可以分别与"勤劳""辛勤""勤快"等单义词组成反义关系,形成一个反义词群。应该看到,虽然一个词可以与若干个词构成反义关系,但是在这若干对反义词中一般只有一对是比较常用、比较精确的。例如,第一个反义词群中的"增加"和"减少",第二个反义词群中的"勤劳"和"懒惰"都是较为常用、较为精确的反义词组。这种一个单义词与若干单义词组成反义词群的现象是由于词的同义关系造成的。它反映了词的反义关系与同义关系是相互联系、错综交织的。关于同义词之间的反义关系后面要详细叙述,这里就不赘述了。请看以下两个反义词群示意图:

3. 若干单义词间的反义关系

若干单义词和若干单义词也可以构成反义词群。这种反义词群的出现也是由词的同义关系造成的,如"愚蠢""愚笨""愚鲁"是一个同义词组,"聪明""聪颖""聪慧"也是一个同义词组,这两个同义词组之间存在着相应的反义关系,每个词都可以与对方任何一个词构成反义词组,从而,形成一个大的反义词群。请看示意图:

二、多义词与单义词的反义关系

1. 一个多义词与一个单义词的反义关系

一个多义词与一个单义词构成反义关系时,那个单义词只能与多义词的某一个义项构成反义关系,与其他义项则没有反义关系。因此,这种反义关系对多义词来说,只能是局部的,但是是固定的。仔细分析起来,这种反义关系又出现两种情况:

(1) 多义词的基本义与单义词的反义关系

例如,单义词"肮脏"与多义词"干净"的基本义构成反义关系,不与它的转义组成反义关系。请看下图:

干净 { ⦸基本义 ‒‒‒‒‒ (反义) ‒‒‒‒‒ ⦸肮脏
　　　(没有尘土杂质等)　　　　　　　　　　(不干净)
　　　○转　义
　　　(比喻一点不剩)

(2) 多义词的转义与单义词的反义关系

例如,"后进"这个多义词有两个义项,在基本义上没有相应的反义词,它的转义与单义词"先进"构成了反义关系。请看下图:

后进 { ○基本义
　　　(学识或资历较浅的人)　(反义) ‒‒ ⦸先进
　　　⦸转义　　　　　　　　　　　　(进步较快、水平
　　　(进步较慢,水平较低的)　　　　较高,可效法的)

2. 一个多义词与若干单义词的反义关系

一个多义词都有若干个相互关联的意义,每个意义都可能同一个单义词构成反义关系,这样,就形成了以一个多义词为中心与若干个单义词构成的大的反义词群。例如"浮动"这个多义词有三个义项,分别与"沉没""安定""固定"构成三个反义词组,从而形成一个大的反义词群。请看下图:

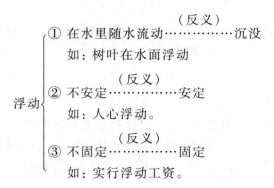

　　一个多义词与若干个单义词形成的反义关系,在语言的具体运用中总是有条件的,我们需依据上下文来确定其反义关系的内容。比如说:"这条鱼是新鲜的",这里的"新鲜"是指刚打来或刚烹调的没有变质的食物,它的反义词是"陈腐"。如果说"这朵花很新鲜",这里的"新鲜"是指初放或盛开,那么,它的反义词就是"枯萎"。如果说"这里的空气很新鲜",这里的"新鲜"是指空气经常流通,不含杂类气体,那么,它的反义词就应该是"污浊"。如果说"这件事可真新鲜",这里的"新鲜"是指稀罕、出现不久的,那么,它的反义词就应该是"陈旧"了。可见,由一个多义词与若干单义词形成的反义关系是有条件的,是随着语言环境而确定其反义内容的。我们观察这类反义词时必须注意到这一点。正因为如此,可以说,这类反义词不仅能表达一般反义词所具有的对比鲜明的修辞功能,同时还具有显示多义词的不同义项间语义差别的作用。

三、多义词间的反义关系

1. 两个多义词间的反义关系

(1) 双方全部义项都有反义关系的

　　每个多义词都具有若干义项,两个多义词构成反义关系时,它们所有的义项可能都有对应的反义关系。请看,"主观"和"客观"这对反义词:

```
                          (反义)
     ┌─ ① 属于自我意识方面的………① 属于意识之外而存在的  ┐
     │      如,学习要靠主观努力。      如,学习不能强调客观条件。│
主观 ┤                    (反义)                              ├ 客观
     │   ② 不看实际,单凭自己偏见……② 按事物本来面目考察,不加个人偏见。│
     └─     如,看问题不要主观        如,看问题要客观。    ┘
```

　　两个多义词的全部义项都能构成反义关系的为数不多。其中有一些是专门词语,如"波峰"和"波谷"、"高压"和"低压"、"单杠"和"双杠"等。这类词的反义关系是无条件的、固定的。

(2) 一方全部义项与另一方部分义项有反义关系的

　　每个多义词义项的多寡不可能都是完全一样的,有的义项多,有的义项少,这样就出现了两个多义词一方的全部义项与另一方的部分义项有反义关系的情况。例如"旧"这个词的全部义项与"新"的部分义项有反义关系。请看下图:

```
    ┌─ ① 过去的、过时的。……………① 刚出现、刚经历的。     ┐
    │      如,旧时代、旧经验。       如,新思想、新经验。    │
    │   ② 已经用过的。………………② 没用过的。            │
旧 ─┤      如,旧衣服。              如,新衣服。           ├ 新
    │   ③ 陈腐的、没生命力的。……③ 进步的、有生命力的。   │
    └─     如,旧思想,旧习惯。        如,新思想、新风尚。   │
                                   ④ 结婚的或结婚不久的。  │
                                      如,新人、新姑爷。    │
                                   ⑤ 新近、刚刚。         │
                                      如,新来的医生。    ┘
```

（3）双方部分义项有反义关系的

① 基本义间有反义关系的

两个多义词双方只在基本义上有反义关系,而在转义上没有反义关系。例如:"黑"和"白"在表示颜色的义项上有反义关系,可以说"这块布是黑色的,不是白色的",而在转义上,如"心太黑""去黑市""说黑话""天黑下来了"等义中,"黑"与"白"都没有相应的反义关系。

② 转义间有反义关系的

两个多义词双方只在转义上有反义关系,而在基本义上没有反义关系。例如"白"和"红"在表示颜色的这个基本义上没有反义关系,只在象征革命和反动这个转义上有反义关系,如"红军消灭了白军,解放了我们"。

③ 基本义与转义间有反义关系的

有的多义词的基本义与另一个多义词的转义有反义关系,形成交叉相对的情况。例如,"亮"的基本义是"光线强,明亮",如"天快亮了",与"天快黑了"构成反义关系。这里的"黑"指"黑暗",是从"黑"的基本义——像墨的颜色引申过来的。所以,在这里"亮"的基本义与"黑"的转义形成了反义关系,它们是交错相对的。请看下图:

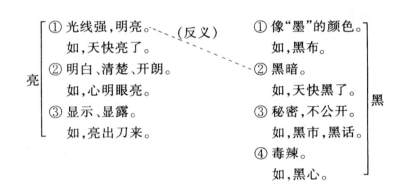

2. 一个多义词与若干多义词的反义关系

一个多义词既然有几个义项,那么,它的每一个义项都可能与另一个多义词的某一个义项构成反义关系,这样就形成了以一个多义词为中心与若干个多义词构成的反义词群。例如:"浅"这个多义词,就与"深、大、远、多、久、老"等若干个多义词形成反义关系,构成了一个大的反义词群。请看下图:

浅
① 水浅······水深——深
② 量浅(小)······量大——大
③ 眼光浅(近)······眼光远——远
④ 日子浅(少)······日子多——多
⑤ 历史浅(短)······历史久——久
⑥ 资格浅(幼)······资格老——老

这种反义关系的双方都以词的部分义项相对应,因此,其反义内容要依据不同的上下文来确定。

3. 若干多义词间的反义关系

由于在多义词之间,出现了反义、同义的连锁现象,就形成了若干多义词不同义项间相互交错的复杂反义关系。请看下图:

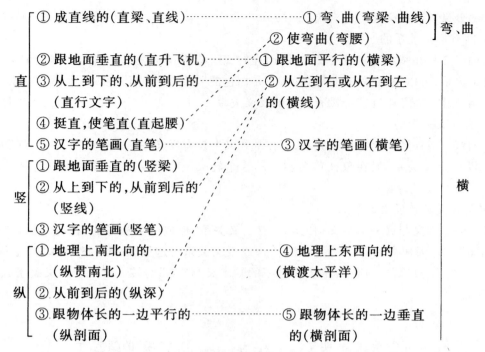

　　从图中可以看出,一个多义词从不同的意义角度可以分别与另几个多义词形成反义关系,它们相互交搭构成了复杂的有多个关系项的反义聚合体。

　　还有一种情况,就是三个多义词之间彼此也可以构成反义关系。例如,"黑"与"白"可以就其表颜色的基本义构成反义关系,如"黑夜"与"白日",而在基本义上,"红"与"白"、"红"与"黑"是没有反义关系的。但就其转义来说,它们又构成了反义关系。如"红军"和"白军"、"红心"和"黑心"。可见,三个词互为反义关系时,每个词都得有基本义和转义,而从基本义引申出转义是形成互为反义关系的条件。另外,这种关系还反映了"同"与"反"的交错现象,因为"黑"与"白"就其表颜色的基本义来看,是反义关系,而就其转义来看,这两个词都有比喻"反动"之意,是同义关系。"同"与"反"于一身,恰好说明词义的对立与统一是词义联系的一个普遍规律①。

四、同义词的反义关系

　　词汇里由于同义词的存在,词的反义关系也往往不是一对一的,而是一对二、一对三,甚至是一对四、一对五的或者是呈系列化的。

　　1. 等义词间的反义关系

　　因为等义词是同义词中理性意义、色彩意义和用法上都能画等号,可以在任何上下文中互相替换的一组词,所以等义词间的反义词总是共通的。一般可分作两种情况:

　　(1)一组等义词共通一个反义词。例如:
"离别"和"别离"都与"团聚"互为反义关系;"复句"和"复合句"都与"单句"互为反义关系。

$$\left.\begin{matrix}离别\\别离\end{matrix}\right\}团聚\qquad\left.\begin{matrix}复合\\复合句\end{matrix}\right\}单句$$

　　　　　　(2)两组等义词互为反义关系。例如:"假话"和"瞎话"是一组等义词,"真话"和"实话"也是一组等义词。"假话"既同"真话"构成反义关系,也同"实话"构成反义关系;"瞎话"既同"实话"构成反义关系,也同"真话"构成反义关系。

　　2. 近义词间的反义关系

　　因为近义词是同义词中理性意义、色彩意义或用法上不完全相同,存在着这样、那样细微差别的一组词,因此一组近义词是否具有相通的反义词,其关键要看它们之间语义差别程度的大小。

如果一组近义词语义差别很小,那么它们就共通一个或一组近义词;如果语义差别较大,那么就没有共通的反义词。现将这两种情况分别叙述如下:

(1) 相通的反义关系

一组近义词如果有相通的反义词,那么这组近义词的语义差别必定是很小的。例如"沉"和"重"这组近义词,都形容重量大,其差别仅仅在于"沉"只用来形容具体的东西,如"这块石头很沉";而"重"还可以用来形容抽象的事物,如"学生的学习负担重"。它们的语义差别很小,所以可以共通一个反义词"轻"。

又如,"新鲜、新奇、新颖、新异"这组近义词中的每个词都与"陈旧"互为反义词。

当然,一组近义词也可以与一组近义词互为反义关系。例如"部分"和"局部"是一组近义词,都指"全部之一",它们的差异只在于从数量角度跟整体比较时,多用"部分",如"一部分研究生是脱产的,一部分研究生是在职的";从组织结构角度跟整体比较时,多用"局部",如"做这类手术不用全身麻醉,只要局部就可以"。因为它们的语义差别很小,都能共通于一组反义词。"部分"的反义词既可以是"全部",也可以是"整体";"局部"的反义词既可以是"整体",也可以是"全部"。

(2) 不通的反义关系

上面谈到一组近义词如果语义差别很小,几个词可以有共同的反义词;但是,如果一组近义词之间语义差别较大,那么,它们就分别有只与自己相对应的反义词。如"虚假"和"虚伪"都指不真实、与实际不符,但"虚假"着重于"假",多用来形容事物的内容、证据、情况、因素、成分、成绩等跟实际不符合,所以它的反义词是"真实";"虚伪"着重于"伪",常用来形容待人处事缺乏诚意、口是心非的作风,它的反义词是"诚实"。因为"虚假"和"虚伪"语义差别较大,"虚假"的反义词只能是"真实","虚伪"的反义词只能是"诚实",互不相通。

3. 几组同义词与多义词的复杂反义关系

上面谈到,一个多义词既然有几个意义,那么就可能有几个相应的反义词;而这几个反义词又可能有若干同义词,这样就形成了以一个多义词为中心与几组同义词构成复杂的反义聚合体。例如,"保守"这个多义词,有四个义项,每个义项与一组同义词有反义关系,这样就形成了以"保守"这个多义词为中心与四个同义词组构成反义关系的复杂聚合体。请看下图:

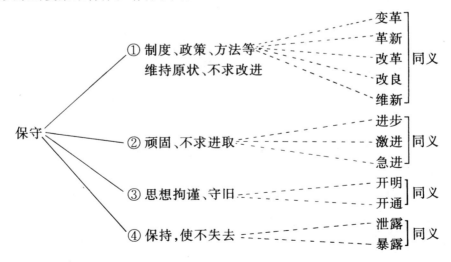

以上为了说起来方便,看起来清晰,我们从分析单义词之间、多义词之间、同义词之间的反义关系入手来描写现代汉语反义词之间关系的概貌。事实上单义、多义、同义的反义关系是错综交织在一起的,形成了一

个极其复杂的反义聚合网。我们观察分析现代汉语反义词的关系时一定要注意到这一点,切不可将这一复杂的语义现象简单化了。

附　注

① 参见贺水彬《反义词三论》,《辽宁师范大学学报》1985 年第 1 期。

（原载《语言教学与研究》1987 年第 2 期）

成语的划界、定型和释义问题

徐耀民

一、成语的划界问题仍然存在

"成语"这一概念的内涵,在历史上有一个发展过程。古人所说的成语,开始时指的正是字面上的意思,即已成的言词、语句。金朝王若虚在《滹南遗志集·新唐书辨》中说:

> "疾雷不及掩耳",此兵家成言,初非偶语、古今文士未有改之者……
>
> "当断不断,反受其乱",成言也……"蓬生麻中,不扶自直",成言也……

这里的"成言",①从王氏的解释看,是不得改动的非临时组织的语句,其内涵大致相当于后世所说的"成语";但从引例看,实则是些俗语之类。

元朝刘祈是较早使用"成语"一词的人,他在《归潜志》中说:

> 古文不宜蹈袭前人成语……四六宜用前人成语,复不宜生涩求异。(卷十二)

这里所说的成语,按照《汉语大词典》的解释是"习用的古语"。

明朝王骥德在《曲律》中几次提到"成语":

> 又用得古人成语恰好,亦快事……如《琵琶·月云高》曲末二句第一调"正是西出阳关无故人……"
>
> 忌用旧曲语意,若成语不妨。

明·骚隐居士《衡曲麈谭·填词训》中说:

> 文情断续而忽入俚言,笔致拗违而生吞成语,又曲之最病者也。

上述"成语",多是指现成的诗文语句而言。②

到了清代,文人学者对成语有了较多的了解和研究,提到成语的时候也多了起来。③仅举几例:

> 遇此等处,当以成语了之。(李渔)
>
> 亦偶有用着成语之处……(李渔)
>
> 成语有当用者,有不当用者……(章学诚)
>
> 况诗与古文不同,诗可用成语,古文则必不可用……若直用四字知为后人之文矣。(刘大櫆)
>
> 或古诗、旧对、《四书》《五经》成语……(曹雪芹)

在个人著述里专门开列出"成语"条目的是赵翼和钱大昕。赵氏在《陔余丛考·卷四十三》中说:"世俗称引成语往往习用为常,反不知其所自出,如'世间公道唯白发,贵人头上不相饶',杜牧诗也……""今更得二百条于此"。这二百条,有的是旧有诗句,如"海阔从鱼跃,天高任鸟飞"之类;有的是俗语、惯用语,如"不痴不聋不作阿家翁""急则抱佛脚""守钱虏""不中用"等,还有几个双音节合成词,如"毛病""便宜"等,而真正的成语,如"每况愈下"之类,不到十分之一。钱氏的《恒言录·成语类》收有 78 条"成语",其中,真正成语(如"对牛弹琴")的比重虽大一些,但也收有不少俗语、惯用语,如"远水不救近火""悬羊头卖狗肉""先下手""耳边风"……还收了"妖精""百怪"等二字语。他们两位既未给"成语"下定义,也没指明成语的范围和界限,列举的"成语"也较杂乱。尽管如此,他们对这类不同于一般词语的词汇单位开始注意搜集、探讨,从这一点说,已比前人进了一步。

到近现代人们对成语的认识渐趋成熟,这可以《辞源》为例:

〔成语〕谓古语也。凡流行于社会,可征引以表示己意者皆是。(1915年版)

〔成语〕习用的古语,以及表示完整意思的定型词组或短句。(1980年版)

这两种说法,可视为对此前成语研究的一个总结。今天人们对成语多种多样的解释、界说,基本上都没有超出这个范围。但这仍未解决或不能完全解决成语和其他现成、习用的词语(如俗语、格言、惯用语、诗词成句等)的划界问题。

二、成语的特征与成语的界限

作为固定短语的一类——成语,似应具备下面的几个特征。

首先,它应是"现成的、习用的"。

一般说来,成语是古已有之的。因此,新产生的或偶尔一用的四字语,算不算成语,就有讨论的必要。

马国凡的《成语》一书认为:

不死不活　包办代替　刻苦耐劳　迎头痛击　宽打窄用　说东道西

等等,都是"近代产生、形成的成语"。这里成语的范围是否太宽泛了? 如果"不死不活"是成语,那么"不好不坏""不大不小"也就难以排斥,还有"不上不下""不高不低""不紧不慢"呢? 如果"刻苦耐劳"是成语,那么同样常用的"勤劳勇敢""幸福美满"等是不是? 如把偶尔一用或是临时凑到一块的四字语,如"排除万难""暮色苍茫""刻骨仇恨""刻意经营""埋头苦干""满腔热忱"等都算成语,[④]就显得汗漫了。

至于少数四字语,如"百花齐放""百家争鸣"之类,有可能较长久地使用下去,算不算成语似乎还得等一等,看一看,不忙于肯定其成语的身份。

古人对成语的习用、现成的特点有较清楚的认识,曾指出"古今文士未有改之者"。但是,某些成语在长期使用过程中也有可能被改动。对那些有所改换又不能说有什么不对的,究竟是否仍算成语,我们认为应作具体分析。如:

(1) 天长地久——地久天长　　投桃报李——报李投桃　　落井下石——落石下井

芝兰玉树——玉树芝兰

(2) 屡战屡败——屡败屡战　　知难而退——知难而进　　走马观花——下马看花

前仆后继——前赴后继　　前功尽弃——全功尽弃

(1)组各例,前后字序虽有改动,但意义和用法都没有明显区别,都应算作成语,仿照异体字的叫法,可将后者称为前者的"异体成语"。(2)组不同,前边的四字语是成语无问题,而后者是前者的临时改动形式,意义有较大变化,同类似本字和异体字关系的"异体成语"不一样,似不宜看作成语;另一点原因是,后者大多是出于某种特殊需要,临时、偶尔活用一下,别人不一定跟着用。比如"屡败屡战""全功尽弃"等,很少有人再用。如果把一个成语的"活用"或"套用"后的产物都视为成语,那么成语的界限就会因此而模糊不清,成语的判定也就失去了原则。

第二,成语应有较强的修辞功能。

成语有较强的表现力和特殊的修辞效果,对成语的判定,不能不考虑这一有别于普通语词的特点。

正如平时人们所说,成语用得好,可抵得上几个形容词。这一说法比较通俗地讲出了成语的经济效果和修辞作用。叶圣陶和夏丏尊在《文心·读书笔记》一节里用了"望洋兴叹"一个成语,把几个中学生"佩服前人读书的炯眼,自愧相差太远"的心境、神情都形容了出来,换上一般词语大概就没有这样的功效。再如,"胸有成竹"是比喻,"挥汗如雨"是夸张,用起来修辞效果显著、鲜明;而"心中有数""大汗淋漓"就是平铺直叙、一般形容,缺少某种特殊使用效果,就不能认为是成语。也因此,我们不赞同将"诱敌深入""枯燥无味""苦难深重""从头至尾""从头做起""挨打受骂""挨冻受饿"(以上均见《汉语成语大词典》)"反面教员""修旧利废""口耳并重""可有可无"(以上见常州《成语词典》)等称作成语。

有时,类比的方法也起作用,可以帮助判断,比如,要是认为"心中有数"(贵州《成语词典》)不是成语,"心中无数"(同上)便也不是。相反,要是认为"绿林好汉"(北大《汉语成语小词典》)是成语,那么与之同类的"无业游民""武林高手"等就都得看作成语。如果"可有可无"是成语（常州《成语词典》），那么"可多可少""可上可下""可长可短""可好可坏"等等都排斥不出去。该《成语词典》还收有"七 A 八 B"格式的词语，其中有：

　　　七长八短　七颠八倒　七高八低　七死八活

湖北《汉语成语大辞典》又增收了一些：

　　　七上八落　七歪八扭　七横八竖　七损八伤　七病八痛

上面这些都不宜看作成语。

　　以上举例都涉及一种不是成语而又类似成语的四字格词语，或是较常使用，或有向成语发展的可能性，只不过凝固性、形象性及历史悠久、文言色彩等方面有不如一般成语的地方。我们觉得，称它们为成语是不妥的，将它们归入惯用语里也不大恰当，是否可考虑将它们单列为一类，称为"类成语"，使之处于成语和一般词语之间的地位？

　　成语的修辞功用同成语的表意特征有关，从以上论述可以看到，成语的整体意义同字面意义往往不一致，使人产生联想，因而运用起来容易收到生动、形象、耐人寻味、言简意赅的效果。用这个特征、这种效果去检验是不是成语有一定作用。但是，语言是约定俗成的东西，成语的来源和功用也是千差万别的，不能一概而论，不能简单化。单纯从表意特征方面划分成语，就会把一些其他类型的固定短语划入成语，又会把人们心目中的许多成语排斥在成语以外。

　　刘叔新在他的长文《固定语及其类别》中说：

　　　　成语的重要特征，凭之基本上能同所有固定语区别开来的特征，是表意的双层性：字面的意义具有形象比喻作用或使人联想的作用，透过它曲折的表现仿佛处于内层的真实意义。（南开《语言研究论丛·第二辑》）

首先，我们基本同意刘文的看法；其次，我们对"凭之"就可以解决划界问题，而且是"易于断明"的说法有疑问。如，将"穿小鞋""摸门钉""滴水不漏""碰一鼻子灰""竹筒倒豆子"等我们认为是惯用语的（最后一个是歇后语）都划入成语，就似欠妥当。惯用语、歇后语差不多都具有意义的双层性特点，如"扣帽子""吃大锅饭"及"千里送鹅毛"等，都算作成语，恐怕不行。

　　有的文章还把双音节形容词的重叠形式，如"慌里慌张""慌慌张张""糊里糊涂""糊糊涂涂"等等，也看作了成语。作者说：

　　　　成语既常用作一句完整话的形容部分，而这种重叠式的形容词，在句中的作用正复相同；况在讲话时为了加重语气，也常常使用它，所以把它列为成语组织类型之一。⑤

　　重叠式只是词的形态变化的一种手段，词的形态变化并不改变"词"的性质。再说，有重叠特征的词很多，不独形容词，岂不都成了既是词又是短语的一身二任的东西？这种用词的法式，只是结果有的构成了四字格（或说四个音节）罢了，同成语可说是毫无瓜葛。

　　问题还有另一个方面，就是没此特征的是否就不是成语了呢？刘文就据此排除了一些成语：

　　　从容不迫　等量齐观　不胜枚举　一语中的　一如既往　饱经风霜

把这些归入惯用语，怕是不合适的。其中有的成语不见得没有"双层性"，如"饱经风霜"，《现代汉语词典》解释是，"形容经过很多艰苦困难"，比喻义明显。由于历史的原因，有的成语，诸如"口诛笔伐""国泰民安""发奸擿伏""穷凶极恶""过犹不及"等，从来或经常使用着它们的字面意义，同时又具有经久习用、言简意赅等特征，很少有人怀疑它们的成语身份。

　　语言的复杂性要求我们判断语言现象时，不能简单地用单一标准从单一角度去衡量，往往需要综合地多角度地去识别、对待。所以，成语意义的双层性及其修辞功能，也只是判定、考虑时的一个重要条件，不是唯一条件。

　　第三，成语应是定型的。

　　成语的"成"，还应具有"已成之型"的含义。这"型"，主要指音节数目及其次序。在一般人的心目中，成语的外在形式是四音节的。

　　现代出版的成语工具书，多数都不收录双音节的语词，说明他们不承认"二字成语"；但也有少部分辞书是收录的,如1937年出版的《实用国文成语词典》就收有不少"二字式成语"("三省""矛盾"等),辽宁袁林、沈同衡所编的《成语典故》,收有"阿斗""寸心""知音""梁孟"⑥等三十多个二字条目,台湾出版的《成语源》(1981年,陈国弘)也收有"肄业""祸水""舌耕""中叶""祭酒"等二字条目,说明他们是"二字成语"的赞成者。

有的著作还把"闭门羹、想当然、二百五、放大炮、钻空子、口头禅、露马脚、灌米汤、泼冷水"等看作"三字成语"。其实这些说法都有一个共同的特点:俚俗——口语色彩浓,在结构上又是非对称的。因此,同文言味浓烈的成语是较易断开的,可以将它们划归到惯用语里去,排除在成语之外。⑦

至于台湾《成语源》收录的三字条目,多至数以百计,这里仅举几例:

息夫人　中贵人　三字经　三百篇　好小子

色香味　至矣哉　串门子　急口令　或然性

这些三字语都没有什么成语特征可言。编者甚至把日语借词的"主人公""自由身"("自由"是借词)以及利用"ABB"式构词法造出来的词,如"雄赳赳"(没有"雄赳")等,都算作了成语,似乎只要能凑成三字者就是成语,这是说不过去的。

五字,六字,七、八、九乃至十几字的,多是诗词成句或古人名句,还有部分俗语。像"疾风知劲草""近水楼台先得月""卧榻之侧,岂容他人鼾睡""欲若人不知,除非己莫为"等等,都有人认为是成语,并收到成语辞书中去。⑧这样,只要是古人的诗文语句,只要引用到,岂不都成了成语?都是成语,也就等于取消了成语。

过去讲"定型",主要强调成语的成分、格式不能变动,大致是对的;我们这里说的"定型",主要是讲成语的外在形式——字数上的有定:四字。由于是从外在形式(字数)上考虑的,判定起来,比较方便而有效。

第四,成语应是短语,而不是词或句。

对成语,现在人们至少有了一个共同的认识:固定短语的一类。这点,在理论上应作为成语的重要条件或前提条件。因此,《成语典故》中的"阿斗""等身""踏实",或是一个名字、别称或是双语素构成的语言单位,无论有无出典、有无比喻义,都改变不了其词的性质。《成语源》所列二字语,多数也是这样,如"肄业""舌耕"之类,能拆解成两个词吗?"串戏"并不是将戏串起来,而是担任角色之义;"祭酒"是官名,不能从先秦或更古时代的"酹酒祭神"义去理解。同理,"听其言而观其行""户枢不蠹,流水不腐""无颜见江东父老"(均见《成语典故》),"司马昭之心,路人皆知""只许州官放火,不许百姓点灯"(江苏《成语词典》)等等,都是单句形式或复句形式,明显地不同于相当于一个词来使用的短语,它们一开始就是个言语单位、使用单位,表意完整而自足,引用时,也往往自成"一句话",不宜划归成语。

但是,这条在实际运用时,可能分歧较大,因为对于词、短语和句子的认定,有时意见不容易一致,只能作具体判断时的一个重要参考项。

三、成语的训释和使用问题

在这方面,容易出现问题因而需要加以注意的主要有下列几点:

1. 定音方面

成语的"成",包括读音"已成"这点,不能你读你的、我读我的,尤其工具书上的注音,更要注意准确和规范。过去有的词典将"循规蹈矩""嗷饥号寒"中的"矩""号"分别标注为jù、hào就不准确,应改为jǔ、háo。

语词或字的读音是个相当复杂的问题。涉及古今、方言及从俗等方方面面。我们主张,在处理成语的读音时应考虑到语音的变迁和发展,充分注意到从俗原则,由有关部门和专家加以全面而详尽的研究,做出审慎的规定,使之规范化。如国家规定"叶公好龙"的"叶"读yè而不读shè,今天已无异说,就是一个较好的例子。

2. 定型方面

成语的"型",上面已说到应定于四字格,此外还表现在构成格式及成分的凝固方面。

明朝杨慎在《丹铅总录》中说:

以"汗牛充栋"而合之曰"汗充",皆文理不通,足以发后世一笑。(卷十九)

这话很对。但今天仍有将"出类拔萃""迎刃而解"节缩为"出拔""迎解"的例子,这未必妥当。

随便改字换字、加字减字以及形不定者,也同样难以取得成语资格。例如:

> 走头无路(《汉语成语大词典》,1579 页)
>
> 下回分解(《汉语成语大词典》,1679 页)
>
> 好高骛远(《八用中文成语辞典》,170 页)

"走头无路"的"头",本是"投"的同音误写,完全讲不通,尽管有不少人这样用过甚至被一些辞书收录。平常都是说"且听下回分解",尚未形成"下回分解"的四字凝固形式;"好高骛远"的"骛"是别字,本应是"马儿跑得快"的"骛",就是说没有"好高骛远"写法的成语。《汉语成语大词典》印成这样可能是失校,但五次出现该字五次都错;《八用中文成语辞典》并不是出于什么误会,释文中明确写道:"骛,水鸭。"不知这个成语同"水鸭"有什么关联?

在定型方面,我们并不是主张四字皆成语,四字,只是成语的一个条件。

3. 释义方面

成语的意义是已成的、固定的。这上面最大的问题是望文生义或随便解释。

上海版《汉语小词典》对"望洋兴叹"的解释是:

> 河神……看到了无边无际的海洋……仰望着大海,发出了叹息。(505 页)

"望洋"还可以写作"眝羊""望佯"等,是叠韵联绵词,为"仰视貌",同动词"望"、名词"洋"(海洋)皆无关联;这个成语没有"望着大海"的意思。[⑨]

《汉语成语大词典》将"虚怀若谷"解释成"谦虚的胸怀像山谷一样空旷"。大致意思不错,但很可能被人误认为"虚"就是"谦虚"的意思,"虚怀"就成了偏正(定中)关系;其实这里的"虚"用如动词,是"使……虚"的意思,同"怀"本是动宾关系。

对成语的训释应谨慎从事,严格要求,不可想当然。香港汇通《八用中文成语辞典》在这方面做得就很不够。举几个例子:

> 方枘圆凿:四方的木棍不能插入圆孔的凿子上。(120 页)

哪儿有什么"圆孔的凿子"?"四方木棍"又是从何说起?该成语是说,方形的榫头,圆形的卯眼,喻格格不入。

> 大腹便便:口才辩论甚好。(62 页)

不知"便便"同"口才"有何关系?便便,是肚子肥大的样子。

> 明察秋毫:秋毫,稀疏的毫毛。(240 页)

如果是"稀疏"的,就容易"明察"了;正相反,"秋毫",指鸟兽在秋天长出来的细密的毛,喻微小事物。

> 大智若愚:博学多才的人,装作愚笨的样子。(145 页)

怎么能说成是"装作"呢?那还是智者所为吗?"若愚"是看去好像有些愚笨的意思。

释义不明、不确,用例、用法自然难对,在该书中也试举两例:

> 那时我跟你站在敌对地位,是"桀犬吠尧"各为其主……(297 页)

怎么好说自己是"桀犬吠尧"?这里似是把贬义成语当成了中性成语。

> 你把滞销的货物标上高价,岂不是"买椟还珠"吗?(376 页)

把滞销货标上高价的做法,也许出自奸商的诡诈,而"买椟还珠"是"没有眼光,取舍不当"的意思,怎么能认为卖方的诡诈是"买椟还珠"呢?

一个好的成语解释,应包括语源、本义、演变义(引申义)和现在使用的基本意义及其读音、用法,等等,要讲述得确切、明晰,这当然不是简单、容易的事情。但作为排难解惑的工具书,对人们学习和运用成语具有引导和示范的作用,编写者绝不能掉以轻心,应力求做到严谨无误。

附　注

① "成言"字样,最早见于《易·说卦》:"成言乎艮",又见于《左传》《离骚》等古籍。

② 何华连认为"始写于 1693 年的仇兆鳌的《杜诗详注》最先出现'成语'两字。"(见《辞书研究》1994 年

6 期）其实,元、明时期有些人、有些书已使用了"成语"字样。但尚未见宋金时有称"成语"的,他们往往将先贤语句径称"古语""常语",如陈师道《后山诗话》:"又喜用古语,以切对为工……",王彦辅《麈史》:"子美善用故事及常语……"。

③ 第一部以"成语"命名的工具书似是乾隆年间刊刻的《满汉六部成语》,但所收只是一些当时中央六部日常的汉文用语(加以满译),用今天观点看都不算成语。这也可反映当时人们对"成语"的认识。

④ "排除万难",北大《汉语成语小词典》始收,"暮色苍茫"见湖北大学《汉语成语大词典》,后四例见于常州市教育局编《成语词典》。

⑤ 朱剑芒《成语的基本形式及其组织规律的特点》,载《中国语文》1955 年第 2 期。

⑥ 该词典的编者说,"梁孟"指梁鸿、孟光,但就是两个人名加在一块儿,四字短语也称不上成语。

⑦ 参看《惯用语的划界和释义问题》,载《中国语文》1987 年 6 期。

⑧ 吉林 1994 年出版的《中华成语辞海》的"凡例"中说,"除成语外,也酌收部分格言、谚语和俗语。"既然不是成语,为什么还要收进去呢?

⑨ 古人也有不同看法,如认为"洋"是"阳"的假借字,"望洋"就是"望视太阳",说是"太阳在天,宜仰而观"(《论衡·骨相篇》),"望洋"就不是联绵词。这似可视为一家之言。但"洋"字无论如何不能解为"大海""大洋",因为这个字的"海洋"义是后起的,先秦时还不具有此义。

（原载《中国语文》1997 年第 1 期）

普通话词汇规范问题

陈章太

一、普通话词汇规范的原则、依据和做法

1.1　对普通话词汇进行规范,是一项复杂的工程。这首先要确定规范原则。我以为普通话词汇规范(包括规范工作)的原则应当是"约定俗成,逐渐规范"。

"约定俗成"本有两层意思,不等同于"自然形成",把它解释为"既约定又俗成"似无不妥。"约定"和"俗成"是密不可分的辩证关系,"约定"离不开"俗成","俗成"不能没有"约定"。语言规范有自发规范和自觉规范两种形式,自发规范是社会在语言应用中自然的调节行为,是比较消极的规范形式;自觉规范是人们对语言应用有意识地采取某些措施,进行必要的干预,以维护语言的纯洁,促其健康发展,便于社会应用,这是一种积极的规范形式。我们需要了解、重视自发规范,但更要研究、提倡、加强自觉规范。

语言既有系统性又有社会性,语言规范化离不开语言的这两种属性。而以"约定俗成,逐渐规范"为原则的普通话词汇规范,正是符合语言的这两种特点。也就是说普通话词汇规范既离不开普通话词汇系统的状况,又要充分考虑社会应用的有关需要;对普通话词汇既要按照一定的标准进行控制和规范,又不可以脱离语言应用的实际,过急地实行"主观规范"。

1.2　为了更好地、有效地贯彻"约定俗成,逐渐规范"的原则,应当确立求实、辩证两个观点,即"宽容对待"和"重视动态"。这是因为:1)普通话词汇系统比语音系统和语法系统复杂、多变。语音系统是封闭、具体的,声母、韵母、声调和音节是固定的,即使有所变化也极慢极小;语法规则也是基本封闭、固定的,基本句型有限,句型变换、活用不多。而词汇系统却不然,现代汉语通用词数以万计,可能超过十万,加上各行各业的专用词语,其数量多少难以说清,大概有几十万条。而且词汇应用灵活,规范标准比较宽泛,不大容易掌握,对它进行规范也就要困难得多,因此要求要切实可行,不宜太死太严。2)词汇经常处于变动之中,即使是基本词汇,其变化也比语音、语法要快一些;有些词有时隐退有时又复现,实在不易把握。从"五四"以来,现代汉语词汇经历了几个重大阶段的变化,现在回过头去看"五四"时期乃至改革开放前的词汇,其变化之大是令人吃惊的。以通用称谓词为例,解放前,主要使用"老爷""先生""夫人""太太""女士""公子""少爷""小姐"等,其中"先生""太太""女士""小姐"是社会通用称谓词。解放后社会通用称谓词几乎只有"同志"一个;为区别夫妻关系与一般同志关系,采用"爱人"作为辅助称谓词。"文革"中阶级斗争观念强烈,"同志"不敢随便使用,而工人师傅社会地位提高,于是拿专用尊称"师傅"作为社会通用称谓词,"师傅"几乎盖过了"同志",直到现在"师傅"的使用率还不太低。改革开放以后,重新起用"先生""夫人""女士""小姐"等,再把专用尊称"老师"用作社会通用称谓词,同时保留"同志"和"师傅"。至于"爱人"一词,社会上还在使用,但用得越来越少,在知识阶层和商界就更少用了。现在对这些通用称谓词的使用,虽然有些混乱,但还是有一定的讲究,与过去有所不同。如称男性的"先生""老师""师傅""同志"等,称女性的"夫人""太太""女士""大姐""小姐""老师""师傅""同志"等,因对象、行业、场合等的不同而有所不同;有时可以互用,有时不能混用。这里无法细述。面对如此复杂、灵活、多变的词汇,进行普通话词汇规范时,如果缺乏上述两个观点,是难以做好的。

1.3　规范普通话词汇,虽然难以确定具体标准,但应有所依据。然而过去所提的依据不够明确、具体、全面,需作进一步探讨与研究,以便逐渐使其完善。本文提出以下几条,作为现阶段判断和规范普通话词汇的依据。

1.3.1　"现代汉语规范词表"中所收的词汇。这种词表的研制,主要目的是为了词汇规范,它应以大量题材多样的语料做基础,按词的使用频率进行统计、分析。"规范词表"是通用的,可以分为最常用、次常用和一般通用等几级,或称一、二、三、四等级,这是最主要的。另外还应有各行业使用的各种专用规范词表,可以同"规范词表"配套。现在已经发表的一些现代汉语词表,因为不为规范目的而研制,普遍缺乏规范性和权威性,一般只能作为规范的参考。据了解,信息界正在研制中文电脑通用词库,收词五万条左右。国家语委语用所正在研制现代汉语通用词表,收词近六万条。其他一些单位也在研制这类词表。当然,这种规范性词表不能一成不变;随着社会、事物、观念的发展变化,每隔一段时间词表要补充、修订一次,以作为新阶段的普通话词汇规范依据之一。

1.3.2　规范性、权威性语文词典所收的词汇。几十年来,海内外出版了许多中文词典,但够得上规范性、权威性的语文词典却极少。就大陆来说,当前社会上和学术界所公认的恐怕只有《现代汉语词典》一种。据了解,《现代汉语词典》很快将出版修订本。编者还在编写《现代汉语大词典》,收词十万条左右,不久将出版,这是令人欣慰的。一种《现代汉语规范词典》也正在编写,收词五万多条,每个词都标注词性,这部词典的问世,也将在普通话词汇规范中发挥作用。

我国是一个泱泱大国,使用汉语的人数又这么多,按说应当有更多更大更好的汉语规范词典,使普通话词汇规范有更好的遵循,如英国的《牛津英语词典》、美国的《韦氏新国际英语词典》和俄罗斯科学院的《俄语词典》等。遗憾的是,到现在我们还没能做到,还需作更大的努力!

1.3.3　语言比较规范的现代、当代重要著作使用的一般词语。这里有两个问题需要讨论:1)什么样的著作算现代、当代重要著作?笔者以为,"五四"以来用白话文写作的、语言比较规范、影响较大的著作,都是现代、当代的重要著作。其中当然是以文学作品为主,也应包括优秀翻译作品和内容宽泛的政论等著作。如鲁迅的《呐喊》《彷徨》《野草》《朝花夕拾》等,郭沫若的《屈原》《虎符》《蔡文姬》《武则天》等,茅盾的《子夜》《腐蚀》《林家铺子》等,老舍的《骆驼祥子》《四世同堂》《春华秋实》《茶馆》等,叶圣陶的《倪焕之》《叶圣陶短篇小说集》等,林语堂的《京华烟云》(中文版)、《红牡丹》(中文版)等,田汉的《丽人行》《关汉卿》《谢瑶环》等,巴金的《激流三部曲》《爱情三部曲》《寒夜》等,冰心的《冰心小说散文选》《我们把春天吵醒了》《樱桃赞》等,曹禺的《雷雨》《日出》《北京人》《王昭君》等,钱钟书的《围城》,王蒙的《组织部新来的年轻人》《恋爱的季节》《失态的季节》等,张炜的《古船》《九月的寓言》《家族》等。2)什么样的语言是比较规范的语言?笔者以为,语言"完全规范"或"绝对规范"的著作恐怕很难看到。是否可以说,凡是作品使用的语言总体上符合社会普遍使用的语言的习惯,用词鲜明准确,句子通顺,没有滥用方言词语、文言词语和外来词语,没有生造、晦涩的词语,这样的语言都是比较规范的语言。

1.3.4　全国性重要传媒使用的一般词语。这里包括全国性的重要报纸、杂志,如《人民日报》《光明日报》《文汇报》《中国青年报》《经济日报》《科技日报》《瞭望》《当代》《十月》《中国青年》《中国妇女》等所用的一般词语;还包括中央人民广播电台、中央电视台用普通话播音的节目所用的一般词语。这里所说的"一般词语",一指社会上普遍使用的词语,二指非专用词语,三指非生造、非生僻的词语。重要传媒使用的词语,也有不规范或不够规范的,但毕竟是少数,不会影响它们在总体上作为普通话词汇规范的重要依据。

1.3.5　北方话地区普遍使用的一般词语。这里所说的"一般词语",主要指非专用、非生僻的词语。北方话是普通话的基础方言,北方话普遍使用的一般词语,尤其是基本词汇,应当而且可以作为普通话词汇规范的依据。北方话词汇同普通话词汇的差异一般在百分之五至百分之十,有的不到百分之五。从基本词汇看,其差异就更小了。而那些与普通话词汇有差异的词语,大多是土语词,自然不能作为普通话词汇规范的依据。北京话属北方话,有北方话的代表性,是普通话基础方言的基础方言。由于北京话的特殊地位和作用,它的一般词汇(除土语词外)更应当作为普通话词汇规范的依据。

1.3.6　普通话词汇有书面语词同口语词的差别。上述五条在总体上对书面语词和口语词的规范都适用,但在具体操作时当视情况而有所侧重;前三条较适用于书面语词,第四条既适用于书面语词也适用于口语词,而第五条则更适用于口语词。

1.4　现在讨论普通话词汇规范的主要做法。普通话词汇规范比语音、语法规范更为复杂和艰巨,是一项经常、永久的任务。为做好这一难度很大的工作,应当采取这样几项主要办法:1)尽快研制、公布普通话规范词表,并每隔一个时期加以修订和补充;2)编纂出版规范性的现代汉语大词典,使其成为普通话词汇规范的权威标准;3)加强传媒用词规范,发挥传媒对词汇规范的影响效应;4)加强普通话词汇研究与教学,提高普通话规范水平;5)成立"普通话词语审订委员会",定期发表普通话词汇审订成果。前三项上文已述,这里仅就后两项作些讨论。

1.4.1　加强普通话词汇研究与教学,是做好普通话词汇规范的基础。过去对这方面重视得不够,研究成果不太多,词汇专著寥寥无几;教学工作薄弱,教学效果不佳,以致影响普通话水平的提高。其实这方面需要研究的问题很多,如汉语分词问题,词性问题,异形词问题,外来词问题(包括外语人名、地名的翻译问题),缩略语问题,口语词问题,文言词问题,常用词、通用词问题,等等。就词汇规范本身而言,从理论到实践也都有好多问题要研究。

关于词汇教学,重点应当加强对少年儿童普通话词汇教学,教给他们这方面的基本知识,从小掌握一定数量的普通话词汇,为学好普通话打下较好的基础。现在不少地方在幼儿园和小学开设"说话课",在师范学校开设"口语课",这是加强普通话教学的重要而有效的举措。在这些课程中,应当适当增加词汇教学的内容,以便收到更好的效果。在具体教学中,有几项值得注意。首先,要分清什么是普通话词和非普通话词,让学生具有这方面的基本知识和基本能力。第二,要教给一定数量的普通话词,让学生掌握常用词和次常用词。第三,要加强基本词汇教学,尤其是单音节基本词汇教学,并适当讲解构词法,让学生了解这方面的知识。第四,把词汇教学与学话教学紧密结合起来,以便在实践中收到更大的效果。

1.4.2　普通话异读词审音已由审音委员会专管,这方面的工作有了较大的成效,尽管这当中还有一些问题,但一般异读词读音有了一定的遵循。科技术语已有"全国自然科学名词审订委员会"管理,一般也有统一的规范。而人文社会科学方面的词语,至今没有一个专门的机构统一管理。应当尽快成立"普通话词语审订委员会",专门负责人文社会科学方面词语的审订工作,并指导普通话词汇规范工作。委员会应定期或不定期发表普通话词语审订成果,向社会推荐使用,使人们遵循或参考。

二、普通话词汇规范的几个具体问题

2.1　当前,在改革开放大潮的冲击下,现代汉语词汇正经历一个大丰富、大变化、大发展的时期。其主要特点是:大量产生新词语和缩略语,大批吸收港台词语和外来词语。在普通话词汇规范中,怎样对待这些问题,需要很好地研究。下面具体讨论这些问题。

2.2　自我国实行改革开放以来,社会各方面发生了极大的变化,新事物新概念层出不穷。为称说大量涌现出来的新事物、新概念,现代汉语产生了一批又一批新词语;其产生的速度很快,每年以数百条乃至上千条递增。于根元和刘一玲分别主编的《汉语新词语》编年本,1991 年本收词 335 条(原资料收集近 800 条),1992 年本收词 448 条,1993 年本收词 461 条,1994 年本收词也是 400 多条。1995 年本正在编写,已收集资料近千条。

从最新的资料看,有相当一批新词语是不错的。如"茶会"(边喝茶边开会)、"军嫂"(对一些军人妻子的尊称)、"空嫂"(中年女航空乘务员)、"警花"(对女巡警的美称)、"黄业"(经营色情生产的活动或行业)、"黑车"(无照运营的客车)、"林事"(林业方面的事务)、"农情"(农业状况)、"炒家"(善做投机商者)、"欢乐球"(象征吉祥、踩后发响、让人欢乐的小气球)、"草帽官"(清廉、能干的农村基层干部)、"练摊儿"(摆摊做小生意)、"爆炒"(大肆吹捧、宣传)、"封镜"(影视完成拍摄)、"软拒"(婉转拒绝)、"抄肥"(从中渔利)、"返贫"(又回到贫穷的境地)等。而有些新词语却不甚好。如"唱药"(药剂师向取药人说明所取药品的用法)、"高人"(高血压、高血脂等患者)、"割肉"(赔钱、蚀本)、"排众"(与众不同)、"骗发"(以欺诈而发财)、"杀熟"(欺诈熟人或用行政式的经营手段挤压下属企业)、"休渔"(在一定的时间内禁止捕鱼)、"义拍"(义卖)等。近些年来,北京话里也出现许多新词语,其中一批已经进入普通话。如"帅""棒""派""大款""大腕儿"

"练摊儿""抄肥""放血""哥们儿""姐们儿""打住""面的""打的""走穴""滋润""倒爷""洋插队""没劲""拍板儿""添乱""窝儿里斗"等。而不少还属于土语词。如"铁"、"瓷"(都指关系密切)、"臭"(低劣、愚蠢)、"搬"(弄钱、搞钱)、"傍"(倚靠、陪伴有钱有势的人)、"傍家儿"(情人,相互依靠、陪伴的朋友和帮手)、"小蜜"(情人)、"酒蜜"(陪酒的女友)、"托儿"(被雇假充顾客帮经营者推销商品的人)、"板儿爷"(蹬三轮车挣钱的人)、"拔撞"(提高地位和威信)、"碴架"(打架,多谓打群架)、"底儿潮"(有犯罪前科)、"跌份儿"(丢面子)、"放份儿"(显示自己的气派、威风)、"佛爷"(小偷)、"加傍"(参加合作与协助)、"神哨"(胡吹、乱侃)、"毛片儿"(黄色影像片)等。其他各方言也都有或多或少的新词语,闽、粤、吴方言可能更多一些。这一批新近出现的新词语,大多属于非基本词汇,它们的寿命如何,一时很难判断;其中不少词恐怕会逐渐隐退或消失,而许多词可能使用较长时间,有的还会成为基本词汇。对待新词语总体上宜持热情、谨慎的态度,多进行观察、研究,必要时加以说明、引导,适当进行干预和规范;少作批评、指责,更不宜轻易判处其"死刑"。干预、规范新词语,重要而有效的办法是:权威机构定期或不定期公布经过认真研究、严格选定的普通话新词语词表,向社会推荐使用。每册词表按时间顺序编号,词条作简明的注释。在此基础上,再编写、出版规范性、权威性的新词语词典,并不断出版修订本或增订本,供人们应用、遵循。

2.3　缩略语是现代汉语词汇系统中的重要组成部分。它包括简称和略语:简称一般是名词和名词性词组的简缩,略语多为非名词性词组的缩略。为了使语言简洁好用,现代汉语产生了许多缩略语。随着社会事物的变化和生活节奏的加快,这种缩略语越来越多,占现代汉语词汇相当大的比重。

新近产生的一批缩略语,从词形、词义看,多数合乎规范。如"暗荒"(暗地里让土地荒芜)、"案源"(案件来源)、"不争"(不必争论)、"保真"(保证真货)、"博导"(博士生导师)、"超售"(超额售票)、"春钓"(春天里钓鱼)、"车检"(车辆检查)、"打假"(打击假货)、"防损"(防止损失)、"迪厅"(迪斯科舞厅)、"揭丑"(揭露丑恶现象)、"瓶啤"(瓶装啤酒)、"罐啤"(罐装啤酒)、"国啤"(国产啤酒)、"纠风"(纠正不良之风)、"禁放"(禁止燃放鞭炮)、"家教"(家庭教师)、"家轿"(家庭用轿车)、"劳效"(劳动效率)、"换赔"(换旧赔新)、"解困"(解救困难户)、"减负"(减轻农民负担)、"专技"(专业技术)等。也有一些缩略得不太好,或是词形欠妥,或是词义不明,让人费解。如"过负"(过重负担)、"禁渔"(禁止滥捕鱼类)、"考任"(经考试合格而任命)、"考录"(经考试合格而录用)、"高博会"(高新技术产品博览会)、"监区"(监管犯人的区域)、"盘整"(盘查整顿)、"排查"(排队审查)、"严困"(严重困难)、"音害"(噪音伤害)、"迎保"(迎接保卫)、"造笑"(制造欢笑)、"整建"(整顿建设)等。在普通话词汇规范中,对缩略语的规范要给予充分的重视。对待缩略语,同样应持宽容、谨慎的态度,不宜简单判断它不合乎规范。当然,现在的缩略语太多,似乎有些过滥,而且还在大量地产生,对它严格一点儿,对那些不合"形简义明"要求的,进行一定的规范,这是必要的。

2.4　所谓港台词语,是指香港、澳门和台湾话里的词语。这三个地方的词语虽有许多相同,但也有一定的差异,尤其是在所吸收的方言词和外来词方面,其差异更大一些。

我国大陆自改革开放以来,社会政治、经济、文化、科技等有了很大的发展,人们的观念也发生相当大的变化。在这种大变革的态势下,新事物、新概念如潮水般涌现出来,而普通话和方言一时又没有那么多相应的词语来称说,于是一批批港台词语便随港台事物一起进入了大陆。有学者估计,近十年来进入大陆地区的港台词语大约有六七百个之多。其中一批已进入普通话。如"法人""资深""周边""转型""架构""酒店""宠物""蛇头""歌星""空姐""共识""传媒""相关""代沟""精品""分流""负面""举报""投诉""炒卖""新潮""氛围""爱心""多元""反思""举措""评估""界定""拓宽""拓展""研讨""认同""投入""看好""疲软""保龄球"等。有的正在进入普通话。如"水货""物业""斥资""写真""水准""诚聘""珍品""牛市""婚变""非礼""电脑""飞碟""洗手间""度假村""追星族""上班族""黑社会""发烧友"等。有的虽在大陆社会上有所使用,但似乎还没有进入普通话。如"饮茶""熊市""派对""空港""公屋""镭射""飞弹""影碟""录影机""录影带""私家车""升降机""穿梭机""太空船""太空人""飞翔船""即食面""公仔面""化妆间""即溶咖啡""草根阶层"等。这类词语有的可能会逐渐进入普通话,但一般不太容易被普通话所吸收,因为普通话已有相应的较好的词语。如"晚会""聚会""机场""公房""激光""导弹""电梯""私车""录像机""录像带""方便面""卫生间""洗手间"等。有的大陆暂时还很少或没有那种事物。如香港的"太空人""飞翔船"等。

可以预料,随着香港、澳门的回归,以及大陆与港、澳、台交往的频繁,今后还会有更多的港台词语陆续进入大陆地区。面对这样的态势,我们应当热情、宽容、冷静去对待,因为港台词语的进入,从总体看是有益的,但也会有一些负面作用。普通话词汇是开放性的,需要从各方面吸取养分来丰富自己的系统;继续吸收部分港台词语,是普通话词汇丰富、发展的途径之一。但吸收港台词语不可太快、太滥,对那些不可以吸收的词语应当加以排斥。笔者以为,普通话吸收港台词语,应当考虑以下几条:1) 普通话没有而港台话中有,且形、音、义都较好的港台词语,普通话可以而且应当吸收。如上文列举的已进入普通话的那类港台词语的一部分。2) 普通话有的,而港台词语比普通话好的那类港台词语,普通话也可以吸收。如"空姐""相关""负面""研讨""电脑""拓展""国人"(国民、公民)、"牢居"(坐监狱)、"乐捐"(自愿捐款)、"帮丧"(帮助办丧事)、"交恶"(关系恶化)、"攀升"(向上爬)等。3) 不如普通话词语好的港台词语,普通话不宜吸收。如"飞弹"(导弹)、"本赋"(天赋)、"班房"(课室)、"空宇"(天空)、"扩阔"(开阔)、"烂然"(灿烂)、"即食面、公仔面"(方便面)等。4) 港台话中不甚好的外来词、文言词、方言词,普通话不应吸收,如"波士"(总经理、大老板)、"波迷"(球迷)、"派对"(晚会、聚会)、"便当"(盒饭)、"作秀、作骚"(表演)、"利是封"(红包)、"齿及"(说及)、"敕选"(命令选举)、"关防"(印信、关隘)、"过暝"(过夜)、"变面"(翻脸)、"白贼"(说谎者)、"靓女"(美女)等。5) 一时看不准的词语,最好是顺乎自然,观察其发展情况,而后抉择取舍。如"买(埋)单"(结账)、"收银"(收款)、"拜拜"(再见)、"私家车"(私车)、"化妆间"(卫生间),以及"……广场、……花园"(……大厦、商厦)等。

2.5 随着改革开放的深化发展和国际交往的空前频繁,外来词语也以近几十年来从未有过的速度一批批进入中国大地。这次外来词语进入的形式,打破了汉语以往吸收外来词以意译为主,兼有部分音译或半音半意译的传统方式,出现了复杂多样的形式。据笔者的初步观察,大体有六种情况:1) 直用原文(包括简称、缩写),这以商标、广告、商品名称、公司名称和科技名词为多。如"PHILIPS""Panasonic""CITIZEN""SHARP""CITROEN""SCAN""SONY""JVC""IBM""DAM""X.O.""CD"等;2) 据原文音译。如"迷你""的士""巴士""镭射""柯达""索尼""夏普""曲奇""力波""肯德基""巧克力""皮尔卡丹""雪铁龙"等;3) 据原文意译。如"鳄鱼衫""超短裙""移动电话""皇冠豪华车""大众汽车公司"等;4) 半原文半音译,如"T恤""卡拉OK""夏普29HX8""莫罗柯林K"等;5) 半原文半意译。如"BP机""CT扫描""DV光盘""LD功能""VCD影视机""DAM钓具"等;6) 半音译半意译。如"奶油派""柠檬派""拍里饼干""法兰西饼""汉堡包""奔驰车""镭射视盘""镭射影碟"等。这种情况到处可见,报刊上有,电视上有,商店里有,尤其是大百货商场和高档服装、食品、电器等专卖店夏多。这种现象似有扩大的趋势。外来词语的大批进入,对改变汉语对待外来词偏于保守的状况、丰富现代汉语词汇、活跃国人语文生活等都有积极意义,但同时也不可避免地会带来某些负面作用。对此我们同样应以宽容、严肃的态度去对待,肯定并促进其健康成分的发展,纠正和规范其乱搬、滥用现象,让外来词语逐渐纳入正确的轨道。

2.6 随着电脑互联网在我国的迅速普及,近些年来产生了相当数量的网络语言词语。网络语言是利用电脑在网络进行交际的形式,它有自己的特点,主要是简洁、风趣,富有人情味儿和个性化。现在网络在社会生活中影响越来越大,网络语言的词语也越来越多。广义的网络语言词语大体可以分为三类:一是网络专业术语。如"软件""硬件""鼠标""磁盘""光驱""主板""打印机""多媒体""攒机""描写""光纤""病毒""宽带""端口""超文本""主页""搜索""接入"等。二是与网络有关的专用词语。如"网吧""网民""触网""泡网""戒网""网文""网员""网人""上网""下网""网页寻呼""网络版权""网络查询""网络大战""网络教育""网络旅游""网络商场""网上大学""网上会议""网上广告""网上直播""网上文体""远程教育""远程办公""远程登录""网站炒作""网站联盟""网站论坛""信息安全""信息高速公路""数字战争""数据业务""数码扶贫""电子商务""宽带社区""宽带网络经济"等。三是网民在网上聊天的常用词语和符号。如"美眉"(妹妹)、"大虾"(大侠)、"大侠"(网络高手)、"斑竹"(版主)、"恐龙"(不漂亮女子)、"菜鸟"(初级网民)、"飞鸟"(经验丰富的网民)、"蓝"(男)、"绿"(女)、"烂"(网络及电脑技术差)、"狼哥哥"(郎哥哥)、"老鸟"(老练的网民)、"跑牛"(泡妞)、"青蛙"(丑男子)、"水"(水平差)、"王八"(网吧)、"西西"(嘻嘻)等。还有用英文缩写或汉语拼音缩略及阿拉伯数字等符号的词语。如"UI/CUL"(再见)、"BB"(再见,宝贝)、"BBL"(过一会就回来)、"B4"(以前)、"BF"(男友)、"GF"(女友)、"IC"(我明白了)、"AI"(爱)、

"DD"（弟弟）、"FQ"（夫妻）、"GM"（哥儿们）、"814"（不要生气）、"886"（再见）等。前两类词语比较稳定，对其进行规范困难少一些。第三类网民聊天用的词语相当灵活而且多变，今后还会有较大发展与变化。对待这类词语，社会上有较大的争论，有的认为它生动、幽默、形象，对其持肯定的态度；有的认为它混乱、多变，还有某些格调、品位不高的词语，应当严加管理、规范。我认为网民聊天用的网络词语正处于大发展大变化阶段，我们应当采取宽容、谨慎的态度，多观察，多研究，多引导，充分肯定健康、生动的词语，指出消极、混乱的词语，逐渐引导网络语言词语向健康、规范的方向发展，使现代汉语词汇更加丰富、多彩。

参考文献

《现代汉语规范问题学术会议文件汇编》，科学出版社，1956 年。

戴昭铭 1994《规范语言学探索》，《北方论丛》编辑部出版。

陈章太 1986《关于普通话教学和测试的几个问题》，湖北《普通话》杂志第 3 期；1988《普通话测试论文集》，香港普通话研习社编辑出版。

陈章太 1994《北方话词汇的初步考察》，《中国语文》第 3 期；1995《语言文字应用研究论文集》，语文出版社。

陈建民 1994《普通话对香港词语的取舍问题》，香港《语文建设通讯》第 43 期。

田小琳 1993《香港流通的词语和社会生活》，《香港词汇面面观》，载《语文和语文教学》一书，山东教育出版社。

周一民 1992《北京现代流行语》，北京燕山出版社。

于根元、刘一玲主编《（1991、1992、1993）汉语新词语》，北京语言学院出版社，1992 年、1993 年、1994 年。

于根元主编《现代汉语新词词典》，北京语言学院出版社，1994 年。

张首吉等 1992《新名词术语辞典》，济南出版社。

雅坤、秀玉主编 1992《实用缩略语知识词典》，新世界出版社。

施宝义、徐彦文 1990《汉语缩略语词典》，外语教学与研究出版社。

朱广祁 1994《当代港台用语辞典》，上海辞书出版社。

黄丽丽等 1990《港台语词词典》，黄山书社。

中国标准技术开发公司《海峡两岸词语对释》，中国标准出版社，1992 年。

（原载《中国语文》1996 年第 3 期）

（五）语法

通过对比研究语法[*]

吕叔湘

一种事物的特点，要跟别的事物比较才显出来。比如人类的特点——直立行走，制造工具，使用语言等等，都是跟别的动物比较才认出来的。语言也是这样。要认识汉语的特点，就要跟非汉语比较；要认识现代汉语的特点，就要跟古代汉语比较；要认识普通话的特点，就要跟方言比较。无论语音、语汇、语法，都可以通过对比来研究，这里只讲语法方面的对比研究。语言学院的主要任务是教外国留学生学习汉语，就在中外对比上多讲点，主要是讲汉语和英语比较。

一、汉语和外语对比

记得有一位有名的人说过——好像是歌德，记不太清楚了——他说，一个人如果不懂得一种外国语，那么他对本国语也不会懂得很透彻。这个话是有几分道理的。我们教外国学生，如果懂得他的母语（或者他熟悉的媒介语），在教他汉语的时候，就能了解他的需要，提高教学的效率。英语的语法跟汉语的语法比较，有很多地方不一样。当然，相同的地方也不少，不过那些地方不用特别注意，因为不会出问题，要注意的是不同的地方。先引一小段做个例子。引的是毛主席在《别了，司徒雷登》里头写的两句话，拿英译本来对照。

［例1］ 多少一点困难怕什么。封锁吧，封锁十年八年，中国的一切问题都解决了。

What matter if we have to face some difficulties? Let them blockade us! Let them blockade us for eight or ten years! By that time all of China's problems will have been solved.

（1）第一句原文和译文各有前后两部分，可是译文的前半句相当于原文的后半句，译文的后半句相当于原文的前半句。（2）"多少一点困难"，没有动词，也可以说是省掉一个"有"字，英语这里就非有动词不可（至于不用 have 而用 have to face，那是修辞问题）；反过来，"怕什么"里头有动词，而 what matter 里头没有动词。（3）"封锁吧"，谁封锁谁，英语里必得交代出来。（4）"封锁十年八年"，译文里头是"八年十年"，习惯不同。汉语"十年八年"中间没有连词，英译有 or。（5）"十年八年"前头汉语不用介词（没法儿用），英语非用上一个 for 不可。（6）"中国的一切问题"，英译把"一切"提到前头。（7）原文有了"一切"，还用了个"都"字跟它呼应，并且这里还似乎非有不可；英译没有用一个相当于"都"的字（要用就得再来一个 all，不像话！）。（8）原文"解决了"，一个动词"解决"带一个语尾兼语助词"了"，英译用 will have been solved 四个字组成的一个动词来表示。"解决了"大致相当于 have 和 solved 加在一起。表示未来的 will，表示被动的 been，汉语里都"不言而喻"了。这么短短的两句，汉语和英语之间就有这么一大堆不一样。

拿一种语言跟另一种语言比较，就会发现有三种情况：一种情况是彼此不同，第二种情况是此一彼多或者此多彼一，还有一种情况是此有彼无或者此无彼有。

先说异同问题。

［例2］ 你在看什么？ What are you reading?

英语里边疑问句和非疑问句的语序不同（相同只是偶然），汉语里边语序相同。

---

* 根据 1977 年 5 月 5 日在北京语言学院演讲的记录改写。

　　［例 3］　　他一句话也没说。He didn't say anything.或者 He said nothing.

汉话的否定句里边常常把宾语放在动词前头,英语里没有这种习惯。

　　［例 4］　　这个电影我看过。I have seen this picture.

汉语里边动词的受动者如果带上"这个""那个"的,一般放在动词前头,英语不这样。汉语里如果把这个名词放在动词后头,就好像话没说完,还得说下去:"我看过这个电影,是个惊险片。"

　　以上都是关于语序的问题,下面讲几个用介词的例子。

　　［例 5］　　向雷锋同志学习。Let's learn *from* Comrade Lei Feng.

要是孤立起来看,"向"和"from"的意思恰好相反。

　　［例 6］　　在同志们的帮助下。*with* the help of comrades.

"在……下"现在用得极其广泛,翻成英语有多种翻法,这里用 with 较好。

　　这两个例子是汉语和英语都用介词,但是用的是不同的介词。下面的例子是英语用介词汉语却必须用动词的例子。

　　［例 7］　　Go *by* train.坐火车去。

　　［例 8］　　A book *on* grammar.讲语法的书。

　　［例 9］　　A friend *from* far away.远方来的朋友。

　　［例 10］　　The right man *for* the job.适合［做］这个工作的人。

　　［例 11］　　The Man *Without* A Country.没有祖国的人。(小说名)

　　［例 12］　　Lady *into* Fox.女人变狐狸。(小说名)

　　汉语和英语语法上的差别很多,不能列举。要特别注意的是表面上好像一样,而仔细检查还是有分别的。比如汉语的"这"和"那"跟英语的 this、that 应该完全相等了吧?然而不然。

　　［例 13］　　这应该有一对,那一个呢?There should be a pair(of them). Where is the *other* one?

这一句头上的"这"在英语里可以不翻出来,要翻也不能用 this;"那一个"的"那"也不能翻成 that,只能翻成 the other.(参看［例 19］)

　　还有英语的 yes、no 和汉语的"对""不对",该是相等吧?不,有时候相等,有时候相反。

　　［例 14］　　太阳打东边儿出来吗? ——对,打东边儿出来。

　　　　　　　　Does the sun rise in the east? ——Yes, it does.

　　　　　　　　太阳打西边儿出来吗? ——不对,不打西边儿出来。

　　　　　　　　Does the sun rise in the west? ——No, it doesn't.

这是用法相等。

　　　　　　　　太阳不打东边儿出来吗? ——不对,打东边儿出来。

　　　　　　　　Doesn't the sun rise in the east? ——Yes, it does.

　　　　　　　　太阳不打西边儿出来吗? ——对,不打西边儿出来。

　　　　　　　　Doesn't the sun rise in the west? ——No, it doesn't.

这是用法相反。汉语的"对、不对"针对问话内容的真实性,"对、不对"后头的话可以是肯定的形式,也可以是否定的形式。英语的习惯不同,yes、no 是给后头的话打先锋的,后头是肯定形式,头里用 yes,后头是否定形式,头里用 no。

　　这种相同而又不完全相同的情况,最需要注意。本来嘛,世界上万事万物,除了用机器造的,总是没有两样东西是完全一模一样的。

　　现在来谈第二种情况———一对多的情况。先看两个汉语一而外语多的例子。

　　［例 15］　　伟大的诗人。A great poet.

　　　　　　　　你的书。Your book.

　　　　　　　　你找的人。The man(*whom/that*)you are looking for.

　　　　　　　　找你的人。The man *who* is asking for you.

　　　　　　　　开会的地方。The place *where* the meeting will be held,或 the place *for* holding the meeting.

汉语里边名词修饰语,不管它是一个词,一个短语,一个小句,都用一个"的"字连接;英语就有各种不同的连接法。

[例16]　你要看什么? *What* would you like to read?

我想看点什么。I should like to read *something*.

我不想看什么;我什么都不想看。I don't want to read *anything*.

汉语一个"什么",既能用在疑问句,又能用在肯定句和否定句,英语三种句子里头用了三个不同的词。

再来看一个外语一而汉语多的例子。

[例17]

we – us	我　们
	咱　们

英语没有"我们"和"咱们"的分别,we 和 us 只能算一个词,区别在于跟动词的关系不同。

还有一种多对多而对得不整齐的情况。

[例18]

tu – te – toi	你
vous	您

（法语）

thou thee	你
you	您

汉语里的第二人称代词,一般场合用"你",表示尊敬或客气用"您"。法语的第二人称代词也有两个,一般用 vous,不分客气不客气,tu – te – toi(一个词的不同形式)只用于极其亲密的人,或者大人对孩子,等等。英语的 you 相当于"你"和"您"加在一块儿,另有 thou – thee 用在十分虔敬的场合,例如向上帝祈祷,以及老派的诗歌里。从前教友派基督徒相互之间还用,不知道现在是不是还这样。

[例19]

this	这
the	Ø
that	那

英语除 this 和 that 外,还有一个 the,是个中性(即不分指近指远)并且弱化的指示词,语法书上管它叫有定冠词。汉语里边没有跟它相当的词,有时候用"这"或"那"(这时候没有分别),有时候不戴帽子。(俄语也没有跟 the 相当的词,可是在英语用 the 的场合,它一概光头,不借用 TOT、ЭТOTE,所以跟汉语的情形也不一样。)

现在来谈谈此有彼无的情况。

外语有而汉语没有,像名词变格、动词变时态,等等,中国人学外语感觉困难,外国人学汉语不感觉困难。汉语有而外语没有,如量词、语气助词,外国人学汉语感觉困难。这里要讲的有和无的问题,不指这些个,是另一种意义的有和无。一种是省略,一种是重复。

先说省略。往往一个句子里有一个成分,外语必得说出来,汉语可以不说,甚至必得不说。

[例20]　他问过许多人,[他们]都不知道。He has asked many people. *Nobody* knows.

[例21]　她有一个儿子,[他]去年参的军。She has a son, *who* joined the army last year.

[例22]　这本书我用不着了,你可以[把它]拿去。I have no more use for this book. You may have *it*.

[例23]　这是一本好词典。我已经买了[一本],你要不要买[一本]? This is a good dictionary. I have got *one*. Don't you want to bave *one*?

上面这四个例子无须解说。

[例24]　(a) 他问我你去不去。He asked me whether *you* would be there.

(b) 他问我[　]去不去。He asked me whether *I* would be there.

(c) 他问我[　]能不能去。He asked me whether *I* would be able to be there.

(d) 他问我[他]可以不可以去。He asked me whether I would let *him* be there.

这四个句子是一个句型,都是双宾语句,第二个宾语本身是一个小句(或者叫作主谓短语)。这个小句的主语要不要说出来有三种情形。(a)的"你"跟前边的"他"和"我"都不同,必得说出来。(d)的"他"跟前边的"他"相同,可以不说,也可以说。(b)和(c)的宾语小句里边的主语都是"我",这个"我"紧接在另一个"我"之后,一般不说,说出来挺别扭。在英语里边,这四个句子的宾语小句的主语,无论是"你",是"我",是"他",都必得说出来。习惯于英语的外国学生就很可能在(b)(c)两句里都加进一个"我"去。(第三句也可能跟第四句是一个意思,那就可以把"能不能去"前边的"他"说出来。)

[例25]　赤膊磕头之后,居然还剩几文,他也不再赎毡帽,统统喝了酒了。(鲁迅《阿Q正传》)
　　　　After kowtowing with bare back he still had a few cash left, but instead of *using these* to redeem his felt hat from the bailiff, he *spent them*, all on drink. (杨宪益、戴乃迭译本)

原文对"几文"跟"赎毡帽""喝酒"的关系没有明文交代,汉语里边是允许的。但是英语里边不行,所以杨戴二氏的译文不得不增添必要的词语,其中的指代词 these 和 them 都指 cash。

以上都是省去指代词的例子,下面讲几个省去连词、介词的例子。

[例26]　你不去我不去。I won't go *if* you are not going.

[例27]　长江黄河。The Yangtze *and* (~*or*) the Yellow River.
　　　　今天明天。Today *and* (~*or*) tomorrow.

"长江"和"黄河"之间,"今天"和"明天"之间是加合关系还是交替关系,汉语可以让上下文去决定,英语必得交代清楚。

[例28]　他晚上工作,白天睡觉。He works *by* night and sleeps *by* day.

[例29]　我睡行军床。I'll sleep *in* the camp bed.

这两个例子都是汉语不用介词而英语必须用介词的。([例1]的"封锁十年八年",英译本里既加上个 for,又插进去个 or。)

[例30]　蛋白。the white *of* egg.
　　　　年底。the end *of* the year.

英语里边"蛋白"和"年底"还没有构成复合词,所以中间还有介词。但是英语里省去介词的趋势在发展,例如 egg-powder(蛋粉),week-end(周末),book jacket(包书纸),book club(优待购书会)。在这个问题上,法语比英语保守。比较:

[例31]　铁路。(英)railway. (法)le chemin de fer.
　　　　牙刷。(英)tooth brush. (法)la brosse à dents.

指代词、连词、介词这些,英语里有时候也会省掉,但是英语里边最容易省掉的是动词或者复合动词的一部分,这是汉语里边决不允许的。例如英语里边可以说:"My sister works in a factory, and my brother on a farm."汉语里边必得说:"我姐姐在工厂工作,我哥哥在农场工作。"

现在来谈重复,指的是下面这种例子:

[例32]　买书卖书。Buy and sell books.

[例33]　看书看报。Read books and newspapers.

外国学生不大会运用这种格式,不但是因为他们习惯于把并列成分连在一块儿,还因为看见汉语里也有"收购和出售古旧书籍""看看电影和话剧"之类的话。汉语里单音节和双音节对于词语结构有一种制约作用,这是汉语语法里边比较微妙的部分,外语里边缺少类似的现象。[①]

[例34]　我的眼睛不好是因为看小字书看多了。My poor eyesight is the result of reading too much small print.

这一句外国学生也许更难理解,因为这里的两个"看"字只代表一个动作。

二、现代汉语和古汉语对比

从古汉语演变成现代汉语,语法上有不少差别。几个主要问题,像古汉语疑问代词在句子里的位置,否定句里边代词的位置,现代汉语里各种类型复合动词的形成,以及多数虚词的古今更替,这些都有过论述,大家知道的。这里我只想谈两个小问题,说明汉语古今语法的对比研究还大有可为。

　　[例 35]　自己骗自己。自欺欺人。

　　为什么现代汉语要把古汉语"自欺"的"自"字前后重复,说成"自己骗自己"呢?同样的还有:自救=自己救自己,自卫=自己护卫自己,自慰=自己安慰自己。为什么这么不怕麻烦,一前一后来两个"自己"?乍一看似乎可以这样解释:把自己看成既是施动者又是受动者,是双重身份,所以来它两下。再一想,不对。比如说,"你别自己骗自己了",施动者"你"已经说在头里了,还要"自己"做什么?"自"在古汉语里边总是放在动词前边,可是有两种情形。一种是像"自觉自愿""自备工具""车费自理""咎由自取"等等,或者是不及物动词,或者是及物动词而另有受动者,这个"自"字只有副词的性质。一种是像前头举的例子,"自欺""自救""自卫""自慰"等等,"自"字兼有副词和代词的性质。古汉语里代表受动者的代词在一定条件下要放在动词的前边,到了现代汉语里边却要放在动词后边。"自"字既有代词的性质,自然应该挪到后头,可是它又有副词的性质,理应留在头里,这样就有了矛盾,而解决的办法是一前一后来两个"自己"。"自觉""自愿"等等里边是不及物动词,就只要说成"自己觉悟""自己愿意"就行,"自"字不必前后重复。(顺便说明,古代的"自"是副词,现代的"自己"可是代词,比较一下"不自觉"和"自己不觉悟"里边的语序——"自"和"不"的先后——就知道了。)

　　讲了一个"自"字,再讲一个"相"字。

　　[例 36]　你看看我,我看看你,微微地笑了笑。相视而笑。

"你看看我,我看看你","你找我,我找你",这是现代汉语里特有的格式。这种格式很形象化,可是从另一方面看,又不免有点笨重。怎么产生这种格式的?古汉语里的"相"字,跟"自"字一样,也是一个兼有代词性质的副词;也跟"自"字一样,在现代汉语里只作为一个构词的语素来用,例如:相同,相反,相等,相似,相继,相随,等等。作为可以自由运用的词,"自"变成了"自己","相"变成了"互相",二者相同。可是这两个词又有所不同:"自己"用起来比"互相"自由,"互相"的书面味道重,只能修饰双音节的动词;我们可以说"自己学""自己看自己",但是不能说"互相学""互相看",只能说"互相学习""互相凝视"。在日常生活里边,我们不大说"互相怎么样",我们应用"你……我,我……你"的格式,并且可以用在主语是你我以外的人的场合,例如"她们你教我,我教你,都学会了剪纸"。

三、普通话和方言对比

　　方言的语法和普通话的语法比较,句法方面的差别很小,虚词和近乎虚词的构词成分的差别比较大些。研究方言语法的文章还不多,赵元任写过一篇《北京、苏州、常州语助词的研究》,登在《清华学报》三卷二期(1926)上;他在 1928 年出版的《现代吴语的研究》里边也有一章专门讲吴语二十二处方言里的语助词。研究方言里的"虚字眼儿"往往能对普通话里的虚词研究有所启发,例如苏州话里有一个"仔",还有一个"哉",用法都跟普通话里的"了"相当,这就帮助我们分出两个"了",一个是动词的附属成分(现在叫作时态助词,其实更像个语尾),一个是语气助词。

　　[例 37]　(苏)饭好哉,吃仔饭再去。
　　　　　　　(普)饭好了,吃了饭再去。
　　　　　　　(苏)勿吃哉,吃仔三碗哉。
　　　　　　　(普)不吃了,吃了三碗了。

　　现在再从我的家乡话丹阳话里找一个例子来跟普通话比较。丹阳话里的方位词里有"上头"和"里(头)",跟普通话一样,但是用法不完全相同。

　　[例 38]　　　　　(丹)　　　　　　　　　　　(普)
　　　　　　　枱子上头摆椅子。　　　　　桌子上(头)摆椅子。
　　　　　　　井里(头)。城里(头)。　　　井里(头)。城里(头)。
　　　　　　　面孔里。墙头里。天里。　　脸上。墙上。天上。
　　　　　　　枱里放着两盆花。　　　　　桌子上放着两盆花。

第一行用"上（头）"，第二行用"里（头）"，两处相同。第三第四行，普通话用"上"，丹阳话用"里"。为什么？第一行的"上"跟"下"相对，第二行的"里"跟"外"相对，第三第四行，丹阳话的"里"不跟"外"相对，普通话的"上"也不跟"下"相对。从这里我们悟出来，方位词可以有"定向"和"泛向"两种意义。定向意义的方位词，各地方言的用法必然大致相同，泛向意义的方位词就可能不一样。普通话主要用"上"（不用"上头"），也有用"里"，例如"心里"，"嘴里"，"背地里"，不及用"上"的多。而丹阳话则主要用"里"，用"上"的少。泛向意义的"里"，丹阳话决不说成"里头"，普通话也很少说"里头"；泛向意义的"上"，普通话很少说"上头"，丹阳话没有"上"，只有"上头"，不管是定向意义还是泛向意义都说"上头"。但定向意义的"上头"音不变，而泛向意义的则音变为 xæte，如"账目上头""蔬菜上头"。

四、普通话内部的对比

事实上，我们研究汉语语法，尽管不拿它跟外语对比，也不作古今对比或者普通话跟方言对比，就普通话语法研究普通话语法，也还是常常应用对比的方法——拿一个虚词跟另一个虚词比较，拿一个格式跟另一个格式比较。

［例39］　（a）你会说日本话吗？（b）你会说日本话吧？（c）你会不会说日本话？

三个问句一个内容，但是前两句有倾向性，(a)倾向于怀疑，(b)倾向于肯定，只有(c)是实事求是的询问。

［例40］　（a）他拿出一张相片来。（b）他拿一张相片儿出来。（c）他拿出来一张相片儿。

这三句的不同在于"一张相片儿"的位置。三种句式都有，可是用法上有什么分别，出现的频率如何，都还有待于研究。至少有一点是可以肯定的：命令句不用(c)式。我们只说"拿点勇气出来！"或者"拿出点勇气来！"不说"拿出来一点勇气！"

［例41］　（a）我弟弟骑走了我的自行车。（b）我弟弟把我的自行车骑走了。（c）我的自行车让我弟弟骑走了。

同一个内容往往这三种句式都可以用，但不是任何内容都可以用这三种句式，有的只能用其中的两种，有的只能用其中的一种。在形式方面有些什么限制，在意义方面有些什么限制，很值得研究。

［例42］　他学了英语。他学过英语。

我前年到了上海。我前年到过上海。

"他学了英语"含有学会了的意思；"他学过英语"的含义就不一定，多半是没学会，但也不排除学会了，例如说："他学过英语，应该看得懂。""我前年到过上海"，说这个话的人一定不在上海；"我前年到了上海"，说这话的人可能已经不在上海，也可能还在上海。

在普通话内部作比较研究，还涉及一个方面：某些句式，某些虚词，用在某种环境很合适，用在另一种环境就不合适。比如"我们"和"咱们"，"被"和"叫、让"，"跟""和""同""与""及"，都有这样的问题。这类问题过去叫作文体问题，有人嫌"文体"二字不好，近于"风格"，主张用"语体"，我看也不好，因为以前曾经管白话文叫语体文，这段历史离我们还很近。近年来英文的语言学著作里讨论这个问题，常用 register 这个字，我想可以译做"语域"。语域的研究属于社会语言学范围，也可以说是语法和修辞的边缘学科，是以往探索得很不够的一个领域。

五、结 束 语

最后再讲一种比较，那就是讲语法的书或者文章跟语言实际的比较。任何人讲语法，他对现象的观察不一定都正确，更不可能完备——世界上没有完备的东西，——因此他所说的话不能"照单全收"，要跟实际语言核对核对。这里又遇到一个问题：规范问题。规范当然很难定。"有人这样说。"那得看有多少人这样说，人多人少不一样。还得看是什么人，哪儿人，不能是任何人。如果把任何人任何时候说的话都当做归纳用法的根据，那就恐怕归纳不出几条来。无论你规定得多宽，都还是会有包括不进去的。如果不作为例外，那就很不好办了。关于这个问题，张志公同志有一篇文章可以看看，题目是《一般的，特殊的，个别的》，登在《语文学习》1954 年 4 月号上。

　　撇开规范问题,还来谈核对事实问题。"尽信书则不如无书",这个话是有几分道理的。介绍一点儿我自己的经验,供诸位参考。我以前写过一本书,名字叫《中国文法要略》,里边第十三章 54、55 两节讲时间长短的表示法,是这样说的:

　　　　表示时间长短的词语通常放在动词后头。若是在否定句里头,就是说,某一时期之内没有某事,这个时间词放在动词之前。

为了说明的第二句,举了个例句是"一辈子没见过火车的多得很"。后来邓懿同志在《语文学习》1955 年 12 月号上发表了一篇《谈时间词》,指出我第二句话说错了,在肯定句里表示时间长短的词语也可以用在动词的前头。我这部书 1956 年修订版里就把这两句说明改了。

　　　　表示时间长短的词语,放在动词的后头,表示动作持续多久。表示时间长短的词语,放在动词的前头,表示某一时期之内有过或没有过这个动作。

加了一个例句:"一天跑两趟图书馆"。现在看来,这里的说明还是不够,因为表示时间长短的词语放在动词的后头,还可以表示一个动作完成之后已经有多久,例如"我来了三年了"不是"来"这个动作持续三年,而是从我来到算起已经有三年。表示时间长短的词语放在动词前头,也不全是表示这一时期之内有过或者没有过这个动作,也可以表示一个动作持续多久,但必须两件事情一块儿说,例如"半天工作,半天学习",还可以表示经过多久之后发生某件事情,如"这趟车一天到长沙,两天到贵阳"。

　　我这部书里别的地方一定也有很多错误和疏漏,盼望同志们看这部书的时候,以及看我的别的文章的时候,发现说错了的地方,多多纠正。

**　附　注**
① 参看《中国语文》1963 年 1 月,吕叔湘:《现代汉语单双音节问题初探》。

（原载《语言教学与研究》1992 年第 2 期）

试论语法研究的三个平面

胡裕树　范　晓

近年来,国内外有些语言学家在语法研究中注意到区别三个不同的平面,即句法平面、语义平面和语用平面,这是语法研究方法上的新进展,有助于语法学科的精密化、系统化和实用化。但这样研究语法还仅仅是开始。如何在语法分析中,特别是在汉语的语法分析中全面地、系统地把句法分析、语义分析和语用分析既界限分明地区别开来,又互相兼顾地结合起来,这是摆在语法研究工作者面前的新课题,是值得进行深入探索的。

（一）

语法研究中的句法平面,是指对句子进行句法分析。句中词语与词语(即符号与符号)之间有一定的关系,这种关系是属于句法的(Syntactic)。词语与词语按照一定的方式组合起来,构成一定的句法结构,对句法结构进行分析,就是句法分析。对句子进行句法分析,主要从两方面进行。

一方面,对句法结构内部的词语与词语之间的关系进行成分分析,也就是着眼于句子成分的确定和结构方式的判别。传统语法学进行语法分析时,总要把句子分为若干成分,如主语、谓语、宾语、定语、状语、补语等等,这些都是句法分析的术语。传统语法学分析一个句子,就是要分析句子里各类实词(包括名词、动词、形容词、数词、代词、副词,等)充当什么句子成分。比如"张三批评了李四",就得分析成主谓句,其中"张三"是主语,"批评了李四"是谓语,"批评"是谓语动词,"李四"是宾语。假如说成"李四被张三批评了",也得分析成主谓句,但这句里"李四"是主语,"被张三批评了"是谓语,"被张三"是介词短语作状语,"张三"是介词"被"的宾语,"批评"是谓语动词。这样的成分分析,讲什么词充当什么句子成分,都是着眼于句子结构分析出来的。

与确定句子成分有联系的,就是结构类型的判别。结构类型决定于结构成分之间的关系,也就是决定于结构方式。比如"鸟飞""身体健康",是由主语和谓语两成分组成的,通常称为主谓结构;"飞鸟""健康的身体",是由定语和它的中心语两成分组成的,通常称为偏正结构;"读书""建设祖国",是由动词和它的宾语两成分组成的,通常称为动宾结构。研究一个组合体是什么结构,也是句法分析的重要内容。

另一方面,对句法结构内部的词语与词语之间的层次关系进行分析,也就是着眼于句法结构的层次切分。这种层次分析,要求把句法结构中词语之间的关系分为直接关系和间接关系、内部关系和外部关系,也就是要把句法结构的直接成分和间接成分以及内部成分和外部成分区别开来。例如"干大事的人",这个句法结构里"干大事"和"人"之间是直接关系,"干"和"大事"之间也是直接关系,但"干"和"人"之间以及"大事"和"人"之间都是间接关系。又如"张三的哥哥批评了李四的弟弟"这个句子,进行层次分析,词语间的直接关系可图示如下:

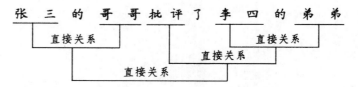

这个句子里"张三"与"批评"之间、"李四"与"批评"之间、"哥哥"与"李四"之间、"弟弟"与"张三"之间,都是间接关系。具有直接关系的组成成分,叫作直接成分;具有间接关系的成分,相对直接成分而言,是间接成分。凡直接成分之间的关系,是一个句法结构的内部关系,所以直接成分也就是内部成分;凡间接成分之间的关系,是这个句法结构内的某一成分与另一句法结构内的某一成分之间的关系,是一种外部关系,所以间接成分也就是外部成分。

传统语法学比较重视句子成分分析,而忽视句子的层次分析,它析句时采用的是句子成分分析法,即中心词分析法,它规定组成句子的单位是词(不是短语),词和句子成分相对应,原则上是一个词充当一个句子成分。在分析时,遇到偏正短语和动宾短语都要找中心词。找到了中心词,才算找到了句子成分。析句时把各种不同层次的句子成分放在同一线性平面之上,因此这种方法不太能反映结构的层次,往往也就难以说明词与词的组合关系。比如"打破了茶杯","茶杯"应是"打破"的宾语,而不是"打"的宾语,说成"打茶杯"不成话;又如"走痛了脚"里,"脚"应是"走痛"的宾语,而不是"走"的宾语,说成"走脚"也不成话。这就说明一个事实,句法分析单作成分分析而不作层次分析是不行的。反之,如果句法分析中只讲层次分析而不讲成分分析也有问题,因为句法分析不仅要找出结构的直接成分,还要确定两个直接成分之间的结构关系或结构方式;如果是句子,还得确定句子的格局(即句型);在这方面,单纯进行层次分析也就无能为力了。所以,当前语法学界比较一致的意见是:在进行句法分析时,既要进行成分分析,也要进行层次分析,并且把二者结合起来。这就是要采取"成分层次分析法"。这种分析法的特点是:兼顾句子的成分和层次,以成分确定句法关系,用层次统摄句子分析。

无论是研究句法结构的构成方式还是层次切分,都是从结构关系出发的,也就是偏重于形式的。所谓"凭形态而建立范畴,集范畴而构成体系"[①],就是句法平面进行语法分析的基本特点。

(二)

语法研究中的语义平面,是指对句子进行语义分析。句中词语与客观事物(符号与内容)之间也有一定的关系,这种关系是属于语义的(Semantical)。人们分析一个句子,通过句法分析,可以找出句子中词语在句法结构中分别充当什么句子成分,可以了解句子的层次构造,也可以得出句子的句型等等。但析句并不到此为止。如果不根据句法分析的结果,进一步了解句子中的语义关系,即通过句法平面深入到语义平面对句子进行语义分析,那么,还不能算完成了析句的任务。比如仍以"张三批评了李四"和"李四被张三批评了"为例,这两句意思差不多,为什么一句主语是"张三",另一句主语是"李四"呢?这是因为一个句子不仅在表层有着句法关系,而且在深层有着语义关系。上边两个句子里名词"张三"和"李四",跟谓语动词"批评"之间有一定的语义联系:"张三"是施事(动作行为发出者),"李四"是受事(动作行为接受者)。正因为这两句名词与动词之间的施受关系没变,尽管它们在句法上有了若干变化,但两句的基本意思也就不会变。相反,如果说成"张三批评了李四"和"李四批评了张三",虽然一句也是"张三"作主语,另一句也是"李四"作主语,但意思却完全不同,这是因为这两句语义结构不同:前句"张三"是施事,"李四"是受事;后句"李四"是施事,"张三"是受事。可见,句子的意思是由句中词语间的语义关系决定的。要了解一个句子的意思,单靠句法分析还不够,还要弄清句子内部各词语间的语义关系,即要进行语义分析。比如要了解"我派小王去请老李来吃饭"这个句子的意思,必须懂得"我"是"派"的施事,"小王"是"派"的受事,又是"去""请"的施事,"老李"是吃的施事,"饭"是"吃"的受事。对这样的句子,在进行句法分析时,不同的语法体系可能会作不同的分析,但不管用什么方法、用什么术语来进行句法分析,如果语义关系不掌握,也就不可能理解这个句子。

语义平面所说的语义,不同于词的词汇意义。词的词汇意义是词所具有的个别意义,是可以在词典里说明的,比如"张三"就是人名,"批评"是指出优缺点或专指对缺点错误提出意见。这里所说的语义是指词在句法结构中获得的意义,离开了句法结构,一个词孤立起来也就不存在这种语义。孤立的一个"张三"或"李四",究竟是施事还是受事是没法知道的,只有当它们与动词发生一定的关系、处在一定的句法结构中,才能知道。

语义关系是多种多样的。就名词与动词之间的语义关系而言,除了上面所说的施事、受事之外,还有客体、工具、处所、时间等等。试以下列句子中有曲线的名词所表示的语义作一比较：

（1）小王关好了大门。（"小王"是施事）

（2）衣服被他撕破了。（"衣服"是受事）

（3）鲸鱼是哺乳动物。（"鲸鱼"是客体）

（4）毛笔写大字，钢笔写小字。（"毛笔""钢笔"是工具）

（5）图书馆藏有三百万册书。（"图书馆"是处所）

（6）昨天下了一场暴雨。（"昨天"是时间）

名词性词语"有定""无定"的分别，也属于语义平面的，例如"那个人也过来了"里，"那个人"是有定的；"前边来了一个人"里，"一个人"是无定的。以名词性词语为核心构成的偏正结构（定心结构）来说，对充当定语的词语也可进行语义解释，通常认为，它们与后边的名词性词语之间的语义关系表现为修饰性的或限制性的，或者可具体分为三种：一是领属性的，如"祖国的山河""鲁迅的作品"；二是描写性的，如"蓝蓝的天""竹壳的热水瓶"；三是同位性的，如"人民教师的光荣称号""学习雷锋的好榜样"。这种"领属性""描写性""同位性"的意义，也是从句法结构中获得的，这样的分析也属于语义平面的分析。

　　句中直接成分间有一定的语义关系。比如"猫捉老鼠"，"猫"是施事，"老鼠"是受事。间接成分之间有没有语义关系，就要具体情况具体分析。有的没有语义关系，例如"她很聪明"，"她"与"很"是间接关系，语义上也没法分析。有的却有一定的语义联系，例如"写小说的作家"，"作家"与"写"在句法上是间接关系，它们在层次结构中是间接成分；但在语义上，名词"作家"与动词"写"有联系："作家"是"写"的施事。这种间接成分之间的语义关系，有人称之为"隐性的语法关系"[②]。有些多义的句法结构，在表层句法上无法辨别，但在深层语义上可以辨别，往往表现在间接成分间语义关系不一样。例如"我喝醉了酒"和"我吃完了饭"，在句法上，结构关系相同，层次切分相同，句型相同；但从语义上看，"醉"是说明"我醉"，"完"是说明"饭完"。又如，同一个偏正结构，也有语义关系不一样的情形，试比较下列三组：

A. 教数学的老师　　　　|　　　　写剧本的作家

B. 赠小王的礼物　　　　|　　　　给妹妹的书

C. 削苹果的刀子　　　　|　　　　买青菜的篮子

这三组的表层形式都是"动＋名$_1$＋的＋名$_2$"的定心式偏正结构，但作中心语的名$_2$与动词之间的语义关系却不一致：A组的名$_2$是施事，B组的名$_2$是受事，C组的名$_2$是工具。对间接成分之间语义关系的分析，有助于辨析多义的句法结构。

　　任何一个句法结构都有形式和意义。研究语法，应该从形式出发去发现意义，也就是通过句法结构的分析去深入了解句子内部的语义关系；并通过语义结构的分析进一步了解句法关系的同异，从而替句法结构作更精密的描写。语义关系的发现，不应当从词的词汇意义上去寻找，也不能从逻辑的概念上去寻找，而应当从形式上，即从结构上去寻找，"只有依靠结构分析，我们才能从相同的结构中概括出共同的语法意义，也只有依靠结构的分析，我们才能在不同的结构中找寻出不同的语法意义。"[③]从形式上或结构上寻找语义，具体可以从以下三个方面来进行：

　　1. 从语言材料的类别（词类及其次范畴）上加以说明。比方，动作动词有及物动词和不及物动词的区别，及物动词所涉及的有施事和受事，当有生名词与及物动词发生关系时，就有可能是施事或受事；相反，不及物动词只有施事而无受事，当有生名词跟不及物动词发生关系时，只能是施事。"潘金莲害死了丈夫"，由于"害死"是及物动词，"丈夫"就得看作受事；"潘金莲死了丈夫"，由于"死"是不及物动词，"丈夫"就得看作施事。又如，处所名词、时间名词跟动词发生关系时，一般不能看作施事或受事，而是表示动作行为发生的处所或时间。

　　2. 从句法关系上加以说明。比如"我找他"，"我"是施事，"他"是受事；"他找我"，"他"是施事，"我"是受事。同一个代词在不同句子中充当不同句子成分决定了不同的语义。又如"袭击了敌人的侦察兵"，若要了解"侦察兵"与动词"袭击"之间的语义关系，可以通过层次切分来分析。如果这个句法结构的层次切分是"袭击了/敌人的侦察兵"，则"侦察兵"是受事；如果层次切分是"袭击了敌人的/侦察兵"，则"侦察兵"是施事。

3. 从词语的选择上加以说明。比如动词的"向"（也称"价"），实质上是讲动词与名词间语义上的选择关系的。所谓单向动词，就是要求在语义上有一个强制性或支配性的名词性成分与它联系的动词，如"醒""休息"之类；所谓双向动词，就是要求在语义上有两个强制性或支配性的名词性成分与它联系的动词，如"吃""批评"之类；所谓三向动词，就是要求在语义上有三个强制性或支配性成分与它联系的动词，如"给""告诉"之类④。又如，名词与动词之间的语义关系，也可以从名词跟介词的选择上看出来，"施事"能选择介词"被"组成介宾短语，受事常可选择介词"把"组成介宾短语，处所、时间常可选择介词"在""从"组成介宾短语等等。

（三）

语法研究中的语用平面，是指对句子进行语用分析。句中词语与使用者（符号与人）之间也有一定的关系，这种关系是属于语用的（Pragmatical）。研究语用，也就是研究人怎样运用词语组成句子相互间进行交际。语法分析中讲词类、讲句子成分、讲句型、讲施事受事工具等等，都还只是停留在对语法进行静态的分析或描写。而语用偏重于讲表达的，所以是一种动态的分析。比如有这样两个句子：

　　（1）我读过《红楼梦》了。

　　（2）《红楼梦》我读过了。

对于例（1），按照句法分析，可分析为主谓句中的动宾谓语句，即"我"是主语，"读过《红楼梦》"是谓语，"《红楼梦》"是宾语；按照语义分析，"我"是"读"的施事，"《红楼梦》"是"读"的受事。对于例（2），按照句法分析，现行的一般语法书分析为主谓句中的主谓谓语句，即认为"《红楼梦》"是大主语，"我读过"是谓语，"读"是谓语动词；按照语义分析，却与例（1）相同，即"我"是施事，"《红楼梦》"是受事。那么为什么同样的语义结构却用不同的句法结构呢？或者说同样的意思要用不同的形式表达呢？如果不研究语用，就无法说明这个问题。从语用上分析，一个句子通常有主题（topic，或译作话题）和评论（comment，或译作述题）两部分。例（1）中"我"是主题，"读过《红楼梦》"是评论；例（2）中"《红楼梦》"是主题，"我读过"是评论。作为主题，它是表示和强调旧信息的。例（1）的主题，目的是强调旧信息"我"；例（2）的主题，目的是强调旧信息"《红楼梦》"。虽然两句都是主谓句，用的是同一些词语，语义结构也相同；但是，从表达上看，是不等价的。由此可见，语法分析如果单讲句法分析和语义分析，也还是不完善的，也还没有完成析句的任务；只有在句法分析、语义分析的同时，同步地进行语用分析，才算最后达到了语法分析的目的。

主题是语用分析中的重要概念。它跟主语、施事属于不同平面。主题、主语与施事"是可以独立并存的概念"⑤。主语是属于句法关系的概念，它是与谓语相对而言的，是一种句法成分；施事属于语义关系的概念，它是动作行为的发生者，在与及物动词相联系时，是与受事相对而言的，是一种语义成分；主题是交谈功用上的概念，是交谈双方共同的话题，是句子叙述的起点，常代表旧的已知的信息，它是与评论（对主题的说明，即传递新的信息的部分）相对而言的，是一种语用成分。施事常用来作主语，但主语不一定都是施事（受事、客体、工具、处所、时间等也可作主语），施事也不一定都作主语（也可作宾语、定语等），把主语与施事完全对等起来显然是不对的。施事可作主题，但主题也不一定都是施事，受事、客体、工具、时间等也可以作主题。所以施事与主题也不是对等的。主语与主题常有重合的情形，例如：

　　（1）武松打死了老虎。（施事主语是主题）

　　（2）老虎被武松打死了。（受事主语是主题）

　　（3）《红楼梦》的作者是曹雪芹。（客体主语是主题）

　　（4）小楷笔不能写大字。（工具主语是主题）

　　（5）苏州城里有个玄妙观。（处所主语是主题）

　　（6）三月八日放假半天。（时间主语是主题）

但是，作为语用概念的主题与句法概念的主语也不是完全重合或对应的，主语不一定是主题，主题也不一定是主语，比如"昨天晚上我做了个梦"，这个句子里主语是"我"，主题是"昨天晚上"。主题和主语的区别主要表现在：

1. 主语与作谓语的动词或形容词之间在语义上有选择关系,而主题除兼作主语者外,则没有这种关系;动词形容词可以决定主语,而不能决定主题。例如"暑假里我病了二十多天",这句里与谓语动词发生选择关系的是"我",而不是"暑假里",能说"我病了"而不能说"暑假里病了",所以这句里"我"是主语,"暑假里"是主题。

2. 主题出现于句首,而主语不一定出现于句首。如"昨天来了三个客人",如果在句法平面分析为主谓句,就得把"昨天"看作主题,"三个客人"看作主语;因为和动词"来"发生语义上强制性的选择关系的是"三个客人"而不是"昨天"。

3. 主语前边不能加介词,因此介词结构组成的短语不可能是主语;而主题前边有时可以加上一定的介词。例如"这个问题我还没有研究过""津浦路上他遇见了一位多年不见的朋友",这两句里"这个问题""津浦路上"是主题,"我""他"是主语。如果需要,主题前可加上介词作为标记,如说"关于这个问题……""在津浦路上……"。

4. 主题和主语不重合时,主题处在主谓结构的外层。处在主谓句外层的主题,在句法上可以叫作提示语。例如:

（1）上午我开了一个会。

（2）自行车他骑出去了。

（3）这个人我不认识他。

（4）鱼,鲫鱼最好吃。

（5）这个问题,我们有不同看法。

（6）青春,这是多么美好的时光啊!

（7）他们兄弟俩,哥哥是工人,弟弟是农民。

这些主谓句句首的名词性成分,从语用上看都是主题,从句法上看都是提示语。

语用平面除主题和评论以外,还包括表达重点、焦点、行为类型、口气、增添、变化等等。

表达重点是指句法结构中着重说明的部分,它决定于句子的表达要求。它可以在谓语上,如"他是走了"中的"走";也可以在主语上,如"谁来了"中的"谁"。在偏正结构中,表达重点不等于结构中心(结构的核心成分),它有时在结构中心上;但往往不在结构中心上,如"她是一个美丽的姑娘"中,"美丽的姑娘"是一个偏正结构,结构中心是"姑娘",但句中表达重点却在"美丽"上。焦点是指评论中的重点,也就是新信息里的着重说明之点,实质上也是表达重点的一种。例如"我终于把这本书找到了"中,"这本书找到了"是评论,评论中的焦点是"找到"。如果说"我找到了老张,却找不到老李",这句的焦点就不在"找到"上,而是在"老张"和"老李"上。表达重点、焦点跟语句重音有密切关系,往往通过语句重音显现出来。

行为类型是指句子的表达功能或交际用途。从语用上看,任何句子都是具有一定表达功能的,例如叙述、解释、描绘、提问、请求、命令、致谢、道歉、祝贺、惊叹等等。句子的行为类型跟句子的句法结构类型没有必然的联系,跟语义的结构类型也没有必然的关系。比如"他去北京了?"和"他去北京了。"这两个句子从句法上看都是主谓句,从语义上看"他"都是施事,"北京"都是处所。两句的句法关系和语义关系都相同,所不同的是交际用途:前句表示提问,后句表示叙述或解释。所以这两句从语用上说是不等价的。汉语中表示行为类型的主要手段是语调、语气以及语气词。

口气也属语用范围,它表示句子的"情感评价"。句子可以有种种口气,例如肯定、否定、强调、委婉等等。比如问"他去不去北京?"如果回答"他去的",便是肯定;回答"他不去",便是否定。比如同样表示否定,用"决不""毫不""从不"之类词语,就有强调的口气;用"不大""不太""不怎么"就有委婉的口气。口气通常通过一定的副词性词语来表示。句子需要特别强调的地方,口语里一般用强调重音表示;书面语常用副词"是"(重读)来显示,如"是你不好",强调的是"你","你是不好",强调的是"不好",有时也可用"是……的"这样的格式来表示强调,如"花是红的,草是绿的",强调的是"红""绿"。

由于表达的需要,句子有时还有增添或变化。所谓增添,是指在某个句法结构的前面、中间或后面增添一些词语,或表招呼、应答,或表对情况的推测和估计,或引起对方注意,或表示对某一问题的意见和看法,等等。这就是句子中的插说,一般论著常称之为"独立成分"或"插语"。例如,"这事情办不成了",是客观叙述;但如果插加上"照我看来""依我看"之类词语,就是表示自己的主观看法的。又如"你看,你看,天上有五架飞机",这"你看,你看",也是插说,目的是引起对方注意。所谓变化,是指变一般的句型为特殊的句型。例如倒装句"写得多好啊,这篇文章!"这是为了表示强烈的感情而变动语序的。也有为了想急切地需要知道新信息而倒装的,如"来了吗,他?"这都是语用的需要而有此变化的。

语用分析与语境(包括题旨情境)有密切的关系,因为说话的形式总是根据交际表达的需要并受一定的说话环境制约的。比如"你好",在"你好,他不好"中是一种意思;在表示问候时礼貌地说一声"你好!"又是一种意思;在《红楼梦》里说到黛玉快气绝时叫道:"宝玉! 宝玉! 你好……",这又是另一种用法了。又如受事让它处在宾语的地位还是处在主语的地位,说话用强调的口气还是委婉的口气,主题是用施事、受事还是处所等等,都要根据交际表达的需要,随情应境地处置一切词语,选择相宜句式,使用适当的语气和口气。

(四)

句法、语义和语用三个平面既有区别也有联系。对句子进行语法分析必须严格区分这三个平面,又应看到它们之间的密切联系。不加区别混在一起,就失之于笼统;不看到它们之间的联系而孤立起来,就失之于片面。但三者之中,句法是基础,因为语义和语用都要通过句法结构才能表现,而要了解语义或语用,也往往离不开句法结构。人们常用变换的方法来了解语义和语用,但变换也离不开句法的。例如单独一个"母亲的回忆",是一个歧义结构,因为有两种可能的变换:假如变换成动宾结构"回忆母亲",则"母亲"是受事;假如变换成主谓结构"母亲回忆",则"母亲"是施事。又如语用上的倒装句"怎么啦,你?"可通过变换得出正式句"你怎么啦?"可见语义和语用的分析都离不开句法分析。但语义分析和语用分析终究是跟句法分析属于不同平面的,只有抽象的句法关系而无语义语用的句法结构,不可能成句,只进行句法分析而不进行语义和语用的分析,也不是缜密的句子分析。打个比方,如果把句法平面比作句子的躯干,不妨把语义和语用比作两翼。一个句子既有躯干又有两翼,才能"起飞",才能交际。因此,句子分析必须以句法为基础,同时又兼顾到语义分析和语用分析,并尽可能使三者既区别开来又结合起来。

传统语法学主要讲句法,有时也讲一点语义(如施事、受事等),有时也讲一点语用(如陈述、插说、语气、口气等),但总的来说,对语义、语用的分析还是比较零散的,更没有有意识地区别三个平面。要使语法学有新的突破,在语法研究中必须自觉地把三个平面区别开来;在具体分析一个句子时,又要使三者结合起来,使语法分析做到形式与意义相结合、静态与动态相结合、描写性与实用性相结合;这样,语法分析也就更丰富、更全面、更系统、更科学。究竟怎样才能使三个平面结合起来,是需要花大力深入研究的。这里,我们想谈几点原则性的想法。

1. 要注意三个平面的互相制约、互相影响。这表现在:

首先,句法和语义是互相制约的。例如"我想他"里,"我"是施事,"他"是受事;而"他想我"里,"他"是施事,"我"是受事,"我"与"他"在这两句里语义的不同是由它们在句法结构里的地位不同决定的。又如能说"喝水""吃饭"这样的动宾结构,但不能说"喝电灯""吃思想",这是因为"电灯""思想"不能作"喝""吃"的受事。动词和名词能否构成动宾结构,取决于它们语义搭配的可能性。

其次,句法和语用也是互相制约的。语用离不开句法,任何语用上的东西,都是附丽在一定的句法结构上的,例如评论,一般总是以谓语的形式出现,焦点一般在谓语之中,主题或者与主语重合,或者是某种特殊的句子成分。反之,句法形式有时也可能由于语用的需要而改变常规,如变式句便是明证。又如名词在动谓句中不能作谓语,但由于语用的需要也有临时转用作动词用法的,如"春风风人"中的后一个"风"便是。

再次,语义和语用也是互相制约的。比如"胖的人很瘦",从语义上看是有问题的,但若说成"胖的人很瘦是一句矛盾的话",这句子就能成立,这是语用决定的。又如"你真坏",原来的字面意义是讲"你"是"坏"的人;但若是恋人之间交谈,女的撒娇地对男的说一声"你真坏",这话并不是真的讲男的"坏"。这都是受语用的影响而引起的。相反,语用也受语义的制约。比如,如果要说小张的身体比小李的身体健康,交际上为了省力简洁,有时可省略为"小张的身体比小李健康"。但如果要说小张的妈妈比小李的妈妈漂亮,就不能说成"小张的妈妈比小李漂亮",这是由于语义的关系。

2. 对具体句子进行分析时,可以同时从三个不同的平面或角度进行分析。例如"鸡,我不吃了",从句法上分析,这是一个主谓句,主语是"我",谓语是"不吃","鸡"是提示语(特殊成分);从语义上分析,"我"是"吃"的施事,"鸡"是"吃"的受事;从语用上分析,"鸡"是主题,"我不吃了"是评论,"不吃"是焦点。又如"张三批评了李四",从句法上看,"张三"是主语,"批评了李四"是谓语,"李四"是宾语;从语义上看,"张三"是"批评"的施事,"李四"是"批评"的受事;从语用上看,"张三"是主题,"批评了李四"是评论。

3. 语序作为一种语法手段,也可以从三个平面进行分析。比如"好天气"与"天气好",意思一样,但句法结构不一样,前者是偏正结构,后者是主谓结构。这种语序的变化是属于句法上的。比如"狗咬猫"与"猫咬狗",句法结构相同,但语义不一样:前者"狗"是施事,"猫"是受事;后者"猫"是施事,"狗"是受事。这种语序的变化是属于语义上的。比如:"你的书找到了没有"与"找到了没有,你的书?"这两句基本意思一样,句法结构也一样,都是主谓句,但主语和谓语的位置不一样。这种位置的颠倒,反映着说话者心情不一样:前者表示一般的发问;后者表示急迫的发问,这是说话者对客观事物的态度引起的,因为他非常关心并急于想知道"这本书"的情形。这种语序的变化是属于语用的。

4. 虚词是一种语法手段,也可以从三个不同的平面进行分析。有些虚词的运用关涉到句法的。例如"的"常作为偏正结构的标记:"读书"是动宾结构,"读的书"便是偏正结构;"狐狸狡猾"是主谓结构,"狐狸的狡猾"便成了偏正结构。又如"和"常作为并列结构的标记,"学生的家长"是偏正结构,"学生和家长"就是并列结构。有些虚词的运用关涉到语义的。例如介词"被"后边出现的名词性词语是施事,"老虎被武松打死了","武松"就是施事;介词"把"后边出现的名词性词语一般是受事,"武松把老虎打死了","老虎"就是受事;介词"在"后边出现的名词性词语是处所或时间,"他在北京工作","北京"是处所,"他喜欢在晚上工作","晚上"是时间。有些虚词的运用关涉到语用的。例如"关于""至于"是点明主题的,都是主题的标记。"关于这个问题,我们要研究研究"里,"这个问题"是主题;"至于那件事,我是不放在心上的"里,"那件事"也是主题。

5. 分析具体句子合格不合格或者说是不是病句,应该从三个不同的平面进行综合分析。一个句子合格不合格,在交际中管用不管用,一是要看句法上词语间结合得妥当不妥当,二是要看语义上词语间搭配得合理不合理,三是要看语用上词语安排得适切不适切。凡符合妥当、合理、适切三个条件的句子,可以说是一个合语法的比较好的句子;反之,可能是一个不合语法的句子或是一个有语病的句子。

有的句子有问题,毛病出在句法上。例如"我参加这次会议,感到非常荣誉和高兴",这句里"荣誉"一词在句法上有问题:一则,它是名词,不能作动词"感到"的宾语("感到"后边应带谓词性宾语);二则,名词不能跟副词相结合,但"荣誉"却和副词"非常"结合,这就不妥当。有的句子有问题,毛病出在语义上。例如"自行车和体操、田径、游泳住在一幢楼里",这句里的动词"住"要求有生名词(施事)作主语,但"自行车、体操、田径、游泳"都不是有生名词,都不是施事,它们作主语当然不合理。有的句子有问题,毛病出在语用上。例如"你马上给我回来!"这句话本身在句法上、语义上都是没有什么问题的,如果用在长辈对小辈,也还是可用的,但如果小辈对长辈说这样的话,就显得极不礼貌,语用上就不适切。在这里,请让我们说一个小故事作为本节的结束语:某人请甲乙丙丁吃饭,甲乙丙三人都来了,只有丁还没有来。某人等得不耐烦,自言自语地说"该来的还没来。"甲听到这话,以为某人讲他不该来,就悄悄地从后门走了。某人见甲走了,又自言自语地说:"不该走的走了。"乙听到这话,以为某人讲他,也偷偷地从后门走了。某人见乙走了,对着丙说:"我又不是说他们两个。"丙一听,以为某人是针对他讲的,一气之下也走了。结果客人都走光了。某人一共讲了三句话"该来的还没来""不该走的走了""我又不是说他们两个",这三句话从句法、语义而言,本无可指摘。但在那样的语境中,只顾自己说话,不顾听者会怎样理解,结果三句话气走了三位客人,这就是某人不讲究语用而引起的后果。

附 注

① 方光焘《体系和方法》,《中国文法革新论丛》第 52 页,中华书局,1958。

② 朱德熙《汉语句法中的歧义现象》,《中国语文》1980 年第 2 期。

③ 方光焘《关于上古汉语被动句基本形式的几个问题》,《中国语文》1961 年第 10、11 期。

④ 参看文炼《词语之间的搭配关系》,《中国语文》1982 年第 1 期;廖秋忠《现代汉语中动词的支配成分的省略》,《中国语文》1984 年第 4 期。

⑤ 汤廷池《主语与主题的划分》,《国语语法论文集》第 76 页,台湾学生书局,1979。

参考文献

赵元任《汉语口语语法》,商务印书馆 1979。

吕叔湘《汉语语法分析问题》,商务印书馆 1979。

朱德熙《现代汉语语法研究》,商务印书馆 1980。

汤廷池《国语语法论文集》,台湾学生书局 1979。

乔姆斯基《句法结构》,中国社会科学出版社 1979。

胡附、文炼《句子分析漫谈》,《中国语文》1982 年第 3 期。

胡壮麟《语用学》,《国外语言学》1980 年第 3 期。

F. R. Palmer《语文学》,《国外语言学》1984 年第 1、2、3 期。

（原载《新疆师范大学学报》1985 年第 2 期）

现代汉语词类问题考察*

胡明扬

§1. 现代汉语词类研究的现状和问题

现代汉语词类问题至今还没有得到多数人同意的妥善解决,这就影响到建立一个能得到公认的,并且在实践中基本可行的语法体系。但是,词类问题经过长期研究,又经过 30 年代和 50 年代两次大讨论,有些理论问题已经逐步接近解决,尽管还有不少具体问题没有很好解决。所以,目前迫切需要做一些踏踏实实的具体工作,以便检验和修正已有的理论观点,而一些长期以来困扰语法学界的具体问题则更需要根据一定数量的语言材料进行深入的考察,寻找可能的解决途径,或采取某种处理办法,然后再在语言实践中去加以检验和修正。

和词类有关的理论问题实际上只有两个:1)划分词类的目的问题,也就是词类和句法分析之间的关系问题;2)划分词类的标准问题。

划分词类的目的,或者说词类和句法分析之间的关系问题,是和词类问题有关的带根本性的理论问题。语言中的语汇单位可以为了不同的目的,根据不同的标准,作出各种不同的分类,而词类不是一般的分类,划分词类的目的是为了进行句法分析,因此词类和句法分析是相互依存不可分割的。这一点早在 30 年代末的文法革新讨论中就已经有了明确的阐述。陈望道根据索绪尔组合关系和聚合关系的理论明确指出词类就是一种聚合类,而聚合类只能在组合关系中来确定,反之,组合关系又体现为聚合分类,也就是词类的线性序列。①这就是说,划分词类不是为分类而分类,而是为了进行句法分析,因此划分词类必须考虑句法分析的需要,而不能脱离句法分析的需要来划分词类。在相当长的一段时间里很多人还不熟悉索绪尔关于组合关系和聚合关系的理论,因此不自觉地把词类问题和句法分析割裂开来,单纯就词类问题讨论词类问题,甚至认为词类问题和句法分析无关,走了一段为分类而分类的弯路。

划分汉语词类的标准问题经过 30 年代和 50 年代的两次大讨论,意见也在逐步接近,但是直到现在仍有较大分歧。目前大致可分成两派:一派是多重标准派,一派是单一标准派。

多重标准派主张综合运用多重标准来划分词类,但是具体采用哪些标准,多重标准中侧重哪一种标准,意见还不完全一致。有人主张从意义着手,兼顾形态和语法功能;有人主张从形态着手,兼顾语法功能和意义;有人主张从语法功能着手,兼顾形态和意义。

单一标准派主张采用单一标准来划分词类。主要的一种意见认为划分词类只能采用语法功能标准,但是不同的人对"语法功能"又有不同的理解。有人认为语法功能主要是短语组合功能,有人认为语法功能主要是句子成分功能,还有人认为语法功能应该既包括句子成分功能,又包括短语组合功能。另外,这一派在单一标准的适用范围上也有不同意见,有人主张在划分词类和处理兼类问题上都坚持采用单一的语法功能标准,有人则在划分词类时坚持单一的语法功能标准,但是在处理兼类问题时由于遇到了一些具体困难,就主张采用意义标准。

---

* 本文依据的材料和数据来自国家对外汉语教学领导小组办公室资助的"对外汉语教学语法词类问题计算机辅助研究"项目的研究成果,该项目的研究论文将结集出版,但目前均未发表,因而没有一一注明出处。

　　词类问题不仅有理论问题,也有很多具体问题,而理论问题和具体问题又是无法完全截然分开的。如成为当前词类问题的症结的兼类问题,就既是一个理论问题,又是一个具体问题。有的具体问题可以说是非实质性的,如各类的名称术语问题,大类小类的数量问题。

　　具体问题和理论总有不同程度的联系。理论问题没有解决会影响具体问题的处理,而具体问题得不到解决,或者遇到较大的困难,也会影响理论问题的解决,或者影响语法学家的理论观点。就目前的情况来看,究竟应该重点解决什么问题,恐怕见仁见智,很难有统一意见,而且也很难说哪种意见绝对正确,哪种意见绝对错误。我们认为,继续进行理论探讨还是有必要的,但是正如吕叔湘先生早就指出过的:"认识问题的复杂性,我想,该是解决问题的第一步。第二步呢,就要占有材料。说句笑话,咱们现在都是拿着小本钱做大买卖,尽管议论纷纭,引证的事例左右离不了大路边儿上的那些个。而议论之所以纷纭,恐怕也正是由于本钱有限。必得占有材料,才能在具体问题上多做具体分析。"② 因此我们想就一些具体问题进行一些具体的考察。

§2. 考察的理论原则和方法

§2.1　理论原则

　　在对词类问题进行考察时我们遵循以下各项理论原则。

　　1. 词类是在组合关系中根据组合特征类聚而成的聚合类,而组合关系正是由于不同聚合类的线性序列来体现的。因此,词类只能根据句法功能,也就是组合功能来划分,而这样划分出来的词类的线性序列就必然体现为一定的句法组合关系,也就是一定的句法结构。正因为如此,词类和句法结构,聚合关系和组合关系,是不可分割的,互相依存的。

　　2. 句法功能特征,或者说分布特征,都指的是全部功能特征,全部分布特征的总和。但是这就缺乏可操作性。因此语法学家在划分词类时采用的只能是典型的句法功能特征或分布特征。典型的句法功能特征或分布特征应该包括句子成分功能和短语组合功能,因为句法分析应该能根据词类序列判定句法结构。从这个意义来说,词类的划分是为句法分析服务的,词类的划分应该和句法分析协调一致,应该有利于句法分析。一般来看,句子成分功能对某个词类来说容易具有普遍性,但缺乏排他性,而短语组合功能,包括所谓鉴定词以及一些近似词尾的助词,由于是有意选定的,大多具有较好的排他性,但是又缺乏普遍性。因此,应该既考虑句子的成分功能,又考虑短语组合功能,把两者有机地结合起来。

　　3. 语言既有系统性的一面,又有非系统性的一面,既有相对静止的一面,又有绝对流动的一面。目前比较成熟的语法理论和分析方法大多是以语言的系统性和静止性为前提的。这些理论和方法都要求对语言事实作出全面充分的解释,要求没有无法解释的例外,还要求事事"非此即彼","说一不二"。这是现代语言学在语法研究领域内日趋科学化和精密化所取得的重大进展。但是由于语言有非系统性的一面,有绝对流动的一面,实际上这是不可能完全做到的。因此,应该留有余地,区分一般和特殊,常规和例外,不能处处"非此即彼","说一不二"。

　　4. 词类体系是语法体系的一个有机的组成部分,词类体系应该和句法分析体系协调一致。任何语法体系,包括词类体系在内,都只是语法学家根据主观认识构拟的语法模型。不同学派的语法学家会构拟不同的语法模型。一种语法模型在多大程度上符合客观实际,最终只能通过实践来加以检验。

§2.2　考察方法和步骤

　　考察的具体方法和步骤是:

　　1. 在前人研究成果的基础上进行考察,用语言事实去检验前人的观点和结论,"择其善者而从之,其不善者而改之。"

　　2. 某一类词的范围不清楚时,根据各家意见先在最大范围内进行考察,逐步缩小范围。

　　3. 能找到规律的尽可能找规律,实在找不到规律的进行统计分析。

　　4. 能解决的尽可能解决,解决不了的不强加解释,但可以提出某种处理意见。

§3. 考察结果

现有的各家词类体系,不管采用什么样的分类标准,总的说来是大同小异的。在第一个层次上分几类,分多分少有差别,名称术语有差别,但是结合第二个层次上的小类或附类一起来考虑,这些差别就大多是非实质性的,因为大类和小类在不同的词类体系中可以上下浮动,两者之间并没有绝对的界限,所以是非实质性的。

现在意见分歧而争议较多的是三大类实词的句法功能问题,兼类问题,还有某些类的范围和划界问题。我们考察的重点就是这些意见分歧而争议较多的问题。我们明白这些问题本身非常复杂,是很不容易解决的,所以只希望通过具体考察,对问题的症结有进一步了解,对某些问题能提出某些处理意见,而大多数问题都还需要有更多的人进行更深入的研究才有可能逐步找到多数人能认可的解决办法。

§3.1　三大类实词的句法功能问题

50 年代以前占主导地位的语法体系实际上同时有两个不同的词类体系,在讲词类的时候用的是一个体系,在进行句法分析的时候用的是另一个体系。讲词类的时候用的体系按意义标准分类,所以可能做到"词有定类",但是这样的词类体系在讲句法分析的时候用不上,因为不是根据句法功能分类的,"类无定职",那就无法根据词类序列去判定句法结构。因此,在进行句法分析的时候不得不使用另一个词类体系,改用句子成分功能来定类,也就是先根据全句的意义确定句子成分,然后根据句子成分功能给有关的词定类,这样可以做到"类有定职",但是导致了"词无定类",并且这样的词类体系要求确定句法结构关系,然后再定类,而且还认为"离句无品",那么对句法分析实际上起不到任何作用,因为在进行句法分析以前还没有词类,也一样无法根据词类序列来判定句法结构。50 年代以后,特别是到了 80 年代,占主导地位的语法体系,在词类问题上采用了一种不彻底的句法功能标准,也就是在确定分类原则的时候采用句法功能标准,但是在确定单词归类的时候,由于非形态语言单词的多功能现象,担心会导致"词无定类",因而改用词义标准,力求定于一类,结果尽管大体上做到了"词有定类",却导致了"类无定职"。这样的词类体系由于夹杂了意义标准,和句法功能之间缺乏紧密的联系,因此也一样无法用来根据词类序列判定句法结构关系。这样,语法学家就陷入了一种两难的境地,做到了"词有定类"就"类无定职",做到了"类有定职"就"词无定类"。怎样做到既"词有定类"又"类有定职"对一种非形态语言来说的确难上加难。这一切究其根本都是由非形态语言单词在句法上的多功能现象造成的。因此我们首先要对这种单词在句法上的多功能现象进行考察,看看究竟严重到什么程度,能不能加以适当处理,找到一种可能的解决办法。

根据现行的语法体系,三大类实词几乎是无所不能的,形容词和动词可以充当任何一种句子成分,名词也一样,只是不能充当补语而已。但是三大类实词充当不同的句子成分的实际出现率却并不是一样的。莫彭龄和单青的统计如下:③

	主语	谓语	宾语	定语	状语	补语
名　词	21.2	0.18	49.04	20.9	6.5	0
动　词	0.91	76.7	2.86	6.52	7.15	5.88
形容词	1.72	26.2	6.03	42.0	19.1	4.8

如果贯彻区分一般和特殊的原则,名词的句子成分功能是用作主语、宾语和定语,动词的句子成分功能是用作谓语,形容词的句子成分功能是用作定语和谓语,那么尽管词类和句子成分功能不是简单一对一的对应关系,也可以说是"类有定职",只要对一些"特殊"现象进行深入考察,作出适当的处理,"类有定职"的要求就可以得到更好的满足,那样就有可能根据词类序列来判定句法结构。

§3.1.1　名词的句法功能

名词用作谓语的是"我北京人""今天清明"这一类句子中的用法。在一个承认有基本句式和变式的语法体系中,这一类句子可以作为系词句来处理,名词就不再用作谓语。一般说来,能用作谓语的也可用作补语。名词不能作补语正说明名词本身没有谓词性。

名词用作状语的可能性是 6.5%，不算低，不过这里牵涉到一个统计标准问题。莫彭龄、单青的名词包括方位词、时间词和处所词，这三类名词可以用作状语，如果剔除这三个附类的用例，名词用作状语的可能性就微乎其微了。但是有少数名词是可以用作状语的，如"集体参加"（某个组织）、"重点解决"（某个问题）、"原则通过"（某项决议）等等中的"集体""重点""原则"等等。我们统计了 3 892 个名词，能直接用作状语的只有 64 个左右，只占 1.6%。这部分名词完全可以处理为兼类词。那样就名词的主体部分而言就不具有用作状语的句法功能，名词也就相对而言"类有定职"了。名词的句法功能是用作主语和宾语，大多数名词可以用作定语，大多数名词可以带名量词。在考察过程中发现有相当数量的名词不能用作定语，还有相当数量的名词不能带名量词，这两项都缺乏普遍性。

§3.1.2　形容词的句法功能

语法学界关于形容词的句法功能存在分歧意见。早期的汉语著作大多认为形容词的主要句法功能是用作定语，但是吕叔湘先生在《中国文法要略》中认为形容词做定语和谓语的时候多。[④]后来赵元任先生研究口语语法就认为形容词主要用作谓语，朱德熙先生把形容词和动词归并为谓词，也认为形容词的主要句法功能是用作谓语，并且认为名词和数量短语才是典型的定语。[⑤]现在多数人也认为形容词的主要句法功能是用作谓语。但是莫彭龄、单青的统计数据给我们提出了问题。形容词用作谓语的出现率是 26%，用作定语的出现率为 42%，也就是说，形容词用作定语的出现率大大高于用作谓语的出现率。这样，我们就不能不考虑形容词做定语的句法功能而只考虑形容词做谓语的句法功能。为了慎重起见，我们单独进行了一次统计。我们对典型的书面语材料分别进行统计，再合起来进行统计。结果是：在口语材料中用作谓语的出现率是 53.4%，用作定语的出现率是 27.9%；在书面语材料中，用作谓语的出现率是 17.4%，用作定语的出现率是 52.4%；口语材料和书面语材料合在一起统计，用作谓语的出现率是 34.1%，用作定语的出现率是 41.2%。我们的统计结果和莫彭龄、单青的统计结果是接近的，但是我们对口语材料和书面语材料先分开统计，就显示出形容词在同语体的语言材料中句法功能有明显的差异：在口语材料中主要用作谓语，在书面语材料中主要用作定语，在混合材料中用作定语的机会比用作谓语的机会还是要多一些。这样看来，如果我们研究和处理的主要是书面语而不是口语，那么就不能无视形容词用作定语这种句法功能。因此，在我们的词类体系中，形容词就是既能做定语又能做谓语的一类词。当然，这里所说的形容词指的是通常所说的性质形容词，在这一点上前人和各种统计对形容词也是这样理解的。

按莫彭龄、单青的统计，形容词用作状语的出现率高达 19.1%。这里边有一个统计标准问题。他们是把加"地"的形容词一律按形容词计算的。不少语法著作也是这样处理的，所以有些语法著作甚至说形容词大多能用作状语。我们认为加"地"和不加"地"完全不一样。因此，我们认为只有形容词直接用作状语才能算形容词做状语的用例。我们的统计结果是：形容词用作状语的出现率，在口语材料中是 3.4%，在书面语材料中是 11.3%。另外，我们还统计了 1 115 个性质形容词，能用作状语的有 168 个，占 15.1%。这部分形容词可以处理成兼类词，那样，形容词就没有用作状语的功能了。实际上经常用作状语的形容词是一小部分表示数量、时间、方式、范围的形容词，如果把这部分形容词从性质形容词中分出去，把用作状语的功能归属于有关的小类，那么能用作状语的性质形容词就更少了。

大部分补语具有谓语性，所以能做谓语就自然能做补语。形容词能做补语可以说是形容词能做谓语决定的。因此可以不必单独考虑形容词能做补语的功能。

一般认为性质形容词都能做定语，那是不考虑做定语时加"的"不加"的"的区别的。如果认为有"的"和没有"的"是两种完全不同的结构，那么现在所谓的性质形容词就有几百个不能直接做定语，必须加"的"才能做定语，如"严肃""大方""美丽"等等。还有的即使加"的"也不能做定语，还必须在前面加程度副词，如"惨""昂贵"等等。还有的在任何情况都不能做定语，如"陋""盎然""昏沉"等等。这些不能直接做定语只能做谓语的形容词是唯谓形容词。但是这样处理，唯谓形容词的数量就多一点。再者就"漂亮"和"美丽"这两个意义很接近的形容词来看，"美丽"必须加"的"才能用作定语，"漂亮"可以加"的"，也可以直接用作定语，似乎仅仅是由于语体不同。"漂亮"是口语，"美丽"是书面语，而书面语总用得比口语少，所以要加"的"，用多了，也许就可以不加"的"。这样，我们对形容词做定语加"的"不加"的"开了特例，暂且不加区分，所以只把加了"的"也不能做定语的归为唯谓形容词。这样做也是为了随俗。

　　形容词还有一个可以不可以带宾语的问题。语法学界有两种意见。一种意见认为形容词带宾语是形容词固有的句法功能。一种意见认为形容词不能带宾语,带宾语的形容词不再是形容词而是及物动词。我们考察了"形+宾"的各种情况,看看有没有规律性,如果有比较明显的规律性,那么不妨处理为形容词的一种特殊用法。我们统计了"形+宾"的各种用法,发现66%是使动用法,但是还有34%的用法一时还找不到可以简单清楚地加以概括的规律性。这样看来,处理成形容词一种特殊用法不太行。我们又统计了在性质形容词范围内究竟有多少可以带宾语,统计结果约占14%,可以说是少数。考虑到让这少数形容词兼动词不至于引起混乱,同时又维护了形容词不带宾语的特点,处理成兼类词好一些。

　　形容词带动态助词"了、着、过"等以后不再表示静态的性质而表示动态的过程。这样一些形容词是不是不再是形容词而成了动词?这在语法学界也有不同意见。现在,大多数语法学家认为形容词本来就可以带动态助词,所以不能说带了动态助词就成了动词。但是究竟形容词是不是都能带动态助词,有多少形容词能带动态助词,还是心中无数的。我们这次考察了 1 360 个形容词,结果是:能带"了$_1$"的占(474/1 360＝)34.85%,能带"过"的占(331/1 360＝)24.34%,能带"起来/下去/下来"的,占(195/1 360＝)14.34%,能带"着"的,占(46/1 360＝)3.38%。合在一起去掉交叉用例,形容词能带动态助词"了$_1$/着/过/起来/下去/下来"的共 560 个,占 41.18%。句末的"了"有的是语气助词"了$_2$",有的是"了$_1$＋了$_2$"。形容词能带"了$_1$＋了$_2$"的占(110/1 360＝)8.09%。这两部分加在一起共占 49.72%,接近半数。这样看来,形容词带动态助词不宜处理成兼类。

　　形容词用作主语的出现率是 1.72%,用作宾语的出现率是 6.03%。用作主语的可能性很小,并且主要见于书面语。用作宾语的除一部分小句谓语和形名兼类词外,还有一部分应该承认是形容词,尽管在语言教学用的语法体系中可以作出某种处理,如称之为"名物化用法"或"形名词用法"等。不过形容词用作主语和宾语毕竟是少数,可以根据区分一般和特殊的原则处理,在计算机处理自然语言用的语法体系中可以给出用作主语和宾语的概率。

　　形容词和名词的兼类问题将在下一节讨论兼类问题时讨论。

§3.1.3　动词的句法功能

　　动词是用作谓语的一类词,大多数的动词能带"了、着、过"。就动词能用作谓语而言,历来没有争议。但是形容词也能用作谓语,这就有一个划界问题。如果说形容词既能用作谓语又能用作定语,而动词只能用作谓语不能用作定语,那么动词和形容词就可以分开。至于不少人认为名词、数词、数量短语、"的"字结构等等都可以用作谓语,这一方面可以用基本句式和变式来处理,一方面也可以根据区分一般和特殊的原则来处理。事实上,不考虑一般和特殊,常规和例外,最彻底的分类是一个词一个类,否则就无法分类。

　　按莫彭龄、单青的统计,动词用作状语的出现率是 7.15%,这是因为他们把助动词和动词之间的关系作为"状+动"来计算的。如果把助动词加动词处理成一种特殊的动词短语或其他关系,那么动词用作状语的可能性就很小了,出现率会大大降低。少数动词能用作状语可以处理成兼类词。

　　动词用作定语的问题很复杂。首先是加"的"后用作定语算不算动词用作定语,莫彭龄、单青是把动词和动词短语加"的"后用作定语都算动词用作定语的,如果这部分不算,动词能直接用作定语的出现率就会更低,就可以按一般和特殊的原则来处理。但是像"生产关系""生产价格"里面的"生产"怎么算?"计划经济""计划项目"中的"计划"算是动词用作定语,还是动名兼类词用作定语?这一类情况不仅牵涉到动名兼类问题,还牵涉到现代汉语的词和短语的区别问题,专业用语和术语的内部结构问题。这些问题一时解决不了,只能存疑。

§3.2　兼类问题

　　兼类问题的焦点在动名兼类和形名兼类,尽管几乎大多数词类大类之间和小类之间都有兼类问题。我们只考察了动名兼类和形名兼类问题。

§3.2.1　动名兼类问题

　　我们按以下三项标准对 3 036 个动词进行考察:1)能带名量词(万能的"种"和特殊用法的"个"除外),2)能直接做"有"的宾语并能受前置动量词修饰,3)能直接受名词修饰并能受前置动量词修饰。结果如下:

符合两项或两项以上标准的动名兼类词

	口　语	书　面　语	合　计
单音节	31/687 = 4.51%	4/83 = 4.82%	35/770 = 4.55%
双音节	8/319 = 2.51%	349/1 947 = 17.93%	357/2 266 = 15.75%
合　计	39/1 006 = 3.88%	353/2 030 = 17.39%	392/3 036 = 12.91%

只符合一项标准的动名兼类词

	口　语	书　面　语	合　计
单音节	33/687 = 4.08%	7/83 = 8.43%	40/770 = 5.19%
双音节	17/319 = 5.33%	530/1 947 = 27.22%	547/2 266 = 24.14%
合　计	50/1 006 = 4.97%	537/2 030 = 26.45%	587/3 036 = 19.33%

不论是12.91%或19.33%,都还是少数,可以处理或动名兼类词。

　　我们采用这三项标准并不是因为这是唯一科学的标准,而是估计这三项标准多数人能接受。我们对后两项标准附加了"并能受前置动量词的修饰"的条件是因为在一个语言教学用的语法体系中最好只承认那些相对稳定下来的兼类词是兼类词。动词和形容词向名词漂移是一种欧化语法现象,不少动词和形容词正处在向名词漂移的过程中,因此必须有一定的标准来判断是不是这种漂移过程已经相对稳定下来了。但是在一个计算机处理自然语言用的语法体系中就不一定这样要求,而应该反映有没有用如名词的可能性,那样才便于进行形式分析。

　　我们还统计了不可能和不大可能兼名词的动词的数量。大多数口语动词和关系动词、助动词、本身带文言介词"于"和"以"的动词(如"勇于""给以"等),还有相当一部分动结式的动词都不可能或不大可能兼名词。书面语双音节动词大多有可能兼名词,不大可能兼名词的有218个。不可能和不大可能兼名词的口语动词和单音节书面语动词有1 032个。这样,加在一起共1 250个,占41.17%。

　　中国软件总公司高级工程师吴蔚天在研制汉英翻译系统时统计了7 568个动词兼名词的情况,结果如下,可资参考。[6]

	单音节	双音节	合　计
总　数	517	7 015	7 568
动名兼类数	76/517 = 14.7%	1 757/7 051 = 24.9%	1 833/7 568 = 24.2%

§3.2.2　形名兼类问题

　　我们对1 538个形容词(包括性质形容词和非谓形容词)按以下四项标准进行考察:1)直接受名量词修饰,2)直接受"很多""许多""不少"修饰,3)直接做"有"的宾语,4)直接受名词修饰。结果如下:

	单音节	双音节	合　计
名量+形	1/290 = 0.3%	10/1 248 = 0.8%	11/1 538 = 0.7%
"许多"+形	3/290 = 1.0%	22/1 248 = 1.8%	25/1 538 = 1.6%
"有"+形	1/290 = 0.3%	21/1 248 = 1.7%	25/1 538 = 1.6%
名+形	1/290 = 0.3%	7/1 248 = 0.6%	8/1 538 = 0.5%
合　计	6/290 = 2%	60/1 248 = 4.8%	66/1 538 = 4.2%

百分之四当然是微不足道的少数,处理成兼类就可以了。

§3.3　助动词、副词、连词、介词的范围问题

§3.3.1　助动词的范围问题

　　助动词的范围很难确定。《现代汉语语法讲话》的助动词范围较窄,一共收了16个,[7]马庆株定的助动词的范围就比较宽,有70来个。[8]助动词又称能愿动词,意思是表示可能和意愿的动词,在语义和句法功能上

有自己的特点。麻烦的是助动词和一些表示语气的副词有时候纠缠在一起,还有的助动词可以跑到主语前面去,如"他应该去"和"应该他去",另外,像"准"和"许"是文言助动词,"甭"和"好"(可以)带方言色彩。这么多问题我们解决不了,只得在前人研究成果的基础上缩小助动词的范围,希望一方面有确定的形式标准来鉴别助动词,另一方面希望助动词在语义上限于表示情态和语气,那样,在对全句作出语义解释时能够把有关助动词这部分语义内容提出去,也就是能解释成"命题+情态(和语气)"。这当然只是一种处理方式,别人可以有别的处理方式。

§3.3.2　副词和连词的范围问题

副词是只用作状语的一类词。但是能用作状语的不限于副词。副词和方位结构、时间名词、处所名词,还有数量形容词、时间形容词等等之间在用作状语这一点上有交叉,不过前人已经有很多研究成果可以信从,划界并不太困难。比较麻烦的是副词,特别是语气副词和关联副词和连词的划界问题。不少语法体系的副词没有关联副词这样的小类,和连词的界限就更不清楚了。我们认为有必要分出关联副词一个小类,那样,像"只有……才……","即使……也……"等等连锁格式中后面的"才""也"等等也就都是关联副词。还有一种连锁格式,如"又……又……","越……越……"等等我们处理为关联副词的连锁格式而不处理为连词,因为这种格式连接和修饰的是动词和形容词,不能连接名词和句子。

副词和连词在可能出现在什么样的位置上也有纠葛。一般说来,副词不出现在主语前面而出现在主语后面谓语前面,而连词既可以出现在主语前面也可以出现在主语后面谓语前面,但是一部分语气副词也一样既可以出现在主语前面也可以出现在主语后面谓语前面,如"究竟他来不来?"和"他究竟来不来?"等等。这种情况如果限于语气副词还好办,但并不尽然,"忽然"也可以说"忽然天下起雨来了"和"天忽然下起雨来了"。这些问题一时解决不了,我们只得采取列举副词和连词的办法来处理。

像"全速、大力、稳步、阔步"等等尽管在构词方式上有点像非谓形容词,但是只能用作状语,是一批新兴的副词。还有像"大规模""高速度"等等一类名词短语也可以用作状语。这是一种欧化现象,但是不能不考虑。如果要分"语类",应该和副词归为同一"语类"。

§3.3.3　介词的范围问题

介词和动词的划界一直是个难题。不过有一部分文言和近代汉语的介词是比较单纯的,如"自打、从、自从、打从、由、于、由于、对、对于、关于、至于、以"等,还有"往、替、连、把、被、同"等的介词特性也还是比较明显的。这一类也许可以称为纯介词。其他的介词或者介词的特性不明显,偶尔还可以带"了""着""过",或者有时候用作介词,有时候用作动词,就看后面是不是另有作谓语的动词了。不好办的正是这一类亦介亦动的词。把这一类词全归动词,处理成连动式,毕竟和常规动词不完全一样,而且必须会增加连动式分析的困难,还不如把这一类处理成介动兼类词。

§3.4　代词和序列词的立类问题

代词有没有立类的资格一直有争议。传统的语法研究把研究范围限定在句子范围以内。在这个范围内的确找不到代词立类的令人信服的根据。但是如果把 syntax("组合")的范围扩大到篇章,也就是超出句子的范围,扩大到句子和句子之间,那么代词的"组合"功能就是一种篇章连接功能。这就是代词立类的依据。代词还有一种语用功能,那就是在语境中的指称功能。

我们在考察过程中发现"甲乙丙丁"等和"子丑寅卯"等过去没有人明确归类。我们把这两类词称为"序列词",归为数词的附类。不过这两类词还有一些差别:"子丑寅卯"等只有序列作用,"甲乙丙丁"等除序列作用外还有称代作用,如"某甲""某乙"等。"ABCD"等也可以归为序列词。

附:现代汉语词类的大类和附类

1. 名词(附:方位词、时间词、处所词)　2. 形容词(附:非谓形容词、唯谓形容词)　3. 动词(附:助动词、趋向动词)　4. 数词(附:序列词)　5. 量词　6. 代词　7. 副词　8. 介词　9. 连词　10. 助词　11. 叹词　12. 拟声词

附　注

① 参看陈望道《答复对于中国文法革新讨论的批评》和《文法的研究》,载《中国文法革新论丛》,中华书

局,1958年,第234—260页,第273—276页。

② 吕叔湘《关于汉语词类的一些原则性问题》,吕叔湘《汉语语法论文集》(增订本),商务印书馆,1984年,第271页。

③ 莫彭龄、单青《三大类实词句法功能的统计分析》,载《南京师大学报(社会科学版)》1985年第2期,第55—61页。

④ 参看吕叔湘《中国文法要略》(修订本),商务印书馆,1956年,第24页。

⑤ 参看朱德熙《语法讲义》,商务印书馆,1982年,第55页。

⑥ 吴蔚天、罗建林《汉语计算语言学——汉语形式语法和形式分析》,电子工业出版社,1994年,第83页,第155—164页。

⑦ 丁声树等《现代汉语语法讲话》,商务印书馆,1961年,第89—94页。

⑧ 马庆株《能愿动词的连用》,见《汉语动词和动词性结构》,北京语言学院出版社,1992年,第47—65页。

(原载《中国语文》1995年第5期)

虚词研究浅论

陆俭明　马　真

一、虚词研究的重要性

虚词研究是汉语语法研究的重要组成部分。

虚词研究的重要性,首先是由虚词在语言中的重要地位决定的。

虚词是对实词而言的。从数量上看,虚词要比实词少得多,但其重要性,从总体上说不亚于实词,就个体说大大超过实词。拿汉语来说,我们要是取消某些常用实词(如桌子、馒头、电灯、吃、走、好等),对交际当然会有所影响,但不会就此没法说话,只是话要说得啰唆些罢了。可是如取消了"的、了、把、不、也、呢"这些虚词,那影响可就大了,可能因此就无法用汉语进行正常交际。下面几个实例可以让我们进一步体会到虚词在语言中的重要作用:

(1) 我把他叫来了。

(2) 他买的苹果不好。

(3) 社会主义才能救中国。

例(1)去掉"把",这话的意思就不大能用别的话来表达;要是将"把"换成"被",意思就大不相同。例(2)如去掉"的",意思也就完全变了。原是说那苹果不好,去掉了"的",变成他买苹果那件事不好了。例(3)有"才"没有"才",影响到"社会主义"跟"救中国"之间的关系。没有"才",只是说社会主义有救中国的可能;有了"才","社会主义"便成了救中国的唯一条件。上面提到的"把""的""才"都是虚词。

虚词在各种语言里都占极重要的地位,而在汉语中尤其显得重要。汉语就其语法来说是属于分析型的,它"缺少严格意义的形态变化"。[①]汉语既没有俄、法、英诸语言里那种形态标志和屈折变化,也没有日、朝、蒙、土耳其诸语言里那种黏附形式。这样,汉语的虚词就要担负更为繁重的语法任务,起着更为重要的语法作用。因此,要学习、研究汉语语法,就不能不重视对汉语虚词的学习和研究。

汉语的实际运用情况也说明需要加强对虚词的研究。

我们知道,在一般写作中,常常出现这样那样的病句,而由于虚词运用不当所造成的病句(包括不该用某个虚词而用了、该用某个虚词而没有用、该用某个虚词但放得不是地方、该用这个虚词而用了那个虚词、句子里共现虚词不相配,以及没有满足所用虚词的特殊要求等)总是占很大的比例。我们曾统计分析了吕叔湘、朱德熙编写的《语法修辞讲话》一书里所引的病例。该书总共引病例 1 112 个(练习中所引病例未统计在内),这些病例涉及词汇、逻辑、语法、修辞、标点符号等各个方面;属于语法方面的病例有 658 个,其中虚词运用不当的达 337 个,占了病例总数的 30.3%,占了语法方面病例总数的 51.2%。《语法修辞讲话》注重语言的实际运用,偏重于"匡谬正俗",它所引的病例大致反映了我们在语言运用中实际存在的问题。我们还曾对十三名外国留学生和两名外国进修生[②]的 1 464 个有语法错误的病句作了统计、分析(这些病句是他们在一个学期所做的作文和练习中出现的),发现其中由于虚词使用不当而造成的病句竟达 952 个,占 65%。上述事实说明,虚词是汉语学习中的一个难点。因此,不论是我们汉族人要提高文化水平和语文修养,还是外族人要学好汉语,虚词学习都是不可忽视的重要一环。

　　这里必须指出的是,毛病出在学生和写作者的笔下,责任却在汉语教员,特别是语法工作者的身上。下面讲的是一件真事,它很说明问题。某院校有位外国留学生在作文中写了这么个句子:"他这样做是合情合理。"老师批改时在末尾给加了个"的"字,改成"他这样做是合情合理的",并告诉学生说:在"合情合理"前用了"是"字,那么按汉语的习惯后面就要求有个"的"与它相配,构成"是……的"格式;现在缺了这个"的",句子就刹不住,所以要加上这个"的"字。学生记住了,于是,后来在一次作文中他写了这样一个句子:"他这样做是偏听偏信的。"可是这一回老师批改时却把那个"的"字给删去了。学生看了就去问老师,为什么要删掉这个"的"字。老师说:有了这个"的",句子就显得拖泥带水;去掉这个"的",说成"他这样做是偏听偏信",就很干脆、有力。学生感到茫然了,问老师:"您上次不是说前面用了'是',后面要用'的'相配吗?怎么在这个句子里前面用了'是'后面又不能用'的'了呢?"老师被问得一时答不上话来。学生这个问题也确实不大好回答。类似的例子如:

　　(4) a* 我下车后,中国同学热情地帮了我搬行李。

　　　　b 我下车后,中国同学热情地帮我搬行李。

　　(5) a* 昨天你们真是帮我的大忙。

　　　　b 昨天你们真是帮了我的大忙。

为什么例(4)"帮"的后面不能加"了",而例(5)"帮"的后面又得加"了"呢? 虽然我们可以举上一两条理由,但是说实在的,目前还说不清楚,因为我们对这些虚词研究得还很不够。

　　总之,无论从理论上说,或是从实用的角度看,虚词研究不仅是重要的,而且已经成为汉语语法研究中刻不容缓的事了。

　　研究虚词,一方面要力求正确把握每个虚词的意义,另一方面要注意考察每个虚词的用法。下面分别加以说明。

二、怎样把握虚词的意义

　　虚词表示的是抽象的语法意义,一般不易捉摸。要正确把握虚词的意义,最有效的办法是进行具体的比较、分析。举例来说,"常常"和"往往"乍一看似乎意思差不多,例如:

　　(1) a 北方冬季常常会有人因不注意煤气而不幸身亡。

　　　　b 北方冬季往往会有人因不注意煤气而不幸身亡。

　　(2) a 星期天他常常去南河边钓鱼。

　　　　b 星期天他往往去南河边钓鱼。

　　(3) a 每当跳高运动员腾空一跃起跳时,他常常会下意识地抬一下大腿。

　　　　b 每当跳高运动员腾空一跃起跳时,他往往会下意识地抬一下大腿。

单就例(1)—(3)看,似乎"常常"和"往往"都表示某种情况或行为动作经常出现或发生。不少辞书正是按这种理解用"常常"去注释"往往"。[③]如果我们对更多的实例进行一番比较分析,就会发现它们之间的区别。试比较分析下列各例:

　　(4) a 每逢节假日,他常常去刘庄姥姥家玩儿。

　　　　b 每逢节假日,他往往去刘庄姥姥家玩儿。

　　(5) a 他常常去刘庄姥姥家玩儿。

　　　　b* 他往往去刘庄姥姥家玩儿。

　　(6) a 她很少一个人来看戏,常常跟她丈夫一起来。

　　　　b 她很少一个人来看戏,往往跟她丈夫一起来。

　　(7) a 据说她常常来看戏。

　　　　b* 据说她往往来看戏。

不难看出,能用"常常"的地方不一定都能用"往往"。从上面各例 a、b 两句的对比中,我们起码可以获得这样一点认识:当说明某种情况或行为动作通常只在某种条件下才会出现或发生时,方可使用"往往",而"常常"没有这个限制。再进一步作些比较：

  （8）a 每星期六晚上，只要我没有事，就常常到老李家去闲聊。

    b 每星期六晚上，只要我没有事，就往往到老李家去闲聊。

  （9）a 以后，星期六晚上你要没有事，请常常来这儿玩儿。

    b* 以后，星期六晚上你要没有事，请往往来这儿玩儿。

  （10）a 我外甥女放暑假后，常常要在我这儿住上十天半个月的。

    b 我外甥女放暑假后，往往要在我这儿住上十天半个月的。

  （11）a 希望你放暑假后，常常去看看姥姥。

    b* 希望你放暑假后，往往去看看姥姥。

从上面各例a、b两句的对比中，我们可以进一步认识到，"往往"只用来说明根据以往的经验所总结得出的带规律性的情况，"常常"不受此限。

  通过以上对比分析，我们大致可以较好地把握住"常常"和"往往"的语法意义。"常常"强调事情或行为动作发生的经常性和频繁性；"往往"则强调按经验，在某种条件下，情况通常是这样。细细体味，我们将会觉察到，即使像上面所举的（1）、（2）、（3）、（4）、（6）、（8）、（10）各例的a、b两句，也只是表面相通，其意思也并不完全相同。

  类似的例子如"更加"和"越发"。现在通行的字典、词典上，都用"更加"来注释"越发"，给人的感觉是这两个副词的意义一样。事实上，"更加"和"越发"虽然都能表示程度加深，但是用"越发"总与时间因素相联系，"更加"则不受此限。因此下面例句中的"更加"就不能用"越发"替换：

  （12）他的精力比我更加充沛。

  （13）琼斯的汉语说得比杰克更加流利些。

我们对"更加"和"越发"意义上的差异的认识，也是通过对具体实例的比较分析才获得的（详见本书《"更加"和"越发"》篇）。

  再如，许多语法论著或工具书，在解释连词"否则"时，都说它是"如果不这样"的意思，其实这个解释并不很贴切。试比较：

  （14）我们必须努力提高教育、科学、文化在现代化建设中的地位和作用，明确肯定知识分子也是社会主义事业的依靠力量，如果不这样，要实现社会主义现代化是困难的。

  （15）我们必须努力提高教育、科学、文化在现代化建设中的地位和作用，明确肯定知识分子也是社会主义事业的依靠力量，否则要实现社会主义现代化是困难的。

注意，例（14）在"如果不这样"之后还可以插入一个与之平行的在意思上跟它一致的假设分句，形成例（16）：

  （16）我们必须努力提高教育、科学、文化在现代化建设中的地位和作用，明确肯定知识分子也是社会主义事业的依靠力量，如果不这样，如果继续轻视知识、歧视知识分子，要实现社会主义现代化是困难的。

例（15）的"否则"之后就不能插入这样的分句。原因在哪儿呢？原来"否则"是表示"如果不是这样，那么……"的意思。有不少人就是根据目前的语法论著或工具书上的说法去理解"否则"，把"否则"与"如果不这样"等同起来，因而常常用错：

  （17）* 凡事要三思而行，否则如果贸然行事，往往会好心办坏事。

  （18）* 我们一定要反对和抵制各种歪风邪气，否则让形形色色的资产阶级思想自由泛滥，就会腐蚀我们的革命队伍。

这里的"否则"都用得不对，例（17）宜将"否则"删去，例（18）宜换用"如果"。

  上面我们强调了比较分析的重要。说到比较，可以有种种不同的比较。

  一是把彼此同义或近义的虚词放在一起，进行比较辨析。这是最常见的做法。上面所作的比较就都属于这一类。

  二是把说明同一方面问题的虚词放在一起进行比较辨析，以显示这些虚词各自所表示的语法意义。例如在本书所收的《修饰数量词的副词》这一篇中，我们把能用来说明数量的副词放到一起进行比较辨析，就属这一类比较。

三是将意义相对的虚词放在一起进行对比分析,以辨明各自表示的语法意义。譬如比较副词"才"和"就",比较介词"把"和"被",比较语气词"吗"和"呢"等等。

四是把包含有某虚词的句子跟抽掉了该虚词的句子拿来比较,即作有无某虚词的比较,以显示出这个虚词的语法意义。举例来说,口语里有个很常用的句末语气词"好了",例如:

(19)"李老师,这本小说我拿去看看好吗?""你拿去看好了。"

(20)"听说他要去告你。""让他去告好了。我不怕!"

(21)"你别怕,尽管放手干好了,有我们呢!"

(22)"现在一切都准备就绪了,你只管开闸好了。"

(23)"师傅,没米饭了。""没米饭吃面条好了。"

(24)"既然他不愿意带你去,你就自己去好了。"

这个语气词尚未引起语法学界的广泛注意,以往的语法论著很少提到它。它到底表示什么语气呢? 我们不妨将包含"好了"的句子跟不用"好了"的句子比较一下。例如:

你拿去看好了～你拿去看

让他去告好了～让他去告

尽管放手干好了～尽管放手干

你只管开闸好了～你只管开闸

没米饭吃面条好了～没米饭吃面条

通过比较,我们大致可以把握住语气词"好了"的语法意义:表示不介意、不在乎或尽管放心的语气。再如,我们确定"也"的语法意义,基本上也用的这种比较法(详见本书《说"也"》篇)。

上面所提到的这几种比较,彼此不是对立的。采用哪一种比较,要视各虚词的具体情况而定。有时可能要同时运用不同的比较,比如为了把握介词"把"的语法意义,既需将"把"和"被"作比较,也需将用"把"的句子与不用"把"的句子作比较。

要正确把握某个虚词的意义,有时还需注意考察这个虚词使用的语义背景。例如"反而"一词,长期来大家对它表示的语法意义看法很不一致。有的说它表示转折关系,有的说它表示递进关系,有的说它兼表这两种关系,等等。其实这种种说法都欠妥当,根据这些解释外国留学生常常错用"反而",例如:

(25)*我们都以为他会夺得跳高冠军,他反而得了个第四名。

(26)*他竟一个人先去上海玩儿了,反而把我们扔下不管了。

(27)*大家都看电影去了,他反而在宿舍里看书。

如果我们能注意分析一下"反而"在句中出现的语义背景,就能比较正确地把握住"反而"的语法意义。原来,不管"反而"具体出现在什么句式里,它出现的语义背景不变,都是:

A 甲现象或情况出现或发生了;

B 按说〔常情〕/原想〔预料〕甲现象或情况的出现或发生会引起乙现象或情况的出现或发生;

C 事实上乙现象或情况没有出现或发生;

D 倒出现或发生了与乙相悖的丙现象或情况。

根据"反而"在句中出现的语义背景,"反而"表示的语法意义大致可表述如下:表示所出现或发生的情况、现象跟所预料的或按常情应出现的结果相反(详见本书《说"反而"》篇)。

再如连词"况且",一般人都不太会用,而一般工具书往往用"而且"来注释"况且",或只是一般地说"表示更进一层"。这样,不少人把"况且"跟"而且"视为同一而错用。例如:

(28)*陈老师很欢迎大家提问题,况且鼓励大家多提问题。

(29)*雨来很勇敢,况且也很机智。

(30)*我很早就知道中国不但有光辉灿烂的文化,勤劳勇敢的人民,况且有许多游览胜地,所以我一直希望能到中国来,这个愿望今天终于实现了。

如果我们能考察一下"况且"出现的语义背景,就能比较好地掌握"况且"的意义和用法。"况且"在句中使用的语义背景是：

　　A 说话人是在申述理由（或叙述原委）；

　　B 说话人已将主要理由摆出来；

　　C 说话人为使理由更充分而需要进一步追加或补充某些理由。

"况且"一词就用在追加、补充理由的分句或句子里。例如：

　　（31）拉车的方法，以他干过的那些推、拉、扛、挑的经验来领会，也不算十分难。况且他有他的主意：多留神，少争胜，大概总不会出了毛病。（老舍《骆驼祥子》）

　　（32）糊涂涂虽然心里有事睡不着，只是上了几岁年纪，半夜三更不想磕磕撞撞出来活动，况且使唤惯了孩子们，也有点懒，只是坐在炕沿上叫有翼。（赵树理《三里湾》）

　　（33）……无论如何，我明天决计要走了。况且，一想到昨天遇见祥林嫂的事，也就使我不能安住。（鲁迅《祝福》）

可见，说"况且"表示递进关系，这虽不能说不对，但未免太笼统；而说它表示"更进一层的意思"，未免有些不确切。第一，它不是一般地表示递进；第二，没有"更"的含义在里边。确切地说，"况且"表示进一步申述理由——在主要理由之外再追加或补充某些理由。因此，一般表示递进关系时不能用"况且"，只能用"而且"；"况且"只用在申述理由的句子里。这里附带要指出的，"况且"不能与连词"不仅/不但"连用，即使是在说明理由的时候。这就是说，只能有"不仅/不但……而且……"的说法，不能有"不仅/不但……况且……"的说法。这是因为"况且"引出的只是次要理由，而用"不仅/不但"意味着后面说的理由与前面说的同等重要，甚至比前面的更重要些。例如：

　　（34）这个钢铁厂被誉为全国先进单位，是当之无愧的。他们不仅炼出了优质钢材，而且培养了一大批出色的炼钢人才。

　　（35）为了把我国建设成为一个伟大的社会主义国家，我们不但要团结国内一切可能团结的力量，而且要争取国际上的一切有利条件，团结国际上一切可能团结的力量。（刘少奇《中国共产党中央委员会向第八次全国代表大会的政治报告》）

　　再拿语气副词"并"来说，一般都认为它表示"加强否定的语气"[④]，可是下面两句话，如想要加强一点否定语气，决不能在否定词前面加上"并"字：

　　（36）"老师，今天王信益病了，不能来上学了。"

　　（37）"你今天一定得去。""我不去！"

要加强否定语气的话，例（36）得在"不能……"前加"确实"或"是"（重读）等那样一些词，例（37）得在"不去"前加上"决"或"就（是）"等那样一些词。可见，说"并"表示加强否定语气，这并不确切。我们要正确把握住"并"这个副词的语法意义，最好也先考察一下它在句中使用的语义背景。原来这个"并"只有当说话者为强调说明事实真相或实际情况而否定或反驳某种看法时才用。例如：

　　（38）"我们本来住在一处，何必这样的客气。""我并不客气，但是你每天当我回来的时候，总站起来让我，我却觉得对不起得很。"（郁达夫《春风沉醉的晚上》）

　　（39）这可见这事知道的人很多，报纸上并非乱载。（叶圣陶《校长》）

　　（40）吃亏不小是真，但并未全军覆没。（姚雪垠《李自成》）

因此，"并"所表示的语法意义应该是：强调说明事实不是对方或一般人所想的或者自己原先所认为的那样。"并"在句中出现的语义背景也决定了它总是用在否定词语的前边。

　　最后，在把握虚词的意义时，还要注意防止这样一点：把本来不属于某个虚词的语法意义硬加到这个虚词的身上去。

　　我们知道，一个虚词在话语中的使用频率越高，它的用法也就越复杂，它表示的语法意义也就越不易为人们所把握。这可以说是一个普遍规律。因此，这样的虚词也就容易让人把本来不属于它的语法意义误认为是它的语法意义。这种弊病在虚词研究中是常有的。譬如副词"也"使用频率就很高，用法很纷繁，然而它的基本作用，也就是说它的语法意义，是表示类同。但是，过去不少语法论著对于"也"的意义，除指出表示类同外，还列了好多条，如表示并列关系、假设关系、递进关系、转折关系、条件关系，等等。其实，这些都不是"也"的语法意义,而是含有"也"的句子格式所具备的语法意义(详见本书《说"也"》篇)。再譬如语气词"吧"(早期写作"罢"),一般语法论著和工具书上都说它能表示"各种语气",这个看法就很值得商榷。"吧"的分布确实很广,它不仅可以用在各类句子(陈述句、祈使句、疑问句、感叹句)的末尾,也可以用在句子中间,例如:

(41) 祥林嫂还哭喊了几声,此后便再没有什么声息,大约给用什么堵住了罢。(鲁迅《祝福》)

(42) 小顺拉着小福道:"走吧走吧!"(赵树理《李有才板话》)

(43) 你又骑快了吧?(侯宝林《夜行记》)

(44) 再见吧!

(45) 我没主意:把它放了吧,它准是死;养着它吧,家里没有笼子。(老舍《小麻雀》)

这些包含"吧"的句子都带有各不相干的语气,于是让人误认为"吧"本身可以表示各种互不相干的语法意义。其实,这多种意义"并不是'吧'本身的语法意义",⑤而是各句在其句型句调或句中其他词语影响下所产生的(参看本书《关于现代汉语里的疑问语气词》篇)。

误将本来不是某个虚词的语法意义硬归到那个虚词身上,这应该列为虚词研究中的一大禁忌。因为这样做的结果不仅不能使我们正确地把握虚词的意义,而且也会把某个虚词的本来有内在联系的各种用法人为地割裂开来,而被看作是各不相干的用法。这一来,这个虚词的意义和用法就很难讲清楚了。关于这一点,何容先生早在四十多年前就提醒大家了。他在《中国文法论》里批评了黎锦熙先生在助词研究上存在的问题,接着指出:我们研究助词的作用时,"难免把这个被帮助的东西所生的作用,一并当作那个帮助它的助词所能生的作用。这是我们研究助词的作用的时候应该注意的","因为要是这样,就不免把这个助词所没有的作用也当成它的作用,把一个作用很单纯的助词当成作用很复杂的,而永远弄不清楚"。⑥

三、怎样考察虚词的用法

虚词的用法比起实词来要复杂得多,而且虚词的个性也比实词强得多。虚词词类所揭示的特点,对于了解该类各虚词的用法是远远不够的。同一类,甚至是同一小类里的虚词在用法上可以差别很大。"的"和"所"都是结构助词,但它们的用法就很不相同。因此,对于虚词的用法得一个一个地去考察、研究。但是,这也不是说虚词的用法是无规律可循的。对于虚词的用法,大致可从以下八个方面去考察:

(一)句类

"或者"和"还是"这两个连词都能在表示选择关系的复句中起连接作用,但是"或者"只用于陈述句,"还是"则用于疑问句。语气词"吗"只能用在问句里,"呢"则既能用于疑问句,也能用于陈述句(他们正在开会呢);即使用于疑问句,二者也还有所不同:"吗"只能用于是非问句,"呢"则正相反,只能用于非是非问句,即除是非问句以外的其他问句(参看本书《关于现代汉语里的疑问语气词》篇)。"更"和"最"都能用于比较,都表示程度高,但是"更"可以用在"比"字句里(小张的成绩比我们更好);而"最"则不能(*小张的成绩比我们最好)。与之类同的,"稍"和"较"都是能用于比较、表示程度浅的程度副词,但是"稍"可以用于"比"字句(我比他稍高一点儿),"较"则不能(*我比他较高一点儿)。

(二)词类

连词"和"跟"并"都能用来连接词或词组,但是"和"主要用来连接名词性词语,也可以有条件地用来连接动词或形容词性词语,⑦而"并"只能用来连接动词或形容词性词语。表示程度的副词"老"意思跟"很"相当,但是"很"可以修饰动词性成分(如"很喜欢""很希望去""很有办法"等),"老"不能修饰动词性成分;即使在修饰形容词这一点上也有区别:"老"只能用来修饰往大的方面说的有限的几个表量度的单音节形容词(如"大、长、沉、重、肥、高、粗、厚、宽、远、多、硬、烫"等),"很"则没有这种限制。

(三)音节

在汉语用词造句中,常常需要注意音节问题,这是汉语的一个很重要的特点。副词在这一点上表现得特别突出。有的副词要求所修饰的成分必须是个单音节,如"过",只能说"过静""过难""过密",不能说"过安静""过困难""过密切"。而与之同义的"过于"则不受此限(过于静|过于难|过于密|过于安静|过于困

难丨过于密切)。跟"过"相类似的,还有"尽、屡、互"等。有的副词可以修饰一个词组,但是要求紧跟在它后面的必须是个单音节词,如"足",只能说"足等了两个小时",不能说"足等候了两个小时";与之同义的"足足"就不受此限,既可以说"足足等了两个小时",也可以说"足足等候了两个小时"。有的副词跟上述情况正相反,要求所修饰的必须是个双音节成分。如"大力",只能说"大力帮助""大力支援",决不能说"大力帮"。与"大力"类似的例子如"行将、万分、明明"等。另外,由"为"构成的双音节副词,如"大为、最为、甚为、颇为、极为"等,也都不能修饰单音节词。其他词类里的虚词,对音节也有特殊要求,如助词"与否"只能跟在一个双音节成分后面,决不跟在一个单音节成分后面(正确与否丨考虑与否丨*对与否丨*想与否)。

(四)轻重音

一个虚词往往可以表示多种不同的语法意义,而这又往往是通过轻重音来表示的。这一点在副词身上表现得特别明显。譬如"都",试比较:

(1)我们′都看完了。

(2)′我们都看完了。

(3)我们都看′完了。

例(1)重音在"都"上,"都"总括主语所指的全范围。例(2)重音在"我"上,"都"虽然仍表示总括,但全句含有"甚至"的意思(甚至连我们都看完了)。例(3)重音在"完"上,"都"是"已经"的意思。

"已经"修饰数量词时,既可言够,也可言多,其区别就在轻重音上。如"已经三个了",如果重音在"已经"上(′已经三个了),是言够;如果重音在"三"上(已经′三个了),是言多(详见本书《修饰数量词的副词》篇)。

"再"表示重复时,可以表示两种不同的重复。一是实在的重复,例如:"这个电影太好了,明天再看一遍,怎么样?"这是说已经看过一遍,准备第二天重新看一遍。二是空缺的重复,例如:"票卖完了吗?没关系,我们明天再看好了。"这是说想要看,但票没买着,准备第二天实现计划。"再"表示这两种重复,就是通过轻重音的不同来实现的。表示实在的重复,重音只能在"再"或"再"后面的某个音节上,如"明天′再看一遍""明天再′买一双",决不能在"再"之前。表示空缺的重复,重音则一定在"再"之前,如"′明天再看吧""星期′天再买好了"。

(五)肯定与否定

多数虚词既可以同肯定形式发生关系,也可以同否定形式发生关系,但有些虚词在这方面有特殊要求。这有多种情况。

(A)有的只能同否定形式直接发生关系。如副词"从"就要求后面必须跟一个否定形式(从不说谎丨从没有听说过丨*从就很规矩),与之同义的"从来"就没有这种限制(从来不说谎丨从来就很规矩)。副词"万万"只能修饰一个否定形式(万万不可粗心大意丨万万没有想到丨*万万小心),与之同义的"千万"则不是这样(千万不可粗心大意丨千万要注意)。副词"毫、决、断"等也只能修饰一个否定形式。

(B)有的则只能同肯定形式直接发生关系。如副词"万分""分外"就只能用于肯定(万分高兴丨*万分不愉快丨分外晴朗丨*分外不愿意),分别跟它们同义的"十分""非常"和"格外"就既能用于肯定(十分高兴丨非常愉快丨格外清静),也能用于否定(十分不满意丨非常不愉快丨格外不高兴)。我们常说在"把"字句中否定词要放在"把"字之前,从另一个角度说,也就是由"把"组成的介词结构不能修饰一个否定形式。

(C)有些虚词有两种不同的意义或用法,而这在肯定、否定的要求上也正好形成对立。如"绝",当它表示程度时,只能用于肯定(绝好机会丨绝妙的计策);当它表示加强语气时,则只能用于否定(绝不妥协丨绝没有好下场)。再如程度副词"太",当它表示赞叹时,只用于肯定(太棒了丨太精彩了);当它表示过分时,则既可用于肯定(太浅了),也可用于否定(太不懂事了)。

(D)有的既能用于肯定,也能用于否定,意思却一样。如"难免不犯错误"和"难免要犯错误"意思一样;"自行车别是他骑走了"跟"自行车别不是他骑走了"意思一样。"差一点儿"也属这种情况。[8]

(六)简单与复杂

由"把"组成的介词结构后面一定得跟一个复杂形式,这是众所周知的了。副词"终究、往往、白白、恐怕、略微"也要求所修饰的成分必须是个复杂形式,而分别跟它们同义或近义的"必将、常常、白、也许、较为"

就没有这种要求。试比较：

终究：终究要灭亡｜终究会取得胜利｜*终究灭亡｜*终究胜利

必将：必将要灭亡｜必将取得胜利｜必将灭亡｜必将胜利

往往：每到星期天，他往往去颐和园｜*故宫他往往去

常常：他常常去颐和园｜故宫他常常去

白白：白白劳动了一天｜难道这房子就这样白白丢了｜*算我白白说，行不行？

白：白劳动了一天｜不能白吃｜算我白说，行不行？

略微：略微高些｜略微清静些｜*略微整洁

较为：较为高些｜较为清静｜较为整洁

再如，由"对于"组成的介词结构作状语时，一般要求中心语是个复杂形式，而由"对"组成的介词结构作状语时，没有这种要求。例如用"对"时，我们可以说"对他要好好帮助""对他能不能批评"，也可以说"对他帮助""对他批评"；可是用"对于"时，我们可以说"对于他要好好帮助""对于他能不能批评"，但不能说"对于他帮助""对于他批评"。与上述情况相反，有的则要求所修饰的成分得是个简单形式，如"异常、万分"。

（七）位置

在"把"字句和"被"字句中，否定副词和能愿动词只能放在"把""被"的前面；介词结构"关于……"只能放在主语前面，介词结构"对于……"就没有这种限制。这都涉及位置问题。一个虚词在句中有比较固定的位置，这固然需要注意，但更要引起重视的是另一种现象，即有些虚词在句子中的位置比较灵活，它可以在某种成分之前，也可以在某种成分之后，而在前在后，句子的意思就不一样。例如：

他幸亏回来了，……（主句指出避免了于"他"不利的事情）

≠幸亏他回来了，……（主句指出在"他"的作用下避免了一起不如意的事情）

光他吃米饭（别人不吃米饭）

≠他光吃米饭（他别的不吃）

没有全听懂（部分不懂）

≠全没有听懂（全部不懂）

很不习惯（强调不习惯，程度深，语气重）

≠不很习惯（表示不习惯，程度浅，语气委婉）

有的在前在后，似乎意思差不多，如"他也许不回来了"和"也许他不回来了"，"电话铃忽然响了"和"忽然电话铃响了"，"我才工作一年"和"我工作才一年"，但细细体会还是会觉察出细微的区别来。

（八）跟其他词语的配搭

"只有"要求由"才"与之相配，"只要"要求由"就"与之相配，这是大家所熟知的。复句中常犯的一种毛病，就是前后的连接成分配搭不当。需要注意的是，不光连词存在着配搭问题，别类虚词有的也有这方面的特殊要求。程度副词"怪"，除了风格、色彩跟"很"不同外，很重要的一点，"怪"要求后面由"的"与之配搭（怪可爱的｜*怪可爱），"很"的后面则不是非要有"的"不可的。再如，"恐怕"后面常有语气词"吧"与之相配；"本来"后面常用语气词"嘛"与之相配；而用助词"罢了""而已"，前面常有副词"不过""只"与之相配；用助词"不成"，前面常用"难道""莫非"与之相配。

以上所谈的八个方面，也只是列举性的，并不是说虚词的用法只表现在这八个方面；而每一方面所包含、涉及的内容，也不限于上面所说的。譬如说，某些虚词或某些虚词格式，如表示程度浅的"还""有点儿"和"不很……"等，它们对于与之发生直接关系的成分在意义色彩上（褒义和贬义，积极和消极）还有所选择，这一点上文就没提到。至于具体到某个虚词，对上述诸方面的要求也各不相同，而正是这种不同，造成了各虚词用法上的千差万别。

四、结束语

把握虚词的意义和考察虚词的用法是虚词研究的两项重要内容，它们之间既有区别，又有联系，彼此

是相辅相成的。譬如上面我们指出连词"况且"不能与"不仅/不但"搭配使用,构成"不仅/不但……况且……"的格式。"况且"用法上的这一特点正是在揭示了"况且"的语法意义之后才获得的。因此,对各个虚词的意义揭示得越透彻,也就越能认清各个虚词的种种用法。同样,我们越是对虚词的用法挖掘得深,也就越能彻底地揭示虚词的意义。举例来说,表示程度深的"还"能表示比拟(如"那蛇比碗口还粗""场上的小麦堆得比山还高"),这一点正是在比较"还"和"更"的用法中被揭示出来的(详见本书《"还"和"更"》篇)。

　　无论是研究虚词的意义或考察虚词的用法,都要防止只根据少数例证或表面现象就轻易下结论的做法。例如副词"千万"和"万万"如果从例(1)、(2)看,便会认为"千万"和"万万"的意思和用法差不多:

　　(1) 你千万不可粗心大意。

　　(2) 你万万不可粗心大意。

所不同的只是用"万万"语气要重一些。如果再多看些例子就会感到它们有差别了:

　　(3) 你千万要好好的干哪!(峻青《黎明的河边》)

　　(4) 你千万要小心。

　　(5) 周大勇说:"是呀,这是敌人万万没想到的。"(杜鹏程《保卫延安》)

　　(6) 他万万料想不到就在约定的这天清晨,鲁迅先生竟与世长辞了。

不难发现,例(3)、(4)中的"千万"决不能换成"万万",例(5)、(6)中的"万万"决不能换成"千万"。这是什么原因呢?原来"千万"和"万万"在意义上和用法上有着重要的区别:

　　第一,"万万"只能用在否定句式中,不能用在肯定句式中,例(3)、(4)都是肯定句式,所以不能用"万万",只能用"千万"。

　　第二,"千万"只能用在祈使句中表示劝告或禁止,不能用在陈述句中,而"万万"除了能用在祈使句中表示劝阻之外,还能用在陈述句中强调事情非常出人意料。例(5)、(6)都是陈述句,不表示劝阻,所以只能用"万万"不能用"千万"。

　　再如作为时间副词的"才"和"就",根据下面的例(7)和例(8),我们可能认为"才"和"就"的差别只在于"才"用以说明过去的事,表示行为动作是在说话之前不久发生或进行的,而"就"用以说明未来的事,表示行为动作在说话之后不久会马上发生或进行:

　　(7) 他才来。〔已经来了〕

　　(8) 他就来。〔还没有来〕

多看一些例子,就会发现上述看法是不正确的。试看:

　　(9) 他昨天才来。

　　(10) 他昨天就来了。

　　(11) 他明天才来。

　　(12) 他明天就来。

例(9)、(10)说的都是过去的事,既可用"才"也可用"就";例(11)、(12)说的都是未来的事,同样既可用"才"也可用"就"。可见,"才"和"就"的根本区别不在前者表示过去,后者表示未来,而在于用"才"表示在说话人看来行为动作发生或进行得晚、慢;用"就"表示在说话人看来行为动作发生或进行得早、快。以上所举各例都可以根据这一差别作出解释。

附　注

　　① 见吕叔湘《汉语语法分析问题》11页,商务印书馆,1979年,北京。

　　② 这十三名留学生的国籍分别是:罗马尼亚(1名)、伊朗(2名)、斯里兰卡(1名)、日本(3名)、阿尔巴尼亚(2名)、南斯拉夫(2名)和朝鲜(2名)。两名进修生都是法国的。

　　③ 见《新华字典》《新华词典》《辞源》(修订本)。

　　④ 见吕叔湘主编《现代汉语八百词》"并"条,商务印书馆,1981年,北京。

　　⑤ 见胡明扬《北京话的语气助词和叹词(下)》,《中国语文》1981年第6期。

⑥ 见何容《中国文法论》第八节"助词、语气与句类",新知识出版社,1957 年,上海。

⑦ 参见陆俭明、侯学超《对〈关于"和"的用法〉的一些意见》,《中国语文》1961 年 2 月号。

⑧ 参见朱德熙《说"差一点"》,《中国语文》1959 年第 9 期。

（原载《现代汉语虚词散论》,北京大学出版社 1985 年）

词 组 的 研 究

马庆株

一、词组在语法单位中的重要性

词组在汉语中是基本语法单位之一。关于词组的重要性,朱德熙先生曾指出,汉语句子的构造原则跟词组的构造原则基本一致。词组带上表述性,即可以成为小句或者句子。词组的内部结构关系又平行于合成词内部语素之间的关系。因此以词组为基点的语法体系可以做到内部一致,没有矛盾,同时又十分简明。可见在现代汉语语法中,词组的地位是很突出的。朱德熙先生从汉语的特点出发,提出了词组本位的语法体系,把词组的重要性提到了前所未有的高度。这是对汉语语法研究的一大贡献。

词组的重要性决定了词组研究的重要性。我们认为,词组研究在现代汉语语法研究中跟词的研究一样,处于本体研究的中心位置,具有特殊的重要性。

本文主要目的是提出一些有关问题供研究参考,以便推进词组的研究,并不企望解决所有提出的问题。

二、词组的研究角度

词组研究的视角有很多,根据词组是否为现成的语言单位,词组可以分为固定词组和临时词组两类,固定词组和临时词组又都有自由的和黏附的两种,有必要分别加以细致的研究;根据表达的意义,词组可以分为单义的和多义的,应考察多义词组之所以是多义的语法方面的原因,考察单义、多义与词组组合形式(包括内部成分按其性质分出的类)的关系;从形式方面即分布特征方面着眼,可以对定位词组和不定位词组,自由词组和黏附词组分别加以研究。词组研究的中心问题是意义与词组的构成、变化和分类的关系。下面着重谈形式方面。

(一)词组的范围,词组和词的关系

1.词组的范围

词组研究首先遇到词组和词的界线问题。由于意义不同,一个片断表示甲种意义是词组,表示乙种意义是词。例如:

小学生	甲 小/学生	乙 小学的学生
小弟弟	甲 小/弟弟	乙 =男孩

只是汉字书写形式相同,意义和语音形式都有区别。

由于词的范围不好确定,相应地词组的范围也就难以确定了。如果已经确定一个语法单位是复合词了,研究词组时就不用管它了。复合词与词组的界线是一个老大难问题。显然这与对词的理解有关。离合词正是词和词组界线划不清造成的结果。词这个概念有不同的理解,因而有所谓语法词、正词法的词、词汇词。它们的大小不完全一致。掌握了从某一种角度确定的词,也就会比较容易地了解从其他角度确定的词。明确词的这几种概念对于确定词的范围有重要的意义。确定了词的范围,词组的范围也才有可能弄清楚。

离合词是有时分、有时合的语言片断,当被其他成分隔开的时候是词组,当没有其他词或者停顿把它隔

开成为两部分的时候就算一个词。离合词主要是动宾式的和补充式的两类,在《现代汉语词典》中用双斜线隔开。

语法词包括不能扩展而只起一个词的作用的词组。例如专名词组不能扩展,于是被认为语法词,名词性的如"北京/市""北海/公园""南开/大学""中国/美术馆",动词性的如赵元任《汉语口语语法》中提到的动宾复合词、动补复合词。另外还有临时词,如数量词。

正词法的词指的是按照《汉语拼音正词法》连写的片断。因为一般了解不多,有必要介绍得稍微具体一点。正词法的词的确定,既根据科学,又注重实用,以词典里的词为基础,同时考虑语音、语义等因素,考虑词形长短适度,多为两三个音节,便于阅读。例如十一到九十九之间的整数都看作词,表示一个整体概念的双音节和三音节结构如"全国""开会/种田""对不起/吃得消"都连写。正词法的词,包括了离合词的绝大部分。此外,还包括含有区别词"副/总"的名词性偏正词组,如:

> 副教授/副团长/副校长/副主任/总编辑/总参谋长/总经理/总司令

包括由指代词、疑问代词加"个"形成的指量词组,如:

> 这个/那个/哪个

包括由谓词后加"过/了/着"形成的单位,如:

> 去过/想着/研究了

包括单音节动词带单音节补语构成的述补结构(即赵元任所说的动补复合词),如:

> 答对/看完/气死/说好

包括不能按语节划分的四音节以上表示一个整体概念的名称,如:

> 古生物学家/红十字会/研究生院/鱼腥草素

包括不能按两段来念的四言成语、熟语等,如:

> 爱莫能助/不亦乐乎/吊儿郎当/黑不溜秋/糊里糊涂/一衣带水/总而言之

词汇词是指词典里的词。我们基本按词汇词来研究,让词汇词和语法词一致起来,认为词是词汇语法单位。

2. 词组和词的平行性关系

词组和合成词构造上是平行的。二者之间关系的平行性可以表示如下:

词　　组	~	合成词
复合词组	~	复合词
派生词组	~	派生词

实词和实词构成复合词组,词根和词根构成复合词;实词和虚词构成派生词组,词根和词缀构成派生词。复合词组对应于复合词,派生词组对应于派生词。词组中的实词对应于合成词中的词根,词组中的虚词对应于合成词中的词缀。复合词与词组之间语义关系的一致性和结构关系的一致性是极高的,据周荐《复合词词素间的意义结构关系》[①]统计,达 96.6%,"木耳"(一般看成偏正关系未必没有道理)之类尚未计入。派生词组分为虚词在前面的(介词结构)和虚词在后面的(如"的"字结构),派生词则有含前缀的和含后缀的。

（二）词组的结构类型及其复杂化

1. 影响词组结构类型的因素

(1) 词序。复合词组的类型决定于构成它的词的排列顺序。例如:

历史悠久(主谓)	悠久历史(定心)
观点正确(主谓)	正确观点(定心)
前途光明(主谓)	光明前途(定心)
心眼儿好(主谓)	好心眼儿(定心)
讨论热烈(主谓)	热烈讨论(状心)
工作积极(主谓)	积极工作(状心)
增长迅速(主谓)	迅速增长(状心)

运转正常（主谓）	正常运转（状心）
市场繁荣（主谓）	繁荣市场（述宾）
练习开始（主谓）	开始练习（述宾）
精神振奋（主谓）	振奋精神（述宾）
转播中断（主谓）	中断转播（述宾）
人民代表（定心）	代表人民（述宾）
文章分析（定心）	分析文章（述宾/定心）
小说翻译（定心）	翻译小说（述宾/定心）
市场管理（定心）	管理市场（述宾）

以上列举的都是简单词组，它们因词序不同而形成基本结构关系类型不同的词组。复杂词组由简单词组构成，情况更加复杂。决定词序的因素还与认知和其他尚不知道的一些因素有关，举例来说，连谓词组、述补词组中词序临摹客观事物，词序与时间先后或空间范围顺序相一致，但也有并不尽然的情形。语法首先要弄清与客观事物相一致的方面，使汉语语法在较高的程度上成为可以解释的规律或规则的系统。

（2）虚词。介词、助词、语气词等虚词可以和实词、词组组合。虚词出现与否，出现哪个虚词，可以决定词组的类型。如一个词或者词组后面加"的"形成"的"字结构，这词和词组的性质显然不同于"的"字结构。"的"字结构充当某个成分，不应该说成"的"前面那个词或者词组充当某个成分，而现在很多论著采取的说法恰恰就是这样的，遗憾的是这样处理抹煞了词和词组同它们后附"的"字构成的"的"字结构之间的功能差异，掩盖了许多真正的语法规律。

（3）成分类。词组的成分可以是词，也可以是词和词组，还可以是词组和词组。词组的构成成分应该受到充分的重视，因为要得到词组的结构模式，就要确定词组构成成分的语法类别。词组可以很复杂，但复杂的词组都是由词和相对简单的词组构成的，复杂词组的类型基本与简单词组相同。简单词组是由同类词连用或异类词连用构成的。同类词连用指的是同一个大类下面不同小类或相同小类的词共现，异类词连用指的是不同类的词共现。在共现中表现出的有序性，即不同大类、小类的词在线性序列中的相对位置是固定的。研究词组的构成依赖于词的分类，词分了类，才能说明词组包含哪些类的成分，才能把词组写成词类的序列。词分出了小类，才能列出词组的精确的结构模型。这种模型很有概括力，把作为词组成分的词组的功能类型与词联系了起来。

（4）关系。两个成分之间的语法结构关系，可以决定词组的类型。词组的语法结构关系类的下面可以分出小类来。因为结构体是语音语义结合的语法单位，其构成成分的类以语义为基础，以形式为标志，成分之间的结构关系的类无论是大是小，也都应该既是语义的分类，又是有形式标志（哪怕是隐性的形式标志如变换）的语法分类。

（5）功能。词组的功能应作广义理解，包括词组的结构功能、词组的语义功能和表达功能，词组的表达功能又包括词组的人际功能和词组的语篇功能。词组的整体功能，与其构成部分的性质常常有一定的关系。哪类成分怎样影响词组的整体功能，是亟待研究解决的问题。

2. 派生词组

派生词组包括重叠式词组和一个直接成分是虚词（介词/助词/语气词）的词组。重叠式词组包括：数量重叠式词组、数量名重叠式词组、量词重叠式词组、动词重叠式词组。我们提出派生词组，可以使合成词、词组、句子这几级语法单位在构成上的平行性更加明显，从而有利于说明汉语的语法特点。

3. 复合词组的构成及其结构类型的变化

复合词组按其构成有的简单，有的复杂，至少包含两个由实词或/和实词性词组充当的直接成分。词组变化的研究范围包括一种词组到同一种词组的扩展和紧缩，也包括一种词组到另一种词组的变换。

4. 复合词组与派生词组的相互转化

非重叠式派生词组中含有虚词，复合词组不以虚词为它的直接成分，两者之间有明显的差别。虚词的隐现规律很值得研究。可以一个个地研究，也可以一组组地研究。研究时要明确区分可以加虚词的情况和不能加虚词的情况。

5. 词组的复杂化

大词组中包含小词组,从而形成复杂词组。"包含"可以分为两类:

A. 同类包含——包含与自身结构关系性质相同的句法结构

a. 联合词组包含联合词组

苏州杭州与黄山/书、本儿和钢笔	前项是联合词组
男女老少/古今中外/生死存亡/北京天津和东京大阪/	
民主集中与严肃活泼/真善美与假恶丑	前后项都是联合词组
北京和武汉桂林/我们和男排女排	后项是联合词组

b. 偏正词组包含偏正词组

现代汉语笔记本/古代文学教研室	前项是偏正词组
南开大学新图书馆/万里长征老干部	前后项都是偏正词组
祖国优秀儿女/大白马/老英语教师	后项是偏正词组
外国电影插曲/新研究生宿舍	切分点不确定,有歧义

c. 主谓词组包含主谓词组

我去可以/表里一致好/他打人不对	前项是主谓词组
他学习努力/我钢笔丢了/主任观点明确	后项是主谓词组

d. 述宾词组包含述宾词组

告诉你一个消息/给他一个惊喜	前项是述宾词组
派他去北京/请你吃饭	前后项都是述宾词组
禁止钓鱼/学唱戏/喜欢写诗/想出国	后项是述宾词组

e. 述补词组包含述补词组

讲得好极了/说得流利得很/多得数不清/	
吓得跑光了/高兴得跳了起来	后项是述补词组

B. 异类包含——包含与自身结构关系性质不同的句法结构

a. 联合词组

好人好事/红花绿叶/魁梧的身材端正的脸庞/	
美丽的草原巍峨的群山/我和他的朋友	含偏正词组
你来我往/我说你写/说话清楚内容丰富	含主谓词组
读书写字/上山下乡/招兵买马	含述宾词组
看得见摸得着/累死累活/吃光分净	含述补词组

b. 偏正词组

新旧报纸/中文外文图书	定语是联合词组
历史悠久的中国/他送来的书	定语包含主谓词组
提高经济效益的措施/讨论问题的气氛	定语包含述宾词组
吃完的孩子/开得飞快的车	定语包含述补词组
我的哥哥姐姐/中国北京天津	中心语是联合词组
中国的经济发展	中心语是主谓词组
拼命地看书/华侨的思乡/突然来了客人	中心语是述宾词组
已经拿走了/赶快作完/的确好得很	中心语是述补词组

c. 主谓词组

牡丹和玫瑰都开了/谈天说地都行	主语是联合词组
烈士的鲜血染红了大地/他的猫很可爱	主语是偏正词组
投铅球要有力气/来这儿也行	主语是述宾词组
喝醉了不好/上得去就可以	主语是述补词组

他又矮又胖/手又粗又大	谓语是联合词组
会议刚刚开始/小明正在玩儿	谓语是偏正词组
他喜欢看书/他看书	谓语是述宾词组
我看得很仔细/小王跳得好极了	谓语是述补词组

d. 述宾词组

制定方针政策/学习唱歌跳舞	宾语是联合词组
打击敢于来犯之敌/作化学实验	宾语是偏正词组
希望他读书/祝身体健康	宾语是述宾词组
认为好极了/要求讲得正确	宾语是述补词组
学好现代汉语/背熟课文/写完作业	述语是述补词组

e. 述补词组

刮得天昏地暗/完成得好而快	补语是联合词组
写不好/画得特别好看/洗得很干净	补语是偏正词组
干得热汗直流/说得大家都很高兴	补语是主谓词组
疼得喊妈/激动得流下眼泪	补语是述宾词组

（三）词组的功能类型

词组的结构类型和功能类型的关系有待研究。影响词组功能类型的因素有：

1. 词组与指称和陈述

研究词组时要区分指称形式和陈述形式。指称形式又分为自称形式和非自称形式。陈述形式下面也应该分类。

2. 词组与词的功能差异

一般认为词组和词的功能是一样的，把词组称为 X 词性词组。实际上 X 性词组和 X 词的功能并不是完全一样的。但它们之间的差别只是在论文中零星地提到了一些，如跟有没有数量定语有关或者跟单双音节有关的功能差异。因此，词组与词的功能差异目前还基本上是一个空白，须要系统地分专题来逐个研究。下面是须要首先研究的一批课题：

A. 体词性词组及其与体词的功能差异

B. 谓词性词组及其与谓词的功能差异

C. 副词性词组及其与副词的功能差异

D. 连词性词组及其与连词的功能差异

（四）词组的转化

词组的转化有两大类，一类不改变语法单位的级别，另一类则改变语法单位的级别。

1. 词组——词组，同级转化

词组转化均须有一定条件，转化后意义、功能和结构关系的性质发生变化。现在要研究的是在怎样的条件下发生怎样的变化。词组向词组的转化可以分为内转和外转两类。内转造成一个大类中小类的变化，外转造成由一个大类向另一个大类的变化。内转、外转应该分别作专题研究。

2. 词组——词/语素组合，降级转化

不同级别的语法单位有相互转化的可能。由小单位升为大单位叫升级转化（或叫上行转化、上转、升转），由大单位降为小单位叫降级转化（或叫下行转化、下转、降转）。级别相邻的单位相互转化叫邻转，级别不相邻的单位相互转化叫越转。升级转化中有邻转，也有越转；降级转化中有邻转，也有越转。先讨论降级转化。

（1）词组——词，邻转

由于意义的固定化，词组可以凝固成词，例如"大车"有时是词组，可以指任何大的车，有时特指牲口拉的车，这时是词，显然是由词组凝固而成的。

（2）词组——语素组合，越转

词组可以降级为语素组合，成为词的构成成分，例如：

寄信——寄信人　收信——收信人　洗衣——洗衣机

"寄信人"可能只是写信的人,并不等于寄信的人;收信人只是信息传递的目标,而不是收发室或传达室里的工作人员,尽管他们的工作是收信。

(五)词组与句子的关系——词组成句,升级转化

词组成句是升级转化,词组升转只有邻转。词组升转与词组的自由和黏附有关。

1. 词组的自由和黏附

自由词组是能单说的词组,加上语调就是句子,因此也可以叫成句词组;黏附词组是不能单说的词组,也可以叫不成句词组。区分这两种词组对语法研究和语言应用具有重要的意义。要观察分析语料中的词组具备什么条件才是自由词组,一个词组缺少什么因素就会是黏附的。我们曾发现很多双宾语构造的远宾语总是包括数量成分。这数量成分使双宾语构造能够成句。非自主动词中的变化动词后面加上"了"才能成句。可见量是报告事实的词组可以成为句子的一个条件。可是量不是祈使格式成句的条件,可见成句条件须要按不同句类、句型来分别研究,要给出严格的条件,这样的研究才更有意义。

2. 词组——句子,升级转化

词组变成比它高一级的句子,在变化中级别提高了,因此叫升级转化。现在的任务是要找寻升级的条件。据我们观察,能否成为一个句子,要考虑许多因素。只要能满足交际的需要,有较大的信息量,就容易是自足的,就有成句的可能。这与句法结构类型有关。制约结构类型的决定因素常常是核心成分的类,在谓词性词组中主要谓词所属的小类在很大程度上决定了这个谓词性词组结构是否能够成句。是否成句与语用类型、说话目的也有密切的关系,陈述是要告诉人家一件事、一个过程,须要有量的内容。所谓量包括动作、变化、状态处于过程中怎样的阶段。这就是为什么很多动词要后附助词、光杆动词不能单独作谓语、宾语中心语名词前常常要加上数量定语的原因。

三、词组的研究方法

上面在讲词组研究角度的时候已经涉及了一些研究方法的问题,下面再强调一下要点,并略作些补充。

词组须要一类类地研究,很多词组还没有来得及调查,特别是口语。例如经常听到的"这怎么话儿说的",我们还不知道这种格式应该怎样分析。研究词组选题要具体,很有必要对一个个小类逐类仔细调查。小题目可以写得比较集中,可以写出有深度、见真功夫的大文章。朱德熙先生《"在黑板上写字"及相关句式》分析这么一组格式,数易其稿,为我们提供了深入发掘的范例。我们写过《现代汉语的双宾语构造》和《与"(一)点儿""差(一)点儿"相关的句法语义问题》《含程度补语的述补结构》《动词后面时量成分和名词的先后次序》。前一个题目比较大,后三个题目比较适中。乍看尤其是最后一个题目好像格外小,只讨论动词后面时量成分和名词哪个在前、哪个在后的问题。由于涉及的有关因素很复杂,因而可以写成一篇篇幅达一万字以上的文章。主要体会是,只要大量占有第一手材料,讨论人家没有研究或者没有深入研究的题目,就都一定会有所发现的。

词组的研究要和词的语义语法范畴的研究结合起来,要注意构成成分的小类,用词的小类序列精确地列出词组的结构模型。还可以考察所讨论的词组的各种变化的可能性及变化的条件,在更大的环境中考察它的分布特征和表达功能。

附　注

① 周荐《复合词词素间的意义结构关系》,《语言研究论丛》〈六〉,天津教育出版社 1991。

参考文献

《汉语拼音正词法基本规则》,《语文建设》1988.4;《汉语拼音词汇》(1989 年重排本),语文出版社 1991;《语言文字规范手册》(增订本),语文出版社 1992。

王均(主编)《当代中国的文字改革》,当代中国出版社 1995。

吕叔湘《汉语语法分析问题》,商务印书馆 1979。

吕叔湘《句子和词组的转换》,《吕叔湘自选集》,上海教育出版社 1989。

范晓《汉语的短语》,商务印书馆 1991。

马庆株《汉语动词和动词性结构》,北京语言学院出版社 1992。

马庆株《层次、语法单位和分布》,本书。

马庆株《变换、语义特征和语义指向》,本书。

邢公畹、马庆株(编)《现代汉语教程》,南开大学出版社 1992。

徐枢《宾语和补语》,黑龙江人民出版社 1985。

朱德熙《"在黑板上写字"及相关句式》,《语言教学与研究》(试刊)1978.3。

朱德熙《语法答问》,商务印书馆 1985。

（原载《语言教学与研究》1997 年第 4 期）

句子分析漫谈

胡 附　　文 炼

一、传统语法和语法传统

传统语法和语法传统是不同的概念,正如计划经济和经济计划的内涵不相等同一样,虽然汉语的语法传统与传统语法的关系是十分密切的。

什么是传统语法?《现代汉语》(增订本)[①]有一段说明:

传统语法,一般指自 18 世纪直到今天语法教科书中沿袭使用的某些术语、概念、规则和理论。它导源于希腊、拉丁语法。传统语法的特点之一是把语法分为形态学(词法)和造句法(句法)两大部门,同时注重词与句子成分的对当关系。汉语语法里的成分分析法即中心词分析法就体现了这一特点。……传统语法的另一特点是以规则为纲,它讲各类词怎样变化,它讲各类句子怎样解剖,不深究句子的真正含义,少讲怎样把适当的词组成结构和句子。

以上的叙述,如果用一个简单的公式来说明,那就是:

形态——范畴——体系

传统语法从形态出发,归纳范畴,包括词法范畴(词类及其附加类别,如性、数、格等)和句法范畴(如句子成分、句类等)。与此同时,它还寻找词法范畴和句法范畴之间的联系,即词类与句子成分之间的对当关系,以形成语法体系。有人用"凭形态而建立范畴,集范畴而构成体系"[②]来说明传统语法的特点,那是十分精当的。

汉语语法学的建立,一开始就是从模仿传统语法入手的。由于汉语缺乏所谓严格意义的形态,无法从形态出发去归纳范畴。然而从传统语法的要求来说,它的词法范畴和句法范畴是不容放弃的,否则就不成其为传统语法,也就谈不上模仿和借鉴了。在建立范畴这个问题上,西洋的传统语法凭借形态,汉语语法则乞灵于意义,它们的出发点不完全相同;但是从集范畴而构成体系来看,汉语语法学多数是属于传统语法学的范围的。

什么是汉语语法学的传统? 只需简单地回顾一下历史,人们就不难得出这样的结论:我国的语法研究总是同语文教育密切联系着的。《马氏文通》的写作目的是为了帮助人们阅读古代的著作,黎锦熙的《国语文法》和王力的《中国现代语法》是作为教科书的形式出现的,吕叔湘、高名凯等的著作也都以提高人们的语文水平为目的。纵观我们的语法学史,还会发现前辈学者曾经尝试借鉴各种语法理论和方法,试图熔各家之说于一炉,虽然不超越传统语法的范围,但并不拘于一格。他们力求发现汉语结构的特点,不断革新语法体系,让语法学更有效地为我们的语文教育服务。如果说,我们有什么语法传统的话,这就是我们的传统。近年来,我们的语法研究成果已经不限于直接为语文教育服务了,而新的语法理论和新的研究方法又不断涌现,我们的语法学正处于迅速发展的阶段,但是,如何发扬我们的传统,既是兼收并蓄,为我所用,又是立足革新,不断探索,仍旧是汉语语法学界最关心的问题。我们讨论句子分析,正是在这样的基础上进行的。

传统语法有它的优点,也有它的缺点。这些,不少论文都有过论述。在这里,我们想指出的是:语法这个术语的内涵,随着语言科学的发展,已经有了改变。传统的语法观念是阐述规律,即对已经明确了的规范加以说明,这对于富于形态的语言似乎较为合适。对于缺乏形态的语言,这样做也并非不可能。然而我们也得承认,汉语的语法规范在人们心目中并不是完全明确了的,因此要求我们在语法分析中发现汉语语法结构的特点。发现规律,这正是新兴的语法观念。新兴的语法观念,不是对现成的规范加以说明,而是着重从语言材料中去寻找规律。为了达到这个目的,人们使用了这样或那样的分析方法。这些方法孰优孰劣? 对我们有无用处? 如何正确运用? 诸如此类的问题都是值得思考的。对待传统的和新兴的语法观念,或者只看到它们互相对立的一面,不讲相容的一面,或者认为既然各有优点和缺点,革新不如守旧,都是同我们的语法学传统相违背的。

二、句子分析和对句子意义的了解

学习任何一种语言,得掌握相当数量的语言材料,主要是词,也包括一些词的等价物,如固定词组,这些都属于词汇成分。人们常说,实词表示词汇意义,虚词表示语法意义,这个说法还可以讨论。显而易见的事实是:实词无不属于一定的语法类别,如名词动词等,词的类别所表示的意义当然是语法意义,而不是词汇意义。

人们又常常把语法意义称为关系意义,这种说法是有道理的。可是"关系意义"有两种解释:一是指表示语法关系的意义,一是指在各种关系中形成的意义。依照后一种解释,可以认为:凡是意义都是在关系之中形成的,不过情况各不相同。一个词的词汇意义总是与相关的词的意义相互制约,同时又是用一定的语音形式表现的。在一种语言里,一个词的意义不同于另一个词,不能仅仅理解为概念上的差别,词义的区别是以词义的关系为基础的。至于语法意义,指的是词和词之间的结构关系,即所谓功能,那是不难理解的。词的词汇意义也好,语法意义也好,都是能在词身上体现的。从语法分析的角度说,注重的当然是语法意义,不过这属于词法分析的范围。

实词进入句子之后,还可以获得新的意义。例如"他批评了别人"中的"他"有施事的意义,"他被别人批评了"中的"他"有受事的意义,"他的批评使别人心服"中的"他"有领属的意义。诸如此类的意义既不同于词汇意义,又不同于通常所讲的语法意义。词的词汇意义是在词汇系统中形成和存在的;施事受事之类的意义是在句子中获得的,离开了句子,这些意义也就消失了。所以说,它们不是词汇意义。一般所谓语法意义,指的是语言单位之间的关系,可是施事受事之类指的是语言单位与客观事物之间的关系。用通行的术语来说,前一种关系是句法的(syntactic),后一种关系是语义的(semantical)。要了解一个句子的意义,不能不懂得句子中的语义关系。比如要了解"来的客人请我看电影"这个句子,必须懂得"客人"是"来"的施事,又是"请"的施事,"我"是"请"的受事,又是"看"的施事。不管你用什么方法、什么术语来分析,如果这种语义关系不能掌握,就不能理解这个句子。

那么,人们是怎样掌握汉语句子中的语义关系的呢?

我们首先想到的是语序。比如,"我看你"和"你看我"用了相同的词,表达了不同的意思,或者说,这里的动词和名词之间的语义关系的变化是依靠词的顺序不同来表示的。从句法结构上看,这里并没有任何改变,因为在"A 看 B"这个格式里,A 和 B 可以代入任何功能相同的词,并不改变结构关系。只有像"他看"和"看他"之类的区别,才属于句法结构的变化。通过语序改变了句法结构,也就改变了语义关系。但是语义的改变(通过语序的)不一定是句法结构的改变。因此,从了解句子的语义关系来说,句法分析是必要的,但并不是自足的。此外,还有另一种情况:语序改变之后,产生了意义上的差别,这种差别既不是结构关系上的,也不是语义上的。例如:"你真好!""真好,你!"这种差别是由使用语言的人对客观事物的态度的不同引起的,属于语用的(pragmatical)范围。

总之,语序所表达的,有的属于语义,有的属于句法,有的属于语用。虚词的作用也有语义的、句法的和语用的区别。例如"被"指明施事,"把"指明受事,"我被他批评了"和"我把他批评了"结构关系不变,但语义关系不同。这里的语义关系是借助虚词表示的。又如"读书"不等于"读的书","学生的家长"不同于"学生和家长",这里是借助虚词改变了结构,属于句法关系的改变。有些虚词如"至于、关于"之类,作用是点明话题,所以属于语用的范围。

人们分析句子,找出句子的主语、谓语、宾语等句子成分,如果不能根据分析的结果,进一步了解句子中的语义关系,那么不能算达到了析句的目的。这里讲的语义关系,与国外某些语言学者所讲的深层结构有某些相似之处,但是,且不说别的,我们的出发点就与他们不相同,他们主张通过转换,使深层结构(语义结构)成为表层结构(句子结构),我们则主张通过句子结构的分析,去深入了解句子的语义关系。要做到这点,必须认识到造句手段(如语序、虚词等)所表达的内容有语义的、有句法的、还有语用的。其中语义关系和句法关系常常联系在一起,但是情况并不十分简单。比方说,主语与施事、宾语与受事,并不是一一对应的。至于语用方面的内容,更须加以分辨,否则会出现以混同代替区别的情况,必将影响对句子意义的精确的理解。在这方面,我们在改写《现代汉语》教材时曾加以注意。举例说吧:

按照传统语法,主语是对动词谓语而言的,然而传统语法有时又把语法上的主谓对待看作命题的两项。严复早在《英文汉诂》里说过:"是故析辞,有文字(grammatical)与名理(logical)之殊功,譬如言文字之句主(grammatical subject),不过一字而已,而言其名理句主(logical subject),常兼其属词(adjuncts)而举之,而后得句中之真主;于句主于是,于其谓语亦然。"③这就说明传统的句法分析,常动摇于语法结构与逻辑关系之间,原因是词形有变化,难以使逻辑关系与句法结构统一起来。汉语没有这种束缚,正好使主谓、偏正、联合等结构关系与逻辑关系相一致。这种一致,要在句子分析上体现出来,必须区分一般主语(陈述对象)与话题主语(脱离语法控制的说话焦点)。例如"知道这件事的人不多",主语是"知道这件事的人"。为了突出说话的焦点,把"这件事"移到句首,于是出现了"这件事知道的人不多"这样的句子。这种变换之后得来的句子,一般称为主谓谓语句。不过,"这件事"这个主语,不同于一般主语,它是由于语用的需要产生的,可以称为话题主语。

分析句子时,分清了语用成分和非语用成分,才可以进行句法的分析。句法分析是句子分析的基础,离开了句法分析,也无所谓句子分析。但是,句子分析并不等于句法分析。例如分析句子可以得出独立成分(插说成分)、提示成分(复指成分)等,这些其实都是语用的成分。离开了句子,它们也就失去了依据。一般语法书称它们为特殊成分,是很有道理的。当然,句法分析并不是自足的。就是说,单靠层次和结构关系的分析还不能完全达到了解语义的目的。句子中的语义关系,主要表现在动词和名词之间的选择关系上边。这可以从两方面来看:

第一,从动词方面看,动词对名词的选择有数量上的选择,如单向动词,要求与一个强制性名词成分发生联系,双向动词要求与两个强制性名词成分发生联系。④有位置上的选择,单向动词"来、跑"之类,与施事名词发生联系,可以有两个位置,如:"人来了!""来人了!"单向动词"飞扬、出发"之类,施事名词只出现在它前边。双向动词联系的强制性名词的位置比较灵活,但也有规律可寻。例如受事名词出现在动词前边("他什么也不说""我一个人都不认识"),有一定的条件。此外,动词对宾语还有性质上的选择。例如有的动词要求带名词性宾语,有的要求带非名词性宾语,有的则两种都可以带。

第二,从名词方面看,句子当中与动词发生联系的名词有的必须带介词,如"农民的生活比以前有了提高"中的"以前","我照规定办事"中的"规定"。有的不能带介词,如"老李不知道"中的"老李","他到了北京"中的"北京"。有的可带可不带,如"我们明天动身"也可以说成"我们在明天动身"。名词带上不同的介词,就与动词发生不同的语义关系,而带不带介词,又影响到它与动词的句法关系。如果把介词当作名词与动词之间的结构关系的标记,那么,带不带介词,应该看作区分句法成分的一种重要依据。这就是我们认为介词结构不充当主语的理由。如果认为可带而不带介词的名词是处于"能量转换"的地位,那么,依据一定的条件来确定它们的身份也是讲得通的。这就是我们认为在句首的时间、处所名词有时充当主语的根据。

总之,为了说明上述情况,必须给动词分类,给名词分类,给介词分类……我们这些想法,在编写教材时或者写上了,或者隐约地带到了,或者因为把握不大,并没有说出来。这里加以申述,无非想求得读者指正。

三、句型和造句材料的功能替换

对转换生成语法的评价,不属本文讨论的范围,然而我们认为"生成"的观点,是语法学界所肯定的。人们在学习语言的过程中,掌握了语言规则,能说出无数的正确的句子,里边也包括许许多多从来没有听到过的句子,这就是"生成"(generative)。

句子生成的基础是句子的格局,或称之为句型。句型是以语句的结构为依据的,它不同于以表达目的为依据的句类。当然,不同的句类应该有不同的句型,例如祈使句、疑问句的格局不同于陈述句,但是因为我们的语法书以陈述句的分析为主,所以其他类别的句型的叙述就从略了。

从理论上讲,句型是客观存在的。然而客观事物往往可以从不同角度去观察。在具体作业中如何确定句型,语法学界的意见很不一致。这个问题可以用以下几个简单的例子来说明。

(1) 小王来了。　　　　　　　　　(2) 小王来上海了。

(3) 邻家的小王来上海了。　　　　(4) 邻家的小王昨天来上海了。

对于(1),大家公认是主谓句,不成问题。对于(2),有人认为跟(1)同型,即主谓句;有人认为它属于另一种类型,即"主—谓—宾"句。有人认为(1)和(2)同属主谓句,但在下一级区分时,应该加以区别。对于(3),有人认为与(2)同型,有人认为它属于另一种类型,即"定—主—谓—宾"句。对于(4),有人认为是"定—主—状—谓—宾"句,不同于其他三句,有人却持异议。不同看法的关键在哪里呢?在于增加了句法成分是不是改变了句子的格局。

如果认为每增加一个句法成分就会形成一种新的句型,比方说,每增加一个通常所称的定语、状语或宾语就改变了句子的格局,那么,句型的数目将会多得难以计算。这自然不利于掌握语言的规律。人们为什么能够创造出许许多多正确的、但从来没有听到过的句子呢?主要是因为他们不但熟悉了语言材料,而且掌握了句型。从听话的角度说,也是如此。人们听到一个新的句子,总是把它归入头脑中已经存在的类型。把无限的句子归入有限的句型,必须具备两个条件:第一,掌握语言材料的功能替换规则;第二,掌握功能单位的配置规则。

词是一种造句的单位。从原则上讲,同类的词在结构中是可以替换的,当然,在具体的语句中,同功能的词互相替换要受语义的限制。然而,造句单位的替换,决不限于词与词的替换。认为词才是造句单位的观点在析句上的表现是"中心词分析法",可是这个方法是不能贯彻到底的。例如句中遇到主谓词组、联合词组之类并不找中心词,即使是偏正词组,如"大眼睛、黄头发"之类,用作谓语时也不找中心词。可见认为只有词才是造句单位的看法并不切合实际。

我们得承认:词用在语句中,可以被功能相同的词组所替换。例如:

　　　　　叔叔来了。→叔叔的叔叔来了。→叔叔的叔叔的叔叔来了。→……

这种可以互相替换的功能单位,在确定句型时不起区别作用,否则,我们的替换只能在同长度的范围内进行了。

关于功能单位的替换,有两点须要说明:

第一,词与词的替换是简单的替换,词与词组的替换是较复杂的替换,后者一般是以前者为基础,从扩展方面来进行的。例如"工作顺利"是合法的句子,经过扩展,说成"今年的工作很顺利"仍旧是合法的句子。可以这么说:A 和 B 构成主谓关系,则 A 和 B 前边加上修饰语仍旧构成主谓关系。可是我们决不能反过来这么说:带上了修饰语的 A 和 B 构成主谓关系,所以 A 和 B 也必定构成主谓关系。例如把"那个人大眼睛"简缩成"人眼睛"就不成话了。这就是我们承认"简缩法"有一定用处,但不把它作为析句方法的理由。

第二,功能单位的替换指的是外部功能(即整体功能)相同的语言单位的替换。偏正结构的外部功能并非总是与它的中心相同。比如"虚心"是形容词,"他的虚心"却是名词性的。"买书"是动词性结构,"老王的买书"却是名词性的。这种偏正结构是由"虚心""买书"扩展而来的呢,还是由"他虚心""老王买书"变换而来的呢?可以讨论。但是,它们与"今年的工作"不相同,是很明显的。"他的虚心"这一类结构也依外部功能替换,它们不作谓语,却可以作主宾语,但不能依中心结构来辨认它的外部功能。好在确定句型时不涉及这个问题,不过在运用"看中心结构确定类型"这个简便的方法时,不能不看到这一点。

从功能替换的原则出发,下列每组句子的谓语是同型的:

{ a. 他姓王。　　　　　　　{ a. 孩子长得和我一般高了。
{ b. 他不姓王。　　　　　　{ b. 孩子已经长得和我一般高了。

{ a. 他拿着鸡毛当令箭。
{ b. 他常常拿着鸡毛当令箭。

这些句子的谓语,拿整体结构看,都属偏正关系。这是从内部结构关系讲的。如果从外部功能看,每组的两句都有共同的基础。例如头一组我们不但可以认为"不姓王"是"姓王"的扩展,而且也认为 a、b 两句谓语在陈述方面的功能相似。所以,我们认为它们的谓语属同一类型。

我们教材的句型系统是:句子分为单句与复句,单句分为主谓句与非主谓句,主谓句又根据谓语分为若干类型。在这个系统里的每一种句型都可以扩展成为偏正结构。例如:

句子 { 单句 { 非主谓句(飞机!→多快的飞机!)
主谓句(他来了。→幸而他来了。)
复句(刮风了,下雨了。→忽然刮风了,下雨了。)

主谓句 { 名词性谓语句(这个人黄头发。→过去这个人黄头发。)
动词性谓语句(我们下午开会。→明天我们下午开会。)
形容词性谓语句(成绩很好。→年年成绩很好。)

不难看出,如果根据内部结构确定句型,那么,各种类型的句子都可以扩展为偏正句。又如果我们认为上述例句的左边的句子都带有"零"修饰语,那么,所有的句子将是同一类型,即偏正句。这样的句型系统恐怕很难说明复杂的语言现象。

析句,包括句子分析和句法分析。句子分析的终点是确定句型,但确定句型并不等于完成了析句的全部任务。句子里复杂的语义关系须通过进一步的句法分析加以阐明。句法分析的基础是词组的层次分析和结构关系的分析,但这种分析不是自足的。例如"我吃完了饭"和"我喝醉了酒"的句型相同,层次和关系一样,可是前边一句可以变换成"饭被我吃完了",后边一句不能变换成"酒被我吃醉了"。从语义关系上讲,"完"是说明"饭"的,"醉"是说明"我"的。句子中的语义关系的发现,必须从结构上,语言材料的类别(次范畴)上,以及词语的选择性上加以说明。而这些方面,正是我们想做而又做得不够的。

四、语法学科和语法科学

语法作为一种教学科目,须有一套教材。语法教材须利用语法科学的研究成果,这是不言而喻的。然而我们的语法科学比较年轻,语言规律发现得不够,很多问题尚待解决。在这种情况下,如何利用研究成果,不只是一个值得讨论的问题,而且是应该在教学实践中不断总结、不断提高的课题。

根据不少教师的经验,在中等学校教语法,不讲系统,着重用例句说明规范,不但是切实可行的,而且能收到预期的效果。系统地讲,虽然也有好处,但是容易使教学重点转移,即用许多例句去阐明语法体系,而对语法事实本身往往语焉不详。而且,语法界争论的问题不可避免地要带到教学当中来。高等学校的课程多少带点研究的性质,语法课系统地讲述体系是理所当然的。有些教师在使用我们的教材时发现了一些问题,批评我们所编的教材中藏有暗礁。平心而论,这种批评并不过分。我们在 1962 年编了《现代汉语》,经过实践,已经发现不少地方须要修改。发现问题,这其实是一种收获。经过修改,再来一次实践,必然会有更多的收获。语法教科书当然要求有稳定性,但这并不意味着抱残守缺,更不能明知有缺点而不肯改动。要改,就得有一些设想,上边所谈的那些就是我们的一部分想法。这些想法虽然也并非凭空臆断,但是不是切合实际,有待实践来检验。由于理论的探讨不够,教材中对许多问题的叙述只能是"藏而不透"。举例说吧:汉语析句中的许多问题须待动词的次范畴的发现才能解决,可是对动词的次范畴的研究还在初探阶段,教材就不可能在这方面作详细的分析。

有些想法觉得应该写进教材,在实践中试一试。由于材料的掌握不够全面,结果是"申而多漏"。比如1962 年教材中讲表示时间或处所的状语同主语的界限,罗列了若干条目,认为"今天我们开小组会"的"今天"是状语,理由是能够挪到句中修饰动词,可是人家问"今天我们下午开小组会"中的"今天"是不是状语前置,这就不大好回答了。再如遇到"他的脸上泛起了红云"这类句子,当时的教材是当作无主句的,但是一加上"使",说成"一句话使他的脸上泛起了红云",就难以自圆其说了。这种情况迫使我们去寻找问题的根源:那就是在我们的语法学中混杂了许多不明确的概念。我们讲主语,时而对动词而言,时而从语义上分析,时而从语用上说明,己之昏昏,怎么能使人昭昭?在修订教材时,对问题作了一番检查,作了一些改进。例如在时间名词和处所名词作主语的问题上,采取了"提升"的办法。"下午我们开会"的"下午"不充当主语,但是在"我们"不出现时,提升它为主语,如"下午开会"。理由在前边论及动词和名词之间的关系时已经提到。

　　说了许多,仍难免补漏洞之嫌。补漏洞也并不是一件轻松的事,越补越漏的情况也是常有的。然而我们对那些指出漏洞的同志是十分感谢的,因为这将帮助我们进一步探索。

附　注

　　①《现代汉语》,胡裕树主编,上海教育出版社出版。1962 年初版,1979 年为修订本,1981 年为增订本。这一段话见于增订本 314—315 页。

　　② 方光焘《体系和方法》,见《中国文法革新论丛》,52 页,中华书局,1958。

　　③ 190 页,商务印书馆,1905。

　　④ 参看文炼《词语之间的搭配关系》,载《中国语文》1982 年第 1 期。

（原载《中国语文》1982 年第 3 期）

复句问题论说

邢福义

本文按顺序讨论下列问题：单句和复句的对立；关系词语；复句的分类系统。最后，在"余论"中讨论一下复句和逻辑的关系问题。

一、单句和复句的对立

1.1 单复句对立的决定因素是分句。

复句是包含两个或几个分句的句子。复句可以分解为两个或几个分句，单句不能。这就是说，复句的直接组成部分是分句，而单句的直接组成部分只能是句子成分。

① 姐姐和姐夫可能不会来。

② 因为小刚生病，姐姐和姐夫可能不会来。

例①是单句，第一次分解得到的是主语"姐姐和姐夫"和谓语"可能不会来"；例②是复句，第一次分解得到的是分句"小刚生病"和分句"姐姐和姐夫可能不会来"。显然，这种对立是形式上的，结构上的。例①由于不在形式上说出原因，不具备一个表示原因的结构，所以，尽管隐含着某种原因，但只是单句；例②相反，所以成为复句。

③ 姐姐可能不会来，姐夫也可能不会来。

例③和例①内容完全相同。但是，例③是复句，因为它在形式上出现了两个分句，第一次分解可以得到两个分句。

1.2 决定单复句对立的分句具有相对独立性。

所谓"独立"，是指：㊀ 表述的自足性。即在意义上能够体现一个特定意图，能够起"句"的作用。㊁ 相互间的不容纳性。即在结构上 A 分句不作 B 分句的一个成分，不为 B 分句所容纳，反过来说，B 分句不作 A 分句的一个成分，不为 A 分句所容纳。作图表示，是 A B ，不是 A B 、 A B 。如：

A	B
姐姐和姐夫要照顾小刚，	他们今天可能不会来。

所谓"相对"，是指：㊀ 意义上紧密联系，前后分句复合起来共同表达一个整体意思。㊁ 结构上互相依赖，前后分句的某个成分可以因有所依赖而从略。㊂ 关系上有特定的标示形式，即特定的关系往往通过特定的关系词语标示出来。如：

A ──→ B

姐姐和姐夫要照顾小刚，	他们今天可能不会来。

A 为因,B 为果,AB 共同表述具有因果关系的一件事。AB 之间可加上因果关系的标示形式"因为……所以……"。因 A 里有"姐姐和姐夫",B 里的"他们"可省略("姐姐和姐夫要照顾小刚,今天可能不会来。");若 B 里的"他们"改为"姐姐和姐夫",A 里的"姐姐和姐夫"可省略("因要照顾小刚,姐姐和姐夫今天可能不会来。")。

1.3　判定分句,可以用各种不同的方法。

第一是分别直断法。即分别直接断定 A 和 B 都是分句,从而断定 A 和 B 的结合体是复句。在 AB 都明显是分句的情况下,采用这一方法自然是最简便的。

第二是减除法。即首先断定明显是分句的 A(或 B)为分句,然后将它减除,剩余下来的 B(或 A)如果不为 A(或 B)所容纳,本身又具有表述的自足性,那么,就可以断定 B(或 A)也是分句。例如:

④ 牛八一听,多熟悉的声音呀!(《湘江文艺》1973 年第 3 期 44 页)

"牛八一听"肯定是分句。减去这一分句,剩下"多熟悉的声音呀!""多熟悉的声音呀"不是前分句里的一个成分,本身具有表述性,所以也是一个分句。这个复句是由"主谓句+定名句"构成的复句。又如:

⑤ 朝霞满山,泉流潺潺,好一个山区之晨!(《星儿闪闪》31 页)

"朝霞满山""泉流潺潺"肯定都是分句。减去这两个分句,剩下的"好一个山区之晨"同样应断定为分句。这个复句是由"主谓句+主谓句+定名句"构成的复句。再如:

⑥ 高高的梯田,山上有了绿意。(梁信《从奴隶到将军》113 页)

"山上有了绿意"肯定是分句。减去这一分句,剩下"高高的梯田"同样应断定为分句。这个复句是由"定名句+主谓句"构成的复句。

第三,添加法。即添加一个明显是分句的语言片段,借以显示跟它等价的另一个语言片段也是分句。例如:

⑦ 这么远的路,你最好坐车去!

　　→这么远的路,又下着雨,你最好坐车去!

"你最好坐车去"肯定是分句。剩下的"这么远的路"是不是分句呢?可以通过添加"又下着雨"来检验。"下着雨"肯定是分句,"又"表明"这么远的路"和"下着雨"是并列的,都是"你最好坐车去"的原因,因此,"这么远的路"不可能不是分句。又如:

⑧ 那么远的距离,一千多人三个小时就赶到了古镇。

　　→那么远的距离,又顶着风,一千多人三个小时就赶到了古镇。(《连心锁》274 页)

"一千多人三个小时就赶到了古镇"肯定是分句。"又顶着风"可以帮助我们证明"那么远的距离"也是分句。因为"又"表明"那么远的距离"和"顶着风"并列,都是跟"一千多人三个小时就赶到了古镇"之间具有转折关系的事实,"顶着风"肯定是分句,因此"那么远的距离"不可能不是分句。

第四,替代法。即用明显是分句的语言片段替代另一个尚待证明是不是分句的语言片断,若结构关系不发生任何变化,那么,就可以断定尚待证明的语言片断也是分句。例如:

⑨ 一阵大风,一个闪电,一声响雷,大雨就落下来了。

　　→一阵大风吹过,天空中闪过一个树枝形的电光,又响起一声炸雷,大雨就落下来了。

这里的替代,帮助我们证明"一阵大风""一个闪电""一声响雷"都是分句。

在作品中,我们看到过这样的例子:

⑩ 一阵大风吹过,天空中闪过一个树枝形的电光,一声响雷,大雨就落下来了。(《油田尖兵》112 页)

是不是分句,只有"一声响雷"尚待证明。但"一声响雷"可以用"又响起一声炸雷"去替代,它作为写"雷"的片段,是跟前面写"风"、写"电"的片段地位相等的,因此,可以断定它也是分句。

有的作者,在作品中变换使用分句句式,这可以为我们运用替代法提供证据。比较:

⑪ 两声响鞭,只见两辆大车一溜烟似的向山路飞奔而去。(《红石山中》131 页)

⑫ 两声清脆的响鞭,在群山中回荡,大车跑得更快了。(同上 126 页)

⑬ 这么黑的天,又这么大的雨,到哪儿抓去呀!(《连心锁》128 页)

⑭ 天这么黑,雨这么大,行动不便呐!(同上 128 页)

例⑪的"两声响鞭"可以用例⑫的"两声清脆的响鞭,在群山中回荡"去替代(反过来,例⑫的"两声清脆的响鞭,在群山中回荡"也可以用例⑪的"两声响鞭"去替代);例⑬的"这么黑的天,又这么大的雨"可以用例⑭的"天这么黑,雨这么大"去替代(反过来,例⑭的"天这么黑,雨这么大"也可以用例⑬的"这么黑的天,又这么大的雨"去替代)。这种同见于一篇作品而又可以互相替代的例子,对于我们判定"两声响鞭""这么黑的天""又这么大的雨"之类语言片段有时具有分句的身份,显然是有帮助的①。

1.4　单句和复句的对立是相对的。

分句的存在,决定了复句同单句的对立;然而,分句的相对独立性,又决定了复句同单句的对立只能是相对的,而不可能是绝对的。分句的独立性越强,单句和复句的对立就越明显;分句的相对性越强,单句和复句的对立就越模糊。

从语言事实看,在交界线上,单句和复句的对立是模糊不清的。许多现象,既可以看成单句,也可以看成复句。比如:

⑮ 我们买了纸,买了笔。

这是单句还是复句?

我们可以认为这是个单句,并且可以找到有关的事实来支持我们的结论。比如:

⑯ 我们已经买了纸,买了笔。

⑰ 我们上街买了纸,买了笔。

例⑯添加"已经"。"买了纸,买了笔"指已经完成的事,因此例⑯和例⑮意思基本相同。例⑰添加"上街"。"买了纸,买了笔"本来跟"上街""进城""到商店'等意思发生联系,因此例⑰跟⑮相比,只不过把意思说得具体一点而已。例⑯⑰"我们已经……""我们上街……"既包含"买了纸",也包含"买了笔",换言之,"买了纸,买了笔"都为"我们已经……""我们上街……'所容纳。既然如此,例⑯⑰应该都是单句。既然例⑯⑰是单句,例⑮也应该是单句。何况,仅就例⑮说,还可以认为"我们……"既包含"买了纸",也包含"买了笔",即"买了纸,买了笔"都为"我们……"所容纳,因此把例⑮看成单句是没有什么不可以的。

然而,另一方面,我们又可以认为例⑮是个复句,并且可以找到有关的事实来支持我们的结论。比如:

⑱ 我们买了几张纸,买了几枝笔,看了一场新上演的国产电影,到大中华去美美地吃了一顿。

⑲ 我们先买了几张纸,接着买了几枝笔,然后看了一场新上演的国产电影,这才到大中华去美美地吃了一顿。

⑳ 先买了几张纸,接着买了几枝笔,然后看了一场新上演的国产电影,我们这才到大中华去美美地吃了一顿。

例⑱,原语言片段本身有扩展,原语言片段后边又增加新的语言片段。如果认为是单句,那么这个单句的谓语是太复杂了,分析起来太不方便了。何况这里所说的"扩展"和"增加"可以是无限的。无限地扩展、增加下去,如果都算是一个单句,那么恐怕是大多数人难以接受的。例⑲,不仅有"扩展"和"增加",而且用上了"先……接着……然后……这才……"的关联格式,如果还看成单句,人们更难接受。例⑳,不仅有"扩展"和"增加",不仅用上了关联格式,而且主语"我们"在最后一个语言片段的前头才出现,如果还看成一个单句,那就未免太强词夺理了。我们可以认为例⑳有四个分句,前三个分句的主语蒙后省略。然而,例⑳能看成复句,例⑲例⑱为什么不能?例⑳⑲⑱能看成复句,例⑮为什么不能?例⑮能看成复句,例⑯⑰为什么不能?既然能用省略说解释例⑳,何尝不可以用省略说("承前省")解释其他各例呢?

会引起争论的情况还很多②。总之一句话,如果着眼于"边界纠纷",单复句简直是无法分清的。怎么办?这里存在一个研究问题的思想方法问题,也存在一个处理问题的权宜性办法问题。

首先是研究问题的思想方法。

一方面,单句和复句之间并不存在绝对的明确的界限,这是客观事实。如果用绝对化的思想方法去研究问题,企图把单句和复句明确地区别开来,那是自己给自己设置圈套,自己让自己钻进死胡同。另一方面,单句和复句之间存在着对立,从两个极端看,单句和复句彼此不会相混,这也是客观事实。既然如此,单复句界限不清的问题,就不会影响我们分别以单句和复句作为对象来开展我们的研究工作。我们可以采取"吃透两头,留下中间"的方法,先把两头典型的现象研究清楚,暂时留下属于"中间"地带的各种各样的问题。如果一开始就一头钻进"中间",只会弄得晕头转向,看不到出路;如果从研究典型的现象入手,可能有助于认识"中间"现象,可能有助于缩小"中间"现象的范围,因而可能有助于对单复句的区别和联系的问题作出合理的解释。

其次是处理问题的权宜性办法问题。

研究工作和教学工作有不同的特点和要求。在教学中,遇到纠缠不清的问题,可以采取权宜性的处理办法。这就是:权衡得失,定个标准,做硬性规定。比如,根据用逗号表示停顿、有的语言片段可以用省略主语的说法来解释的标准,有时参照某个附加的标准,一律把例⑮至例⑳都算做复句。不过,必须遵守逻辑的同一律,即同一个标准必须贯彻到底,在任何场合、任何时候都不能变动,否则就会引起混乱。当然,这种权宜性的办法毕竟只是"人为的规定",有时简直是"蛮不讲理"的。比较:

> 他要吃要喝。
>
> 他要吃、要喝。
>
> 他要吃,要喝。

按照上述的规定,一、二两句是单句,第三句是复句。这完全是为了教学的方便。

二、关　系　词　语

2.1　对关系词语的特点的认识。

关系词语是标明复句关系的词语。特定的关系词语标明特定的复句关系,往往形成特定的复句句式。

在词类系统中,关系词语不是固定的类。可以是连词,也可以是副词,还可以是连词、副词以外的别类的词。比如:

> 因为 A,所以 B。
>
> 无论 A,都 B。
>
> 不是 A,而是 B。

"因为""所以""无论""而"是连词,"都"是副词,"是"是判断动词("不是"是"副词+判断动词","而是"是"连词+判断动词")。

在语法单位中,关系词语不是固定的级。可以是词,也可以是语(短语),还可以是跨语法单位的非完整形式。比如:

> 要么 A,否则的话 B。
>
> 如果说 A,那么 B。
>
> 不但不 A,反而 B。

"要么""那么""反而"是词。"否则的话""如果说"比词大,是语。"不但不"也比词大,但只是跨单位的非完整形式,因为"不但不 A"按层次关系是"不但/不 A",而不是"不但不/A"。如:"不但不哭,反而笑了起来。"是"不但/不哭",而不是"不但不/哭"。

就职能说,关系词语不具有划一性。可以是纯粹标明复句关系的语法成分,也可以既标明复句关系,又充当句子里的某个成分。比如:

> 无论干什么,我都以你为榜样。

"无论……都……"标明无条件让步的关系。但"无论"是连词,专门起表明关系的语法作用;"都"是副词,兼作句子的状语。又如:

> 你是找熟人呢,还是有公事?
>
> 你是干部呢,还是群众?

"是……还是……"标明选择关系。但在前一句里,"是……还是……"专门起标明关系的语法作用;在后一句里,"是……还是……"兼作句子成分:"是"兼作述语,带判断宾语"干部""群众","还"兼作状语。

总之,关系词语是根据标明复句关系、形成复句句式的共同点组合拢来的一些词语,它们词性上可此可彼,单位上可大可小,职能上可专可兼。讲复句不能不讲关系词语。汉语的复句之所以能够作为语法问题来研究,在很大程度上取决于运用了丰富多彩的关系词语,形成了丰富多彩的复句句式。

2.2 对关系词语的作用的认识。

任何关系词语都有标明复句关系的作用。但是,标明某种复句关系,或者如一般语法书所说表示某种复句关系,这是就运用关系词语的结果说的。要是换一个角度,就从逻辑基础到关系标明的过程说,关系词语的作用又有显示、转化和强调的区别。关系词语的标明作用,这是静态的概括;关系词语的显示、转化和强调的作用,这是动态的概括。两者的关系,可用下图表示:

过　　　程		结　　　果
显　示	→	
转　化	→	标明
强　调	→	

"显示""转化""强调"的区别,以及它们同"标明"的关系,又可以用下图表示:

	隐含(逻辑基础)	标　　明	再　标　明
显　示	(A) → A		
转　化	(A) → B (A) → A → B (A) → B → A (A) → B → C		
强　调	(A) → A^- → A^+		

所谓显示,是用某种形式显示某种关系。即:本含 A,用表 A 词语显示为 A。如:

① 他很用功+他成绩很好。

　　→他很用功,因此成绩很好。

② 他很用功+他成绩很不好。

　　→他很用功,但是成绩很不好。

例①,本来隐含因果关系,用表示因果关系的"因此"显示为因果关系。例②,本来隐含转折关系,用表示转折关系的"但是"显示为转折关系。又如:

③ 他是我们的老师+他是我们的知心朋友。

　　→他既是我们的老师,又是我们的知心朋友。

④ 他们的成就使中国人民感到骄傲+他们的成就使全世界人民都感到骄傲。

　　→他们的成就不仅使中国人民感到骄傲,而且使全世界人民都感到骄傲。

例③,本来隐含并列关系,用表示并列关系的"既……又……"显示为并列关系。例④,本来隐含递进关系,用表示递进关系的"不仅……而且……"显示为递进关系。

所谓转化,是用特定形式转化某种关系。即:隐含的基本关系为 A,用表 B 词语使之转化为 B;或者,隐含的基本关系为 A,先用表 A 词语显示为 A,再用表 B 词语转化为 B;或者,隐含的基本关系为 A,先用表 B 词语转化为 B,再用表 A 词语复转为 A;或者,隐含的基本关系为 A,先用表 B 词语转化为 B,再用表 C 词语转化为 C。例如:

⑤ 解决那个问题可以用演绎法+解决这个问题可以用归纳法。

　　→如果说解决那个问题可以用演绎法,那么,解决这个问题就可以用归纳法。

⑥ 他会说汉语+他会写汉字。

　　→他不但会说汉语,而且会写汉字。

⑦ 许多事情都搞清楚了+许多人都觉得在精神上高大起来。

　　→现在,不但许多事情都搞清楚了,而且许多人都觉得在精神上高大起来。(姜滇《清水湾,淡水湾》,

《十月》1982 年第 3 期 95 页）

这是第一种情况：（A）→B。例⑤，隐含的基本关系是并列，用表示假设关系的"如果说……那么（就），……"转化为假设关系。例⑥，隐含的基本关系是并列，用表示递进关系的"不但……而且……"转化为递进关系。例⑦，隐含的基本关系是因果，用表示递进关系的"不但……而且……"转化为递进关系。

　　⑧ 张老师是受人敬重的好人+李老师是受人敬重的好人。

　　　→张老师是受人敬重的好人，李老师也是受人敬重的好人。

　　　→如果说张老师是受人敬重的好人，那么，李老师也是受人敬重的好人。

　　⑨ 别人把这看成是一件惨事+别人可怜我同情我。

　　　→别人把这看成是一件惨事，因此，可怜我，同情我。

　　　→别人把这看成是一件惨事，并因此而可怜我，甚至同情我；（我不需要！）（陈浩泉《香港狂人》,《花
　　　　城》1983 年第 4 期 83 页）

这是第二种情况：（A）→A→B。例⑧，隐含的基本关系是并列，先用表示并列关系的"也"显示为并列关系，再用表示假设关系的"如果说……那么……"转化为假设关系。例⑨，隐含的基本关系是因果，先用表示因果关系的"因此"显示为因果关系，再用表示递进关系的"……并……甚至……"转化为递进关系。

　　⑩ 我想见到她+我怕见到她。

　　　→我既想见到她，又怕见到她。

　　　→我既想见到她，却又怕见到她。

　　⑪ 蒋介石承认我们+蒋介石说要取消红军取消苏区。

　　　→蒋介石一方面是承认我们，另一方面还是说要取消红军，取消苏区。

　　　→蒋介石一方面是承认我们，可是另一方面，还是说要取消红军，取消苏区。（《周恩来选集》上卷
　　　　198 页）

这是第三种情况：（A）→B→A。例⑩，隐含的基本关系是转折，用表示并列关系的"既……又……"转化为并列关系，再用表示转折关系的"却"复转为转折关系。例⑪，隐含的基本关系也是转折，用表示并列关系的"一方面……另一方面……"转化为并列关系，再用表示转折关系的"可是"复转为转折关系。

　　⑫ 这些材料能说明问题+那些材料能说明问题。

　　　→这些材料能说明问题，那些材料更能说明问题。

　　　→如果说这些材料能说明问题，那么，那些材料更能说明问题。

　　　→如果说这些材料能说明问题，那么，那些材料却更能说明问题。

这是第四种情况：（A）→B→C。……。例⑫，隐含的基本关系是并列，先用表示递进关系的"更"转化为递进关系，再用表示假设关系的"如果说……那么……"转化为假设关系，又用表示转折关系的"却"转化为转折关系。

　　所谓强调，是用特定形式强化某种关系。即：本含 A，已用弱式的特定形式显示为 A¯，再用强式的特定形式强调为 A⁺。比如：

　　⑬ 承袭这笔财产合法+承袭这笔财产不光彩。

　　　→承袭这笔财产即使是合法的，也不光彩。

　　　→如果她承袭这笔财产，即使是合法的，但也不光彩。（姜滇《清水湾，淡水湾》,《十月》,1982 年第 3
　　　　期 85 页）

本来隐含转折关系，已用表示虚拟性让步的"即使……也……"对这种关系有所显示（有让步就有转折），又用典型的转折词对这种关系加以强调。又如：

　　⑭ 拨动好似琴弦的少女心事+少女的心事会娓娓倾诉。

　　　→少女的心事是琴上的弦，一拨动，便会娓娓倾诉。

　　　→少女的心事，是琴上的弦，只要一拨动，便会娓娓倾诉。（叶文玲《小溪九道弯》,《小说月报》1982
　　　　年第 2 期 19 页）

本来隐含条件关系,已用可以表示条件关系的"一……便……"有所显示("一……便……"有时表示连贯关系),又用典型的条件词"只要"对这种关系加以强调。再如:

⑮ 这个损失发生+电站的整个工程将推迟三到四年。

→这个损失万一发生,电站的整个工程就将推迟三到四年。

→这个损失如果万一发生,电站的整个工程就将推迟三到四年。(顾笑言《洪峰通过峡谷》,《花城》1983 年第 3 期 48 页)

本来隐含假设关系,已用可以表示假设关系的"万一……就……"有所显示(作为连词,"万一"表示可能性极小的假设,用于不如意的事③),又用典型的假设词"如果"对这种关系加以强调。

不仅从静态上从关系词语运用的结果上认识关系词语的作用,而且从动态上从逻辑基础和表面形式的关系上认识关系词语的作用,对于加深对汉语复句的认识会有很大的好处。

三、复句的分类系统

3.1 目前通行的复句分类系统有弊病。

目前通行的复句分类系统,是复句下面分联合复句和偏正复句两大类,两大类下面再分若干小类。如:

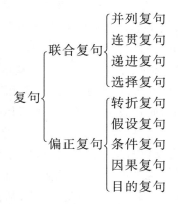

"联合""偏正"是一级复句类,"并列""连贯"等等是二级复句类。在大多数的语法教材里,二级复句类的数目有所不同,名称有所不同,但从分类系统看,路子是相同的。

先讨论一级复句类。

首先,一级复句类能否统率二级复句类?

以联合复句来说,它的下位概念是并列、连贯、递进等。所谓"联合",是分句平等联合,不分主次。如果两个分句中有一个是正意所在,另一个只起陪从的作用,就不是联合,而是偏正。那么,并列、连贯、递进等复句的分句是不是任何时候都平等联合、不分主次呢?看例子:

① 我不但不嫉妒,反而更高兴。(张扬《第二次握手》211 页)

② 他不仅不后悔起用郎平,而且下大力锤炼她。(鲁光《敬你一杯酒》,《人民文学》1982 年第 1 期 6 页)

这是递进复句。作为联合复句,前后分句应该是平等联合不分主次的,然而,事实是正意在后分句,前分句不过起陪从的、衬托的作用。

③ 山虎如梦初醒,这才明白父女俩的心意。(罗旋《红线记》,《1980 年全国优秀短篇小说评选获奖作品集》413 页)

这是连贯复句。"这才"等于"这时才"。前后分句也不是平等联合不分主次,而是以后一分句为主,前一分句只起陪从的、衬托的作用。

④ 生铁百炼成好钢,军队百战无敌挡。

这是并列复句。并列复句该是典型的联合复句吧?然而,这个例子的正意显然在后一分句。后一分句是"本体",前一分句只是"喻体"。

从这些例子可以检验出,联合复句和并列复句、连贯复句、递进复句等并不是确实具有上下位关系的。

其次,所谓偏正复句到底哪个分句是"偏"哪个分句是"正"?

按照一般的说法,偏正复句是前偏后正。这种说法解释不了丰富复杂的语言事实。例如:

⑤ 他肚子里很明白,只是嘴里说不出罢了。(你应该原谅他)

⑥ 他肚子里很明白,可是嘴里说不出。(还是不中用)

这是吕叔湘先生在《中国文法要略》中所举的例子。按通行的分类系统,都是转折复句,属偏正复句。然而,正如吕先生所指出:"可是用'只是'或'不过'的句子和用'可是'或'但是'的又微微有点不同。后者是一般的转折句,上句之意轻,下句之意重;前者则上重下轻,下句的力量只抵消上句之一部,我们不妨称为保留句。"④ 显然,如果前者后者都统起来算转折复句,那么转折复句就并不都是前偏后正;如果后者单独立为一类保留句,那么,这类偏正复句就不是前偏后正,而是前正后偏。又如:

⑦ 除非你出五十元钱,否则我不卖。

⑧ 除非没赶上班车,否则他两点钟准到。

这两例都是假转句。它们都采用"除非……否则……"的形式,但表意重心有所不同。例⑦重心在前分句,说话人意在要对方出好价钱,而不是想不卖;例⑧重心在后分句,说话人意在强调他的准时,而不是想强调没赶上班车。

这里还应该指出,用"否则"之类联结的假转句,除了"除非……否则……"的重心可前可后之外,"幸亏……否则……""可惜……否则……""因为……否则……""要么……否则……""还是……吧,否则……"等等都是重心在前分句而不在后分句⑤,这就是说,都是前正后偏,而不是前偏后正。

再次,联合复句和偏正复句的区别有没有结构形式上的根据?

大多数学者区别"联合"和"偏正"根据的是意义。有的学者从结构形式上进行探索,认为联合复句和偏正复句各有结构上的特点:偏正复句有封闭性,不能延长关系,采用两分法;联合复句是非封闭性的,可以延长关系,采用多分法。比如:不但你知道,而且我也知道。→不但你知道,而且我也知道,甚至他也知道。|不但事情多,而且时间少。→不但事情多,而且时间少,更何况要求高呢? 可见,递进复句属联合复句。⑥

问题在于:第一,有的明显属于联合复句的句式是封闭的,不能延长的,只能二分的。比如"不是……而是……"句式,不管怎么扩展,不管是扩展成"不是……不是……而是……",还是"不是……而是……而是……",还是"不是……不是……而是……而是……而是……",都只能采用两分法。第二,有的明显属于偏正复句的句式是非封闭的,可延长的,可以多分的。比如:"越……越……"句式:事情越多,时间越少。→事情越多,时间就越少,对效率的要求也就越高。|他越跟陶慧贞接触,就越觉得她是一块无价之宝,也就越怕这无价之宝失落他人之手。(黄继树《女贞》,《清明》1983 年第 3 期 27 页)这就说明,从结构形式上区分"联合"与"偏正"的努力尽管是十分可贵的,但结果还是不能把二者区分清楚。

总起来说,"联合""偏正"的母项不能合乎逻辑地统率它们的子项,而表意上是否有重心,重心是在前还是在后,必须通过对具体的复句句式的分析才能解释清楚,因此,把一级复句类定为联合复句和偏正复句是不合适的。

下面再讨论二级复句类。

首先,二级复句类是否已经概括了所有重要的现象?

把一级复句类定为联合复句和偏正复句尽管有弊病,但对所有的语言事实来说是能穷尽的,在这一点上没有问题。然而,它们下属的二级复句类却不能穷尽所有的语言事实。有些富于特点的复句,不管哪一类都归不进去。比如:

⑨ 她和沙马耳虎因为化了装,不然,进城难出城也难。(字心《雾中鼓声》,《昆仑》1983 年第 1 期 122 页)

⑩ "加拿大只答允贷一千五百万美元与我们;而美国人原来露出口风愿贷五千万元与我们,只是由于孔祥熙在其中作怪,否则……"他摇了摇头,显出深有感触的样子。(鄢国培《巴山月》,《长江》1983 年第 1 期 213 页)

"因为/由于……否则/不然……"这样的复句是什么复句? 从前分句用表示原因的"因为/由于"看,似乎是因果句,但前后分句之前在关系上不是顺承而是逆承,跟一般的因果句又有显著的不同。从前后分句之间用表示逆转的"否则/不然"看,似乎可以算转折句,但一般的转折句不用"否则/不然",更不会用"因为/由于",

因此算做转折句也有困难。从"否则/不然"包含"如果不这样"的意思看,似乎可以算假设句,然而假设句的前分句一定是不成为事实的假设,而这种复句的前分句却是已成为事实的原因,因此算做假设句也无法让人接受。根据我们所作的分析与概括,用"否则"之类联结的复句是具有明显特点的一类复句,其内部又可以分为若干个小类⑦。由于"否则"之类包含"如果不这样"的意思,标明的是一种假言否定性的逆转关系,因此我们为这类复句另立"假转句"一目。⑧"因为……否则……"是逆原因假转句,是假转句中的一种。

其次,二级复句类在归类上是否符合同一律的要求?

分析目前通行的分类系统,可以发现:联合复句下属各类在归类上是根据分句与分句之间的关系,即看它是并列,还是连贯、递进或选择等。偏正复句下属各类在归类上则采用不同的标准。有时根据分句与分句之间的关系,即看它是顺承还是逆承;有时根据前分句所表示的意思,即看前分句是表示已成为事实的原因,还是不成为事实的假设,或者是不成为事实的条件。比如:

> 因为下雨,不能施工。
>
> 虽然下雨,也能施工。
>
> 如果下雨,不能施工。
>
> 即使下雨,也能施工。

按照通行的分类系统,第一句是因果句,第二句是转折句,第三第四句都是假设句。把一、二两句分别归入因果句和转折句,是根据分句间的关系:前者因果顺承,后者因果相逆。把三、四两句都归入假设句,是根据前分句所表示的意思:它们所说的都是假设的事情。其实,如果严格遵守分句间关系的标准,三、四两句不应该是同类的。相反,第三句应该跟第一句同一大类,前后分句都是因果相承,不同之处只在于一句所说的原因是事实,一句所说的原因是假设;第四句应该跟第二句同一大类,前后分句都是因果相逆,不同之处只在于一句所说的原因是事实,一句所说的原因是假设。如果严格遵守前分句表义的标准,一、二两句不应该是不同类的。因为,既然可以撇开分句间的顺逆关系把三、四两句都叫作假设句,为什么不可以撇开分句间的顺逆关系把一二句都叫作因果句呢?应该坚持同一的分类标准。并列类复句只能根据分句间的关系,因果类复句和转折类复句也应根据分句间的关系。这样,"如果……就……"复句和"即使……也……"复句是不应被归成一类的。又如:

> 只有下很大的雨,才会放假休息。
>
> 无论下多大的雨,都不会放假休息。

按照通行的分类系统,这两句都是条件句。根据就是它们的前分句说的都是条件。如果从分句间的关系来考察,这两句是不可能同类的。前一句,前后分句关系顺承,前分句是作为条件的原因,后分句是顺着这个条件产生的结果。后一句,前后分句关系逆承,前分句提出一个可以无限变异的条件,后分句是逆着这个条件产生的结果。凡是"无论……都……"复句,都包含程度不同或情况不同的转折性,有的和"即使……也……"复句相通,有的和"即使……也……"复句部分相通⑨。从语法形式上说,"即使……也……"句式里能加上"但"类词⑩,一般的"如果……就……"句式里不能,这决定了它们是关系不同的两类;"无论……都……"句式里往往能加上"但"类词⑪,"只有……才……"句式里根本不能,这也决定了它们是关系不同的两类。

总起来说,通行分类系统的二级复句类既不全又不纯。由于有重大遗漏,使得一些重要事实没有归宿;由于标准混乱,使得各类之间和各类内部出现了交叉混杂的现象。因此,仅仅取消"联合复句"和"偏正复句"的名目,直接在"复句"底下讲"并列""连贯""递进""选择""转折""假设""条件""因果"和"目的",这仍然不能解决问题。

3.2 必须建立新的复句分类系统。

既然目前通行的复句分类系统无论一级类还是二级类都有弊病,那么,就应该考虑建立一个新的复句分类系统。建立一个能够很好地解释汉语复句的新系统自然是十分困难的,需要许多人作长期的努力。近年来,笔者对现代汉语的关系词语作了一些考察。考察中,笔者特别注意抓住"但"类词和"否则"类词,用这两路逆转词来检验各种各样的复句。在这个基础上形成了关于复句分类系统的一个初步的极不成熟的设想。这就是:

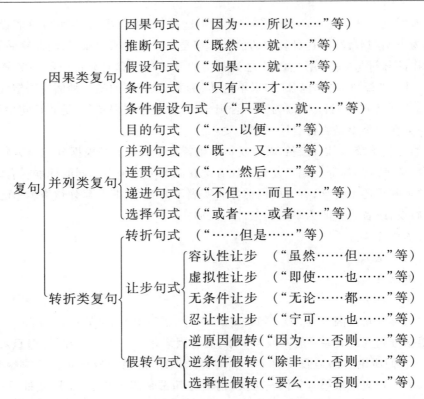

"因果类""并列类""转折类"是一级复句类,"因果""假设""并列""选择""转折""让步""假转"等等是二级复句类。三级复句类这里只重点列举。

我们把一级复句类划分为三大块,是根据并列概念分类法。我们考虑到"因果类"与"并列类""转折类"有对立,又考虑到"转折类"和"因果类""并列类"有对立,还考虑到"并列类"和"因果类""转折类"也存在对立。在我们看来,因果类各种关系和并列类各种关系反映事物间最基本的最原始的联系,转折类各种关系则是在基本的原始的联系的基础上产生的异变性联系。作图表示:

因　果	他提交了论文——人家邀请他	转　折	——人家不邀请他
并　列	(他)提交了论文——(他)提交了对学会工作的书面意见		——(他)没提交对学会工作的书面意见

二级复句类和三级复句类的形成,很大程度上取决于关系词语的运用。运用不同的关系词语,会构成各种各样的复句句式。比如,根据上表中所说的几个意思,通过运用不同的关系词语可以得到三大类中的各小类:

因为他提交了论文,所以人家才邀请他。　　　　　　　　　　　　　　　　　　(因果句式)

既然他提交了论文,人家准会邀请他。　　　　　　　　　　　　　　　　　　　(推断句式)

既然人家邀请他,准是他提交了论文。　　　　　　　　　　　　　　　　　　　(推断句式)

如果他提交论文,人家就会邀请他。　　　　　　　　　　　　　　　　　　　　(假设句式)

只有他提交论文,人家才会邀请他。　　　　　　　　　　　　　　　　　　　　(条件句式)

只要他提交论文,人家就会邀请他。　　　　　　　　　　　　　　　　　　(条件假设句式)

他决定提交论文,以便人家邀请他。　　　　　　　　　　　　　　　　　　　　(目的句式)

　　　　　　　　　　　　　　　　　　　　　　　　　　　　　　——以上是因果类复句

他既提交了论文,又提交了对学会工作的书面意见。　　　　　　　　　　　　　(并列句式)

他提交了论文,接着又提交了对学会工作的书面意见。　　　　　　　　　　　　(连贯句式)

他不但提交了论文,而且提交了对学会工作的书面意见。　　　　　　　　　　　(递进句式)

参加会议的人,或者提交了论文,或者提交了对学会工作的书面意见。　　　　　(选择句式)

　　　　　　　　　　　　　　　　　　　　　　　　　　　　　　——以上是并列类复句

他提交了论文,但是没有提交对学会工作的书面意见。　　　　　　　　　（转折句式）

虽然他提交了论文,但是人家没有邀请他。　　　　　　　　（让步句式：容认性让步）

即使他提交论文,人家也不会邀请他。　　　　　　　　　　（让步句式：虚拟性让步）

无论他提交多么好的论文,人家都不会邀请他。　　　　　　（让步句式：无条件让步）

人家宁可邀请不提交论文的人,也不邀请他。　　　　　　　（让步句式：忍让性让步）

因为他提交了论文,否则人家不会邀请他。　　　　　　　　（假转句式：逆原因假转）

除非他提交论文,否则人家不会邀请他。　　　　　　　　　（假转句式：逆条件假转）

要么提交论文,否则就得提交对学会工作的书面意见。　　　（假转句式：选择性假转）

要么提交论文,否则人家不会邀请他。　　　　　　　　　　（假转句式：选择性假转）

　　　　　　　　　　　　　　　　　　　　　　　——以上是转折类复句

　　关于复句分类系统的初步设想,限于篇幅,这里只能作简单的说明。对于各种复句句式的分析,笔者已写成《复句与关系词语》一书(黑龙江人民出版社 1985 年出版),敬请前辈专家、同辈学者和各位同志多加指教。

四、余　　论

　　研究复句,必须结合逻辑。但是,我们常常听到这么个说法:复句问题就是逻辑问题,研究复句问题就是研究逻辑问题。这是一种错觉。

　　从理论上说,这种说法会导致对复句作为语法研究的对象的否定。因为,复句问题如果完全是逻辑问题,复句就应该作为逻辑现象来研究,它就没有资格在语法学里占据一席之地。

　　从事实上看,这种说法解释不了同一逻辑基础可以采用不同的复句句式的现象。举例来说。

　　① 相信你们是为人民服务的,虽然有点地、富、资产阶级的观点,也是不自觉的。

　　② 相信你们是为人民服务的,即使有点地、富、资产阶级的观点,也是不自觉的。(《刘少奇选集》上卷
　　　407 页)

这两例在逻辑关系上没有什么不同,在语言形式上却有不同。前一例用"虽然",明确地认定为"有……",实事实说,直捷爽快;后一例用"即使",带虚拟语气。是用化实为虚的办法来指出"有……",给人以隐隐约约、若有若无的感觉,比较委婉。为什么会有这样区别? 从逻辑关系上找不到答案,只有通过对具体的复句句式及其作用的研究才能找到合理的解释。

　　③ 甲:我向你借一样东西。
　　　乙:如果我有,我一定借给你。
　　④ 甲:我向你借一样东西。
　　　乙:只要我有,我一定借给你。

这两例在逻辑关系上显然没有区别,但例③还可以再说"如果我没有,我就只好表示遗憾了",例④不能再说"只要我没有,我就只好表示遗憾了"。这说明"如果……就……"句式和"只要……就……"句式有区别。在语意的表达上,前一句式只着眼于假设,而后一句式则既着眼于假设又强调了条件[12]。这种区别,是语法上的,而不是逻辑上的。

　　⑤ 这个吃红苕长大的女人给他带来了从来没有享受到的家庭温暖,因而使他生命的根须更深地扎进这
　　　块土地里……
　　⑥ 这个吃红苕长大的女人,不仅给他带来了从来没有享受到的家庭温暖,并且使他生命的根须更深地
　　　扎进这块土地里……(张贤亮《灵与肉》,《1980 年全国优秀短篇小说评选获奖作品集》235 页)

这两例前后分句之间隐含的基本关系是因果。前一例用"因此"显示了这种因果关系,后一例用"不仅……并且……"转化成了递进关系。前一例是直接论说事物之间的因果联系,后一例则强调出了具有因果联系的两件事之间的阶层性。这种区别,也是语法上的,而不是逻辑上的。

　　我们认为,复句现象既有逻辑问题也有语法问题。因此,既可以从逻辑的角度来研究,也可以从语法的

角度来研究。从语法的角度来研究,必须抓住复句的语法格式、语法标志,由此出发尽可能地考察其逻辑基础。如果以甲格式为对象,一方面,必须研究这一格式在语法上的特点,研究这一格式和乙格式、丙格式之间的联系与区别,并进而研究乙格式和丙格式之间的联系与区别;另一方面,必须考察这一格式的逻辑基础,注意观察逻辑基础的微妙变化所引起的语法格式或语意表达上的微妙变化。这样,也许能使我们对汉语的复句有更深的认识。

附　注

① "减除""添加""替代"等方法的运用,可参看邢福义《论定名结构充当分句》,《中国语文》1979 年第 1 期。

② 参看郭中平《单句复句的划界问题》,《中国语文》1957 年第 4 期。

③ 参看《现代汉语词典》1058 页,商务印书馆,1973。

④ 吕叔湘《中国文法要略》351 页,商务印书馆,1956。

⑤ 参看邢福义《试论"A,否则 B"句式》,《中国语文》1983 年第 6 期。

⑥ 林裕文《偏正复句》1—4 页,上海教育出版社,1962。

⑦ 同⑤。

⑧ 见 2.2。

⑨ 参看邢福义《"但"类词和"无论 p,都 q"句式》,《中国语文》1984 年第 4 期。

⑩ 参看邢福义《"但"类词对几种复句的转化作用》,《中国语文》1983 年第 3 期。

⑪ 同⑨。

⑫ 参看邢福义《"如果…就…"和"只要…就…"》,《中学语文教学》1980 年第 11 期。

（原载《华中师院学报》1985 年第 1 期）

语义分析说略

范开泰

1. 语义结构和句法结构

多年来,人们习惯于一种语法分析的模式:语法结构体现在语法形式的结构上,也就是我们所说的句法结构上,而语义是由句法结构决定的,特定的句法结构表现特定的语义。

但是,语义和句法结构形式之间的关系远非这种模式所设计的那么简单。"台上坐着主席团"和"主席团坐在台上""主席团在台上坐着"语义上基本相同,句法结构却不一样。不这么分析,就抹杀了句法结构的有序性、层次性,换句话说,就取消了句法结构自身的存在。

此外,还存在着句法上的结合关系和语义上的结合关系不一致的现象。"孩子们都来了","都"在句法上与动词"来"结合,构成偏正关系,在语义上却是与前面的名词项"孩子们"联系,"都"表示"孩子们"全部具有谓词项的特征。"薄薄地搽了一点粉","薄薄 de"在句法上与"搽了一点粉"构成偏正关系,作状语,因此"de"写作"地",在语义上却是修饰"粉"的。"下了一着妙棋","妙"在句法上是"棋"的修饰语,语义上却是表示下了一着棋很"妙"。吕叔湘先生近来认为"语法结构是语法结构,语义结构是语义结构,二者既有联系,又有区别。"[①]这是对语法结构全面考虑后提出的一个语法分析的新模式。吕先生对"动补结构的多义性"的分析,就是运用这种新模式进行语法分析的一个示例。[②]

2. 语义结构的特征

2.1 语义结构与语序有关

"他批评了小李"和"小李批评了他"语义结构类型相同,但具体的结构方式和内容不一样,这是由语序决定的。"他小李批评了一顿"可以是"他批评了小李一顿"的意思,也可以是"小李批评了他一顿"的意思,兼属两种不同的具体的语义结构。这就是说,在行为动作句中,有两个名词项与一个动词项在句中共同出现,这两个名词项和动词可以构成施事——动作关系,也可以构成动作——受事关系,这时,施事总是出现在动作动词的前面,受事可以出现在动词的后面,也可以在前面。当这样两个名词项都出现在动词前面时,就可能出现两种不同的具体的语义结构在表层句法形式上重合的现象。这类例子表明,语义结构与语序有关。再分析一组例子:

(1) a. 我也买到了那几本书。　　b. 那几本书也买到了。

在语义结构中,"也"表示前面的名词项具有与同类事物一样的性质,a 表示买到那几本书的还有别人;b 表示买到的还有别的书。因此,"也"前面出现两个或两个以上的名词项时,它所涉及的究竟是哪个名词项就有几种可能,例如:

(2) a. 我那几本书也买到了。　　b. 那几本书我也买到了。

"也"所涉及的可以是"我",也可以是"那几本书",还可以是"我"和"那几本书"。这时,如果有表焦点的心理重音,[③]这重音同时指示"也"所涉及的对象;如果没有这类重音,则有上述三种可能。不管怎么样,从语义结构上来分析,"也"所涉及的语义结构成分,只能出现在它的前面。这类例子也说明,语义结构与语序有关。

"一群金丝猴在密密的丛林里纵横跳跃"和"在密密的丛林里纵横跳跃着一群金丝猴"两句话里的语义关系相同,但前一句表动态,后一句表静态,两个句子的型式语义不同。在这里语义结构仍与语序有关。

2.2 语义结构是有标记的

汉语的介词经常用作语义标记,如"把"表受事,"被、由、归"表施事,"给"表与事,"用"表工具,等等。

汉语的语义标记不限于介词,如方位词"中"可表处所(水壶中灌满了水),也可表涉及的范围(生活中有欢乐,也有悲伤)。

语义标记有时可以隐略。语义标记的隐现,有句法上的条件,如主语和宾语位置上的名词项,语义标记一律不出现;有语义上的条件,如前面所举"他小李批评了一顿"这一句有歧义,必须在"小李"前加上"被"或"把",表意才明确;还有语用上的条件,如"这件事我终于弄清楚了",加上"被",变成"这件事终于被我弄清楚了",在表达上强调了全句的被动性。

2.3 语义结构是有层次的

朱德熙先生最近指出:"句子里组成成分之间的语义关系是有层次的。"[④]有的语义成分,如模态语义和形式语义,与全句的语义结构有关,是高层次的语义成分。有的语义成分,如关系语义则是低层次的语义成分。关系语义除了 N 和 V 之间的及物性关系义与非及物性关系义以外,还有 N 与 N 之间的关联义。

3.语义结构的要素

3.1 模态语义

3.1.1 真值模态义

吕叔湘先生曾提议把在主谓之间出现的"是"叫作"前谓语",认为"如果用转换语法的'深层结构'理论来说,也可以说'是'是高一级的谓语。比如说,他北京人+是——他是北京人。同样,他不知道+是——他是不知道。""由高一级的谓语转成前谓语,这种说法也可以应用于一部分(不是所有的)'助动词'。例如,他忘了这件事+会——他会忘了这件事。他不知道+不能——他不能不知道。"[⑤]

这里所谓的"高一级的谓语",实际上就是语义结构中的模态语义。生成语义学的深层结构分析把这种模态语义在全句的语义结构中的层次关系表现得最明显:

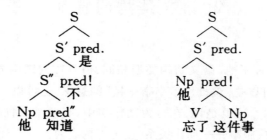

按现代逻辑中模态逻辑的分析,一个句子的语义,可以按它所表达的命题的真值分为实然、或然、必然三种,称为真值模态义。

或然模态义表示可能性,在汉语里经常用下列词语来表达:"可能、能、或许、或、也许、兴许、恐怕、说不定、大概、大约"。

汉语还有一些词语,也含有或然模态义,如:"容易、易于、爱、好(hào)、来得及、有希望、有指望、有办法、有法子、有条件、有基础、有机会"。

必然模态义表示必然性,在汉语里经常用下列词语来表达:"一定、必定、必然、势必、必将、必、肯定、准、一准、当然、会、总"。

汉语里兼表必然模态义的其他词语也不少,如:"认定、敢说毫无疑问、有把握"。

或然、必然、实然三种模态义可以是肯定的,也可以是否定的,如"来得及"含肯定的或然模态义,"来不及"含否定的必然模态义。肯定的必然模态义蕴含着肯定的或然模态义,如"一定去"蕴含着"可能去"。否定的必然模态义蕴含两种或然模态义,如"不一定来"意味着"可能来",也意味着"可能不来"。肯定的或然模态义蕴含着否定的必然模态义,如"可能去"含有"不一定去"的意思。否定的或然模态义则蕴含着它的负判断的肯定的必然模态义,如"不可能去"的意思是"一定不去"。

实然模态义表示确实性。在汉语里,肯定式经常用零形式来表达,如"他,上海人","他到过北京";也可以用"是"(轻音),如"他是上海人"。否定式用"不是、不、没(有)"等形式,如"他不是上海人、他不去北京、他没去过北京"。汉语里还有一个带重音的"是",表确认口气。我们在语义上可以把零形式和轻音"是"看成是表实然的弱式,把重音"是"看成是表实然的强式。吕叔湘先生在分析"不错,鞋匠是不是个好差使"时认为:"这个句子里有两个层次:'鞋匠不是个好差使'是一个否定命题,是一个层次;在'不是'前头再加一个'是'字,对这个否定命题加以肯定,又是一个层次。"⑥吕先生把后面那个"是"称为"一般的系词",也就是本文所说的表实然的弱式,吕先生把前面那个"是"称为"特别表示肯定的系词",也就是本文所说的表实然的强式。吕先生在同一篇文章里又把"不错,鞋匠是(重读)个不好的差使"分析成"其中的'是'字是两个'是'字的重合"。在下面这个句子里,(　)所在的位置上都可以出现轻音"是",轻音"是"出现在(　)₃位置上时,前面的"了"要变成"的",轻音"是"在语用上是焦点的标记,⑦在语义上表实然模态义:

　　　　(　)₁瓦特(　)₂发明了(　)₃蒸汽机。

重音"是"表确认口气,一般出现在谓语词前面:

　　　　瓦特是发明了蒸汽机。

但重音"是"在语义上是属于全句的,表全句的实然模态义。有时既要在语义上表达强调的实然意义,又要在语用上显示谓语词以外的焦点,这时就会发生下列变化:

　　　　是瓦特发明了蒸汽机+是──→是瓦特发明了蒸汽机。

表强调的实然意义的重音"是"移到前面,和表焦点的轻音"是"重合,原来"瓦特"上的重音相对弱化,但前面有"是"作为标记,仍可显示焦点。

3.1.2　道义模态义

道义逻辑(deontic logic)从行为规范的角度分析语言的模态语义。道义模态义表示客观上的"允许性"和"约束性"的程度。有两种道义模态义:允许模态义和应当模态义。汉语里常用下列词语表允许模态义:"允许、可以、可、能、能够、准许",下列词语的词义中包含了允许模态义:"让、请、配、行、有道理、有理由、有根据",下列词语表应当模态义:"应当、应该、应、该、务必、必须、必得、得(děi)、非得、非得……不可",下列词语的词义中包含了应当模态义:"一定要、有义务、有责任、值得、犯得着"。

这两种道义模态义具有蕴含关系,"应当去"蕴含着"可以去",但"可以去"不蕴含"应当去"。它们都有否定式,否定式的蕴含关系正相反,"不可以去"蕴含着"不应当去",而"不应当去"并不蕴含"不可以去"。

道义模态义和真值模态义的关系很密切。"几乎在所有的语言中,那些用以表达确实性、必然性和可能性的词和语素,也可以表达应当和允许。"⑧汉语中的"能"就是既可以表客观可能性,又可以表道义上的允许性:

　　　　这么晚了他还能来吗? |这衣服不能再瘦了,再瘦就没法穿了。

3.1.3　意愿模态义

意愿模态义表主观的愿望和条件。愿望逻辑(boulomaic logic)分析意愿模态义。意愿模态义可以分成两类:愿望模态义和主观条件模态义。汉语里经常用下列词语表达愿望模态义:"愿意、愿、自愿、志愿、情愿、肯、要",下列词语的词义中也包含着愿望模态义:"想、想要、希望、有意、有意思、有心意、有心、有兴趣、爱、喜欢、热衷、沉湎、好(hào)、好意思、高兴、乐意、乐于、甘于、甘心、宁可、急于"。汉语里经常用下列词语表达主观条件模态义:"能、能够、会、敢于、善于、勇于、惯于",下列词语的词义中也含有主观条件模态义:"有信心、有决心、有耐心、有恒心、有热情、有能力、有才能、有本领、有力量、有魄力、有胆量、有勇气、有气魄、有骨气、有才干、有经验、有资格、有声望、有威信、有器量、有胸怀"。

3.1.4　多层次的模态语义结构

在语法上分析句子的语义结构,最小单位是概念。如"天气变好了","天气"是事物概念,"变"是变化概念,"好"是性状概念。"天气变好了"则是由若干概念构成的一个"表述"。"表述"也是一种语义结构单位。一个表述在句法上可以是一个句子,在逻辑上是一个命题,如"天气变好了。"一个表述也可能在句法上只是一个句子的一部分,在逻辑上也不是一个命题,这种表述可以称为"降级的表述",如"天气变好了"在"他告诉我天气变好了"中就只是一个降级的表述。

　　我们说真值模态义、道义模态义和意愿模态义都是"与全句的语义结构有关",这只是一种权宜的说法。从语义结构本身来说,它们都是与"表述"(包括"降级的表述")直接关联,例如"天气可能变好","可能"表整个表述的模态,而在"他告诉我天气可能变好"中,"可能"仅表"天气变好"这个降级表述的模态,整个表述的模态则是"实然"。

　　带模态成分的降级表述还可以在高一层次上再带上另外的模态成分,形成一种多层次的模态语义结构,例如:

　　　　他是可能来过。　　　　　　　　［实然(或然)］

　　　　他也许肯来。　　　　　　　　　［或然(愿望)］

　　　　他应该是肯来的。　　　　　　　｛应当［实然(愿望)］｝

3.2　型式语义

3.2.1　动态义和静态义

与句型句式有关的语义要素首先可分成动态义和静态义两大类。比较下面几组例子:

(3) a. 他正穿着大衣呢。　　 b. 他穿着大衣,不怕冷。

(4) a. 那件衣服做了两天了,还没做好。

　　 b. 那件衣服做了两年了,还没穿过。

(5) a. 那篇稿子我看过两个小时了,再看两小时就行了。

　　 b. 那篇稿子我看过一年了,具体内容早忘了。

a句都是表动作进行情况的。(3)a是指"穿"这个动作行为正在进行,动作过程在持续;(4)a是指"做"这个动作行为已经进行了两天,动作过程持续了两天;(5)a是指"看"这个动作行为曾经进行,动作过程持续了两个小时。这几句都是动态句,表动态义。b句都是表事物所处的状态的。(3)b是指"穿大衣"这个动作行为完成以后整个状态的持续;(4)b是指"做"这个动作行为完成以后整个状态的延续已有两年;(5)b是指"看"这个动作行为结束以后时间间隔已有一年。这几句都是静态句,表静态义。

　　上面几组句子里的动词都是有持续意义的行为动作动词,这类动词可以构成动态句,也可以构成静态句。美国语言学家利奇认为:"事实上,说得明白一些,'状态'和'事件'是语义上的而不是语法上的术语。严格地说,我们不应该说'状态动词'和'事件动词',而应该说'状态'和'事件'意义或用法。"⑨另一类具有瞬间完成义的动词单用只能构成动态句,如:"他死了。""他醒了。"与表时段的词语连用,则只能构成静态句,如:"他死了三年了。""他醒了两个小时了。"

　　动态句有"态"的区别,不同的"态"表示行为变化所处的不同阶段,穿着≒穿了≒穿过。在静态句里,这种"态"的区别往往被中和了,如(3)b也可以说成"他穿了大衣,不怕冷"。下面几个例句是从同一作家的作品集中选来的,说明在静态句里,"V""V上""V着""V了""V起"往往可以通用而不影响基本语义:

(6) 她穿一件绛红色的旗袍,套上一件绒坎肩……(《曹禺选集》,208 页)

(7) 她穿着一件月白色的上身,外面套了青直贡呢的坎肩。(同上,278 页)

(8) 他早已回到旅馆,穿起他的号衣。(同上,237 页)

3.2.2　动态义类析

动态义可以分为下列几种:

　　(一)意志动态义　　意志动态义与人或动物的行为动作有关。行为动作一般都有施受对立,如"他写了一封信","他"是施事,表意志主体;有时没有施受对立,如:"他哭了。""他站起来了。"这两句的"他"都是意志主体,属广义的施事。"风把树吹倒了"是把"风"当作意志主体来反映,也是一种广义的施事。

　　有施受对立的行为动作句中的受事,可以是对象(写信封),也可以是结果(写信)。广义的受事还可以是工具(写毛笔)、格式(写直行)、类型(写大楷)、风格(写魏碑)、内容(写改革)等等。

意志动态义在句法上可以表现为以下几种形式:SVO,SOV,S 把 OV,SV,OSV,O 被 SV。前四种形式是主动句(施事主语句),后两种形式是被动句(受事主语句)。从语用(表达)上看,施事主语句和受事主语句的话题不同,这几种形式的表达重点也不同。例如:"我看完了《红楼梦》",语义内容是"我看了一本书,并且看完了,这本书是《红楼梦》",表达重点是受事"《红楼梦》"。"我把《红楼梦》看完了",语义内容不变,表达重点则是动作行为的结果"看完了"。

(二)变化动态义   变化动态义是指人或其他事物自身的状态变化,如"他醒了""他老了",是人自身的变化;"太阳升起来了""起风了",是事物的变化,都具有变化动态义。

前面所举的四种施事主语句和两种受事主语句都具有意志动态义,从句法形式上说,还有两种受事主语句:OV,O 被 V。例如:"门打开了","门被打开了"。从语义关系上来分析,这里实际上蕴含着一个施事:"(某人)把门打开了"或"门被(某人)打开了"。但这两种句式的型式语义与施事出现的句式不同,是表现事物(门)的一种变化,含有变化动态义。

实际上,有些有施受对立的句子,除了表意志动态义,同时还含有变化动态义,例如:"他烧糊了一锅饭",既表"他烧了一锅饭"(意志动态义),又表"这锅饭糊了"(变化动态义)。但并不是所有这类句式都含有两种动态义,例如,"他说了一些话"和"他说错了一些话"都是只含意志动态义。

"形容词+态标记"作谓语的句子大都具有变化动态义,如"花红了""水开了"。带上宾语成 SVO 式,仍兼含变化动态义,如"他在热饭""他红了脸",都兼有意志动态义和变化动态义。因此,也可以把在这种情况下的形容词看成是"变化动词"。

祈使句是最典型的意志动态句,有人分析祈使句的语义结构时认为,每一个祈使句实际上都隐含着一个"我叫你……""我命令你……""我请你……"之类的成分,例如"走!"就是"我命令你走"的意思。[10] 含有上述"变化动词"的祈使句仍兼有变化动态义,如"安静些!"是"我命令你变得安静些"的意思,"把饭热一热"是"我叫你使饭变热"的意思。

(三)位移动态义   位移动词可以构成位移句,表位移动态义。位移动态句经常包括位移动词和源点、终点等几个语义部分,例如,"他离开了家乡""他从家乡来",都是"位移动词+源点";"他到了上海",是"位移动词+终点";"他从家乡来到上海",则是"位移动词+源点+终点"。比较下面这组例子:

(9) a. 污浊的水缓缓地流在沟里。

　　　 b. 污浊的水在沟里缓缓地流着。

　　　 c. 沟里缓缓地流着污浊的水。

(9)a 是位移动态句,根据汉语语义表达重点一般在句末的规则,这一句的语义表达重点是位移终点"沟里"。(9)b 的基本语义内容不变,但全句的型式语义则是变化动态义,语义表达重点是变化的方式"流着"。(9)c 的基本语义内容也不变,全句的型式语义则是静态义,语义表达重点是存在的主体"污浊的水"。

有的动词既表意志动态义,又表位移动态义,构成的句子就兼属意志动态句和位移动态句。如"他把书给了同学",作为意志动态句,"他"是施事,"书"是受事;作为位移动态句,"他"是源点,"同学"是终点。下面是一组供对比的例子:

(10) a. 他买到了一本书。(意志动态义)

　　　 b. 他到了学校门口。(位移动态义)

　　　 c. 他走到了学校门口。(意志动态义+位移动态义)

3.2.3   静态义类析

静态义可以分为下列几种:

(一)结果静态义   比较下面一组例子:

(11) a. 他在墙上贴画儿呢。

　　　 b. 画儿在墙上贴着呢。

　　　 c. 画儿贴在墙上呢。

a 是动态句,表示"贴"这个行为动作正在进行。b 和 c 则表示"贴"的动作行为已经结束,而"贴"的结果继续

存在,是静态句,具有结果静态义。如果在(11)的三句后面都加上表时间延续的语句,这两种型式语义的区别更明显:

(12) a. 他在墙上贴画儿呢,贴了一个月了。

　　　b. 画儿在墙上贴着呢,贴了一个月了。

　　　c. 画儿贴在墙上呢,贴了一个月了。

a 是动态延续了一个月,指一个月中,他一直在干贴画儿的工作。b 和 c 则是动作行为结束后,结果状态延续了一个月,是静态的延续。

(二)存在静态义　一般所说的"存在句",在语义上表示一种存在的状态,具有存在静态义。存在句可以单纯表示事物的存在,如"树上有(有着/是)许多彩灯"。有时把存在动词隐略掉,仍能表单纯的存在静态义,如"树上许多彩灯"。存在句还可以兼表事物存在的方式,如"树上挂着(吊着/放着/系着/亮着/点缀着)许多彩灯"。由于存在句是表事物的静止状态的,动态句里不同的态的区别,到了相应的存在句里就消失了。下面这个例子里的"V""V 了""V 着"都表存在静态义:

(13) 左边放一个白底蓝花仿明磁的大口磁缸,里面斜插了十几轴画。缸边放两张方凳,凳上正搁着一只皮箱,半掩着箱盖。(《曹禺选集》,276 页)

存在句的存在主体如果是动作行为的施事,往往有相对应的动态句,如:

(14) a. 大街上奔驰着各种牌号的汽车。

　　　b. 各种牌号的汽车在大街上奔驰。

　　　c. 各种牌号的汽车奔驰在大街上。

a 是存在静态句,b 和 c 都是动态句。

存在句的存在主体如果是动作行为的受事,则往往有相对应的结果静态句。如例(13)中的几个存在句都可以有相对应的结果静态句:

(15) 一个白底蓝花仿明磁的大口磁缸放在左边,十几轴画斜插在里面。两张方凳放在缸边,一只皮箱搁在凳上……

存在句的存在主体如果是动作行为的结果,就没有相对应的动态句或结果静态句,例如:

(16) a. (桥面用石板铺砌,两旁有石栏石柱,)每个柱头上都雕刻着不同姿态的狮子。(茅以升《中国石拱桥》)

　　　b. *不同姿态的狮子雕刻在每个柱头上。

　　　c. *不同姿态的狮子在每个柱头上雕刻着。

还有一种表示人或事物的出现或消失的"隐现句",如"前面开来了一辆汽车","隔壁店里走了一帮客人"。隐现句在句法结构上与存在句基本相同,可以归为一类,称"存现句";但在语义结构上,隐现句含动态义,存在句含静态义,二者并不一样。

(三)习性静态义　有些句子是表示人或事物在数量、性质、形状等等方面的习性的,具有习性静态义。例如:

(17) 茉莉花很多。

(18) 茉莉花很香。

(19) 茉莉花是白的。

(四)判断静态义　有些句子是表示事物之间的判断关系的,具有判断静态义,例如:

(20) 北京是中国的首都。　　　　　(属性判断:同一关系)

(21) 北京是一个大城市。　　　　　(属性判断:类属关系)

(22) 北京比石家庄大。　　　　　　(关系判断:比较关系)

(23) 十个人吃一锅饭。　　　　　　(关系判断:倚变关系)

(24) 一间屋子三张床。　　　　　　(关系判断:倚变关系)

(23)和(24)这类句子,有人称为"数量语对应句型"。⑪这类句子着重表现事物之间的数量倚变关系,具有静态义,即使把动词隐略掉,也不影响基本语义,如(24)。如果带上表动态的助词,就变成动态句了,如:

（25）十个人吃了一锅饭。

（25）是动态句，共有十个人，这十个人吃了一锅饭。（23）是静态句，没说实际上共有多少人，只是说每十个人吃一锅饭，重在表达数量倚变关系。

动态句中也有倚变关系，如"你越说，他越不听"，"他越想越气"，都表两个行为动作进行过程中在程度变化上的倚变关系；"他越来越听话了"，则表一个行为动作的发展程度与时间量的倚变关系，这些都是动态义。

3.3　关系语义

3.3.1　及物性关系义和非及物性关系义

按照现代逻辑中谓词逻辑的分析，一个句子的语义是由一个作为核心的谓词与若干论元来表示的。论元与谓词之间的施事、受事之类的及物性关系表基本语义，时间、处所之类的非及物性关系表附加语义。具有及物性关系的论元，吕叔湘先生称为"系"，[12]朱德熙先生称为"向"，[13]文炼先生称为"强制性名词成分"，他又把非及物性关系的论元称为"非强制性成分"。[14]单向动词句的基本语义结构是 $f(x)$，双向动词句是 $f(x_1, x_2)$，其中 f 是谓词（功能词），x 代表及物性关系论元。非及物性关系论元在语义结构中不是非有不可的，因此不涉及基本语义结构。

一个句子的基本语义结构可以分析为若干种及物性关系义的结合。例如"他买了书"，$f(x_1)$ 是"动作＋施事"，$f(x_2)$ 是"动作＋受事"；"他打碎了杯子"，语义结构分两个部分：$f_1(x_1, x_2)$（他打了杯子）和 $f_2(x_2)$（杯子碎了），其中 $f_1(x_1)$ 是"动作＋施事"，$f_1(x_2)$ 是"动作＋受事"，$f_2(x_2)$ 是"广义的施事（变化主体）＋动作变化"，$f_1(x_1, x_2)$ 和 $f_2(x_2)$ 之间还有一种原因和结果的语义关系。

对于汉语的及物性关系和非及物性关系的分析，已有了许多研究成果，举其要者，有吕叔湘《汉语语法分析问题》，列事物补语七种，《现代汉语语法提纲》列事物补语十一种；朱德熙《语法讲义》主语与谓语动词的语义关系六种，宾语与谓语动词的语义关系六种，其中大部分是重见的；孟琮等《动词用例词典》分得最细，计列：受事、结果、对象、工具、方式、处所、时间、目的、原因、致使、施事、同源、系事和杂类等十四种。[15]

3.3.2　关联义

在论元和论元之间，或论元内部的语义组成要素之间，也存在着一定的语义关系，称为关联义。常见的关联义有：

（一）同一关系。如：

（26）《激流》三部曲《家》《春》《秋》是中国现代文学名著。

（二）包含关系。如：

（27）一篇《哥德巴赫猜想》使数学家陈景润成了新闻人物。（上下位关系）

（28）每一位老师，特别是语文老师，都要带头学好普通话。（总称和特提关系）

（三）对立关系。如：

（29）上海和旧金山是国际性城市。（分列关系）

（30）上海和旧金山是姊妹城市。（加合关系）

（31）小马或小张谁去都行。（相容的选择关系）

（32）小马或小张只能去一个。（不相容的选择关系）

（四）矛盾关系。如：

（33）非会员不能享受会员的权利。

（五）整体与部分的关系。如：

（34）这张桌子三条腿。

由相同的谓词和论元组成的不同句子，及物性关系义一致，而关联义关系却可能不同，如：

（35）a. 他们 三位来了。　　b. 他们来了三位。

（35）a 里"他们"和"三位"是同一关系，（35）b 里"他们"和"三位"却是整体和部分的关系。

上面粗略地论述了语义分析的几个基本方面的问题，这些方面的分析都还有待于进一步深入。语义分析还涉及许多其他方面的问题，如复句和句群中的语义结构方式，所指义，语义成分的隐含等等，都有待于探讨。把语义结构搞清楚了,才能进一步搞清楚句法、语义、语用三个平面的结构关系,对语言的语法结构有一个整体的理解。

附　注

① 吕叔湘《狙公赋芧和语法分析》,《语言研究和探索(二)》。

② 吕叔湘《汉语句法的灵活性》,《中国语文》1986 年第 1 期。

③⑦ 参考范开泰《语用分析说略》,《中国语文》1985 年第 6 期。

④ 朱德熙《变换分析中的平行性原则》,《中国语文》1986 年第 2 期。

⑤ 吕叔湘《汉语语法分析问题》,《汉语语法论文集》(增订本)。

⑥ 吕叔湘《叠用"是"和"不知道"》,《中国语文》1986 年第 4 期。

⑧ 奥尔伍德等《语言学中的逻辑》,中译本 131 页。

⑨ 利奇《意义和英语动词》,中译本第 5 页。

⑩ 参考 John Austin：How to do things with words，P.20。又，参见 John Ross：On declarative sentences，见 Readings in English transformational grammar. P.223。

⑪ 李临定《自由成分和非自由成分——汉语的一种语法范畴》,见《语言研究》1985 年第 2 期。

⑫ 吕叔湘《从主语、宾语的分别谈国语句子的分析》,见吕叔湘《汉语语法论文集》(增订本)。后一段话在 1955 年版本中是放在脚注里的,1984 年版增订本移入正文,可见作者对这种分析法所持的态度更确定了。

⑬ 朱德熙《"的"字结构和判断句》,见朱德熙《现代汉语语法研究》。

⑭ 文炼《词语之间的搭配关系》,见《中国语文》1982 年第 1 期。

⑮《〈动词用例词典〉说明书》,上海辞书出版社,1987。

(原载《语法研究和探索》(四),北京大学出版社 1988 年)

关于语义范畴的理论思考

邵敬敏　赵春利

当前关于句法语义的研究正方兴未艾,形成了一个新的热点和亮点。但是,具体的专题性的研究比较多,而有关的理论问题却还没有引起大家充分的重视。特别是语法形式与语法意义的关系、语法意义和词汇意义以及语用意义的关系、语法范畴和语义范畴的关系,语义范畴的内涵以及内部到底有多少个类别,这些都是悬而未决的问题。我们的兴趣就是试图对这些重大问题做一些探讨。

一、语法形式与语法意义的关系

从汉语语法学一百多年历史发展的宏观角度看,语法研究方法的观念正好经历了从偏重意义,到偏重形式,再到形式与意义相互印证这一发展过程,而推动方法嬗变的深层次原因则是引进的国外语言学理论与方法跟汉语语言事实之间存在的矛盾。国外新的语言学理论与方法基本上是在以英语为代表的印欧语言研究的基础上形成的,它们对汉语研究有一定的参考价值,但是照搬照抄肯定是行不通的。因此在具体运用时就必然会产生不和谐的地方。矛盾是世界所有事物发展的基本动力,经过长期的摸索,在创造性地修正、甚至于改造国外新理论以试图解决理论与事实矛盾的过程中,汉语语法研究的理论经过多年的摸索,逐渐形成了几点共识:

1. 明确了语法研究的最终目的,那就是揭示语义的决定性、句法的强制性、语用的选择性以及认知的解释性,因此语法意义的研究,不是可有可无,也不是陪衬,而是第一位重要,必须极大地强化。

2. 明确了语法研究的思路,既可以从语法形式入手,去寻找所表达的语法意义;也可以从语法意义入手,去探求语法形式的表现手法,这是个互为起点和终点的双通道。不存在哪一个优哪一个劣的差异。

3. 语法形式和语法意义存在着互动的关系,它们相互依存、相互渗透、相互结合、相互验证。无论从哪一方入手,都应力求从另一方去得到证明或解释。否则,单向的研究都是缺乏科学价值的。

4. 由于汉语语法的特殊性,语法形式比较隐蔽,比较含蓄,比较特别,所以从语法意义入手去寻找形式的验证,似乎对汉语更加合适。句法语义应该成为汉语语法研究的出发点和重点。

什么是语法形式?什么是语法意义?可以说,对这两个概念及其关系的认识过程是我国语法研究历史的一个缩影。

(一) 对语法形式认识的深化

对语法形式的认识,从历史来讲经历了三个阶段:

1. 20 世纪初期,早期的汉语传统语法深受西方语言学理论的影响,认为:语法形式就是词语的形态标志和形态变化,即从词形层面看到的"狭义形态'。这主要是指词形的各种变化、内部元音屈折和词头词尾。从印欧语看,这些都是不同词类的形态,而且与句法成分一一对应,但汉语不是借助词形变化来表达语法意义的语言,如果固执地去寻找这类形态,最后必然发现,这类狭义形态,不但稀少,而且既没有普遍性、概括性,也没有强制性。这样的后果,就可能得出汉语没有词类没有语法的错误结论。

2. 20 世纪 30 年代起,受结构主义语法理论的影响,中国文法革新讨论促使语法学家们有意识地去寻找汉语语法的特点,方光焘和陈望道等认识到词语的结合关系也是一种特殊的形态,并称之为"广义形态"。

特别是 50 年代关于词类问题的讨论,更进一步地深化了对语法形式的认识,把诸如虚词、语序、重叠以及语调、重音、停顿等这类汉语特别的形态,也看作"广义形态"。人们开始认识到,狭义形态绝对不等于语法,这只是语法标志的一种,只是语法形式的一种类型。

3. 80 年代以后,国外众多语言学理论陆续引入中国,在方法和思路上进一步打开了汉语研究的视野,更为重要的是层次分析和变换分析方法在汉语语法研究中的广泛运用,特别是对歧义结构的分化,加深了人们对句法结构和语义结构关系的认识,很多学者(朱德熙 1985、邵敬敏 1988、胡明扬 1992)认识到"语法形式不等于语法形态,形态只是形式的一部分"①,邵敬敏(1988)第一次在"显性语法形式"(包括狭义形态与广义形态)基础上,提出"隐性语法形式"概念,包括:分布、组合、层次、变换等。

总之,对语法形式的认识经历了从"狭义形态"到"广义形态"的扩展阶段,再从"显性形式"到"隐性形式"的深化阶段。按照我们的理解,语法形式至少应该包括:

	语音层面	词缀、元音交替、辅音交替、错根、停顿、声调、语调、重音、轻声等
显性语法形式	词汇平面	虚词、重叠
	句法层面	词类、词组、单句、复句、语序、重叠等
隐性语法形式	结构层面	分布、组合、层次、变换等

(二)对语法意义认识的深化

目前学术界流行的观点是:"表现某种特定语法意义的形式叫语法形式,通过语法形式才显示出来的意义叫作语法意义"②,或者说:"只有语法形式表示的意义才是语法意义,只有表示一定语法意义的形式才是语法形式"③。很明显,这是一种循环论证,但这种定义方式也显示出两者之间存在的对应关系、渗透关系、依附关系、相互验证关系和双向选择关系。关于语法意义的认识,目前主要是两种界定的方法:

1. 从形式到意义的看法:由语法形式体现的意义就是语法意义,这是根据形式来界定意义。比如:早期传统语法认为由词形形态表现出来的"性、数、格、时、体、态"以及"有定、无定"等就是语法意义。随着对语法形式认识的扩大,语法意义的内涵也开始扩大,比如认为"施事、受事、工具、处所、时间、数量"等也都属于语法意义。

2. 从意义到形式的看法:对词语的分布、语序、层次、组合等句法形式起决定作用的意义就是语法意义。这是根据意义对形式的决定作用来界定意义的。除了上述施事、受事、工具、处所、时间等之外,还包括:动态性、自主性、可控性、有生性等。但由于语法意义内容复杂、种类繁多、主观性较强,因此目前学术界对其性质、特征、类别、层次等方面的认识还相当模糊,甚至连一些基本的概念,如词汇意义、语法意义、语用意义等都有不同的理解。

可见,这两种关于语法意义的界定方式的不同,实际上反映了对语法意义与语法形式之间关系的两种不同角度的认识。从形式到意义,还是从意义到形式,这不仅仅是一个方法问题,取向问题,难易问题,从本质上讲,是一个谁决定谁,谁是现象,谁是本质的要害问题。仅从研究问题的视角看,意义与形式之间似乎是平等关系;但从两者之间的关系看,无疑应该是意义决定形式,反过来形式也制约意义。也就是说,意义是第一位的,形式是第二位的;意义是本质,形式是载体。例如"我看完书就睡觉"之所以合法,因为时间顺序原则这一语法意义决定了"我看完书"应该先于"睡觉";而"我睡觉就看完书"这种语序就违反了汉语的时间顺序,因此不合语法。在这里,语序这种语法形式,本质上是由顺序义来决定。

(三)语法意义和语法形式的关系

经过多年的研究,我们开始对语法形式和语法意义的关系有了初步的认识。这主要是:

1. 语法应该包括两个有机组成部分:语法意义和语法形式;也就是说,任何一个句法结构体,无论词语、词组,还是句子,都由语法意义和语法形式构成,二者不可缺一。

2. 在研究方法上,由形式可知意义,由意义可知形式,属于对等关系;就好像是一张纸的两个面,不可分割;但作为研究对象,则可以而且应该具有各自相对的独立性。

3. 80 年代以来，我们认识到，语法意义和语法形式之间不是简单的一一对应关系，而是一对多和多对一的复杂关系。即一种语法意义可以通过多种语法形式表现出来，而一种语法形式也可以表现多种语法意义。最典型的证明就是歧义结构，像"VP+NP"这种语法形式组合可以表现多种语法意义，有述宾关系（学习英语）、偏正关系（学习时间）；领属范畴作为一种语义关系范畴，可以通过短语（NP1+NP2——王冕父亲）、句式（NP1+VP+NP2——王冕死了父亲）分别得到实现。但是如果我们对语法形式的认识再深入一步，就会发现，说到底，语法意义的任何改变，一定会在语法形式上得到显现，而语法形式是从属于不同层次的，换言之，一定的语法意义跟一定的语法形式必然是一一对应的。

（四）语法意义与词汇意义、语用意义的区别

"语义"是个多义词，广义地说，它可以包括词汇意义、语法意义和语用意义。

词汇意义，简称词义，严格地说，就是该词语的某个义项本身蕴涵的各种义素的总和，它不必考虑对分布、组合、变换等语法形式有没有决定作用，即可以脱离句法而独立存在。而语法意义，简称语义，就是从若干词语、若干结构、若干句式中概括出来的具有普遍性的意义，而且对词语、词组或句子的分布、组合、变换等起决定性作用的意义。两者的根本区别就在于：第一，前者是具体的，只能够解释某一个词语；后者是抽象的，可以解释一组相同的语法现象。第二，前者跟句法的结构组合、结构变化基本无关，而后者则密切相关。需要特别指出的是，词汇意义，可以分化为若干个义素，其中有的义素对句法有着密切关系的，那就是"语义特征"。例如"他把小偷赶到门外"和"他把小偷押到门外"不同，前者是"他"没到门外。后者他和小偷都到了门外，关键就是动词"押"具有[+携带]义素，而"赶"却不具有这一义素，是[−携带]。关键还在于，这不是个别的词语现象，而是涉及词的集合，形成"押、带、搀……"与"赶、推、踢……"两个集合的对立，从而具有句法上的价值。

语法意义跟语用意义的区别也是至关紧要的，两者的关系也常常纠缠在一起。语用意义是语言在交际过程中所获得的意义，所以它跟语气、句类、语境密切相关，而跟句子的结构基本无关。例如"别睡觉了！"可以说，"别地震了！"不能说，其原因是因为"睡觉"可以自控，"地震"不能自控，这是语法问题，但是，"房子在晃动，别地震了！"这是表示一种否定性的猜测，这说明"别地震了！"作为祈使句不能成立，而作为"猜测句"则可以成立。这样的区别是语用因素决定的。但是，现在这样的语用意义也常常被看作是语法意义的一部分。

总之，以语法形式和语法意义之间的循环论证来定义它们自身，虽然定义本身无懈可击，但对语法研究却没有什么实际的指导意义。所以，我们应该从意义的决定性和形式的反制约性这样对立统一的角度来重新界定语法意义和语法形式的内涵。它既反映了语法意义和语法形式之间的对应性、验证性和统一性，还容易确定形式与意义的验证标准。

二、语法范畴、形式范畴和语义范畴

语法范畴，通常是指"某种语法意义和表现这种意义的形式手段两者的统一体"④。具体来说。又可以区分为"形式范畴"和"语义范畴"，或者称之为"形式语法范畴"和"语义语法范畴"。

"形式范畴"，这是从形式入手建立起来的一套范畴，例如名词的性、数、格、位，动词的时、体、态，形容词的比较级、最高级，等等。以往从西方语言学理论引进来的语法范畴，实际上就是这样一种形式范畴。形式范畴，通常包括词法范畴和句法范畴。早期的汉语语法学家借用西方语言学理论来定义汉语的语法范畴，而形态变化丰富的语言的语法意义主要是通过词的变化形式来体现的，所以研究思路自然是从词的不同的形态变化归纳出不同的语法意义，这就被称之为"词法范畴"；后来研究思路开拓了，开始从句子层面研究词类分布和句法成分的组合，认识到广义形态、语法功能的作用，从而建立了"句法范畴"的观念，但基本上还属于以形式标志为主的语法观念。需要说明的是，所谓的形式范畴，实际上也包含了语法意义的内涵，只是从它的出发点来命名而已。

"语义范畴"，这是在探求汉语特有的表现语法意义的语法形式或决定语法形式的语法意义的过程中，在不断明确语法研究目的和探求研究方法的过程中，在认识到语法意义与语法形式之间内在的决定与反制

约关系这样的历史背景下提出来的。换言之,语义范畴从本质上讲,就是从语法意义角度归纳出来的语法范畴。语法意义主要有两类:一是从词类次范畴小类中概括出来的具有范畴性的语义特征;二是从词语或句式的组合中概括出的范畴化的语义关系。可见,语法意义包括了语义特征和语义关系,因此,我们应该从语义特征或语义关系对语法形式起决定作用这个特定角度来重新界定语义范畴。同样需要指出的是,这些语义范畴,从本质上讲,也都需要形式的支撑和鉴定。

　　"形式范畴"和"语义范畴"应该是相通的,互有照应的,只是出发点不同,着重点不同,从而造成了差异。

(一) 语义范畴和语法范畴

　　关于语义范畴,以及它跟语法范畴的关系,目前至少有三种不同的理解。

　　第一,把语义范畴看作就是语法范畴,或者直接叫语义语法范畴。

　　胡明扬认为:"语法范畴是把语法意义归类得出来的类名"[⑤],他强调语法范畴是语法意义和语法形式结合体的归类。当然这主要还是指显形语法形式所体现的语法意义,因此,"由隐性语法形式和相应的语法意义构成的语法范畴不妨称之为语义语法范畴"[⑥]。可见这里实际上是把语法范畴分为两类:一是显性形式语法范畴,一是隐性形式语法范畴。

　　马庆株赞同这一观点,他特别注重两点:一点是"词汇意义——语义特征——语法分布",从而打通了词汇和语法的关系,证明了"汉语语义范畴(语义特征)和语法范畴(分布特征)的对应性",例如自主动词和非自主动词语法上对立的各种表现与语义上对立的相应关系说明自主非自主既是语义范畴,又是语法范畴,可以称作语义·语法范畴"[⑦];一点是"词组——语义关系——语序",研究不同词类的成员在组合中表现出的有序性,提出了绝对义/相对义对时间词和处所词的排列顺序的制约作用[⑧]。但他们都把语义与语法、语义范畴与语法范畴的关系仍理解为对应性的,而不是决定性的。

　　第二,语义范畴独立于语法范畴(形式范畴)。

　　吕叔湘主张语法研究可以语法意义为纲,说明所赖以表达的语法形式,这样的语法意义就具有一定的独立性。所谓的语义,包括各种语义范畴和各种语义关系。邵敬敏继承了吕叔湘的语法思想,主张"语法研究应该根据汉语的特点,着重分析汉语的语法意义范畴及其表现形式……确切地说是研究语法意义如何通过各种语法形式表现出来的,它既有词汇及语用问题,而更主要的还是句法本身的问题"[⑨],他不仅明确提出了语法意义和语法形式的独立性以及"语法意义范畴"这一概念,而且认识到词汇与句法的联系,这一点对认识实词的词汇意义也会对句法产生作用有重大意义。例如在"动词+名词"的组合中,为什么有的是动宾关系(学习英语),有的却是偏正关系(学习园地)? 对此,邵敬敏(1995)解释为"动词和名词的语义关系决定了它们之间的句法结构关系的不同"[⑩],后来他(1997)又明确提出"语义决定性原则,即汉语语法的决定性因素是语义,而不是形式"。[⑪]这里,有三点特别值得注意:

　　1. 构成词组的动词语义特征与名词语义特征决定了词组的语义关系,是语义特征决定了语义关系。

　　2. 以构成词组的动词语义特征与名词语义特征的双向选择关系为基础,提出了语义关系对句法关系的决定性。

　　3. 语义关系一旦融进某个句法结构中,句法结构就成为一种语法形式载体,这时句法的强制性就会发挥作用。

　　总而言之,横向组合的语义基础是纵向聚合的语义特征,而纵向的聚合类的语义特征,则可以形成语义范畴。

　　第三,语法范畴产生了语义范畴。

　　陆俭明、沈阳(2003)认为:"语法意义通常是指不是由词语、语境、推理产生而是由语法形式产生的意义",换言之,他们是从形式与意义的生成关系来定义语法意义的,显然这是受到生成语法理论的影响,认为是"语法形式产生了意义"。这里其实触及一个很大的理论问题,即到底是意义决定形式,还是形式产生意义。他们还把"语义范畴"分为狭义的语义范畴(词法范畴)和广义的语义范畴(句法范畴),前者主要指有词形变化的语言所体现的体词属性范畴(性、数、格、有定和不定)和谓词属性范畴(时、体、态和人称),但是,"汉语的这些语法意义并非通过词形变化体现,因此应该就不属于词法范畴,而已经是一种句法范畴";后者是指"凡是由某种句法结构形式产生的语法意义就叫作'句法范畴',或直接称作'语义范畴'。"[⑫]最后合而为一"句法语义范畴，……是指跟句法相关的语义范畴，……这是对语法意义进行分类抽象概括而得到的，……一定的范畴意义对句法会起一定的制约作用"。[13]这样，他们就把语法范畴跟语义范畴合而为一了。

（二）跟语义范畴有关概念的共识

西方语法理论的"性、数、格、位、时、体、态"等语法范畴是根据一定的语法形态概括出来的，按照这样的思路来研究汉语语法，已经证明很难走得通；而我们所说的语义范畴则跟语义特征、语义关系息息相关，并且得到隐性语法形式验证的。我们坚信，从这样的语义范畴出发，才是适合汉语特点的新的语法研究思路。

如果大家对以上的分析基本认同，那么我们在给若干跟语法意义有关的概念下定义之前，就可以达成一些共识：

1. 语法意义与词汇意义、语用意义的根本区别在于能否决定语法形式，并且受到语法形式的制约，这是一个必要条件。

2. 所谓范畴，从一般意义上说，就是对事物的特性及事物间关系的高度概括，包含三个要点：特征、关系、概括。

3. 语法范畴包括形式范畴和语义范畴两个方面，根据语言的特性，既可以着重于形式范畴的研究，也可以着重于语义范畴的研究。两者只是出发点和重点不同而已。

4. 语法意义可以概括为语义范畴。按照语义特征的类别聚合决定了语义的特征范畴；按照语义的选择组合决定了语义关系范畴。其中，语义特征是最重要、最根本的，起关键性作用的因素。

5. 语法意义具有某些重要属性：内涵的抽象性、外延的概括性、形式的可证性、存在的客观性[14]和本质的决定性。

6. 语法意义是一个交叉的网络系统，而且在语法内部关系来说，语法形式和语法意义具有对应性、交融性和相对性。

7. 语法意义和语法形式结合为某个句法结构体，自然是不可分割的；但是，作为研究对象来讲，语法意义以及语法形式应该而且必须分开来研究，即他们都有独立存在的价值。

（三）有关语法范畴等重要术语的界定

据此，我们可以对一些跟语法意义、语义范畴密切相关的术语进行必要的定义：

A 语法范畴，指涉及语法形式、语法意义及其关系的范畴，可以分为形式范畴和语义范畴两大类。

B 形式范畴，是从语法形式角度界定语法意义的范畴，包括词法范畴和句法范畴。

C 词法范畴，指狭义语法形式，即词形变化形式所引起的语法意义变化的范畴，强调从词法的形式作为研究的出发点，去寻找词法意义的区别。

D 句法范畴，指广义语法形式与隐性语法形式所引起的语法意义变化的范畴，强调从句法的形式作为研究的出发点，去寻找句法意义的区别。

E 语义结构，是指隐藏在句法结构背后的由语义特征和语义关系建立起来的结构体，是从语义关系角度解释语法形式和语法意义的结合体。

F 语义特征，就是体现语法意义的特征，是指跟句法结构成立与否、句法结构变化以及相互区别有关的语义要素。一个词语的义项往往由若干个语义成分（义素）构成，但只有对句法结构有决定性的语义成分才是语义特征。

G 语义关系，就是体现语法意义的语法成分之间的关系，它必须由两项语法成分才能形成。语义关系由语义特征的聚合和组合决定。

H 语义论元，语义关系的一种，特指围绕动词的各种名词性为主的成分在特定语义结构中所担当的语义论元。语义论元离不开句法结构，也离不开语义结构，但这是两种不同性质的结构。

I 语义角色，语义关系的一种，特指语义论元之外的语法成分之间的语义关系，包括名词与名词、形容词与名词以及相关短语之间的语义关系。

J 语义指向，指语义结构内部予以成分之间所联系的可能性和现实性。除了直接成分和间接成分之间存在着语义指向，在语素之间，在义素之间，在语义特征之间，都可能存在着语义指向。它可以存在于句法结构之内，也可以超越句法结构。

三、语义范畴的分类及其依据

语义范畴的分类及其确定的标准,一直是语法学界难题之一。其原因主要是:第一,国际语言学界对语义的重视程度远远不够,形式语法一直占据主流地位,由于种种原因,他们对语义的研究还没有达到很高的水平,还没有形成系统的研究理论和方法。第二,即使以往有一些关于语义的研究,也只关注由形态变化决定的语法意义的类型,如上所述,实际上是"形式语法范畴",几乎没有人关心语法意义本身的"语义语法范畴"。第三,不同的语言学流派出于各自的需要,从不同的立场、角度、方法、目的出发,在描述语义时,带有比较强的主观性和任意性。第四,有关语法意义、语义范畴的研究,还刚刚起步,大多还停留在具体问题的分析上,对有关的理论、方法还缺乏深入地思考,观点还不太成熟,理论也不系统。但是,如果能及时总结目前语义范畴研究的成果、梳理一下思路、提出一些问题,就有可能促进语义研究的深入发展,且有利于不同学派之间的沟通、讨论、交流。

我们认为,语义范畴,又叫语法意义范畴、语义语法范畴,指对语法意义进行抽象所得出来的范畴,首先可以区分为"语义特征范畴"和"语义关系范畴",前者可以在区分为"词义特征范畴"和"句义特征范畴";后者可以区分为"语义论元范畴""语义角色范畴"和"语义关联范畴"。语义特征范畴是根据聚合的性质标准,而语义关系范畴则是根据组合的性质标准。

(一) 语义特征范畴的内涵与类型

语义特征范畴,包括从词的次范畴小类抽象出来的"词义特征"和从句式抽象出来的"句义特征",前者决定了其在句子里的分布特征,这种决定自身分布的词义特征在语法意义上可称为"分布语义";后者决定了其在复句或语篇里的表达功能,这种决定自身表达功能的句义特征在语法意义上可称为"句式语义"。这两种语义特征的共同点是自身聚合类的独立性,尽管需要词组或句法结构来论证或检验。

1. 词义特征范畴,即从一个词的集合中提取出来,并且对某些句法结构具有制约作用的重要义素。比如:自主、可控、有生、携带、持续、获得、消失、推移、顺序等。当然,这些范畴下面还可以不断地分出次范畴来。

目前开展比较好的是关于"词义特征范畴"的研究,在目的上主要是着眼于词类次范畴的分类,在方法上主要通过句式变换分析法来区别,寻找决定自身在句法中分布特征的词类语义特征,特别是实词的次范畴,"对每一个实词都可以进行义素分析,……作为语法研究,我们只关心同句法结构有密切关系的义素分析,即'语义特征分析',尤其是动词、形容词和名词的语义特征分析,只有进入句法结构以后,这些语义特征才能显现出来,并对句法结构有所制约"[15]。如果能抓住次范畴的语义特征,其解释力就非常强,不仅可以独立存在,并在不同的句式里起作用,甚至可以预测其"潜在的组合可能性或分布特征"[16],使词汇分类与语法分类结合在一起。比如,马庆株提出的动词次范畴的"自主"语义特征,不仅可以解释自主动词和非自主动词之间语法形式的差别,而且对"使动结构"和"动补结构"也有解释力[17]。当然,由于词类的语义特征是隐性的,有时候划分的小类解释面很窄,或者说概括力不强,划分的词类语义特征只有在典型的句式里才能表现得比较突出,或只有与语义特征相反或没有此类语义特征的词类对比时才能显现。

根据出发点的不同,实词的语义特征的研究可分为三种类型,不同的路子得出的语义特征,体现语法意义的程度不同,解释能力也有差别,但都属于从深层到表层、从意义到形式的路子。

(1) 解释分布型。以解释分布为主,着眼于词类语义特征与语法分布的对应性。例如朱德熙根据形容词在语法功能的对立,提出了性质形容词和状态形容词,"在现代汉语的形容词里,性质与状态两种概念的区别构成一个语法范畴——性状范畴"[18];马庆株考察了"有顺序义的体词性成分(指人名词、时间词、处所词等)"[19],并指出相对/绝对顺序义的不同。

(2) 分化辨析型。以分化小类或辨析语义差异为主,着眼于词类次范畴语义特征的差异或分化歧义。例如朱德熙对动词"取得/给予"的分化[20]。陆俭明根据"V来了"把动词分为心理/位移/目的性动词、去除义等[21]。邢福义提出"NP了"中NP的[+推移性]语义特征[22]。邵敬敏确定了动词的"消除义/实现义"所造成的句式不同[23]。

（3）范畴表达型。以表达思想为主，着眼于提炼语义特征的表达方式。例如时间和空间范畴是所有语义范畴的元范畴，因为任何事物和事件都是在一定的时间和空间中存在和运动的。目前得到学术界认可的实词类语义特征范畴，主要有：动词的自主范畴、本词的顺序范畴、形容词的性状范畴；量范畴（数量、动量、时量、模糊量等）、时间范畴、方所范畴、肯定范畴、否定范畴、指称范畴等。

2. 句义特征范畴。即根据不同句式、句类所提取出来的，跟句子的特点密切相关的句子的语义特征，"句义特征范畴"的研究还刚刚起步，很多问题还需要进一步探索。句义特征范畴包括：

（1）语气类型：根据句子的语气来进行区分，包括陈述、疑问、祈使、感叹等句类语义特征。

（2）表达类型：根据句子的表达效果划分，特别是特殊句式来分析：处置、被动、肯定、否定、意愿、猜测、使成、判断、虚拟、评估等。

（二）语义关系范畴的内涵与类型

凡是两个句法成分构成一个句法结构，这两个成分，不管是词语、短语，还是句子，甚至于句群，就必定形成一定的语义关系，把这种语义关系抽象出来的组合义，就形成了范畴。为了研究的方便，同时考虑到性质和特点的不同，我们可以把语义关系范畴细化为三类：

1. 语义论元范畴。实际上是一种特殊的语义关系范畴，特指以动词为核心，跟其他名词性为主的句法成分建立起某种语义关系，这些跟动词发生联系的句法成分就是语义论元范畴，比如：施事、受事、工具、材料、凭借、方式、数量、方所、时间等。在本质上这不是词类语义特征的范畴化，其名称也不代表词类次范畴的语义特征，它反映的是结构成分与结构成分之间的语义关系，一旦离开这种句法结构，这种语义关系就不存在了，但是这种语义关系一般能在一定程度上体现各自的语义特征，其实它也受自身语义特征的支配。语义论元范畴的特点是组合双方的相互依赖性。

我国最早认识到句法结构中动名间语义关系的是吕叔湘（1942 年），他分析了动词与名词间的 12 种语义关系，如：受事补词（给予关系）、关切补词（服务关系）、交与补词（共事关系）、凭借补词（工具类、标准类等）、方所补词、方面补词、时间补词、原因补词、目的补词、比较补词、起事补词、止事补词。另外，他还提出形容词也有补词，多半是方面补词、比较补词。到了 1978 年，朱德熙明确谈到动词"向"的观念，并提出了单向、双向和三向动词[24]，这就是现在说的动词的"价"。

自"格"语法理论介绍到我国来以后，众多学者开始研究汉语动名间的语义关系。孟琮等分了 14 个语义格[25]，即受事、结果、对象、工具、方式、处所、时间、目的、原因、致使、施事、同源、等同、杂类。鲁川、林杏光提出：格关系是诸多语义关系中的一种，只反映体谓语义关系，不反映偏正关系，也不能安排话题和焦点以解决句子生成的排序问题，因此格语法应改为格关系，格标记是介词和语序。他们把格关系分为六层，每层包括三个格，每个格下边还各有几个"格标类"[26]。邵敬敏根据语义双向选择性原则，认为语义格不是由动词单方面决定的，而是由双方共同决定的，只要有一方发生变化，并超出了二者的语义范畴，它们之间的语义关系就会发生变化。二者的语义关系是以人们对事物之间的种种联系的认知为基础的[27]。他不仅看到了在语义关系研究中配价语法和格语法的以动词为核心的支配观念的不足，提出了确定语义关系的平等性原则，而且把小句宾语以及形容词性的句法成分也作为"格"或"价"来处理，扩大了格的范围。他建立了一个七大类二十四小类分层次的语义格框价。袁毓林设计了用一形式验证的 8 种语法指标，坚持了从意义出发必须能在形式上得到验证的原则[28]结合原型理论，给出不同的论元角色的典型的句法、语义特征，然后通过类比归类的办法来确定特征不明显的语义成分的论元角色，最后建立了一个由 17 个论元角色组成的层级体系[29]：

由上可知，传统语法、配价语法、格语法、原参语法都以动词为核心，借助动词的辐射能力建立语义关系范畴，根据语义格/论元的名称及与动词的关系，大体上可以分为三种语义关系范畴：

一种是以动词为深层参照对象的对应性语义范畴：施事/受事、等事/系事、领事/属事、原因/结果；

一种是直接参照动词或以动词为隐性参照对象的语义范畴：与事、工具、材料、方式、感事、自事、对象、数量、时间和空间；

如果要把建立在动词基础上的语义关系范畴搞清楚，应该理清动词的次范畴分类及其语义特征，这对命名价、格或论元以及确定数量、性质是基础性的，另外把体词性的短语、小句也作为格/价/论元处理可能比较适合汉语的实际。根据对动词的参照方式和依存程度得出论元系统：相对元和依存元都属于语义论元范畴。

	一 级	二 级
论元系统	相对元 NP/AP—V—NP/AP	施事/受事、等事/系事、领事/属事、原因/结果
	依存元 V—NP/AP	与事、工具、材料、方式、感事、自事
		对象、范围、行为、属性、事件、状态、数量、时间、空间

2. 语义角色范畴。指动名关系之外的其他的句法成分之间的语义关系,主要是名词和名词,形容词和名词所构成的各种语义关系,例如"整体/部分、领有/属有、质料/本体、先行/后续、动作/结果、动作/程度"等等也需要做详尽的分析。这样的关系,我们也可以称之为"广义的格关系"。这方面的研究,已经开始引起大家的注意,并将成为语义研究一个新的亮点。

3. 语义关联范畴,是以句子作为基本单位所形成的语义关系,它反映的是事件与事件的语义联系,其中特别注重分句与分句之间(即复句内部)的语义关系。可见,语义关联范畴的特点是相互依赖性。比如:比较、并列、连贯、递进、等同、转折、因果、目的、条件等。

"凡复句,都包含两个或两个以上的分句,"③分句与分句之间存在着各种语义关系,对这些关系进行分类并概括,形成语义关联范畴。黎锦熙最早提出了复句概念,并且把复句分为:包孕复句,等立复句(平列、选择、承接、转折),主从复句(时间、原因、假设、范围、让步、比较)等 10 类。20 世纪 40 年代,王力和吕叔湘的研究最有创见,王力的分类是:积累、离接、转折、按断、申次/时间、条件、容许、原因、目的、结果(11 类);吕叔湘的分类是:离合、向背、异同、高下、同时、先后、释因、纪效、假设、推论、擒纵、衬托(12 类)。邢福义采取的是复句三分系统:1. 因果(因果、推断、假设、条件、目的);2. 并列(并列、连贯、递进、选择);3. 转折(转折、假转、让步)。共有 12 类。但这种种语义范畴之间的关系,至今还缺乏深入的系统的研究。

需要特别指出的是,短语与短语之间也可以构成某种语义关系。这些语义关系,一部分跟词与词的语义关系相似,例如:时间范畴、空间范畴、指示范畴、称代范畴、数量范畴、比较范畴、领属范畴、顺序范畴等。另外一部分则跟句子之间的语义关系相似,例如递进范畴、选择范畴等。对每一种语义范畴,我们都需要进行重新审视,重新梳理,重新解释,只有这样,我们才有可能建立起一个比较完整具有比较充分解释力的语义范畴系统网络。

关于汉语语法语义范畴的研究,充满着太多的疑题,它的内涵、外延、类型以及内部的关系,都还不太清楚。以往汉语语法研究的偏重于形式,或者说,以形式为出发点和重点,大家还不习惯于从语义出发并把它作为研究的重点。也许你不同意我们的分析,或者不完全赞同我们的分析,这并不重要,关键是你不能不正视这一个课题。你可以坚持原有的研究思路,依然从形式出发,但是你不能反对别人从语义出发来进行新的探索,也不能无视这一思路给语法研究带来的冲击。

需要特别说明的是,现在汉语语言学界有少数学者认为,汉语是跟英语这样的"形式型"语法相反的"语义型"语言,甚至于曲解王力的解释,说汉语就是"意合语法"。这样的观点就意味着:汉语的语义不需要形式的载体,不受形式的束缚,也不需要形式的验证。我们认为,这样的误导是非常有害的。世界上不存在着没有形式的意义,也不存在着没有意义的形式。把这两者割裂开来是典型的形而上学,而且实际上也就是取消了汉语语法的客观存在。这种"伪语义语法"跟我们所提倡的语义语法有着本质的区别。因此,我们在大声疾呼加强语义范畴研究的同时,也要提醒大家,千万不要忘记历史的教训,不要再人为地割裂意义和形式的血肉联系。

附 注

① 邵敬敏 1988《形式与意义四论》,《语法研究和探索》(四),北京大学出版社。
② 邵敬敏 1988《形式与意义四论》,《语法研究和探索》(四),北京大学出版社。
③ 胡明扬 1992《再论语法形式和语法意义》《中国语文》,第 5 期。
④ 张涤华等主编《汉语语法修辞词典》,安徽教育出版社,1988 年版。
⑤ 胡明扬 1958《语法形式和语法意义》,《中国语文》,3 月号。

⑥ 胡明扬 1992《再论语法形式和语法意义》,《中国语文》,第 5 期。

⑦ 马庆株 1998《汉语语义语法范畴问题》,北京语言文化大学出版社,第 233 页。

⑧ 马庆株 1998《结构、语义、表达研究琐议——从相对义、绝对义谈起》,《中国语文》,第 3 期。

⑨ 邵敬敏 1992《关于语法研究中三个平面的理论思考》,《南京师范大学学报》,第 4 期。

⑩ 邵敬敏 1995《"双音节 V+N"结构的配价分析》《现代汉语配价语法研究》,北京大学出版社,第 217 页。

⑪ 邵敬敏 1997《句法语义的双向选择性原则》,《中国语言学报》,商务印书馆,第 8 期。

⑫ 陆俭明、沈阳 2003《汉语和汉语研究十五讲》,北京大学出版社,第 353—357 页。

⑬ 陆俭明 2003《现代汉语语法研究教程》,北京大学出版社,第 161 页。

⑭ 邵敬敏 1988《形式与意义四论》,《语法研究和探索》(四),北京大学出版社。

⑮ 邵敬敏 1992《关于语法研究中三个平面的理论思考》,《南京师范大学学报》,第 4 期。

⑯ 胡明扬 1992《再论语法形式和语法意义》,《中国语文》,第 5 期。

⑰ 陆俭明、沈阳 2003《汉语和汉语研究十五讲》,北京大学出版社,第 358 页。

⑱ 朱德熙 1956《现代汉语形容词研究》,《语言研究》,第 1 期。

⑲ 马庆株 1991《顺序义对体词语法功能的影响》,《中国语言学报》(四),商务印书馆,第 59 页。

⑳ 朱德熙 1980《现代汉语语法研究》,商务印书馆,第 167 页。

㉑ 陆俭明 1989《"V 来了"试析》,《中国语文》,第 3 期。

㉒ 邢福义 1984《说"NP 了"句式》,《语文研究》,第 3 期。

㉓ 邵敬敏 1988《形式与意义四论》,《语法研究和探索》(四),北京大学出版社。

㉔ 朱德熙 1978《"的"字结构和判断句》,《中国语文》,第 1 期。

㉕ 孟琮等编 1987《动词用法词典》,上海辞书出版社。

㉖ 鲁川、林杏光 1989《现代汉语语法的格关系》,《汉语学习》,第 5 期。

㉗ 邵敬敏 1996《"语义价""句法向"及其相互关系》,《汉语学习》,第 4 期。

㉘ 袁毓林 2003《一套汉语动词论元角色的语法指标》,《世界汉语教学》,第 3 期。

㉙ 袁毓林 2002《论元角色的层级关系和语义特征》,《世界汉语教学》,第 3 期。

㉚ 邢福义 2001《汉语复句研究》,商务印书馆,第 24 页。

(原载《世界汉语教学》2005 年第 6 期)

语义特征分析在汉语语法研究中的运用

陆俭明

语义特征分析是 80 年代汉语语法研究领域里开始采用的一种分析手段。

正如层次分析的局限促使变换分析在汉语语法研究中运用一样，[①] 变换分析的局限促使了语义特征分析在汉语语法研究中的运用。

在汉语语法研究中，变换分析的运用扩大了研究者的视野，把语法研究引向了深入，有利于揭示更多的语法规律。[②] 但是，变换分析也有它的局限性。具体说，变换分析可以用来分化歧义句式，但不能用来解释造成歧义句式的更深一层的原因。举例来说。

（1）台上放着长条桌子

（2）台上演着梆子戏

例（1）和（2）格式相同，都是：

$$NP_{[L]}+V+着+NP$$

而且它们内部的层次构造、语法结构关系也相同。请看：

（1）台上　　　放着长条桌子　　　（2）台上　　　演着梆子戏

　　　1　　　　2　　　　　　　　　　1　　　　2

　　　　　　3　　4　　　　　　　　　　　　3　　4

　　1—2　主谓结构　　　　　　　　　1—2　主谓结构

　　3—4　述宾结构　　　　　　　　　3—4　述宾结构

但是，二者有区别：[③]

1. 就内部语义结构关系看，例（1）"台上"指明"长条桌子"存在的处所，而例（2）"台上"指明"演梆子戏"这一活动进行的场所。

2. 就表示的语法意义看，例（1）表示存在，表静态；例（2）表示活动，表动态。

可见，例（1）、（2）表面看格式相同，实际上代表了不同的句式，这一点我们可以通过变换分析加以证实。

我们不妨将例（1）代表的句式标为（A）式，将例（2）代表的句式标为（B）式。我们看到，（A）式可以跟"NP+V+在+NP_{[L]}"句式［我们不妨把它标为（C）式］发生变换关系，即：

（A）$NP_{[L]}+V+着+NP$ ——→（C）$NP+V+在+NP_{[L]}$

例如：

（A）台上放着长条桌子——→（C）长条桌子放在台上

类似的例子如：

　　　　　　　　（A）——→（C）

　　台上坐着主席团——→主席团坐在台上

　　门口站着人　　　——→人站在门口

　　床上躺着病人　　——→病人躺在床上

　　地上蹲着许多人——→许多人蹲在地上

　　黑板上写着字　　——→字写在黑板上

墙上挂着画　　　──→画挂在墙上

门上贴着对联　　──→对联贴在门上

石头上刻着字　　──→字刻在石头上

墙上钉着广告牌──→广告牌钉在墙上

枕头上绣着花儿──→花儿绣在枕头上

头上戴着花儿　　──→花儿戴在头上

（B）式却可以跟"NP$_{[L]}$+正在+V+NP"［我们不妨把它标为（D）式］发生变换关系，即：

（B）NP$_{[L]}$+V+着+NP　──→（D）NP$_{[L]}$+正在+V+NP

例如：

（B）台上演着梆子戏──→（D）台上正在演梆子戏

类似的例子如：

门外敲着锣鼓　　　──→门外正在敲锣鼓

外面下着大雨　　　──→外面正在下大雨

大厅里跳着舞　　　──→大厅里正在跳舞

教室里上着课　　　──→教室里正在上课

烟囱里冒着黑烟──→烟囱里正在冒黑烟

手上干着活儿　　　──→手上正在干活儿

锅里炒着菜　　　　──→锅里正在炒菜

炉子上熬着粥　　　──→炉子上正在熬粥

嘴里嚼着口香糖──→嘴里正在嚼口香糖

嘴里哼着山歌　　　──→嘴里正在哼山歌

值得注意的是，（A）式不能与（D）式发生变换关系，即：

（A）──→*（D）

例如：

（A）台上放着长条桌子──→*（D）台上正在放长条桌子

反之，（B）式不能与（C）式发生变换关系，即：

（B）──→*（C）

例如：

（B）台上演着梆子戏──→*（C）梆子戏演在台上

总之，通过变换分析证实例（1）、（2）确实分别代表了（A）、（B）两种句式，"NP$_{[L]}$+V+着+NP"是一个有歧义的格式。那么例（1）、（2）格式相同为什么会代表不同的句式呢？换句话说，造成"NP$_{[L]}$+V+着+NP"这一句式歧义的原因何在呢？变换分析回答不了这个问题，这需要运用语义特征分析来回答这个问题。

经研究发现，"NP$_{[L]}$+V+着+NP"之所以会分化为（A）、（B）两种句式，关键在动词。不妨比较一下（A）式和（B）式里的动词。经分析，（A）式里的动词"放、坐、站、趟、蹲、写、挂、贴、刻、钉、绣、戴"虽然各自表示的具体意思不同，但含有共同的语义成分，那就是都含有"附着于某物"的意思。这一点可以从词典里对这些动词的释义里看出来。请看（这些词的释义均据《现代汉语词典》）：

放：使处于一定的地位。

坐：把臀部放在椅子、凳子或其他物体上支持身体重量。

站：直着身体，两脚着地或踏在物体上。

躺：身体倒在地上或其他物体上。

蹲：两腿尽量弯曲，像坐的样子，但臀部不着地。[④]

写：用笔在纸上或其他东西上做字。

挂：借助于绳子、钩子、钉子等使物体附着于某处的一点或几点。

贴：把薄片状的东西粘在另一个东西上。

刻：用小刀子在竹、木、玉、石、金属等物品上雕成花纹、文字或痕迹。

钉：用钉子、螺丝钉等把东西固定在一定的位置。

绣：用彩色丝、绒、棉线在绸、布等上面做成花纹、图像或文字。

戴：把东西放在头、面、胸、臂等处。

我们把"附着于某物"看作这些动词所共同具有的语义特征，以区别于其他动词，并标记为〔+附着〕。再看（B）式里的动词"演、敲、下、跳、上、冒、干、炒、熬、嚼、哼"等，它们都不具有〔+附着〕的语义特征。如果我们把（A）式里的动词记为 V_a，把（B）式里的记为 V_b，这两类动词的差别就在于：

V_a〔+附着〕

V_b〔-附着〕

正因为 V_a 具有〔+附着〕的语义特征，所以（A）式可以变换为（C）式；V_b 不具有这种语义特征，所以（B）式不能变换为（C）式。

由于引进了语义特征的观念，把动词按句式分为更小的类，我们就有可能将（A）、（B）两式从格式上加以分化：

（A）$NP_{[L]}+V_a+$着$+NP$

（B）$NP_{[L]}+V_b+$着$+NP$

以上所作的分析就叫作语义特征分析。这是一种新兴的分析手段，目前语法学界对这一分析手段尚缺乏理论上的总结。为使大家更好地了解这种分析手段，不妨给大家再举些个实例，使大家先有些感性知识。

现在举一个与动词"给"相关的句式，即：

$V+NP_{[受]}+$给$+NP_{[与]}$

$NP_{[受]}$ 代表动词 V 和"给"的受事成分，$NP_{[与]}$ 代表动词"给"的与事成分。下面都是符合这一句式的具体的实例：

（A）卖一批图书给学校	（B）买一批图书给学校
送一份情报给敌人	偷一份情报给敌人
递一支香烟给张三	讨一支香烟给张三
扔一个皮球给小红	要一个皮球给小红
让一个位置给李四	抢一个位置给李四

（A）、（B）两组句子的内部层次构造和语法结构关系都相同；试以"卖一批图书给学校"和"买一批图书给学校"为例：

卖一批图书给学校	买一批图书给学校
1　　　　2	1　　　　2
3　　4　　5　6	3　　4　　5　6
1—2　连谓结构	1—2　连谓结构
3—4　述宾结构	3—4　述宾结构
5—6　述宾结构	5—6　述宾结构

但从语义上看，（A）、（B）两组句子有明显的区别。[⑤]（A）组各句都包含两个动作，但说的是同一件事。试以"黄子评卖一批图书给学校"为例，黄子评卖图书的过程，也就是图书由黄子评手里转移到学校的过程。（B）组各句也都包含两个动作，但说的却是分离的两件事。试以"黄子评买一批图书给学校"为例，黄子评买图书是一件事，图书又由黄子评手里转移到学校是另一件事，这两件事是分离的。上述语义上的差别可以通过变换分析加以证实。（A）组可以变换为（C）式："$V+$给$+NP_{[与]}+NP_{[受]}$"。例如：

　　　　　　　　（A）——→（C）

　　卖一批图书给学校——→卖给学校一批图书

　　送一份情报给敌人——→送给敌人一份情报

　　递一支香烟给张三——→递给张三一支香烟

　　扔一个皮球给小红——→扔给小红一个皮球

让一个位置给李四——→让给李四一个位置

（B）组则不能变换为（C）式，即：

（B）——→*（C）

买一批图书给学校——→*买给学校一批图书

偷一份情报给敌人——→*偷给敌人一份情报

讨一支香烟给张三——→*讨给张三一支香烟

要一个皮球给小红——→*要给小红一个皮球

抢一个位置给李四——→*抢给李四一个位置

（A）组和（B）组为什么会有上述区别呢？原因也在动词。经考察分析，（A）组和（B）组的动词各自具备的语义特征不同。（A）组动词"卖、送、递、扔、让"，不妨记作 V_a，都具有〔+给予〕的语义特征，（B）组动词"买、偷、讨、要、抢"，不妨记作 V_b，则都具有〔+取得〕的语义特征，而且二者互相对立，即：

V_a〔+给予，-取得〕

V_b〔-给予，+取得〕

通过语义特征分析可知，（A）组和（B）组表面看格式相同，但从更严格意义上说，它们还不是同构，应分别表示为：

（A）：V_a+NP$_{〔受〕}$+给+NP$_{〔与〕}$

（B）：V_b+NP$_{〔受〕}$+给+NP$_{〔与〕}$

再举个例子。下面的实例都符合"V+了+T+了"的格式（V 代表动词，T 代表表示时量的数量结构）：

A. 死了三天了

B. 等了三天了

C. 看了三天了

D. 挂了三天了

它们内部层次构造和语法结构关系都相同：

V + 了 + T + 了

　　1　　2　　　　1—2 语气词结构

　　3　　4　　　　3—4 述宾结构⑥

　5　6　　　　　　5—6 助词结构

但是，它们所表示的语法意义则各不相同。⑦

　　A 例"死了三天了"其中的时量宾语"三天"表示"死"这一行为动作完成结束之后所经历的时间，类似的例子如：

伤了三天了

断了三天了

熄了三天了

了（liǎo）了三天了

丢了三天了

塌了三天了

出现了三天了

成立了三天了

出嫁了三天了

娶了三天了

提拔了三天了

B 例"等了三天了"其中的时量宾语"三天"表示"等"这一行为动作持续的时间，类似的例子如：

盼了三天了

哭了三天了

　　　　追了三天了

　　　　养了三天了

　　　　玩儿了三天了

　　　　忍了三天了

　　　　病了三天了

　　　　想了三天了

　　　　考虑了三天了

　　　　琢磨了三天了

　　　　张罗了三天了

　　　　陪伴了三天了

　　C 例"看了三天了"其中的时量宾语"三天"既可以表示"看"这一行为动作完成结束之后所经历的时间,相当于 A 例表示的语法意义(例如:那本书早看完了,看了三天了);又可以表示"看"这一行为动作持续的时间,相当于 B 例表示的语法意义(例如:那本书看了三天了,还没看完)。类似的例子如:

　　　　听了三天了

　　　　讲了三天了

　　　　学了三天了

　　　　教了三天了

　　　　干了三天了

　　　　造了三天了

　　　　擦了三天了

　　　　浇了三天了

　　　　剪了三天了

　　　　广播了三天了

　　　　研究了三天了

　　　　商量了三天了

　　D 例"挂了三天了"其中的时量宾语"三天"既可以表示"挂"这一行为动作完成结束之后到说话为止所经历的时间,相当于 A 例表示的语法意义(例如:我早把那幅画挂上了,挂了三天了);也可以表示"挂"这一行为动作持续的时间,相当于 B 例表示的语法意义(例如:挂了三天了都还没挂上);以外还可以表示由行为动作造成的事物存在的状态所持续的时间(例如:彩灯一直在大门上挂着,都挂了三天了)。类似的例子如:

　　　　插了三天了

　　　　贴了三天了

　　　　穿了三天了

　　　　戴了三天了

　　　　系(jì)了三天了

　　　　钉了三天了

　　　　吊了三天了

　　　　架了三天了

　　　　摆了三天了

上述不同可列表比较如下:

	动作完成后经历的时间	动作持续的时间	动作造成的状态所持续的时间
A	+	−	−
B	−	+	−
C	+	+	−
D	+	+	+

上述 A、B、C、D 的不同,关键也在动词。我们不妨将各组动词分别记为 V_a、V_b、V_c、V_d,即:

V_a:死、伤、断、熄、了(liǎo)、丢、塌、出现、成立、出嫁、娶、提拔

V_b:等、盼、哭、追、养、玩儿、忍、病、想、考虑、琢磨、张罗、陪伴

V_c:看、听、讲、学、教、干、造、擦、浇、剪、广播、研究、商量

V_d:挂、插、贴、穿、戴、系(jì)、钉、吊、架、摆

经考察分析各组动词,发现它们各自所能具备的语义特征不同。

从语义上看,V_a 是表示能瞬间完成的行为动作,不表示能持续的行为动作,也不表示动作行为造成的状态的持续。V_b 则都不表示能瞬间完成的行为动作,而都表示能持续的行为动作,V_b 也不表示动作行为造成的状态的持续。V_c 则是既可表示能瞬间完成的行为动作,又可表示能持续的行为动作,但 V_c 也不表示动作行为造成的状态的持续。V_d 则既可表示能瞬间完成的行为动作,又可表示能持续的行为动作,又可以表示动作行为造成的状态的持续。以上所述四组动词所具有的不同的语义特征可列为下表:

V_a〔+完成,-持续,-状态〕

V_b〔-完成,+持续,-状态〕

V_c〔+完成,+持续,-状态〕

V_d〔+完成,+持续,+状态〕

通过语义特征分析,可知 A、B、C、D 从更严格意义上说还是不同构的,应分别表示为:

A. V_a+了+T+了

B. V_b+了+T+了

C. V_c+了+T+了

D. V_d+了+T+了

语义特征分析不只适用于对动词的分析,也适用于对形容词、名词等分析。

先举一个形容词的例子。现代汉语里有这样一种以形容词 A 为核心的祈使句式:

A(一)点儿!

例如:

谦虚点儿!	高一点儿!
客气点儿!	低一点儿!
大方点儿!	大一点儿!
灵活点儿!	小一点儿!
坚强点儿!	粗一点儿!
主动点儿!	细一点儿!
耐心点儿!	浓一点儿!
细心点儿!	淡一点儿!
果断点儿!	甜一点儿!
热情点儿!	咸一点儿!
踏实点儿!	响一点儿!
安静点儿!	轻一点儿!

但是,不是所有的形容词都能进入"A(一)点儿!"的。像"聪明、可爱、出色、健康、高尚、平凡、幼稚、伟大、崇高"和"滑头、骄傲、自满、冒失、胆小、粗心、悲观、散漫、啰嗦"等都不能进入"A(一)点儿",我们听不到这样的祈使句:

*聪明点儿!	*滑头点儿!
*可爱点儿!	*骄傲点儿!
*出色点儿!	*自满点儿!
*健康点儿!	*冒失点儿!
*高尚点儿!	*胆小点儿!

　　　*平凡点儿！　　　　　*粗心点儿！

　　　*幼稚点儿！　　　　　*悲观点儿！

　　　*伟大点儿！　　　　　*散漫点儿！

　　　*崇高点儿！　　　　　*啰嗦点儿！

这是为什么呢？这也只有通过语义特征分析才能获得较满意的回答。⑧经研究分析，能进入"A（一）点儿！"的形容词，都是人们可控制的一种性状，例如一个人是否谦虚、是否客气、是否大方、是否灵活……自己都是可以加以控制的，物体的高低、大小、粗细，颜色的浓淡，味道的咸甜，声音的大小，人也都是可以控制的，因此"谦虚、客气、大方……热情、踏实、安静"和"高、低、大、小……甜、咸、响、轻"都能进入"A（一）点儿！"这就是说，能进入"A（一）点儿！"的形容词从意义上看都具有可控性，即都具有〔+可控〕的语义特征。我们把这一类形容词记为：

　　　A_1〔+可控〕

上文举到的"年轻、可爱……伟大、崇高"之所以不能进入"A（一）点儿！"就因为它们都不具有可控性，它们具有非可控性。为与 A_1 相对起见，我们把这一小类形容词记为：

　　　A_2〔-可控〕

上文举到的另一些形容词，如"滑头、骄傲……散漫、啰嗦"等，按说也具有可控性，一个人是否滑头、是否骄傲、是否散漫、是否啰嗦也是可以控制的，那么为什么它们也不能进入"A（一）点儿！"呢？原来，凡能进入"A（一）点儿！"的形容词都或是褒义的（如"谦虚、客气、大方……"），或是中性的（如"高、低、大、小……"），不能是贬义的。"滑头、骄傲……散漫、啰嗦"都是贬义的，所以不能进入"A（一）点儿！"格式。这样，按语义特征我们可将 A_1 细分为三小类：

　　　A_{1a}〔+可控，+褒义，-贬义〕

　　　A_{1b}〔+可控，-褒义，-贬义〕

　　　A_{1c}〔+可控，-褒义，+贬义〕

A_{1a} 即一般所说的褒义形容词，A_{1b} 即一般所说的中性形容词，A_{1c} 即一般所说的贬义形容词。

　　　至此可知，能进入"A（一）点儿！"格式的形容词限于：

　　　A_{1a}〔+可控，+褒义，-贬义〕

　　　A_{1b}〔+可控，-褒义，-贬义〕

不能进入"A（一）点儿！"格式的形容词是：

　　　A_2〔-可控〕

　　　A_{1c}〔+可控，-褒义，+贬义〕

　　　下面再举一个名词的例子。现代汉语里存在着这样一种名词性词语 NP 带上"了"的句式，即：

　　　NP 了。

例如：

　　　团长了。　　　　　　六十岁的人了。

　　　大学生了。　　　　　大干部了。

　　　春天了。　　　　　　老夫老妻了。

　　　大姑娘了。

但不是所有的名词性词语都能进入这一句式，像"桌子、电灯、香烟、钢笔、饭碗、儿子"等就不能进入这一句式，我们不说：

　　　*桌子了。　　　　　　*钢笔了。

　　　*电灯了。　　　　　　*饭碗了。

　　　*香烟了。　　　　　　*儿子了。

经研究分析，能进入"NP 了。"句式中的名词性词语从意义上看都具有推移性。⑨例如"团长"，存在一个从排长到营长到团长的推移过程；"大学生"，则存在一个从小学生到中学生到大学生的推移过程；"春天"则存在一个从冬天到春天的推移过程。这一类名词性词语我们可以描写为：

NP〔+推移性〕

具备〔+推移性〕语义特征的就都能进入"NP 了。"句式。"桌子、电灯"等不具有这种推移过程,即不存在〔+推移性〕的语义特征,所以不能进入"NP 了。"句式。

通过上面所举的实例,我们可以认识到:

1. 语义特征分析着眼于分析概括同一句式的各个实例中处于同一关键位置上的词(总是属于某类实词中的一个小类)所共有的语义特征,以解释说明代表这些实例的句式之所以独具某些特点,之所以能足以将该句式跟与之同构的句式加以分化的原因。

2. 某一小类词的语义特征指的是该小类词所特有的能对它所在的句式起特殊制约作用的并足以区别于其他小类词的语义要素。词的这种语义特征都是结合具体句式概括得到的,而不是离开具体句式作单纯的语义分析所概括得到的。这有两层含义:一是如果离开具体句式单纯从词汇角度去概括一些词的语义特征,那不一定有语法上的价值,甚至可以说离开具体句式我们根本无法确定某个大类里的哪些词该归为有语法价值的一小类。二是某些词是否具有某种语义特征从而可归入某一小类也只有结合具体句式才能确定,举例来说,动词"写",如果离开它所出现的具体句式——"V+NP〔受〕+给+NP〔与〕"和"V+给+NP〔与〕+NP〔受〕",例如:

　　　　写一封信给小王→写给小王一封信

我们就很难想象它会具有〔+给予〕的语义特征,从而把它跟"卖、送、递、让"等词归为一小类。⑩

3. 某一小类词的语义特征对该小类词所在的句式起着制约作用,这种制约作用突出地表现在使该句式成为具有特殊语法意义的独特句式,从而使该句式区别于与之同形的其他句式。

4. 语义特征分析为同形句式的进一步分化,为同一类词划分小类提供了最可靠的语法、语义依据。

由此可见,语义特征分析无疑使语法研究朝着形式和意义结合的方向迈出了可喜的一步。

由于语义特征分析在我国语法研究中尚处于初始阶段,对它研究得还很不够,希望本文能起到抛砖引玉的作用。

附　注

① ② 参看陆俭明《变换分析在汉语语法研究中的运用》,载《湖北大学学报》(哲学社会科学版)1990 年第 3 期。

③ 参看朱德熙《"在黑板上写字"及相关句式》,载《语言教学与研究》1981 年第 1 期。

④ 《现代汉语词典》关于"蹲"的注释是有缺陷的,宜改为"两腿尽量弯曲,像坐的样子,但只脚着地,臀部不着地"。

⑤ 参看朱德熙《与动词"给"相关的句法问题》,载《方言》1979 年第 2 期。

⑥ 有人将"看了三天了"这类结构分析为述补结构,将其中的"三天"看作数量补语(参看胡裕树主编《现代汉语》和黄伯荣、廖序东主编《现代汉语》)。

⑦ 参看马庆株《时量宾语和动词的类》,载《中国语文》1981 年第 2 期。

⑧ 参看袁毓林《现代汉语祈使句研究》,博士学位论文,北京大学图书馆藏,1990 年。

⑨ 参看邢福义《说"NP 了"句式》,载《语文研究》1984 年第 3 期。

⑩ 同⑤。

(原载《汉语学习》1991 年第 1 期)

关于语义指向分析

陆俭明

1. 引　　言

1.1　以布龙菲尔德(L. Bloomfield)为代表的美国描写语言学的语法研究,重在对某一种语言或方言的语法规则作细微的、静态的描写;乔姆斯基(N. Chomsky)所开创的生成语法学则重在从理论上探求人的语言机制和人类语言的普遍语法,并解释这个普遍语法如何在一定的条件下生成为各种各样的人类自然语言。这是两种不同的研究路子。这两种研究不应该是对立的,就研究对象来说,它们也有所交叉。因此,彼此应该互相吸取,相辅相成。在这里我特别要指出的是,不可忽视描写语法学的存在和价值。描写语法学还有它存在的价值,并有进一步发展的必要,而在发展过程中它也会不断吸取其他语法理论的合理因素。应该看到,在对某一具体语言的语法规律作深入、细致的挖掘和描写上,它还会作出其他语法理论所无法完全代替的贡献。

目前中国大陆的语法研究还是以描写语法学为主,主要还是对汉语普通话或某一种方言的语法作细微的、静态的研究、描写,虽然现在也开始出现了对汉语普通话作宏观的、解释性的研究。本文所说的语义指向分析就是描写语法学里所运用的一种分析方法。这是中国大陆在 80 年代开始出现的一种新的句法分析方法。

1.2　什么叫语义指向? 不妨先看个实例:

　　　砍光了

　　　砍累了

　　　砍钝了

　　　砍快了

　　　砍疼了

　　　砍坏了

从格式上看,以上各例都是"动+形+了"述补结构。但是,其补语成分的语义所指细分析起来会发现它们各不相同。请看:

　　砍光了[补语"光"在语义上指向"砍"的受事,如"树砍光了"。]

　　砍累了[补语"累"在语义上指向"砍"的施事,如"我砍累了"。]

　　砍钝了[补语"钝"在语义上指向"砍"的工具,如"这把刀砍钝了"。]

　　砍快了[补语"快"在语义上指向"砍"这一动作本身,如"你砍快了,得慢点儿砍"。]

　　砍疼了[补语"疼"在语义上有时可指向"砍"的受事,如"把他的脚砍疼了";有时可指向"砍"的施事的隶属部分,如"砍了一下午,我的胳膊都砍疼了"。因此这是一个有歧义的结构。]

　　砍坏了[补语"坏"在语义上有时可指向"砍"的受事,如"别把桌子砍坏了";有时可指向"砍"的工具,如"他那把刀砍坏了"。因此这也是一个有歧义的结构。]

以上所说的区别,就是补语语义指向的不同,即补语在语义上指向哪儿各不相同。可见所谓语义指向就是指句中某一成分在语义上跟哪个成分直接相关。通过分析句中某一成分的语义指向来揭示、说明、解释某一语法现象,这种分析手段就称为语义指向分析法。

2. 语义指向分析面面观

2.1　不是所有的句法成分都有必要去考察它的语义指向,如"吃苹果",我们就没有必要去考察"苹果"的语义指向。根据语法研究的需要,有下列三种句法成分的语义指向值得考察:(一)补语,如上面所举的例子。(二)修饰语,特别是状语,例如:

(1)他早早地炸了盘花生米。

(2)他喜滋滋地炸了盘花生米。

(3)他脆脆地炸了盘花生米。

这三句话,就格式上看完全相同,所差只在作状语的词不同:例(1)用"早早地",例(2)用"喜滋滋地",例(3)用"脆脆地"。然而其语义指向各不相同:例(1)"早早地"在语义上指向谓语动词"炸",例(2)"喜滋滋地"在语义上指向"炸"的施事"他",例(3)"脆脆地"在语义上指向"炸"的受事"花生米"。(三)谓语,例如:

(4)他很好。

(5)昨天还很好,今天他怎么就病倒了?

例(4)谓语"很好"在语义上指向"他";例(5)这一复句里的前一分句"昨天还很好"虽是个主谓结构,但谓语中心"很好"并不指向作主语的"昨天",而指向其主体"他"。"他"在"很好"所在的分句里没有出现。

以上三种句法成分虽不相同,但有共同点,那就是都是"说明成分"——补语是补充性说明成分,状语是修饰性说明成分,谓语是陈述性说明成分。

2.2　语义指向是指句法成分的语义指向,但是有些词,如副词,它只能作状语,因此有时我们也可以径直说"副词的语义指向"(意即副词作状语时的语义指向)。

2.3　对于句法成分的语义指向可从以下诸方面去考察:

一、是指前还是指后,即是指向它前面的成分,还是指向它后面的成分? 例如:

(1)张三和李四都只吃了一片面包。

例(1)里的"都"和"只"都是副词,都是作状语,佴是,"都"指前,即"都"在语义上指向它前面的成分"张三和李四",而"只"则指后,即"只"在语义上指向它后面的成分"一片面包"。

二、是指向句内成分还是指向句外成分? 某个句法成分在语义上通常指向句内某个成分,例如:

(2)他把饼干吃光了。

例(2)谓语中心"吃"在语义上指向其施事"他",补语"光"在语义上指向"吃"的受事"饼干",所指都在句内。有时所指也可在句外。例如:

(3)剩下的肉随随便便地炒了盘木须肉。

例(3)状语"随随便便地"在语义上是指向"炒"的施事,而这个施事没有在句中出现。

三、是指向名词性成分,还是指向谓词性成分,还是指向数量成分? 请看实例:

(4)我只看看。

(5)我没吃什么,只吃了个苹果。

(6)苹果我只吃了三个。

副词"只"在例(4)、(5)、(6)中都是作状语,但语义指向有区别:在例(4)里指向动词"看看",在例(5)里指向名词"苹果",在例(6)里指向数量成分"三个"。"只"的语义指向会受语境的影响而所指不同,例如:

(7)我没干什么,只玩儿电子游戏了。

(8)我没吃什么,只吃了一个面包。

(9)面包我吃得不多,只吃了一个面包。

例(7)"只"在语义上指向述宾结构"玩儿电子游戏",由于"只"在这里指向谓词性成分,所以如果将名词性

宾语"电子游戏"删去,说成(10):

　　(10) 我没干什么,只玩儿了。

句子仍然成立,不影响基本意思的表达。例(8)"只"在语义上指向名词"面包",只因为这样,允许将数词"一"删去,说成(11):

　　(11) 我没吃什么,只吃了个面包。

甚至,在一定的语境下,动词性成分"吃了"都可以删去,说成(12):

　　(12) 我没吃什么,只面包而已。

例(9)"只"在语义上指向数量成分,所以句中的数量成分"一个"不能删去,而可以删去名词"面包",说成(13):

　　(13) 面包我吃得不多,只吃了一个。

甚至,可以将动词性成分"吃了"删去,说成(14):

　　(14) 面包我吃得不多,只一个。

　　四、如果是指向名词性成分,那么它是指向主要动词的施事,还是受事,还是工具,还是处所,还是别的什么? 例如:

　　(15) 这个坑儿挖浅了。

　　(16) 我挖累了。

例(15)、(16)里的补语"浅""累"都只能指向它前面的成分,也都只能指向名词性成分"坑儿""我",但二者又有区别,"浅"指向"挖"的受事(严格说"坑儿"是"挖"的结果,但也可看作广义的受事),而"累"则指向"挖"的施事。

　　五、对被指向的成分是否有什么特殊的要求?

　　前面讲到的句中的某个成分在语义上是指前还是指后,是指向体词性成分还是指向谓语性成分,等等,从某个角度说,也可以看作是对被指向的成分的某种要求,譬如说,所谓要求指前,也就是说被指向的成分必须在它前面出现;而所谓要求指后,也就是说被指向的成分必须在它的后面出现。不过这里我们要说的还不是这些,而是指某些特别的要求。举例来说,副词"究竟"用在疑问句里作状语,除了要求所指向的成分必须在它后面出现之外,还要求所指向的成分必须是一个有形的疑问成分。请看:

　　(17) 他究竟去吗?

　　(18) 他究竟去哪儿啦?

　　(19) 他究竟去不去?

　　(20) 他究竟去了没有?

　　(21) 他究竟去广州,还是去上海?

　　(22) *他究竟去?

例(17)—(22)都是疑问句,但是例(17)—(21)都能说,因为都含有有形的疑问成分——例(17)是疑问语气词"吗"构成的疑问成分"去吗",例(18)是疑问代词"哪儿",例(19)、(20)是反复问疑问成分"去不去"和"去了没有",例(21)是表选择问的疑问成分"……,还是……";而例(22)不能说,因为句中不含有任何有形的疑问成分(疑问句调不是有形的疑问成分)。所指向的成分必须是一个有形的疑问成分,这就是在疑问句中作状语的"究竟"所特别要求的。

　　再举一个例子。副词"总共",其特点是在语义上只能指向数量成分,所以它一定要求数量成分与它共现。但它对所指向的数量成分还有特殊要求,那就是必须是一个指明范围的数量成分,不能是一个不指明范围的数量成分。例如:

　　(23) 总共招收了一百个学生。

　　(24) 我呀,总共只买了一个西瓜。

　　(25) 他大约总共买了七八个西瓜。

　　(26) *他总共买了许多/很多/不少书。

　　(27) *他总共只买了一点儿苹果。

例（23）、（24）数量成分表示的都是整数，都指明了数量范围［即使像例（24）只是"一个"］，所以都能说；例（25）数量成分表示的虽是约数，但还是有一个明确的数量范围，所以也能说。例（26）（27）则不同，其数量成分"许多""很多""不少""一点儿"都是不能指明范围的数量成分，所以这两个句子都不成立。所指向的数量成分必须是一个指明范围的数量成分，这就是副词"总共"在语义指向上的特殊要求。

总之，对于句法成分的语义指向可以从多方面去考察。正是通过对某一句法成分语义指向的多方面具体分析，达到解释、说明某种语法现象的目的。

3. 语义指向分析法的作用

语义指向分析揭示了句法成分在语法上和语义上的矛盾，指明了句法成分之间，特别是间接的句法成分之间语义上的种种联系，从而可以比较合理地解释句法结构和语义结构之间复杂的对应关系。语义指向分析法的具体作用，大致可从以下几方面看：

3.1　可以进一步帮助分化歧义句式

歧义句式是客观存在的。怎样分化歧义句式？将因歧义句式的性质不同而方法各异。有的可通过层次切分法来加以分化。例如：

（1）发现敌人的哨兵回营房了。

这个句子既可看作是（a）一个主谓句，意思是"那个哨兵回营房了，而那个哨兵发现了敌情"；也可看作是（b）一个非主谓句，意思是"发现了一个敌情，那就是敌人的哨兵回营房了"。这个歧义句就可以用层次切分法来加以分化。请看：

```
      发现 敌人 的 哨兵 回 营房 了
（a）——————————————— ————————
（b）—— ———————————————— ————
```

有的可通过成分定性法来加以分化，例如：

（2）我们不需要进口设备。

这句话既可理解为（a）"我们不需要从国外进口什么设备"；也可理解为（b）"我们不需要进口的设备"。这个歧义句就不能用层次切分法来加以分化，因为它不管表示哪一种意思，层次切分是一样的。请看：

```
      我们 不 需要 进口 设备              我们 不 需要 进口 设备
（a）—— ———————————————              （b）—— ——————————————
      ———— ———————————                    ———— ———————————
      ——— ———————————                      ——— ———————————
```

这个句子之所以会表示两种不同的意思，只是因为"进口"和"设备"这两个成分之间的语法关系不同，按（a）意，"进口"和"设备"之间是述宾关系；按（b）意，"进口"和"设备"之间是修饰关系。因此这个歧义句可以通过成分定性法来加以分化。有的歧义句式，层次切分法和成分定性法都无法加以分化，得用变换分析法才能加以分化。例如：

（3）山上架着炮。

这句话既可以理解为（a）"山上有炮架着"，表示存在，表静态；又可以理解为（b）"山上正在架炮"，表示活动，表动态。这两种意思既不能用层次切分法来加以分化，也不能用成分定性法来加以分化，因为例（3）不管表示哪种意思，其内部层次构造和语法结构关系都是一样的。但是这句话可以用变换分析法来加以分化。原来，这个句子不管表示哪种意思，其格式都是："NP_L+V+着+NP"。如按（a）意，它可以变换为（c）"NP+V+在+NP_L"（炮架在山上），即：

（a）NP_L+V+着+NP（山上架着炮）→（c）NP+V+在+NP_L（炮架在山上）这时，"山上架着炮"与"门上贴着对联"属同一句式。而按（b）意，则可变换为（d）"NP_L+正在+V+NP"（山上正在架炮），即：

（b）NP_L+V+着+NP（山上架着炮）→（d）NP_L+正在+V+NP（山上正在架炮）

这时，"山上架着炮"与"外面下着雨"属同一句式。请注意：（a）能变换为（c），但不能变换为（d）；反之，（b）

能变换为(d)但不能变换为(c)。正是通过这不同的变换,分化了这一个歧义句式。可是,有的歧义句式,上述三种分析法都不能加以分化。例如:

(4) 你别砍坏了。

这个句子,既可以表示(a)"你别把桌子(或别的什么被砍的东西)砍坏了",也可表示(b)"你别把刀砍坏了"。这两种意思无法用上面这三种方法来加以分化,因为无论从层次构造、语法结构关系上看,还是从句式变换上看,表示这两种意思时都是一样的,其格式都是"NP+别+V+A+了"。对于这样的歧义句式就可用语义指向分析法来加以分化,因为补语A(坏)的语义指向不同:表示(a)意时,补语A(坏)在语义上指向V(砍)的受事,如桌子什么的;表示(b)意时,补语A(坏)在语义上则指向V(砍)的工具,如刀。由此我们就分化了"你别砍坏了"这一歧义句。证明是,如果将其变换为"NP$_1$+别+把+NP$_2$+V+A+了",那么"把"的宾语NP$_2$可以是受事宾语,如:

(5) 你别把桌子砍坏了。

也可以是工具宾语,如:

(6) 你别把刀砍坏了。

再举一个例子(例引自邵敬敏 1991):

(7) 老张有一个女儿,很骄傲。

这是个复句,它有歧义,它既可表示(a)"老张有一个女儿,他很骄傲"的意思(指老张很骄傲);也可表示(b)"老张有一个女儿,她很骄傲"的意思(指那女儿很骄傲)。层次切分法和成分定性法都无法分化这一歧义句,变换分析法虽然能分化这一歧义句,但手续复杂。当然,我们也可以从省略、隐含或主题链等角度去说明其歧义。但是也可以用语义指向分析法来分化,而且比较方便。只需指出后一分句"很骄傲"不同的语义指向就行了。当它表示(a)意时,后一分句在语义上指向前一分句的主语"老张";当它表示(b)意时,后一分句在语义上指向前一分句的宾语"女儿"。证明是,如果将后一分句的主语补出来,既可以是"老张",如:

(8) 老张有一个女儿,所以老张很骄傲。

也可以是"女儿",如:

(9) 老张有一个女儿,那女儿很骄傲。

总之,语义指向分析法为分化歧义句式又提供了一种新的方法。如果说层次切分法、成分定性法和变换分析法是属于形式方面的分析方法,那么语义指向分析法则是属于意义方面的分析方法,二者是互为补充的。

3.2   可以帮助解释某些句法结构的语法意义

语义指向分析法可以用来帮助解释某种句法结构的语法意义。举例来说,"VA 了"述补结构(如"洗干净了、晾干了、锯长了、买大了、挖深了、剪短了")可以表示两种语法意义:(a)表示某种结果的实现,如"洗干净了、晾干了";(b)表示某种预期结果的偏离,如"锯长了、买大了"。有的"VA 了"述补结构,如"挖深了、剪短了",可以兼表这(a)、(b)两种意义。例如:

(1) 你要我挖的坑儿我已经挖深了,你看这样行吗?

你的头发,剪短了好看。

(2) 你这个坑儿挖深了,得回填些土。

我觉得你的头发剪短了,留长一点儿好看。

例(1)里的"挖深了、剪短了"表示(a)义,例(2)里的"挖深了、剪短了"表示(b)义。

现在我们要问:同属"VA 了"述补结构,为什么有的表示(a)义,有的表示(b)义,而有的能兼表(a)义和(b)义?这当然有多种因素在起作用。首先与A的性质有关。当A为表示褒贬义的形容词时(我们将这类形容词记为A$_1$),"VA$_1$ 了"都只表示(a)义,不能表示(b)义,如"洗干净了、搞糟了";而当A为不表示褒贬义的形容词时(我们将这类形容词记为A$_2$),"VA$_2$ 了"都能表示(b)义,而能不能表示(a)义,这就跟"VA$_2$ 了"中A$_2$的语义指向有关了。语言事实告诉我们,当A$_2$在语义上指向V本身时(如"走快了、跑慢了、来晚了、来早了、等久了"等),或者当A$_2$在语义上指向V的施事或受事位移的距离时(如"走远了、坐近了、踢远了、搬近了"等),都能表示(a)义。试以"来早了""走远了"为例:

（3）你来早了,现在牙科挂号不紧张,用不着那么早来。

　　这次你又走远了,再往这里走几步。

（4）过去他老迟到,经大家批评后,最近他来早了。

　　她慢慢地走远了,消失在人群之中了。

例（3）里的"来早了""走远了"都表示（b）义,例（4）里的"来早了""走远了"就都表示（a）义。而当 A_2 在语义上指向 V 的施事或受事时（前者如"长高了、养胖了",后者如"锯短了、锯长了、买贵了"）,能不能表示（a）义就不一定了（将要受到另外的因素制约）。如"锯短了"能表示（b）义,也能表示（a）义。例如:

（5）这一根竹竿儿锯短了,只好报废了。［表示（b）义］

（6）那几根竹竿儿已按你的要求锯短了。［表示（a）义］

可是像"锯长了、买贵了"就只能表示（b）义,不能表示（a）义。例如:

（7）那根竹竿儿锯长了,还得锯掉三公分。

（8）你的衣服买贵了。

3.3　可以帮助说明某种语言单位具备不具备某种语法功能的规律

语义指向分析法也可以用来解释某种语言单位具备不具备某种语法功能的具体规律。举例来说,"动词+结果补语"的结构（一般简称为"述结式"或"动结式"）有的能带宾语,有的不能带宾语,其规律何在? 当然这也有多种因素在起作用。结果补语的语义指向就是其中的一种因素。（李小荣,1994）语言事实告诉我们,由及物动词充任结果补语的述结式［如"听懂、学会、喝剩、跑丢（了）"等］都能带宾语。例如:

（1）小张听懂了大娘的话。

（2）我只学会了两出戏。

（3）他们喝剩了一瓶酒。

（4）弟弟跑丢了一只鞋。

而由非及物动词（包括不及物动词和形容词）充任结果补语的述结式能不能带宾语就跟结果补语的语义指向有关。具体情况大致如下:如果补语在语义上指向述语动词的施事,这种述结式不能带宾语,如"唱红（了）、哭傻（了）、走热（了）、变乖（了）"等都不能带宾语;如果补语在语义上指向述语动词本身的,这种述结式也不能带宾语,如"抓晚（了）、打重（了）、走早（了）、住长（了）"等都不能带宾语;如果补语在语义上指向述语动词所表示的行为动作的工具的,这种述结式能带宾语,所带宾语限于工具宾语,如"撬折（了）、砍钝（了）、哭哑（了）"等都能带工具宾语（也只能带工具宾语）,例如:

（5）他一连撬折了两根木棍。

（6）不会砍的,会砍钝刀。

（7）小心哭哑了嗓子。

如果补语在语义上指向述语动词所表示的行为动作的处所的,这种述结式也能带宾语,如"挤满（了）、搜遍（了）、跑遍（了）"等都能带宾语,例如:

（8）教室里挤满了听讲的人。

（9）公安人员搜遍了他的住处。

（10）我跑遍了北京城都没有买着适合他穿的西服。

如果补语在语义上指向补语本身所直接说明的主体的,这种述结式也都能够带宾语,如"吃圆（了）、叫醉（了）、哭湿（了）"等都能带宾语,例如:

（11）那马一匹匹都吃圆了肚子。

（12）一声"鲁老"叫醉了鲁风的心。

（13）她哭湿了枕头。

如果补语在语义上指向述语动词的受事的,那么这种述结式有的能带宾语,有的不能带宾语（至于什么情况下能带,什么情况下不能带,这另有规律,这里不细说了）。

3.4　为解释某些语法现象提供了一种新的角度

语义指向分析法也为解释某些语法现象提供了一种新的角度。请先看实例:

（1）到底我去哪里好呢？

（2）到底谁去北京好呢？

值得我们注意的是，例（1）句首状语"到底"可移至主语"我"的后边，说成（3）：

（3）我到底去哪里好呢？

可是，例（2）句首的状语"到底"则不能移至主语"谁"的后边，我们不能说：

（4）*谁到底去北京好呢？

这为什么呢？我们怎样来解释这一现象呢？运用语义指向分析法可以很好解释这一现象。要知道，副词"到底"跟"究竟"一样，在疑问句中作状语时，在语义指向上有两个特点，一是它在语义上所指向的成分必须是一个有形的疑问成分，二是它在语义上只能指向它后面的成分，不能指向它前面的成分。显然，例（1）、（2）、（3）符合状语"到底"的语义指向特点的要求，"到底"所指向的有形的疑问成分"哪里"不管是在例（1）、（2）还是（3）里，都在"到底"的后边；而例（4）不符合"到底"语义指向特点的要求，因为在例（4）里，"到底"所指向的疑问成分跑到"到底"的前面去了，所以例（4）不能成立。（参看邵敬敏1990a）

再譬如说，"吃（了）他一个苹果"，这是一个单宾结构（带领属性定语"他"的偏正结构"他一个苹果"作"吃（了）"的宾语），还是一个双宾结构（"他"为与事宾语，"一个苹果"为受事宾语）？语法学界意见不一。语义指向分析为解决这一问题提供了一种新的分析角度。语言事实告诉我们，汉语中有一些副词在语义上可以或者只能指向数量成分，前者如"只"，后者如"总共、一共"，例如：

（5）只吃（了）三个苹果 ["只"在语义上可以指向"三个"]

（6）总共吃（了）三个苹果 ["总共"在语义上只能指向"三个"]

（7）一共吃（了）三个苹果 ["一共"在语义上只能指向"三个"]

但有条件，"只、总共、一共"它们所指向的数量成分只能直接处于宾语位置（如例（5）—（7））或者直接受它们修饰（如"只三个""总共三个""一共三个"），而不允许数量成分前有限制性定语（包括领属性定语）。下面的说法都站不住：

（8）*只吃（了）红的三个苹果｜*只吃（了）他的三个苹果

（9）*总共/一共吃（了）红的三个苹果｜*总共/一共吃（了）他的三个苹果

（10）*只红的三个苹果｜*只他的三个苹果

（11）*总共/一共红的三个苹果｜*总共/一共他的三个苹果

例（8）—（11）之所以站不住，就因为数量成分前面有限制性定语。注意，例（8）、（10）"只"如果不是指向数量成分，而是指向作定语的名词性"的"字结构"红的""他的"，那么句子能成立。现在让我们回过头来再看"吃（了）他三个苹果"。如果我们在动词"吃"的前面加上"只、总共、一共"这些在语义上可以或者只能指向数量成分的副词，则下面的说法都能成立：

（12）只吃（了）他三个苹果

（13）总共吃（了）他三个苹果

（14）一共吃（了）他三个苹果

很明显，例（12）—（14）里的"只、总共、一共"都能在语义上指向数量成分"三个苹果"，可见这些句子里的"他三个苹果"不能看作是偏正结构。由此也就通过语义指向分析说明了把"吃（了）他三个苹果"分析为双宾结构是比较合理的。这里我们需要附带说明，例（12）里的"只"在语义上既可指向数量成分"三个苹果"，也可指向"他"，而这一点跟"只"在典型的双宾结构中的语义指向是完全平行的，请看：

（15）只给（了）他三个苹果

例（15）里的"只"在语义上也是既可指向作为受事宾语的数量成分"三个苹果"，也可指向作为与事宾语的"他"。

语义指向分析也为同义副词的辨析提供了一种新的分析角度。周小兵（1991a）就曾从语义指向的角度较好地辨析了表示限定的"只"和"就"的异同。

3.5 我们看重语义指向分析还在于它能为我们提出一些新的研究课题，引起我们思考，从而有助于开阔语法研究的思路，将语法研究引向深入副词的语义指向问题就很值得研究。从语法功能看副词比较单纯,它只能作状语,但是它在句中的语义指向却极为复杂。(渡边丽玲 1991)有的只能指后,如"刚、挺"等;有的只能指前,如"互相、一律、一概"等;有的则既能指前,也能指后,如"都、全、分别";有的只能指向谓词性成分,如"亲自、悄悄、渐渐"等;有的只能指向名词性成分,如"互相、一块儿"等;有的只能指向数量成分,如"总共、一共"等;有的既能指向谓词性成分,也能指向名词性成分,还能指向数量成分,如"只";有的在语义指向上有特殊要求,如前面举到的"究竟、到底、总共"等。单是副词的语义指向问题就可为我们提出许多研究课题。我们既可以从总体上来研究副词的语义指向问题,说明副词在语义指向上的规律,并根据语义指向的不同给副词分类;我们也可以研究个别副词的语义指向问题,譬如可单独研究副词"只"在语义指向上的规律,说明它在什么条件下指向动词性成分,在什么条件下指向名词性成分,在什么条件下指向数量成分,在什么条件下在语义指向上会出现歧解,怎样进行分化;再譬如副词"都"既能指前(他们都来了),也可以指后(他都看些不三不四的书),那么在什么条件下指前,在什么条件下指后,如果在语义指向上出现歧解,其规律何在,怎么分化,这都值得研究。

从第 1 节所举的实例就大致可以看出补语在语义指向上的复杂性。补语的语义指向问题也是一个很值得研究的问题。补语在语义上到底能指向哪些方面? 造成不同语义指向的内在规律是什么? 造成某个述结式的补语在语义指向上有歧解,其条件是什么? 这也都值得研究。

状语的语义指向问题也是非常值得研究的。张力军(1990)曾对由状态形容词充任的状语作了研究,他试图揭示造成这种状语不同语义指向的规律。他的研究虽尚有不严密之处,但给人以启迪。汉语中的状语有多种类别,每一种状语在语义上都不可能只指向某一个成分。怎样探讨各种状语造成不同语义指向的内在规律? 怎样根据不同的语义指向给所充任的词语分类? 这也是新的研究课题。再有,状语在语义上可指向句内成分,也可指向句外成分。在什么情况下指向句内成分,在什么情况下指向句外成分? 这一问题的探讨对研究句法成分的省略也将会给以启迪。

再譬如说,上文曾说到,语义指向分析所考虑的问题之一是指前还是指后(参看第 2.3 节)。这也可以引起我们去思考很多问题:为什么有些副词(如"究竟""到底"等)一定指后呢? 为什么有些副词(如"互相""一概"等)只能指前呢? 这指前指后是由什么因素决定的? 其中有无规律可循?

以上也还都是举例性的,毫无疑义,这些研究都将会把语法研究引向深入,而且它很可能会帮助我们揭示出一些意想不到的语法规律。

4. 语义指向分析产生的背景

语义指向分析产生于中国 80 年代。胡树鲜(1982)在《两组副词的语义特点及其多项作用点》一文中已有萌芽。文章并没有用到"语义指向"这一术语,但文章所谓的"作用点"大致相当于语义的指向。沈开木(1983)在《表示"异中有同"的"也"字独用的探索》一文中首次提到了语义关系上的"指向"。我们知道,如果没有上下文语境,"也"可以有"多项指向"。文章总结了"也"字"多项指向"优先顺序的规律:"也"字指向前面的比较项而产生的潜在义排在先,指向后面的比较项产生的潜在义排在后;如果都指向前面的比较项,那么"也"字指向全句修饰语、主语、状语(或小主语)而产生的几个潜在义,形成一个顺序,离"也"字越近越领先;如果是指向后面的比较项,那么"也"字指向动词、宾语而产生的潜在义的先后将是"宾先于动"。但是,文章也还没有完整地使用"语义指向"这一术语。第一次完整使用这一术语的,是刘宁生(1984),他的文章标题就是《句首介词结构"在……"的语义指向》,他在文章中分析了由"在"组成的介词结构在句首时的语义指向,指出"在……"在句法上分析为全句修饰语,但是它的语义指向并不一致,可以指向谓语(如"在您门口我们拣着她丢的一块手绢。"),也可以指向主语(如"在掌声中,第一个走进来的是蓝东阳。")。在这之后,在语法分析中运用语义指向分析的文章就多起来了,重要的如马希文(1985)、邵敬敏(1990a.b.)、陆俭明(1990)、张力军(1990)、周小兵(1991a)、李小荣(1994)等。

语义指向分析产生于中国大陆 80 年代,这不是偶然的。在 80 年代初,著名的语言学家朱德熙先生在一次小型沙龙座谈会上带着开玩笑的语气说了这么一段话:"语法研究发展到今天,如果光注意形式而不注意意义,那只能是废话;如果光注意意义而不注意形式,那只能是胡扯。"这段话发人深思,同时也表明中国语法学界已深深意识到语法研究必须走形式和意义相结合的路子。我们知道,从 1898 年《马氏文通》诞生到 20 世纪 50 年代初,汉语语法研究基本上是在传统的间架里进行的。传统语法学导源于古代希腊的传统语法的体系,按这套体系,分析语法的标准是纯意义,而不注重形式。50 年代开始,美国描写语言学的理论与方法开始逐步影响中国语法研究,先后出现了一批成功运用美国描写语言学分析原则和方法的论著。但是也有副作用,那就是又出现了只注重形式,而不考虑意义的倾向。但是我们知道,语法研究的最终目的是要探求清楚形式和意义之间的对应关系——什么样的意义用什么样的形式来表达;反之,什么样的形式可以表示什么样的意义。显然,要实现这一目的,单纯作意义分析,或者单纯作形式上的结构分析,那都是不行的,而必须走形式和意义相结合的路。率先走形式和意义结合之路的是朱德熙先生。朱先生在 1978 年和 1979 年相继发表的《"的"字结构和判断句》《与动词"给"相关的句法问题》都贯彻了形式和意义结合的原则。值得注意的是,朱德熙(1980)提出了显性语法关系(overt grammatical relations)和隐性语法关系(covert grammatical relations)这两个概念,指出"所谓显性语法关系指的就是通常所说的主谓、述宾、偏正等结构关系","隐性语法关系是隐藏在显性语法关系后边的潜在的语法关系"。例如"出租汽车",既可看作名词性结构,又可看作动词性结构。作为名词性结构,"出租"和"汽车"之间是修饰和被修饰的关系,可是在这种关系背后还存在另一种关系,即动作和受事的关系。作为动词性结构,"出租"和"汽车"之间是述语和宾语的关系,同时二者之间仍然存在着动作和受事的关系。朱德熙先生强调指出,"'述语—宾语'和'动作—受事'并不是同一种关系"。同年,陆俭明(1980)则作了更加明确的说明:"在语法研究中,应注意到这样一个事实,即句子成分之间总是同时存在着两种不同性质的关系——语法结构关系和语义结构关系。我们所说的语法结构关系就是指主谓、述宾、述补、偏正、联合等结构关系;我们所说的语义结构关系是指诸如动作和动作者、动作和受事者、动作和工具、动作和处所、事物和性质、事物和质料以及事物之间的领属关系等。""这两种同时并存而性质不同的关系总是同时影响着句子意思的表达。"很显然,在语法研究中树立形式和意义结合的观点、树立句中有两种并存的语法关系的观点,这都将使我们关于语法的静态描写更加完美圆满。我们高兴地看到,80 年代以来中国大陆发表的有关汉语语法研究的优秀论文都很好地贯彻了形式和意义相结合的原则。语义指向分析正是在这样的研究背景下产生的。它的产生将有助于语法研究更好地贯彻形式和意义结合的原则。

语义指向分析法的产生也受到菲尔墨(C.J.Fillmore)格语法(Case Grammar)理论的影响。我们知道,菲尔墨所说的"格"是指名词(包括代名词)与动词(包括形容词)之间的及物性关系,其形式标志是介词或语序。菲尔墨的格语法理论是为纠正当年乔姆斯基转换生成语法理论上的缺陷而提出来的,但是对描写语法学来说也有借鉴作用,特别适用于汉语语法研究。众所周知,汉语语法特点之一是缺乏形态,注重意合(parataxis),相关的句法成分之间往往包含着较大的语义容量和复杂的语义关系而基本上无形式标志。例如,下面所举的都是述宾结构(述语都由"吃"充任):

  吃苹果 吃食堂 吃大碗 吃老本

但是述语与宾语之间的语义关系,则各不相同:"吃"和"苹果"之间是动作和受事的关系,"吃"和"食堂"之间是动作和处所的关系,"吃"和"大碗"之间是动作和工具的关系,"吃"和"老本"之间则是动作和凭借的关系。而这种语义关系上的不同并无任何形式标志。这样,就汉语来说,说明某个句法结构是主谓关系或述宾关系,这当然需要,但仅仅做到这一步是不够的,还必须说明主谓之间或述宾之间复杂多样的语义关系。这正如吕叔湘先生(1979)曾指出过的,如果动词谓语句里出现一个或几个名词,它们跟动词的语义联系是多种多样的,这种语义联系决定它们在句子里的活动方式,因此仅仅把这个表为宾语,把那个表为主语,这是不够的,还必须查考这样的名词同时可以出现几个,各自跟动词发生什么样的语义联系,等等。显然,"格"理论适应了这个需要。所以"格"语法理论自 1980 年介绍到我国来以后,就立刻引起汉语语法学界和计算语言学界的兴趣,并加以吸收,来研究汉语中名词与动词之间的语义格。"格"理论确实能解释不少语法现象。例如:

  (1)这批图书送北京大学。

这是一个有歧义的句子。对于这样一个歧义句式,当然我们也可以用其他方法(如变换分析法)来加以分化,但是用"格"理论来分化、说明这一歧义句,不仅比较简便、清楚,而且比较深刻。原来,例(1)所以有歧义,就因为"北京大学"既可看作"送"的与格(Dative),又可看作"送"的终点格(Goal)。证明是,当"北京大学"为"送"的与格时,"送"后可加上"给",句子可说成：

（2）这批图书送给北京大学。

而当"北京大学"为"送"的终点格时,"送"后可加上"到",句子可说成：

（3）这批图书送到北京大学。

指出这种格关系上的不同,使人们不仅知道例（1）确有歧义,而且明了例（1）所以有歧义的原因（当然跟动词"送"的不同意义也有关系,这里不细说了）。

"格"语法理论对描写语法学来说是有用的,但是也有它的局限性。我们知道,句子里的语义关系是复杂、多样的,而"格"语法理论只适用于说明名词和动词之间的语义关系,对于其他语义关系,它就无能为力了。"格"语法理论有局限,但它给人以启迪。正是在"格"理论的影响下,汉语语法研究中开始引进了新的分析手段——语义指向分析,它能适用于复杂、多样的语义关系。

5. 结 束 语

语义指向分析的产生进一步扩大了我们的研究视野,推进了汉语语法研究,使语法研究更好地实现形式和意义的结合。

语义指向分析是结合汉语语法研究的实际产生的,但我们相信,它不仅适用于汉语语法研究,也将适用于其他各种语言的语法研究。

当然,语义指向分析法跟其他任何分析方法一样,也有它的局限性,那就是它不能解释某一个句法成分所以会有复杂的语义指向的原因。这又需探求新的分析方法来加以补充。

研究上的突破往往有赖于研究方法,包括分析方法的革新。分析方法的发展总有它深刻的内在和外在的原因。就内在原因说,每一种分析方法的产生都包含着革新的因素,但每一种分析方法又都有它的局限性,正是这种局限性,促使人们去探求新的分析方法。就外在原因说,那就是研究本身的需要,新的分析方法的产生正是适应了这种研究的需要。我们期待着在未来的汉语语法研究中句法分析法能有进一步的发展。

语义指向分析在20世纪80年代初就开始运用了,但至今未见有人对它进行全面的评论。本文希望能起到抛砖引玉的作用。

在本文写作过程中,沈开木先生和邵敬敏、屈小兵、郭锐等诸位给了我很多帮助,张敏和徐杰在看了本文的初稿后提出了宝贵的意见,谨在此一并深致谢意。

参考文献

吕叔湘（1979）,《汉语语法分析问题》,北京：商务印书馆。

朱德熙（1978）,《"的"字结构和判断句》,《中国语文》第 1 期、第 2 期。

朱德熙（1979）,《与动词"给"相关的句法问题》,《方言》第 2 期。

朱德熙（1980）,《汉语句法中的歧义现象》,《中国语文》第 2 期。

胡树鲜（1982）,《两组副词的语义特点及其多项作用点》,《四平师院学报》研究生论文专刊,后经修改又以《试论某些副词的多项作用点》为题在 1985 年《河北师院学报》第 1 期上发表。

沈开木（1983）,《表示"异中有同"的"也"字独用的探索》,《中国语文》第 1 期。

刘宁生（1984）,《句首介词结构"在……"的吾义指向》,《汉语学习》第 2 期。

马希文（1985）,《跟副词"再"有关的几个句式》,《中国语文》第 2 期。

邵敬敏（1987）,《80 年代副词研究的新突破》,《语文导报》第 2—3 期。

邵敬敏（1990a）,《副词在句法结构中的语义指向初探》,《汉语论丛》,上海：华东师范大学出版社。

邵敬敏（1990b）,《比字句替换规律刍议》,《中国语文》第 6 期。

邵敬敏（1991）,《歧义分化方法探讨》,《语言教学与研究》第 1 期。

陆俭明（1980）,《汉语口语句法里的易位现象》,《中国语文》第 1 期。

陆俭明（1990）,《"VA 了"述补结构语义分析》,《汉语学习》第 1 期。

陆俭明(1994),《80 年代中国语法研究》,北京：商务印书馆。

张力军(1990),《论"NP$_1$+A+VP+NP$_2$"格式中 A 的语义指向》,《烟台大学学报》(社科版)第 3 期。

渡边丽玲(1991),《副词的修饰域与语义指向》,北京大学中文系硕士论文。

周小兵(1991a),《表示限定的"只"和"就"》,《第三届国际汉语教学讨论会文选》,北京：原北京语言学院出版社。

周小兵(1991b),《"除"字句》,《对外汉语教学研究》,广州：中山大学出版社。

李小荣(1994),《对述结式带宾语功能的考察》,《汉语学习》第 5 期。

沈　阳(1994),《现代汉语空语类研究》,济南：山东教育出版社。

（原载《中国语言学论丛》总第 1 辑,1997 年）

汉语句法里的歧义现象

朱德熙

一种语言语法系统里的错综复杂和精细微妙之处往往在歧义现象里得到反映。因此分析歧义现象会给我们许多有益的启示，使我们对于语法现象的观察和分析更加深入。本文试图通过一些具体的例子对现代汉语句法里的歧义现象作初步的分析。

讨论句法歧义，必然要碰到句子的同一性（identification）问题。如果我们要使下文的讨论尽可能地严密，那就得把通常不加分析的含糊的"句子"的概念区分为不同层次上的"例"（token）和"型"（type），这样一来，行文上必然会显得艰涩啰嗦。在衡量了利弊之后，我们决定略微牺牲一点"严密性"来换取较多的"可读性"（readability）。

本文共分三节。§1"多义句与多义句式"讨论句法歧义的性质。§2"多义句式的分化"讨论如何把一个多义句式分化为几个单义句式；从另外一个角度看，也可以说是讨论产生句法歧义的原因。§3"不能分化的多义句式举例"通过两个实际的例子说明某些多义句式目前还找不到分化的办法。

§1. 多义句与多义句式

1.1　所谓语法歧义（grammatical ambiguity）指的是句子的多义现象。一个词不止一个意思叫多义词（polysemy），那么一个句子不止一个意思也可以叫作"多义句"（polysemous sentence）。多义句有两种。一种是句子里有某个（些）词是多义，因此句子相应地就成了多义句。例如：

（1）他一天不吃饭也不行

"饭"或指米饭，或指每天定时吃的饭食。与此相应，这个句子也有两种意思。一种意思是说他一天也不能饿着，另一种意思是说他天天都得吃米饭。这种多义句不牵涉句子的结构，是词汇范围里的事，与语法无关，不在本文讨论之列。另一种是语法上的多义句。例如：

（2）反对的是少数人

离开了一定的上下文，这句话的意思是不确定的，因为其中的"反对的"可以指"反对者"（施事），也可以指"被反对者"（受事）。这个句子不止一种意思，跟"反对"这个具体的词的意义无关，因为我们把"反对"换成别的动词，句子还是可能有两种意思。例如：

（3）看的是病人

（4）关心的是她母亲

（5）扮演的是一个有名的演员

（6）援助的是中国

（7）相信的是傻瓜

这里的"看的""关心的"等等都可以理解为施事，也都可以理解为受事。[1]事实上，只要动词是"双向"的（以下记为 V^2）[2]，句子都可能有两种意思。由此可见，这些句子的"多义性"是代表这些句子的抽象的"句式"所固有的，并不是组成这些句子的那些具体的词的词义引起的。换句话说，这些多义句的存在，反映出句式：

$$V^2 + 的 + 是 + N$$

是多义的。当然,按照"V²+的+是+N"这种句式造出来的句子不一定都有歧义。例如:

(8) 发明的是一个青年工人

(9) 关心的是分数

(10) 反对的是战争

前一句的"发明的"只能理解成施事,后两句的"关心的"和"反对的"只能理解成受事。这是因为组成这些句子的词意义上互相制约,消除了句式本身具有的产生歧义的可能性。

上文把语法里的多义句比拟为词汇里的多义词。其实二者是很不相同的东西。多义词是个别的现象,它们是各自为政的,彼此之间没有必然的联系。例如"锯"有两个意思,一指工具,一指动作。我们无法根据这一点推断"铲""锄""刀""尺"等表示工具的词是否也跟"锯"一样可以表示动作。语法上的多义句则是"多义句式"的体现(realization)。这种句子不仅反映了它们所代表的句式的结构,同时也反映了这种句式的多义性。上文(2)—(10)都是多义句式"V²+的+是+N"的体现。其中(2)—(7)都有歧义,反映了这个句式的多义性。(8)—(10)没有歧义,但(8)"发明的"指施事,(9)"关心的"和(10)"反对的"指受事,合在一起仍然反映了这种句式的多义性。

1.2　再举一个例子。本文作者有一次跟一个两岁半的小女孩彤彤一起看书。下面是我们之间的两句对话。

(11) 朱:这是小白兔的书吧?　　彤彤:不是小白兔的书,是彤彤的书。

"小白兔的书"可以理解为"关于小白兔的书",也可以理解为"属于小白兔的书"。从表面上看,很像是"小白兔"和"书"搭配在一起碰巧产生了歧义。其实不然。"小白兔的书"有两种意思,反映了句式:

N₁+的+N₂

的多义性。因为不仅"小白兔的书"有歧义,下边这些话也都有歧义:

(12) 小熊猫的杯子(有熊猫图案的杯子/属于小熊猫的杯子)

(13) 稻草人的画儿(画的是稻草人/属于稻草人的画儿)

(14) 鲁迅的书(鲁迅写的书/属于鲁迅的书)

(15) 大地主的父亲(父亲是大地主/大地主之父)

(16) 诗人的风度(诗人那样的风度/诗人所具有的风度)

下边的话没有歧义,是因为词义相互制约,排除了产生歧义的可能:

(17) 木头的房子

(18) 书的封面

(19) 小李的哥哥

(20) 人类的历史③

1.3　上文曾指出由词汇的原因造成的多义句跟语法上的多义句的区别。不过有的时候同一个句子既可以看成词汇上多义,也可以看成语法上多义。例如下边这个双宾语句:

(21) 张三借李四一本书

这句话的意义是不确定的,可以理解为张三借给李四一本书,也可以理解为李四借给张三一本书。《现代汉语词典》"借"字下有"借进""借出"二义。从这个角度看,(21)是词汇上多义。

表示借出的"借"跟"卖、送、交、嫁、输、付"等词一样,都包含给予的意义,以下记为 V_a。表示借进的"借"跟"买、收、偷、娶、赢、抢"等词相同,都包含取得的意义,以下记为 V_b。V_a 和 V_b 在以下三种由动词"给"组成的句子里表现出明显的对立:

S_1: N_s+V+给+N′+N

S_2: N_s+V+N+给+N′

S_3: N_s+给+N′+V+N

V_a 在 S_1 里出现(卖给他一本书),V_b 不在 S_1 里出现(*买给他一本书)。V_b 在 S_3 里出现(给他买一本书),V_a 一般不在 S_3 里出现。("给他卖一本书"是可以说的,但是其中的"给"是介词,不是动词。)V_a 和 V_b 都能在 S_2 里出现(卖一本书给他,买一本书给他),但是 S_2(V_a)和 S_2(V_b)仍然对立:在"卖一本书给他"里,卖书的过程就是把书给"他"的过程,在"买一本书给他"里,买书和把书给"他"是彼此分离的两件事。由此可见,"借"的两种不同的意义反映了 V_a 和 V_b 两类不同的动词之间的对立。事实上, V_a 和 V_b 不仅在 S_1、S_2、S_3 里对立,在双宾语句式(S_4)里也是对立的,$S_4(V_a)$ 表示给予,$S_4(V_b)$ 表示取得;$S_4(V_a)$ 可以变换为 $S_1(V_a)$(卖我一本→卖给我一本),$S_4(V_b)$ 不能变换为 $^*S_1(V_b)$。(21)所以有歧义正是 $S_4(V_a)$ 和 $S_4(V_b)$ 重合在一起造成的。从这个角度看,(21)是语法上多义。

1.4　J. Lyons《Semantics》第二卷 397 页举了一个英语里的歧义句:

(22) They passed the port at midnight.

书中指出,由于 port 可以有码头和葡萄酒两种意思,所以这个句子既可以是"他们半夜里通过码头"的意思,也可以是"他们半夜里传葡萄酒"的意思。其实这个句子所以会有歧义,关键不在名词 port 上,而在动词 pass 上。因为我们即使把多义词 port 换成一个单义词,譬如说:notice(布告),句子仍旧有歧义:

(23) They passed the notice at midnight.

总之,(22)和(23)出现歧义是因为动词 pass 多义,它既有"通过、经过"的意思,又有"传递、传送"的意思。从这个角度看,(22)和(23)都是由词汇原因造成的多义句。不过 pass 的两种不同的意义显然跟后头宾语的语法性质有关。如果后头跟的是处所宾语(locative object),pass 必定是"通过"的意思,如果后头是受事宾语(effected object),pass 就只能是"传递"的意思。从这个角度看,(22)和(23)都是语法上的多义句。

§2. 多义句式的分化

2.0　同一个词有几种不同的意思叫多义词,同一个语音形式代表几个不同的词叫同音词。通常说一个句子有歧义的时候,已经肯定它是同一个句子。按照这种理解,多义句相当于多义词,不相当于同音词。

多义词和同音词之间没有明确的界限。从理论上说,我们可以有两种相反的处理方法。一种方法立足于分化,即尽可能把两可的情况解释为同音词。这就是说,只要意义上有足够的差别,就把它们看成是不同的词。另一种方法立足于归并,即尽可能把两可的情况解释为多义词。也就是说,只要意义上有足够的联系,就把它们看成是同一个词。采用前一种方法,词典里的词条增加了,可是词条下边的义项相对地减少了。采取后一种办法,词条的数目减少了,可是每个词条下边的义项相对地增加了。从词汇学的角度看,这两种办法精神不同,但都是可行的。从语法研究的角度看,就不是这样。我们总是尽可能采取分化的办法,即尽可能把多义句式分化为几个同形异构的单义句式。这是因为语法研究的根本目的在于找出语法结构和语义之间的对应关系。要是我们能够把多义句式分化为单义句式,那就说明我们在语法结构上找到了产生歧义的原因所在。

就我们所知,目前能够用来分化多义句式的依据不外以下四端:

1. 组成成分的词类(form classes of the constituents)
2. 层次构造(immediate constituents)
3. 显性语法关系(overt grammatical relations)
4. 隐性语法关系(covert grammatical relations)

以下分别讨论这四个方面。

2.1.1　句式本身就是通过词类来表示的,因此不同的词类序列本来就是不同的句式,不存在分化的问题。我们把词类作为分化多义句式的一种依据,指的是通常说的名词、动词、形容词等下边的小类(subcategories)。有些多义句式用大类来表示时是同形的,换用小类来表示就变成不同形的了。下边举一个具体例子来说。

2.1.2　"在黑板上写字"和"在家里吃饭"的构造都是:

在 $+N_p+V+N$④

但是这两个句子是有区别的。前者可以变换为:

把 $+N+V+$在$+N_p$

后者不能这样变换。比较:

（1）在黑板上写字——→把字写在黑板上

（2）在池子里养鱼——→把鱼养在池子里

（3）在墙上贴标语——→把标语贴在墙上

（4）在瓶子里灌水——→把水灌在瓶子里

（5）在果树上打农药——→把农药打在果树上

（6）在家里吃饭（*把饭吃在家里）

（7）在飞机上看书（*把书看在飞机上）

（8）在屋里开会（*把会开在屋里）

（9）在北京上大学（*把大学上在北京）

（10）在鲁班门前耍斧子（*把斧子耍在鲁班门前）

我们把（1）—（5）一类句子称为 S_1，把（6）—（10）一类句子称为 S_2，这两类句子的语法意义显然不同。在 S_1 里，"在+N_p"表示的是人或事物（N）所在的位置。例如"在黑板上写字"，"黑板上"指字所在的位置。在 S_2 里，"在+N_p"表示的是事件（V+N）发生的处所。例如"在飞机上看书"，"飞机上"不是指书的位置，而是指"看书"这件事发生的处所。当然，当我们说"他在飞机上看书"时，"书"确实在飞机上，但对于 S_2 来说，并不是必然如此，例如：

（11）他在飞机上看海

"海"就不在飞机上。

"在火车上写标语"有歧义。这个句子可以理解为"把标语写在火车（车厢）上"，也可以理解为"坐在火车上写标语"。在前一种意义上，句子可以变换为"把标语写在火车上"，是 S_1；在后一种意义上不能这样变换，是 S_2。可见这个句子所以有歧义，是 S_1 和 S_2 两种句式重合在一起的结果。

我们把能够在"在+N_p+（ ）+N"里出现的动词记为 V_a，V_a 里有一部分适应变换式：

在+N_p+（ ）+N ——→ N+（ ）+在+N_p

我们把此类动词记为 V_b，并把 V_a 里除去 V_b 之后剩下的那一部分称为 V_{a1}，即：

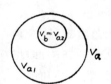

$$V_a - V_b = V_{a1}$$

因为 V_b 本来就是 V_a 的一部分，所以我们又可以把它称为 V_{a2}，即：

$$V_b = V_{a2}$$

$$V_{a1} + V_{a2} = V_a$$

在动词没有划分成小类以前，S_1 和 S_2 是同形的句式。动词划分成小类以后，S_1 和 S_2 就分化开了。S_1 是由 V_b 类动词组成的，应写作：

在+N_p+V_b+N

S_2 是由 V_{a1} 类动词组成的，应写作：

在+N_p+V_{a1}+N

因为：

$$V_b = V_{a2}$$

所以 S_1 又可以写作：

在+N_p+V_{a2}+N

S_1 的两种写法并不是多余的，它说明 S_1 既可以看成是由 V_b 类动词组成的，也可以看成是由 V_a 类动词（V_{a2}）组成的，因此它是一种多义句式。这种多义性不仅反映在上文举的"在火车上写标语"一类句子上，也反映在"在黑板上写字"一类句子上。在正常的语言环境里，"在黑板上写字"只能理解为 S_1，但是在某种特殊的——通常虽然不会有，但却是可以设想的——语言环境里，也可以理解为 S_2，即表示：坐在黑板上往纸上写字。

S_1 是多义句式，S_2 是单义句式。S_2 就是 S_2，不是 S_1；S_1 既是 S_1，又是 S_2[⑤]。

2.1.3 我们现在来讨论由兼类词组成的多义句式的分化问题。举例来说，"调查""研究""分析""希望"等双音节词兼有动词和名词双重功能。因此下边的句子有歧义：

（12）没有调查就没有发言权

（13）研究方法很重要

（12）的"没有调查"可以是"无调查"的意思,也可以是"未调查"的意思。(13)的"研究方法"可以理解为"研究的方法",也可以理解为"对方法进行研究"。如果我们把"调查""研究"看成兼属动词和名词两类,那么(12)(13)一类句子在一种意义上是由动词组成的,在另外一种意义上是由名词组成的,一开始就是两种不同的句式,不存在分化的问题。如果我们把这些词看成是动词和名词以外的另一类词,不认为它们是兼类词,那么我们就不能再根据这些词本身的类来分化(12)(13)等多义句式,而要采取别的办法,譬如说根据语法关系来分化,即认为(12)的"没有调查"在一种意义上是述语和宾语的关系,在另一种意义上是状语和中心语的关系,(13)的"研究方法"在一种意义上是述语和宾语的关系,在另一种意义上是定语和中心语的关系。很明显,以上说的两种处理方法只是形式上不同,实际上是等价的。

2.2　根据层次构造分化多义句式是常见的语法分析方法。下边的句子都有两种意思:

（14）发现了敌人的哨兵

（15）咬死了猎人的狗

（16）关心自己的孩子

（17）保护封建社会的土地制度

拿(14)来说,可以理解为有人发现了敌人的哨兵,也可以理解为哨兵发现了敌人。这两种不同的意思反映了两种不同的层次构造:

V+（N$_1$+的+N$_2$）

（V+N$_1$+的）+N$_2$

2.3.1　所谓显性语法关系指的就是通常所说的主谓、述宾、偏正等结构关系。加上"显性"两个字是为了跟下文"隐性语法关系"相区别。

根据显性语法关系来分化多义句式也是常见的语法分析方法。例如:"出租汽车"可以指一种汽车(出租的汽车),也可以指一种行为(把汽车租给别人)。通常认为在前一种意义上是偏正结构,在后一种意义上是述宾结构。"烤白薯""研究方法"是同类的例子。

因为所有相对应的直接成分之间都存在着一定的语法关系,所以根据层次构造分析多义句式的时候,总是和对语法关系的分析交织在一起。例如(14)"发现了/敌人的哨兵"和"发现了敌人的/哨兵"两种不同的层次分析,分别代表述宾和偏正两种不同的语法关系。

2.3.2　下边再举一个比较复杂一点的例子:

（18）是瓦特发明的蒸汽机

（19）是我出的作文题

（20）是小王打来的电话

（21）是李老师考的他

（22）是昨天发的信

（23）是用凉水洗的脸

这类句子是有歧义的。拿(18)来说,可以理解为是对问题"这是什么?"的回答;也可以理解为是对问题"谁发明了蒸汽机?"的回答。我们曾在另一篇文章里指出[⑥],在前一种意义上,这类句子应分析为:

是+（VP 的+N）[⑦]

即由动词"是"带宾语组成的述宾结构。在后一种意义上应分析为:

（是+VP 的）+N

即主语(N)后置的判断句。分化以后的两种句式,层次构造不同,直接成分之间的语法关系也不同。这跟上文分析(14)"发现了敌人的哨兵"一类句式所遇到的情况相似,并没有什么特殊的地方。但由于过去一直没有发现汉语里有主语后置的判断句存在,所以这种分析曾引起一些人的怀疑。如果我们对"的"字结构组成的判断句进行全面的观察,就会发现这种分析是合理的。因为跟上边举的一类判断句相对应,正好有另外一类判断句:

（24）是小王第一个去买票的

（25）是他把手风琴弄坏的

（26）是王大夫把他治好的

（27）是小王把票给我的

我们认为这类句子的层次构造是：

（是+N）+VP 的

这是另一种主语后置的判断句。把"是瓦特发明的蒸汽机"的后置主语"蒸汽机"移到句首，恢复它原来应该占据的位置，句子就转换为"蒸汽机是瓦特发明的"，同样，"是小王第一个去买票的"里的后置主语"第一个去买票的"也能移至句首，恢复原来的位置，转换为"第一个去买票的是小王"。把这两种句子联系起来看，就会发现它们的构造是平行的，可见把这两种句子分析为主语后置的主谓句是合理的。[⑧]

2.4.1　隐性语法关系是隐藏在显性语法关系后边的潜在的语法关系。例如"出租汽车"，作为名词性结构，"出租"和"汽车"之间是修饰和被修饰的关系。可是在这种关系背后还存在另外一种关系，即动作和受事的关系。作为动词性结构，"出租"和"汽车"之间是述语和宾语的关系，同时二者之间仍然存在着动作和受事的关系。值得注意的是，即使在这种情况之下，我们还是要把显性语法关系和隐性语法关系区别开，因为"述语—宾语"和"动作—受事"并不是同一种关系。

一般的语法分析方法只管直接成分之间的关系，不管间接成分（non-immediate consti-tuents）之间的关系。例如：

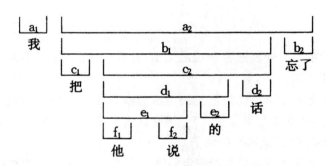

在上边的图式里，用相同的字母标记的线段表示相对应的直接成分，用不同的字母标记的线段彼此之间是间接成分的关系。间接成分之间的语法关系都是隐性语法关系。

间接成分之间的关系有亲有疏。我们关心的是那些关系密切的间接成分之间的联系。例如上边图式里 f_2（说）和 d_2（话）之间的动作和受事的关系以及 b_2（忘了）和 d_2（话）之间的动作和受事的关系。至于像 a_1（我）和 f_2（说），f_1（他）和 b_2（忘了）之间的关系则十分疏远，在语法分析中可以略去不计，而且这种关系往往也是难以描述的。

2.4.2　有的多义句式只能根据隐性语法关系来分化。上文提到的"反对的是他"一类句式就是如此。"反对的是他"有歧义是因为"反对的"本身就有歧义：它既可以指反对者，也可以指所反对的人或事物。至于"反对的"所以会有歧义，则要从"V^2P+的+N"这个句法结构说起，从显性语法关系看，"V^2P+的"和 N 之间是修饰关系。但是我们还必须看到 V^2P 和 N 之间的隐性语法关系。这种关系至少有以下四种不同的类型：

（a）N 是施事：反对这种意见的人∣教化学的老师

（b）N 是受事：反对的理由∣吃的东西

（c）N 是工具：我切肉的刀∣喝水的杯子

（d）V^2P 本身是一个主谓结构，其中的主语 N_s 和 N 之间有领属关系。例如：耳朵有毛病的人∣孩子不满两周岁的母亲∣个子矮的同学。[⑨]

如果我们把表示施事、受事、工具和领属者的名词分别记为 N_a、N_b、N_i、N_g，那么多义句式"V^2P+的+N"就可以分化为以下四种不同的单义句式：

V^2P+的+（N_a）

V^2P+的+（N_p）

$V^2P+的+(N_i)$

$V^2P+的+(N_g)$

我们把最后一项放在括号里,表示这一项是可以出现也可以不出现的(optional)。当 N 不出现的时候,我们可以把它写成:

$V^2P+的+\varnothing_a$

$V^2P+的+\varnothing_p$

$V^2P+的+\varnothing_i$

$V^2P+的+\varnothing_g$

例如"反对的"可以指反对者,也可以指所反对的人或事物。这两种意义分别代表以下两种不同的句式:

$V^2P+的+\varnothing_a$

$V^2P+的+\varnothing_p$

"切肉的"可以指人,也可以指刀,这两种意义分别代表以下两种不同的句式:

$V^2P+的+\varnothing_a$

$V^2P+的+\varnothing_i$

"小孩喝牛奶的"可以指碗,也可以指人(家长)。这两种意义分别代表以下两种不同的句式:

$V^2P+的+\varnothing_i$

$V^2P+的+\varnothing_g$ [⑩]

2.4.3　§1.2 里指出"小白兔的书"可以理解为"关于小白兔的书",也可以理解为"属于小白兔的书",这类句式的多义性是由 N_1 和 N_2 之间的隐性语法关系不同引起的。N_1 和 N_2 之间有时是领属关系,有时是领属关系以外的其他关系。

§3. 不能分化的多义句式举例

3.0　并不是所有的多义句式都能按照§2里提到的那些办法分化成单义句式。下边举两个不能分化的实例。这两个例子的性质很不相同,但是它们引起的问题却同样值得我们注意。

3.1　我们在§1.3 里曾经提到表示给予的 V_a 和表示取得的 V_b 两类动词在以下四种句式里的分布:

S_1: $N_s+V+给+N'+N$

S_2: $N_s+V+N+给+N'$

S_3: $N_s+给+N'+V+N$

S_4: $N_s+V+N'+N$

我们根据 S_1 来规定 V_a。很明显,所有的 V_a 也都能在 S_2 里出现,但能在 S_2 里出现的动词除去 V_a 以外,还有两类。一类是§1.3 里提到过的表示取得的 V_b,另一类既不表示给予,也不表示取得,例如:沏、炒、刻(图章)、打(毛衣)。这类动词大都表示"制作"某种东西的手段或方式,我们把它记为 V_c。

我们在§1.3 里指出,V_a 和 V_b 在 S_1、S_2、S_3 里都是对立的。事实上,V_a 和 V_c 之间也存在同样的对立关系。这就是:

(1)V_a 在 S_1 里出现,V_c 不在 S_1 里出现。

(2)V_a 和 V_c 都在 S_2 里出现,但 $S_2(V_a)$ 和 $S_2(V_c)$ 之间对立。

(3)V_c 在 S_3 里出现,V_a 一般不在 S_3 里出现。

不过也有少数 V_a 类动词能在 S_3 里出现。例如:

我给他写了封信 | 你给客人搛点菜 | 我给小李留了个座位 | 我给他寄了一个包裹 | 我给他汇了五十块钱

"写、搛、留、寄、汇"等动词既能在 S_1 里出现,又能在 S_3 里出现,可见兼属 V_a 和 V_c 两类。可是上文已经指出,V_a 类动词表示给予,V_c 类动词不表示给予,说"写、搛"等动词兼属 V_a 和 V_c 两类,等于说这一类动词既表示给予,又不表示给予,这看起来是自相矛盾。其实不然,我们认为这种现象反映了"写、搛"等动词语义的不确定性。在"卖、送、赏"等典型的 V_a 类动词的词义里,语义成分"给予"是固有的,它永远伴随着其他语义成分一起出现。在"写、搋、留、寄、汇"一类动词的词义里,语义成分"给予"不是固有的,它有时出现,有时不出现,即在是否包含给予的意义这一点上表现出不确定性。拿动词"写"来说,它既不表示给予,也不表示取得,按说应该是 V_c,因此只能有:

　　　写了一副春联给他〔$S_2(V_c)$〕

不能有:

　　　写给他一副春联〔$S_1(V_c)$〕

可是当"写"跟"信"组合的时候,预先假定(presuppose)有收信人一方存在。此时"写"就取得了给予的意义,从 V_c 转为 V_a。因此可以有:

　　　他一连写给我好几封信〔$S_1(V_a)$〕

尽管如此,"写信"的"写"有时候还是不表示给予。例如:

　　　他临走的时候写了一封信给我〔$S_2(V_c)$〕,让我转交给你

这里的"写"只是"书写"的意思,显然是 V_c。由此可见,"写信"的"写"既是 V_a,又是 V_c。换句话说,它有时表示给予,有时不表示给予。因此"他写了一封信给我"有歧义,它有时是 $S_2(V_a)$,有时是 $S_2(V_c)$。同样,"他给我写了一封信"也有歧义,它有时是 $S_3(V_a)$,有时是 $S_3(V_c)$。

　　目前似乎还看不出有什么办法可以分化这一类多义句式。如果兼属 V_a 和 V_c 的动词只有一个"写"字,那么我们还可以勉强把它分化成两个同音词"写$_1$"和"写$_2$",说"写$_1$"不包含给予的意义,"写$_2$"包含给予的意义。现在 $V_{a/c}$ 是一个类,这种解释就不大能考虑了。退一步说,即使我们有理由采取这种解释方法,分化出来的包含给予意义的"写$_2$"跟典型的 V_a 类动词"卖、送"等还是不相同。"卖、送"等动词可以在 S_1 里出现,也可以在 S_4 里出现,"写$_2$"只能在 S_1 里出现,不能在 S_4 里出现。可见这种分化并没有多大意义。

　　3.2　"差一点+VP"一类句式形式和意义之间的对应关系可以从下边的例句里反映出来[①]:

　　　差一点及格了(没及格)≠差一点没及格(及格了)

　　　差一点买着了(没买着)≠差一点没买着(买着了)

　　　差一点赶上了(没赶上)≠差一点没赶上(赶上了)

　　　差一点修好了(没修好)≠差一点没修好(修好了)

　　　差一点死了(没死)=差一点没死了(没死)

　　　差一点输了(没输)=差一点没输了(没输)

　　　差一点打破了(没打破)=差一点没打破(没打破)

　　　差一点摔一跤(没摔)=差一点没摔一跤(没摔)

这种对应关系可以总结为下边两条规律:

　　(1)凡是说话的人企望发生的事情:肯定形式表示否定意义,否定形式表示肯定意义。

　　(2)凡是说话的人不企望发生的事情:不管是肯定形式还是否定形式,意思都是否定的。

　　企望不企望往往因人而异。甲乙两方赛足球,球踢进甲方球门这件事是乙方企望实现的,甲方可不希望它实现。因此甲说"差一点踢进去了"或"差一点没踢进去",两句话意思一样,都是说没有踢进去。同样两句话由乙方来说,意思就不一样:"差一点踢进去了"是说没有踢进去,"差一点没踢进去",倒是说踢进去了。

　　这里有两点值得注意:一是(1)和(2)两条规律不对称;二是决定此类句子意义的重要因素——说话的人企望或不企望某事发生——是语言以外的(extralinguistic)东西。为了进一步考察这类句子,我们把上边说到的情况概括为下表:

	肯 定 形 式	否 定 形 式
企望	A 差一点买着了=没买着	B 差一点没买着=买着了
不企望	C 差一点打破了=没打破	D 差一点没打破=没打破

如果撇开 D 不管,专论 A、B、C,我们可以说"差一点"的语法功能相当于一个否定词:

差一点+VP＝没+VP （A,C）

差一点+没+VP＝VP （B）

只有 D 是例外。此外,A、B、C 三类格式的 VP 前面都能加上副词"就",只有 D 是例外:

差一点就买着了(A)

差一点就没买着(B)

差一点就打破了(C)

＊差一点就没打破(D)⑫

由此可见,A、B、C 跟 D 是对立的,如果没有 D 式,A、B、C 本来是一个内部一致的系统。这个现象暗示我们 D 很可能是一种后起的偏离现象(deviation)。为了表示不企望的事没有发生,本来用 C 式就可以了。但说话的人为了强调事情没有发生这一点,又在 VP 前边加上一个否定词"没"。这个"没"实际上是一个羡余的(redundant)成分。我们把 D 看成后起的格式,还有一个证据。我们知道,动词前边的"没"和后边的"了"不能共现(co-occur),D 式"差一点没死了"不符合这条规律,这也说明这种句式是在 C 式"差一点+VP"上头硬加一个"没"字形成的。

在没有 D 式的时候,否定形式(B)的意义是确定的,即表示企望的事情已发生。肯定形式的意义是不确定的,因为从形式上看不出提到的事情是说话的人企望发生的(A)还是不企望发生的(C)。从这一点说,肯定形式是多义句式。

有了 D 式以后,除了肯定形式仍旧有歧义之外,否定形式也出现了歧义,既可以指企望的事已发生(B),也可以指不企望的事未发生(D)。此外,还出现了 C、D 两个同义异形(polymorphous)的句式。

我们从一开始就把这类句式里 VP 所指的事件划分为说话的人企望实现的和不企望实现的两类。这是把问题简单化了。其实有些事情是中性的,就是说,在说话的人看来无所谓企望不企望。例如:

昨儿晚上我差一点找你去(没去)

上个月我差一点去上海(没去)

她差一点留起辫子来了(没留)

我差一点买了一条跟你一样的裙子(没买)

毕业以后,我差一点当了数学老师(没当)

上边举的是肯定形式,以下是否定形式:

昨儿晚上我差一点没找你去(没去)

上个月我差一点没去上海(没去)

她差一点没留起辫子来(没留)

我差一点没买一条跟你一样的裙子(没买)

毕业以后,我差一点没当数学老师(没当)

我们把这类句子的肯定形式称为 E,否定形式称为 F。E 和 A、C 一样,都是肯定形式表示否定意义。这是因为 E 是中性的,既可以把它看成 A(肯定形式表示否定意义),也可以把它看成 C(也是肯定形式表示否定意义)。不过这只是就肯定形式表示否定意义这一点说的。就句式的整个语法意义来说,A、C、E 三类的区别不容抹杀。因此"差一点+VP"是多义句式,可以有三重歧义。例如:

我差一点跟他结婚了

可以理解为说话的人想跟"他"结婚(A),也可以理解为说话的人不想跟"他"结婚(C)。还有一种可能是说话的人觉得跟不跟"他"结婚都无所谓(E)。无论是哪一种情形,事实上都没有结婚。

同样,F 既可以把它看成 B(否定形式表示肯定意义),也可以把它看成 D(否定形式表示否定意义)。不过这也只是就形式和意义之间肯定或否定的对立关系说的。就句式的整个语法意义来说,B、D、F 跟 A、C、E 一样,也是有区别的。因此"差一点+没+VP"也可以有三重歧义。例如:

我差一点没跟他结婚

理解为 B,是说想跟"他"结婚,事实上也跟"他"结婚了;理解为 D,是说不想跟"他"结婚,也没有跟"他"结婚;理解为 F,是说跟不跟"他"结婚无所谓,不过事实上没有跟"他"结婚。

很明显,A、C、E 也好,B、D、F 也好,从这些句式的结构本身是无法把它们分化为单义句式的。

附　注

① 不过把这些"的"字结构理解为施事或受事的概率是"因句而异"的。譬如说把(5)里的"扮演的"理解为施事的概率可能有 80%,把(7)里的"相信的"理解为受事的概率恐怕不会到 50%。

② 看《"的"字结构和判断句》。

③ 不过通常认为没有歧义的句子在某种特殊的语言环境里仍然有产生歧义的可能。例如(17)在童话里就有可能指"木头所领有的房子"。

④ N_p 代表表示处所的体词性成分。

⑤ 这是就抽象的句式说的。就具体的句子来说,有的只能理解为 S_1,不能理解为 S_2,例如"在脸上搽粉","在鼻子里点药"。

⑥ 看《"的"字结构和判断句》。

⑦ VP 表示动词性结构。

⑧ 上文举的两种主语后置的主谓句相当于英语里用 it is 起头的所谓分裂句(cleft sentences),例如:

It is the wife that decides.

It was the colonel I was looking for.

关于英语的分裂句,可参看 O. Jespersen《Analytic Syntax》25.4,又 R. Quirk 等《A Grammar of Contemporary English》14.18。

⑨ 我们在《"的"字结构和判断句》里把(a)(b)(c)三种类型的 N 分别称为潜主语、潜宾语和潜间接主语。此外,那篇文章里没有提到(d)类。

⑩ 英语里以动名词(verbal noun)为核心的名词性向心结构跟汉语"V+的+N"的情形有类似之处:

(1) The smile of Mona Lisa

(2) The death of Caesar

(3) The love of God

(4) The shooting of the hunter

名词跟前边的动名词之间存在着隐性语法关系。如果跟动名词相应的原动词是单向的,那么名词只能是施事,如(1)和(2),如果是双向的,那么名词可能是施事,也可能是受事,所以(3)和(4)有歧义。

⑪ 关于"差一点+VP"一类句式的分析参看《说"差一点"》,《中国语文》1959 年第 9 期。

⑫ D 和 B 同形,这个句子如果理解为 B,是可以说的。

参考文献

赵元任《Ambiguity in Chinese》,见《Aspects of Chinese Socio-linguistics》293—308 页。

朱德熙《"的"字结构和判断句》,《中国语文》1978 年第 1 期第 2 期。

朱德熙《与动词"给"相关的句法问题》,《方言》1979 年第 2 期。

朱德熙《说"差一点"》,《中国语文》1959 年第 9 期。

(原载《中国语文》1980 年第 2 期)

汉语框式结构说略

邵敬敏

汉语里有一些比较特殊的结构,比如说:越想越高兴、一说就跳、连校长都不认识、女人就是女人、说走就走、高手里的高手、大写特写,等等。它们不是词,而是一些词的组合;可也不是常规短语组合,换言之,无法用短语组合规则去进行分析;而且也不是句子,尽管有些在一定的语境中也可以成为句子。这类非词、非短语、非句子的特殊结构,在汉语里不仅数量相当多,而且使用的频率还很高,有人称之为"格式"或者"句式",也有人叫作"口语习用语",但是都没有给出一个标准和鉴别方法,显得相当随意。

这类特殊的结构早就引起中国语言学家的重视。《现代汉语八百词》(1980)"现代汉语语法要点"的"句法"部分就提到这类"一般要合用"的格式,例如"越……越""一……就"等,也提到"可以合用也可以单用后一个的",例如"与其……不如""也……也"等。可惜的是那些看法还局限于句子,所以认为这是"几个小句组成大句",而且把句子与结构混在一起讨论。后来在口语研究中,尤其是在对外汉语教学过程中,人们发现这类格式非常有实用价值,就有人专门加以收集整理,最早的当推朱林清、莫彭龄、刘宁生等著的《现代汉语格式初探》(1987),接着是武柏索等四人合编的《现代汉语常用格式例释》(1988),而后又有常玉钟主编的《口语习用语功能词典》(1993),最新的还有刘德联、刘晓雨合编的《汉语口语常用句式例解》(2005)。

对此进行某些理论探讨的首推张拱贵,他在为《现代汉语格式初探》所写的序言"语法格式和语汇格式"(1985)里,对有关理论进行集中探讨,其中不乏精彩观点。而后莫彭龄的"格式研究刍议"(1986)也对此做了进一步的探究,提出了格式的微观和宏观研究、历时和共时研究、种类和层级研究。此外还有常玉钟的《口语习用语略析》(1989)以及笔者的书评《口语与语用研究的结晶》(1994),这些都说明这类语言现象已经开始引起我们的重视,并且做了一些初步的探讨,可惜这些探索都只是就事论事,不够深入,尤其是缺乏理论意识。

一、框式结构的界定

邵敬敏(1994)指出:"在口语交际中,常常有这样一类语句,功能多样,使用广泛,它们的含义往往不能单凭构成成分和语法上的逻辑义推导出来,换句话说,它们在交际中所发挥的作用,实际上是隐藏在表层义后面的深层语用含义。"而且"有的是已经格式化了,即变换成分有固定的位置,有一定的变换规则,这种成分的变换不会导致习用语的特定含义和形式分离。其特点是范围比较宽泛,更加依赖于语境的制约。"

邵敬敏(2008)后来正式提出"框式结构"(frame construction)这一术语,并且进行了界定:"典型的框式结构,指前后有两个不连贯的词语相互照应,相互依存,形成一个框架式结构,具有特殊的语法意义和特定的语用功能,如果去除其中一个(主要是后面一个),该结构便会散架;使用起来,只要往空缺处填装合适的词语就可以了,这比起临时组合的短语结构具有某些特殊的优势。就好比现代化的楼房建造,常常采用的框式结构一样,简便、经济、实用、安全。"

框式结构是借用建筑学的一个术语,所谓框式结构应为四周有边框,边框的中间充填或者安装相应的物体或物品。好比建筑业中广泛存在的框架式结构房屋,日常生活中随处可见的门框、窗框、镜框等。但是即使生活中的框式结构也不一定都是全框的,也可能是半框的(单边框),例如眼镜儿就有全框式、半框式和无框式,甚至于隐性的。

汉语框式结构的特点主要有三点:

第一,它们都由不变成分以及可变成分两部分组成。不变成分构成"框架",起到定位以及标记作用,识别率特别高;可变成分是可供选择、替换的"变项",因此整个框式结构具有一定的生成能力。

第二,具有整体性的特殊语法意义。框式结构的结构意义,不是组合成分语义的简单相加,而往往产生出新的意义,这一新义是该框式结构整体拥有的,是在长期使用中形成的,换言之,不能直接从几个成分语义中推导出来。

第三,跟语境结合紧密,表示特定的语用功能。框式结构在语言交际使用方面具有特殊的功能,往往用来表示某种感情色彩或者特定语气,是普通短语无法承担的。多数带有强烈的口语色彩,为老百姓所喜闻乐见。

事实上,这三个特点也构成了鉴别的标准,第一条是句法形式标准,不变项和可变项必须同时存在;第二条是语义辅助标准,必须有特殊的构式语法意义;第三条是语用参考标准,需要结合特定的语用功能以及感情色彩等。三者是统一的,缺一不可。如果不符合,那就不是框式结构。比如:意思意思、做梦、巴不得呢、把话说清楚、拜托、罢了、包在我身上、本来么、不见得、不像话、不得了、不好意思、不是个东西、不怎么样……这些都不属于框式结构,只能说是"口语习用语",尽管意义也不能由字面推导出来,但是最明显的区别性特点是只能整块儿使用,没有可以替换的变项,因此第一条标准是最重要的。当然,并非每个框式结构都能够充分显示这三个特点,因为它们语法化发展的进程存在着差异,所以事实上不同的框式结构在这些特点上,存在程度上的区别。

二、框式结构的类型

框式结构不是铁板一块,内部实际上也是有所区别的。我们按照它们的结构形式特点可以分为以下四个类型:

1. 双项双框式,也就是单体封闭式。所谓双项是指有两个前后可变项;所谓双框是指不变项也有前项和后项两个,意思是"双边框架",是跟"单框"(单边框架)相对的。这是最典型的框式结构,结构紧凑,例如古代汉语的"为 A 所 B",现代汉语则更丰富,例如"连 A 带 B""又 A 又 B""一 A 不 B""说 A 就 A"等等。还有一种类型,是前后照应式。由半独立的前和后两个框架构成,缺一不可,可变项也有两项,分别出现在前框架和后框架。例如:A 也好,不 A 也好;与其 A,不如 B;宁可 A,也要 B;A 是 A,B 是 B。

2. 单项双框式,也就是插入式的。一个由非连续的前项后项构成的框架内只插入一个可变项,例如:一 A 了之,替 A 说话,拿 A 来说,有没有 A 头,看把 A 说的,对 A 来说,还 A 呢。

3. 双项单框式。框架只有一项,而可变项则为同形的两项,分别在框架的前后。例如:A 就是 A、A 中的 A、A 什么 A。

4. 单项单框式。框架只有一项,而可变项也只有一项,可能在框架项之前,或者之后。例如:都是 A!到底是 A。

其中,前面 1、2 两类都属于"典型框式结构",因为有双项框架,或者双式框架,形式特点清晰,比较容易鉴别;第 3 类虽然只有一个框架,但是由于可变项前后同形,形式标记也比较清楚,可以看作"准典型框式结构";最后第 4 类属于"非典型框式结构",因为不仅框架只有一个,可变项也只有一个,所以不易判别。比如下面列举的四种结构就分属不同情况:

> 到底是 A。(到底是医生、到底是卖药的)
>
> 都是 A。(都是你、都是这要命的药)
>
> AA 看。(走走看、吃吃看)
>
> A 得要命。(红得要命、气得要命)

问题主要在于形式上很难鉴别,都有一个不变项和一个可变项构成。我们判别的办法,就是看该结构是否表示特殊的语法意义或者具有特定的语用功能。比如"到底是 A"构式义显示出一种夸奖、表扬的口气,跟"到底是一堵墙"明显不同;"都是 A"表示的构式义是责怪,跟"(这些)都是她的孩子"形成对立,所以可看作框式结构。而"AA 看",即使去掉"看"也还是表示尝试义,"A 得要命"所表示的程度高是有补语"要命"来承担的,跟结构没有什么关系,所以后两类都不宜看作框式结构。具体到某个结构式,就有可能产生分歧,所以需要我们结合语义和语用以及其他的变式等进行认真的鉴别。

三、不变项与可变项的特点

从框架不变项来看,如果是双项的,它们就有两种可能性:

1. 前后项不同,例如:(一)说(就)跳,(半)咸(不)淡,(说)打(就)打,与其 A,不如 B。

2. 前后项相同,例如:(越)说(越)气,(不)打(不)倒,(半)推(半)就,山(是)山,水(是)水。

从可替换变项来看,如果是双项的,它们也有两种可能性:

1. 前后项是异形的,例如:连 A 也 B,非 A 不 B,管 A 叫 B,从 A 到 B,越 A 越 B,哪有 A 那么 B。

2. 前后项是同形的,例如:想 A 就 A,爱 A 不 A,不 A 白不 A,大 A 特 A,有 A 没 A。

我们重点关注的是可变项。

(一)可变项如果是同形的 A,我们关注的是前后两个 A 是同质还是异质。

在框式结构里,我们常常发现前后两个变项可能是同形的,问题在于它们是否也同质。例如:想吃就吃、想睡就睡;路是路,桥是桥。前项可以标为 A1,后项标为 A2。经过比较,我们发现,它们虽然同形,其实并非同质。

比如"想 A1 就 A2"前后两个"A"在理性意义上确实完全相同。但它们进入该结构框架后,受结构整体意义的影响,在联想意义和交际意义上则有明显差异。

1. A1 具有意愿性,A2 具有可能性。由于谓词"想"的影响以及这个框式结构的制约,A1 临时获得了意愿性。而 A2 则表示对 A1 这一动作意愿相关性的估价,表达的是即将实现的动作行为、变化或状态。

2. 正是由于 A1 的意愿性和 A2 的相关性,二者时间上也具有了相继性和因果性,"想 A1"发生在前,A2 发生在后;先有 A1 种想法,然后有 A2 这种可能的行为或结果。

3. A1 和 A2 都是可控动词,由于"来 1"是意愿性的,无所谓可控不可控,而"来 2"是相关性的,相关的动作和状态就要求是可控制的了,因此在可控性上,A2≥A1。

4. A1 和 A2 扩展后的意义并不一定相同。A1 和 A2 可同时扩展,也可单独扩展 A1,这时,A1 = A2。但是如果单独扩展 A2:想吃就吃饭、想玩就尽情玩……这时,A1 和 A2 就有了细微区别。"吃 1"并不知道吃什么,是无界的;而"吃 2"显示为"吃饭",是有界的。

再如"A1 就是 A2",A1 只是指称义,而 A2 才带有强烈的主观评价色彩意义,不同的说话者、不同的语境都可以导致不同的理解。例如:

(1)此刻,我深深体会到了母亲的舐犊之情,此刻我觉得女人就是女人,不管她多么名声显赫。(1994 年报刊精选)

(2)在刘氏家族中,女人就是女人,女人不是揣在男人口袋里就是挂到男人脖子上。(1994 年报刊精选)

同样一句"女人就是女人",可是在不同人的嘴巴里说出来,意义可能完全不同。"女人 1"是词典里的意义,属于理性意义,而"女人 2",例(1)就可能理解为"慈爱、温柔、善良、体贴";而例(2)就可能理解为"柔弱、无能、无奈、依附",这显然属于联想意义。

(二)可变项如果是异形的 A 和 B,我们关注的 A 和 B 的位序,基本上有两种类型:

1. 固定不变的,这主要受到两个方面因素的制约:

第一,时间、处所、因果等认知因素影响。例如:半新半旧、一早一晚(时间)、一头一尾、一上一下(处所)、越想越气、一说就跳(因果)。

第二,文化、民族、习俗的社会因素影响。因为语言是文化的载体,语言结构必然在一定程度上反映该语言群体的文化民族习俗观念,文化象似性原则主要表现在尊卑,优劣和主次等方面,例如:半男半女、半师半友、半官半民、一正一副、一男一女。

2. 可变的,但即使 A 与 B 的位序是可变的,也存在一定的优选性。例如:"半新半旧"出现的频率远远高于"半旧半新",我们选择几例在百度网上进行搜索,得出的数据如下(检索时间为 2009 年 2 月 26 日):

半信半疑 135 000　　　　半文半白 34 000　　　　半新半旧 18 000　　　　半生半死 29 500
半疑半信 3 960　　　　　半白半文 1 180　　　　　半旧半新 3 130　　　　　半死半生 4 740

不同次序组合结构的数字比例相差悬殊,显然这里有一定的规则在起作用:

1. 首先是"构词顺序原则"。通常 A、B 如果能够组合为一个词语,那么 A、B 的语序基本上就跟原来词语中语素的顺序一样,例如:例如:"没边没沿、没儿没女、一阴一阳、一模一样、一言一行、一搭一档、一针一线、一长一短",其中"边沿、儿女、阴阳、模样、言行、搭档、阵线、长短"本身就是一个双音节词语,所以不能说成"没沿没边"或者"没女没儿"。

2. 其次是"语义轻重原则"。如果 A、B 不能够组合为一个词语,通常就按照 A、B 的动作先后、语义轻重来排序,例如:"没洗没刮"中"洗刮"不成词,就按照一般先洗后刮的顺序组成;"没吃没喝"中"吃喝"不成词,通常是先"吃"后"喝",吃重于喝,所以只说"吃喝"而不说"喝吃"。

3. 但是当"语义轻重原则"跟"构词顺序原则"发生冲突的时候,语义的轻重可能起到主导作用。例如:

(3) 你这竹扇上没画没字,当然卖不出去。(《中华上下五千年》)

(4) 我带的 4 个脑瘫孩子都是福利院的残疾孤儿,他们无亲无故,没名没姓,是国家把他们抚养成人,所以他们都姓"国家"的"国"。(《人民日报》/1994)

"字画""姓名"是正常的组词顺序,但是出现在"没 A 没 B"格式里,恰恰相反。这里就可能是因为画比字更重要,名比姓更有区别性。

四、整体结构功能的变化

框式结构往往言简意赅,形式相对简略,语义比较特殊。可变项又可能属于不同的类别,所以会造成同形异义结构。例如:"一 A 一 B",除了并列(一针一线)、先后(一起一落)两种关系之外,还有比较特殊的"配列"关系,这在句法上表现为"主谓"结构。例如:一人一碗、一枪一个,表示"每一 A,就配有一 B"。

从整体功能来说,通常向心结构的功能应该跟核心成分的功能相同,但是框式结构的功能也有可能发生变化,例如:"一 A 一 B"结构中的 A、B 如为普通名词,则整个结构的功能也相当于名词,比如"一草一木""一菜一汤";如果是方位名词、时间名词,除了名词的指称性,另外还表现为状态性,可以作谓语或状语。例如:

(1) 她们一前一后,从高台两旁的白石扶手上,像打滑梯一样,欢笑着出溜到平地来。(孙犁《风云初记》)(谓语)

(2) 田平原先在科学院开大客车,一早一晚接送上下班人士。(方方《白雾》)(状语)

再如"半 A 半 B"结构,当 A、B 为形容词、区别词时,整体功能相当于一个状态形容词,不受程度副词修饰,可以充当谓语、定语、状语、宾语,以及补语。可是当 A、B 为名词时,"半 A 半 B"整体的句法功能也不再是名词性的,而转为形容词性的,可做补语、定语。例如:

(3) 如果吃的足够多,多年后就变得半人半鬼。(百度百科)(补语)

(4) 他就是这样一个半新半旧、半中半西、有时跋扈、有时柔软的人!(琼瑶《水云间》)(定语)

五、框式结构的正式、变式以及对应式

框式结构在发展过程中,结构形式往往会发生某些变化,出现一些变式或者对应式。比如"一面 A,一面 B",变式就有"A,一面 B""一面 A,B""一面 A,一面 B,一面 C"。不仅如此,还有对应式:"一边 A,一边 B""一方面 A,一方面 B"。

变式跟正式,基本功能应该是一致的,至于对应式则就必然存在某些差异。比如"非 A 不可"是个比较

典型的框式结构,A 是变项,动词或者形容词。该框式结构表示"必欲""必须"以及"必然"三种基本语法意义。例如:

(1)二强嫂的娘家不答应,非打官司不可。(老舍《骆驼祥子》156)(必欲)

(2)小姐,今天的账是非还不可的。(《曹禺选集》256)(必须)

(3)空城计,非乱不可!非乱不可!(《老舍短篇小说集》168)(必然)

这一框式结构在长期使用过程中,可能会产生一些变式,它的变式就是省略了后半截的"非 X"。例如:

(4)半路上他非要拿出来玩,哗哗,就飞了一个。(《曹禺选集》285)

也会出现一些相关的对应式,在语义以及功能上略微有所差异。"非 X 才 Y"就是相关的对应式,它只能表示"必须",没有"必欲"和"必然"意。例如:

(5)您看您非得有捧角儿的才挣的多呢。(1982 年北京话调查资料)

有些框式结构似乎可以出现三项,例如"你是你,我是我,他是他""吃也好,睡也好,玩也好",我们都看作是一种扩展变式,在本质上跟正式没有区别,也没有必要另列一类。

六、框式结构的语义分析

在历史发展过程中,框式结构的语法意义,通常遵循着一个基本的发展轨迹:从具体到抽象,从一般义到特殊义,从表层义道深层义。比如"往 A 里 B"结构:

1. 空间位移。X 是名词 N,则构成"往 N 里 V",则表示空间的位移。例如:

(1)它的根往土里钻,它的芽往上面挺……

2. 主观增量。如果 X 是形容词 A,则构成"往 A 里 V",表示希望 N 的性质比当前的状况变得更"A",这是"性质增量"。例如:

(2)这扇门太大,得往小里改一改。("小"指向"这扇门",可说"这扇门很小")

3. 偏值评价。当 V 为 Vc 时,则构成"往 A 里 V",表示偏值评价,主观性比主观增量更强。例如:

(3)瑞丰太太,往好里说,是长得很富态;往坏里说呢,干脆是一块肉。

可见概框式结构语义演化的轨迹是:空间位移→主观增量→偏值评价。

我们最为关心的是框式结构的语义变化,主要是语义增值。框式结构的结构义,不等于其个部分成分语义之和。换言之,框式结构的结构义是结构整体拥有的,是语义增值的结果。

比如"没 A 没 B"的语义不等于"没 A"加上"没 B"。换言之,不是简单的并列关系,不是一般的双重否定,而是格式赋予它新的含义,起到强调凸显的作用,显示了说话人的主观意图,语义发生了增值。但是语义增值的情况各不相同。

1. A、B 属于同义或近义关系。

同义或近义关系的 AB 常常还是一个词语,构成的"没 A 没 B"格式凸显其程度特别高。例如:

(4)停车场里是露天的,没遮没拦,有一段很长的日照时间。(《人民日报》1994 第 3 季度)

"没遮拦"只是客观陈述而已,"没遮没拦"着重强调"没有遮拦"的程度高,带有强烈的主观性,属于"加合否定"。

2. A、B 属于反义关系。

A 和 B 是名词,实际上不是否定 A 和 B 本身,而是表示不分 AB,言外之意是违背常规,有悖常理,显示一种异常的情况。例如:

(5)我们做生意买卖的人,说句老实话,也是不容易的,整天跑来跑去,没早没晚的;到了下午,精神就差劲了,每天这辰光总要喝杯咖啡提提神。(周而复《上海的早晨》)

"没早没晚"并不是说真的没有早上和晚上,实际上表示的是"不分早晚",言下之意就是违背常理,连续作战。这可以叫作"派生否定"。

3. A、B 为反义形容词。

反义的"没 A 没 B"表示应该区别 A 或 B 而没有能够区别,暗含责怪义。例如:

（6）他认为，国有企业之所以搞不好，就在于没大没小、没老没少。（《人民日报》/1996）

"没大没小、没老没少"从字面上看是既没有大也没有小，既没有老也没有少的意思，可是实际上是说，该大的时候没大，该小的时候没小，这叫作"深层否定"。可见语义增值是构成框式结构的必不可少的条件。

七、框式结构的语用特色

框式结构在语言交际使用过程中，往往显示出独特的语用特色。主要是：

（一）语义偏移的贬义倾向

大部分的框式结构应该说是无所谓感情色彩的，也就是说，没有褒贬倾向。但是我们也发现了部分框式结构具有比较明显的贬义倾向。比如：睡什么睡、还大学生呢！你才低级呢！再看一个责怪性的框式结构"都是 A"：

（1）都是那该死的处女情结！（《时尚女报》第 33 期 2009 - 5 - 11）

（2）她忽然懊恼地说："都是你！都是你！"

　　"怎么怪我？"（琼瑶《月朦胧鸟朦胧》）

（3）甲：小王他爸妈离婚了。

　　乙：都是他那能干的爸爸！

例（1）中"那该死的处女情结"字面意义是贬义的；例（2）中"你"是中性的，无所谓褒贬；例（3）"他那能干的爸爸"其字面意义是褒义的。但是三句的语义倾向都是贬义的。可见，"都是＋NP"的贬义倾向与 NP 的褒贬感情色彩无关，应该是"都是 NP"格式所造成的。

造成这样的语义偏移，必须从语言本身和语言使用两个方面去寻找原因。首先，"都是＋NP"格式中大部分"NP"具有贬义性。或者直接用贬义词语，如"王八蛋""家伙""流氓"；或用贬义修饰语，如"该死的家伙""鬼天气""死小王"；或用贬义性量词，如"那种人""那号姨婆"。或用指责性的代词"这""那"。正是由于贬义 NP 的不断渗透和影响，其消极义也就逐渐融化并潜存在格式中了。

其次是实际使用中消极语境与积极语境的使用频率存在着不均衡性。根据《水浒传》《金瓶梅》和《红楼梦》（前 80 回）的统计，结果如下表：

	消极语境	积极语境	消极语境所占百分比
水浒传	8	1	88.8%
金瓶梅	11	0	100%
红楼梦	40	0	100%
合　计	59	1	98.3%

显然，"都是"用于导出某一事件结果的成因时，与消极语境的共现频率占有绝对的优势。可见"都是＋NP"责怪义标记格式的形成与消极语境的使用频率有着极为密切的关系。

必须指出的是，贬义只是一种倾向而已，并非必然。事实是，还有的语义倾向是褒义的，例如"就数他（你/我）A"这一框式结构，我们核根据北京大学 CCL 语料库的统计，褒义占压倒优势（即使不是褒义，也是表示同类中属于顶级的）：

	总　数	褒　义	中　性	贬　义
就数他 A	11	9	1	1
就数我 A	6	5	0	1
就数你 A	11	5	4	2
合　计	28	19	5	4

（二）话语策略和技巧

框式结构还常常具有特别的语用效果，在修辞上显示自己的特色。比如假性策略性判断"不是 A 而是 B"（我卖的不是面条，是文化）跟非真值判断完全不同（我卖的不是面条，是饺子）。这大致有六种类型：

递进性：通过否定低程度 A，凸显高程度 B。例如：

（4）周迅甜蜜地宣称："大齐不是好，而是很好。"（百度）

关系性：通过否定关系 A，凸显关系 B。例如：

（5）她不是要嫁给他，而是要嫁给他的地位。（老舍《四世同堂》）

本质性：通过否定现象 A，凸显本质 B。例如：

（6）"三加四"不是数字加数字，而是优势加优势。（1994 年报刊精选/01）

提升性：通过否定指代 A，凸显提升 B。例如：

（7）你陷害的不是我，是我们整个儿的中国啊！（郭沫若《屈原》）

比喻性：通过否定 A，凸显比喻 B。例如：

（8）家里的不是个老婆，而是个吸人血的妖精！（老舍《骆驼祥子》）

象征性：通过否定 A，凸显象征 B。例如：

（9）昭君墓也不是一个坟墓，而是一座民族友好的历史纪念塔。（新华社 2004 年新闻稿）

假性策略性判断类型的"不是 A，而是 B"具有特殊的语用效果。逻辑上看似矛盾，但语用上比较和谐。这不仅体现了语言运用的策略性，而且还透露着说话者的主观化情感，通过制造"话语陷阱"，获得幽默性效果；进行"话语智辩"，达到主观化目的；运用"话语策略"，表现"主观化"情感；凸显"话语焦点"，获得对比性效果。

八、框式结构的主观性与可接受度

主观性是框式结构比较重要的特点。例如：爱说不说、想看就看、吃就吃吧、核心中核心、都八点了、睡什么睡、还大学生呢！你才 A 呢！

这些框式结构无不显示强烈的主观色彩，正因为如此，所以在插入可替换的变项时，就有一个可接受度的问题。比如"连 A 也/都 B"，在肯定式里，(B-A)的可能性越是小，该框式结构的接受度就越高；反之，可接受度就越小。例如：

（1）？他连小孩子也/都敢得罪。

（2）他连长辈也/都敢得罪。

显然，(2)比(1)的可接受度大。因为"得罪""小孩子"应该是轻而易举的，而"得罪""长辈"则大为不恭，是不允许的。同样，"他连 100 分也/都考到了"以及"他连一条鲸鱼都钓到了"都是可以接受的。但是"他连 1 分也/都考到了"以及"他连一只小虾都钓到了"则不大能够接受。

在否定式中，则恰好相反，得罪（小孩子/长辈）的可能性越是大，该框式结构的可接受度就越高；反之，可接受度就越小。例如：

（3）他连小孩子也/都不敢得罪。

（4）？他连长辈也/都不敢得罪。

两句相比，显然，(3)比(4)的可接受度高得多。因为"得罪""小孩子"应该是轻而易举的，而"得罪""长辈"则大为不恭，是不允许的。同样，"他连 1 分也/都没有考到"以及"他连一只小虾都没有钓到"都可以接受，但是"他连 100 分也/都没有考到"以及"他连一条鲸鱼都没有钓到"则是不大能接受的。可见，框式结构的可变项，不仅要满足句法的、语义的需求，还要满足交际认知的需求。

九、框式结构的语法化进程

框式结构，在历史上都有一个长期发展的过程，也可以叫作语法化或者构式化的进程。开始时它只是一个临时性的短语组合,由于长期搭配使用,变成了半固定词组,这是介于固定词组与临时组合之间的一种结构。比如:"连 A 都/也 B"这样的框式结构,汉语学界普遍认为形成于明代。我们对《水浒》《喻世明言》和《金瓶梅》这三部明代小说进行了封闭式的统计和考察,发现这一结构当时还处于萌芽和发展状态。

1. "连"还是个动词,"连"携带名词时所显示的"连带"或"加上"意义还比较明显。例如:

(1) 连那高阜及城垣上,一总所存军民,仅千余人。(《水浒》)

(2) 连轿子钱就是四钱银子,买红梭儿米买一石七八斗,够你家鸭子和你一家大小吃一个月。(《金瓶梅》)

2. "连"的宾语 N2 只是附带物,所以上下文中往往另外有一个主体物 N1 存在。例如:

(3) 这箱儿(N1)连锁(N2)(也/都)放在这里,权烦大娘收拾。(《喻世明言》)

(4) 西门庆要把孩子(N1)连枕席被褥(N2)(也/都)抬出去那里挺放。(《金瓶梅》)

3. 出现了跟"连"呼应的"也"或"都",这可以看作"连 A 也 B"框式结构产生的萌芽。例如:

(5) 他(N1)明日下来时,须不好看,连我们(N2)也无面目。(《水浒》)

(6) 西门庆早令手下,把两张桌席(N1)连金银器(N2),已都装在食盒内,共有二十抬,叫下人夫伺候。(《金瓶梅》)

由于这一框式结构还处于成型过程之中,所以,成分的位置不那么固定,常常可以互换。这样,就出现若干变式,并且呈现出若干很有趣的特点。例如:

1. "连 B"跟 VP 的关系比较松散,主语可出现在"连 B"之后,VP 之前。例如:

(7) 连这篾丝箱儿,老身也不拿去了,省得路上泥滑滑的不好走。(《喻世明言》)

(8) 你空做子弟一场,连"惜玉怜香"四个字你还不晓的。(《金瓶梅》)

2. VP 之前,既有不出现"也/都"的格式,也有出现"也/都"的格式。例如:

(9) 我若再守你七年,连我这骨头不知饿死于何地了。(《喻世明言》)

(10) 说罢,两人又哭做一团,连吴知县也堕泪不止。(《喻世明言》)

3. 跟"连"照应的副词,除"也"与"都",还有其他的副词"只""一事""还""尚且"等,最多的是"共"与"通共",说明与"连"照应的副词还没有定型,例如:

(11) 摆了两副杯箸,两碗腊鸡,两碗腊肉,两碗鲜鱼,连果碟素菜,共一十六个碗。(《喻世明言》)

(12) 你看,连这外边两架铜锣铜鼓,带铛铛儿,通共用了三十两银子。(《金瓶梅》)

4. 副词"都"表示"总括","也"表示"类同",但是该格式框式化以后,这个以前在句中必须出现的照应项可以不出现了,"都"与"也"的语义要求就没有了着落,这就导致了副词语义的虚化。标志之一是副词读为轻声,而且韵母常常脱落。标志之二是这两个副词在单用时常常不能互换,即使可以互换,语义也明显不同,但是一旦进入该框式结构,两者几乎可以任意互换而几乎觉察不到语义上的差别。可见,"也/都"的语义不但虚化,而且趋同,只是表示一种共同的"提示"功能,即提示隐含的照应项,这个照应项,可能在上下文里存在,也可能只是在说话人的认知中存在。

十、框式结构研究与构式语法理论

近些年来,国外的构式语法理论崛起,汉语语法研究也得到一定的启迪,在这里我们无意对这一理论进行全面的评价,只是想指出,该理论其最重要的观点就是认为构式具有独立的语法意义,这是由构成成分无法推导出来的。陆俭明(2004,2008)等运用这一理论对汉语的句式,比如存在句做出了合理的解释。其实,我们发现这一理论也适用于框式结构的分析。因为框式结构,具有特定的形式标记,又有自己特殊的框式意义。

但是我们在研究过程中,也发现一些情况并不能够用现有的构式语法理论来分析或解释。

1. 框式结构的鉴定问题。我们必须认识到:框式结构语法化的进程是不平衡的,有的已经发展得比较成熟了,有的框式结构还刚刚起步,还有的除了正式,还有变式或对应式。有的只有特殊的框式义,有的还保留有原始结构义。即使在某个框式结构内部发展也是不均衡的,有的框式结构由于高频长期使用,就固化为固定短语,比如某些成语、谚语,它们虽然具有格式义,但是实际上不存在可替换项,例如"欺上瞒下""南辕北辙"。这跟我们这里所说的框式结构,例如"奔二奔下""天南海北",如何加以有效的区别,也是需要解决的问题。换言之,形式标准、语义标准以及语用标准都必须起作用,但是轻重、次序都需要探索。

2. 构式语法理论比较适合于解释成型的框式结构,然而对框式结构的原式和变式,由于该构式还在形成或者演变,这种特殊语法意义还没有真正凝聚,所以难以解释。例如:

(1) 何况,彼此都在共同生活中有了一点进步,他日益增进了责任心,紧要时候,也可朴素地制作一菜一汤。(王安忆《关于家务》)

(2) 三人一坐一站,另一个斜倚着身子,一时石室中只有杨过呼呼喘气之声。(金庸《神雕侠侣》)

上例的"一 A 一 B"就只是表示"一 A"加上"一 B",没有"一草一木""一唱一和"这样的框式意义。

3. 国外的语法学理论常常有一个毛病,就是总觉得自己的理论可以包医百病,希望解释所有的语法事实。可惜的是,这一愿望往往是要碰壁的。我们认为,一种新的理论提出,通常只能解决局部的问题,在这方面可能是强项,在那方面就可能是弱项,甚至于完全无能为力。同样构式语法理论也不是万能的,它在解释结构式、句式整体语法意义方面有独到之处,但是离不开其他语法研究的理论。比如:"A 到 O"框式结构(红到耳根)的语法意义是反映了人们认知上的"终点模式"。具体来说,可以有五种模式:1. 具体处所终点;2. 抽象处所终点;3. 时间终点;4. 度量终点;5. 程度终点。但是并非所有的 A(形容词)都可以构成这五类的。例如状态形容词由于本身具有量的规定性而无法量化,只可以度化,即要求 O 只能是极性程度词语,比如"雪白到几乎透明"。这就涉及形容词的分类及其语义内涵。可见,构式语法理论需要其他理论予以补充或强化。

现代汉语的框式结构极为丰富多彩,对此全面而细致的研究,必将有助于加深对构式语法理论的探索;而且在对外汉语教学方面,也可以从简单的词典式的释义上升为系列性规律性的探讨,所以对汉语框式结构的研究大有可为。

参考文献

常玉钟 1989 口语习用语略析,《语言教学与研究》第 2 期。

常玉钟主编 1993《口语习用语功能词典》,北京语言学院出版社。

刘德联、刘晓雨合编 2005《汉语口语常用句式例解》,北京大学出版社。

陆俭明 2004 "句式语法"理论与汉语研究,《中国语文》第 5 期。

陆俭明 2008 构式语法理论的价值与局限,《南京师范大学学报》第 1 期。

吕叔湘主编 1980《现代汉语八百词》,商务印书馆。

莫彭龄 1986 格式研究刍议,《常州工学院院报学术论文集》。

邵敬敏 1986 同语式探讨,《语文研究》第 1 期。

邵敬敏 1988 "非 X 不 Y"及其变式,《中国语文天地》第 1 期。

邵敬敏 1994 口语与语用研究的结晶,《世界汉语教学》第 2 期。

邵敬敏、王伟丽 2000 "一面 p,一面 q"的语义类型及相关句式,《语言教学与研究》第 3 期。

邵敬敏 2008 "连 A 也/都 B"框式结构的争议及其框式化进程,《语言科学》第 4 期。

邵敬敏、丁倩 2009 说框式结构"想 x 就 x",《暨南大学华文学院学报》第 3 期。

武柏索、许维翰、陶宗侃、阎淑卿合编 1988《现代汉语常用格式例释》,商务印书馆。

张拱贵 1985 语法格式和语汇格式,《汉语学习》第 5 期。

郑娟曼、邵敬敏 2009 试论"责怪"义标记格式"都是+NP",《汉语学习》第 5 期。

朱林清、莫彭龄、刘宁生等 1987《现代汉语格式初探》,天津人民出版社。

Croft, W. 1990 *Typology and Universals*. Cambridge:Cambridge University Press.

Croft, W. 2005 *Radical Construction Grammar*. Cambridge:CUP.

Fillmore, C., P. Kay & M. O Connor. 1998. Regularity and idiomaticity in grammatical constructions:The case of let alone. *Language* 64：501 – 538.

Goldberg，A. E. 2003 *Construction: A new theoretical App roach to language.*《外国语》第 3 期。

Goldberg，A. E. 1995. *A Construction Grammar Approach to Argument Structure.* Chicago：The University of Chicago Press.

Kay P. & Fillmore，C. J. 1999 Grammatical constructions linguistic generalizations：the What's X doing construction. *Language* 75：1 – 33.

Langacker，R. 1991. Foundations of Cognitive Grammar — Vol. Ⅱ , Descriptive Application. Stanford：Stanford University Press.

Traugott，E. & R. Dasher 2002 *Regularity in semantic change.* Cambridge：Cambridge University Press.

（原载《中国语文》2011 年第 3 期）

（六）语用

语用分析说略

范开泰

语法分析涉及句法、语义、语用三个平面。句法平面研究语法结构中语言符号之间的组合,即结构元、结构层次、结构关系、结构功能等等。语义平面研究语言符号与它的所指之间的关系,即义素、义素的组合,结构元之间的施事、受事之类的及物性关系,以及时间、地点、方式、情状之类的非及物性关系等等。语用平面则研究语言符号与它的使用者及使用环境之间的关系。

对语言交际过程进行语用分析的结果,是语言的语用意义。语用意义只有在交际中才能表现出来。因此,语用分析包括话语结构分析——说话人如何选择谈话的出发点(话题),如何围绕话题来构成话语;交际过程中的心理结构分析——说话人如何选择话语的焦点,以突出交际的兴趣中心;交际过程中的信息结构分析——说话人如何安排从已知信息到新信息的传达方式;语气情态分析——说话人如何选用适当的语气、口气来表达自己对说话内容的态度、情感以及对听话人的态度、情感,还包括在一定的环境(谈话环境和社会环境)下所产生的言外之意的分析。

一

人们运用语言进行交际的结果产生了一个个话语片段。一篇文章、一段文章,一次谈话、一段谈话都是一个话语片段。每篇文章、每次讲话,总有一个中心。整篇文章、整个讲话都要围绕这个中心展开。从交际的角度分析,这种话语片段的中心叫作话语话题(discourse topic)。

每一个话语片段都是由更小的话语单位构成的。最小的话语单位就是句子。一个话语片段的话语结构,可以是时间顺序式的,也可以是事理顺序式的(包括问答式、对比式、推理式等等)。形式上,可以由相同的词语来接应,例如:

发展生产力是社会主义阶段最根本的任务。改革的目的也在于发展生产力,改善人民的物质文化生活。(《红旗》,1985 年第 2 期第 31 页)

也可以由起关联作用的词语来接应,例如:

人才问题,别的不说了,今天就讲两点。第一,能不能每年给知识分子解决一点问题,要切切实实解决,要真见效。第二,要创造一种环境,使拔尖人才能够脱颖而出。改革就是要创造这种环境。(《人民日报》,1985 年 3 月 8 日)

还可以由话题链(topic chain)来接应。话题链的组成可以是串珠式的,组成这一话语片段的句子都有相同的结构话题(structure topic)。结构话题是句子的话题,是一句话的出发点。这些相同的结构话题可以重复出现,例如:

毛竹年年长,为的是向敌人示威:井冈山是压不倒、烧不光的。毛竹年年绿,为的是等待亲人,等待当年用竹筒盛水蒸饭、用竹钉竹枪打白匪的红军,等待自己的英雄子弟。(袁鹰散文选,98 页)

也可以用指代词复指,例如:

华罗庚同志尽一切可能扶持年轻一代成长。他十分注意发现优秀人才。他是新中国在中学生中开展数学竞赛的创始人、组织者。(《人民日报》,1985 年 6 月 22 日)

复指的话题还可以省略,我们称之为零形式复指,例如:

　　　社会主义的人道主义和资产阶级的人道主义有区别,或者说有本质区别。但是(　　　)也有联系,有继承性。(《人民日报》,1984 年 12 月 7 日)

话题链的组成还可以是鱼鳞式的,后面句子的话题与前面句子的话题不同,但前面句子里的其他词语成了后面句子的话题。例如:

　　　现代化建设是一项巨大的系统工程。而系统工程又是同新技术革命共生的一门关于组织领导的技术科学。(《红旗》,1985 年第 2 期第 31 页)

　　目前讨论得很多的一个问题是结构话题(以下简称话题),特别是话题与主语的关系。我们常常听到这么一种说法:主语是陈述的对象,谓语则是对主语的陈述。实际上这是一个语用定义。陈述的对象,就是话题(topic),对话题的陈述,则是说明(comment)。印欧语有形态变化,主语可以从形态变化,如"格变"、动词的"语态"以及主语与谓语动词(定式动词或第一个定式助动词)之间的身、数等的一致关系上来辨认。句法上的主语和语用上的话题有时是一致的,如:I have read the book.这里的 I 在句法上是主语,在语用上是话题,是全句的陈述对象。主语和话题有时不一致,如:The book I have read.句法上的主语仍是 I,而话题却是 The book 了。传统语法把句子的主语定义为陈述的对象,这个定义之所以"没有实用的价值""空洞而不切实用"[①],正是因为它把句法平面上的主语和语用平面上的话题混为一谈了。那么汉语没有形式上的标志来表示哪是主语,能不能说句法上的主语和语用上的话题总是一致的呢?赵元任先生就是这样主张的。他认为:"在汉语里,把主语、谓语当作话题和说明来看待,比较合适。"[②]换句话说,汉语里只有话题,没有严格意义上的句法主语,话题就是主语。有的语法学家不同意这个看法,认为汉语的主语虽然没有形式上的标志,但仍有一种选择性关系。例如:

　　　我读过这本书了。　　我这本书读过了。　　这本书我读过了。

这里话题有了变化,而"我"—"读"—"这本书"之间的选择性关系却没有改变,即"读"总是与一个表人的名词构成施事—动作关系,又总是与一个表示由文字、符号或图像来传达信息的物体(如书、X 光片)的名词构成动作—受事关系。又如:

　　　我猪喂过了。　　猪我喂过了。

不管是"我"在话题位置上,还是"猪"在话题位置上,总是表示"我"—"喂"—"猪"这个意思,这是因为"我""猪"与谓语动词"喂"之间的选择关系并没有变。这种选择关系实际上是一种及物性关系。以这种及物性关系来定出的主语是一种"语义主语"。在主语问题上,印欧语可以把句法主语(标记是"主格"等等)、语义主语(宽泛意义上的"施事")和语用主语(话题)三分而鼎立,而对汉语的分析却往往不归于杨,则归于墨,或者是语用主语——主要标准是语序,或者是语义主语——主要标准是施受关系。吕叔湘先生在《从主语、宾语的分别谈国语句子的分析》一文中就对此作过精辟的分析。值得指出的是,至今仍未见到有单独的句法标准的主语定义和分析法出现。

　　在一般情况下,辨别话题的依据主要是语序,话题总是出现在句首,话题的后面是说明。这里有一个鉴别的标准:在话题部分和说明部分之间,可以出现一个较大的语音停顿,或插入一个句中语气词"啊""呀""呐""嘛""吧"等等,如:"这个人啊,一定是个好人。""他自己的小孩呐,也不大听他的话。"[③]这样的例子都是名词语直接用在句子头上作话题,这种话题可称为无标记话题。值得注意的是,连最绝对地依语序来定主语的人,也不得不承认"说什么呀,你!"是主语倒装。赵元任先生的《汉语口语语法》里举的例子是:"进来吧,你!""要睡了,我。""可笑极了,这个人!"[④]赵先生这里讲的是主语,所以可以有"倒装",如讲"话题"就不行了。因此,我们可以说无标记话题严格遵循"话题——说明"的语序,而主语一般在谓语前面,有时可以倒装。

　　介词结构出现在句子头上,也可看作话题。例如:

　　　在北京他住了十五年。

　　　在这十五年里,他上完了小学、中学。

"在北京""在十五年里"这种话题是有标记话题,"关于"经常出现在句子头上,"至于"则总是出现在句子头上,简直就是话题的专用标记了。赵元任先生把这种有标记话题也看成主语,这和他的定义是一致的,但不能被绝大多数语法学家所接受。反对的意见大多认为只有与谓语动词有施事、受事之类及物性关系的词语才能作主语,而在句子中与谓语动词只发生时间、地点、方式、情状之类非及物性关系的就不是主语。这样,"在北京他住了十五年"的主语是"他"。那么"北京他住了十五年"呢?按赵先生的"话题即主语"的标准,"北京"当然是主语,"他住了十五年"是主谓谓语。持及物性关系标准的语法学家却不愿这么看,这句话里的"北京"在语义上等于"在北京",是表示"住"的地点的,显示了"时地性",只能是状语,不能是主语。只有在"北京是中国的首都"和"北京很漂亮"这类句子里,"北京"显示了"事物性",才是主语。我们认为,在确定汉语动词谓语句的主语时,考虑到句法上是否出现介词和语义上有无及物性关系,较为妥当。比较下面这几个例子:

(1) 这件事,我知道。

(2) 关于这件事,我知道。

(3) 这件事,我没意见。

(4) 对这件事,我没意见。

(5) 关于这件事,我没意见。

这几句的头上部分,从语用上分析都是话题。(1)(3)是无标记话题,(2)(4)(5)是有标记话题。(1)里的"这件事"与谓语动词有及物性关系,可以有"我知道这件事"的变换式,是主语。(3)里的"这件事"与谓语动词有非及物性关系,没有"我没意见这件事"的变换式,只能变换为"我对这件事没意见",因此不是主语。(4)(5)里的及物性关系与(3)相同,又带上了介词,更明显不是主语。(2)的情况复杂一些,从及物性关系看与(1)相同,但它带了一个介词"关于",我们不把它看成主语。单从语用来分析,把话题和主语合而为一,实质上会取消句法和语义的分析。在句法和语义分析的同时,也考虑语用的分析,是不是一个更为可取的方法,值得我们深入探讨。

带有关联词语的条件、转折、原因、时间、处所等副词性小句,当出现在句子头上时,赵元任先生也把它们看成主语。赵先生的分析是:"由于(a)这些小句通常跟着一个与主语之后的相同的停顿或停顿助词,(b)它们出现在句子的头上,除非是作为追补的话,(c)所谓从属连词总是能够搁在主语之后,修饰动词,(d)复杂句逐渐混同于复合句或有复杂谓语的单句——由于这种种理由,我们主张把从属小句当作主语,把主要小句当作谓语。"⑤其中(a)(b)两项是把它们看作话题的理由,(c)(d)两项是把它们看作主语的理由。按照及物性关系的分析,副词性小句不能看作主语;而且尽管语法学家们对复句(即赵先生所谓复合句)和单句(包括赵先生所谓复杂句和有复杂谓语的单句)的区别标准有不同意见,但大多是承认二者有区别的。因此,赵先生这个意见,也没有被其他语法学家采纳。至于赵先生的(a)(b)两项,则是话题的标准。那么,能不能把副词性小句看成话题呢?应该说是可以的,但不是结构话题,而是话语话题,例如:

你不去的话,我也不去。小王当然也不会去的。可是小李呢,倒可能会去了。

这里,"你不去"这个假定的条件,会引出后面一系列的结果,"你不去的话"是这一话语片段的"话语话题"。最近有许多中学生用这样的题目作文或进行演讲:"假如我是××市长……""假如我是××校长……"这里的题目就是整篇文章、整个演讲的话语话题。

<h1 style="text-align:center">二</h1>

话题选定以后,说话人还可以自由地决定交际内容的重点。表达交际内容重点的主要手段是重音和语序。

心理重音可以表达交际内容的重点。心理重音包括赵元任先生所说的对比重音(即逻辑重音)和感情重音。赵先生描写说:"前者表现为音长加长,音高的域加大,而音强增加不多,或者无增加。后者表现为音强增加,常常是突然增加,有时候伴以音高的升高,但是音长和音高的域没有什么扩大。"⑥可以补充的一点是,带有心理重音的词语与前面词语之间的间歇可以长一些,有时甚至形成一个小小的停顿;心理重音在音长、音高、音强等方面变化的幅度都比语法重音大得多。一句话里有了心理重音以后,语法重音就不明显了,甚至可以说被"掩盖"了。心理重音表示交际上的兴趣中心,语用上称为"焦点"(focus)。

　　心理重音出现的位置很自由,有时一个句子里可以不止一个词语带上心理重音。心理重音一般出现在具有词汇意义的实词上,例如"小王昨天在学校里买了一本新词典",对比重音和感情重音可以分别落在"小王""昨天""学校""买""一本""新""词典"等词语上,有时只有结构意义的虚词也可以带上重音,如"我看过这本书"(不是看完了这本书)。"小王看到过熊猫"这句话可以理解成"是小王,而不是我,不是你,也不是别的人看到过熊猫"。这里就有一个"不是我,不是你,也不是别的人看到过熊猫"的隐含义。这种隐含义是一种语用含义。

　　还有另一种分析法。按照现代逻辑的语义描写,"小王看到过熊猫"可以表述为:∃x(x 看到过熊猫)(x=小王),即"有一个 x。这个 x 看到过熊猫。这个 x 就是小王。""小王看到过熊猫"可以表述为:∃y(小王看到过 y)(y=熊猫),即"有一个 y。小王看到过 y。这个 y 就是熊猫。""小王看到过熊猫"可以表述为∃x∃y(x 看到过 y)(x=小王)(y=熊猫),即"有一个 x。有一个 y。这个 x 看到过 y。这个 x 就是小王。这个 y 就是熊猫。"乔姆斯基认为"焦点是包括语调中心的短语,预设(presupposition)是用一个可变成分来代替焦点成分的。"[⑦]焦点是由心理重音(他称为"语调中心")来表示的,预设则是用一个焦点的上位概念来替代焦点以后得出的一个命题。如"小王看到过熊猫"里"小王"是焦点,"有一个人看到过熊猫"则是它的预设。这种分析与上述现代逻辑的分析显然是一致的。按照这种分析方法,心理结构就是焦点——预设结构,焦点表示了说话人在一句话中要强调的交际内容的重点,预设则提供了焦点存在的背景知识。焦点是在话语中直接表示出来的,而预设则是一种隐含的意义,是一种语用含义。作为预设的语用含义是随着焦点的变化而变化的。例如:

例　句	焦　点	预　设
(6) 小王昨天在学校里买到了一本英汉词典	词典	小王昨天在学校里买到了一本英汉对照的书
(7) 小王昨天在学校里买到了一本英汉词典	英汉词典	小王昨天在学校里买到了一本书
(8) 小王昨天在学校里买到了一本英汉词典	一本英汉词典	小王昨天在学校里买到了东西

可以看出,焦点的范围大,预设所提供的背景信息就少;焦点的范围小,预设所提供的背景信息就多。

　　上面分析的是与句子的焦点相应的"预设义"。汉语里还有一个非常值得注意的现象。句末的"了",除了表示"叙述语气"外,还能表示"这是一个新的情况"的意思。例如"小王上了大学",在说这句话时,他已经上了大学;而"小王上大学了",则除了上述基本义外,还有一层"事态有了变化,以前小王没有上大学"的意思。这也是一种预设义,这种预设义是由句末的"了"来体现的。有趣的是,在口语里,这个句末的"了"总是念轻音的。这种轻音"了"与前面非轻音部分的对立跟非重音部分与心理重音的对立很相似,能不能把它们看成同一类现象呢? 句末"了"表示"事态有了变化"的预设义是不是也属于心理结构中的焦点——预设结构的一种特殊的情况呢? 这些尚有待于进一步探讨。

　　汉语的语序也可以表达交际内容的重点。一般地说,这个重点在句子的后面部分,尤其是动词后面的部分。例如:

　　(9) 他在马路上飞快地跑。　　　　　　(10) 他在马路上跑得飞快。

(10)把"飞快"放在动词的后面作补语,与(9)相比,更强调了"飞快"这一个意思。又如:

　　(11) 他修了半天电视机。　　　　　　(12) 他修电视机修了半天。

(12)用重复动词的办法,把时量补语"半天"移到句末,放在更显著的位置上,与(11)相比,更强调了"花了半天"的意思。因此,要强调"时间花了很多,效果却不大"时,一般就说:

　　(13) 他修电视机修了半天,还没有修好。

又如:

　　(14) 他修好了电视机。　　　　　　(15) 他把电视机修好了。

(15)用介词"把"把原来的宾语提到动词前,使动词的补语处在句末,作为表达上的重点。这些语序的变动是和语用相联系的。

<h1 style="text-align:center">三</h1>

　　人们用语言进行交际的过程,也就是信息传递的过程,因此,一个话语片段,也可以从信息结构的角度来

分析。构成信息结构的信息单位,可以分成已知信息和新信息两大类。已知信息是指已由环境或前面的话语提供了的信息,新信息是指不能从环境或前面的话语预测的信息。在正常情况下,交际总是从已知信息出发,然后引入新信息的,因此,"已知——新"就是常见的一种信息结构模式。

信息结构与话语结构有密切的关系。一句话的话题一般是已知信息,说明一般是新信息。例如,说话人要表达"他来了"这个意思,如果听话人不知道这个"他"指的是谁,这句话就不能起传递信息的作用;如果听话人知道"他"指的是谁,这句话就能起到交际作用,告诉听话人关于"他"的一个新信息——"来了"。如果说话人认为听话人已知道"来了一个人",他要告诉听话人的新信息是"他",那么,一般就会说"来的人是他"。

但是信息结构与话语结构并不是全面对应的。"来的人是他"这个意思,由于话语结构的需要,比如要构成一组对比性的话题,也可以说成"他来了,他的弟弟没来"。"他"尽管是在话题位置上,但带了对比重音,作焦点,就可以表示一种对比性的新信息。

信息结构与心理结构也有密切的关系。已知信息一般不能成为交际的兴趣中心,因此,焦点一般不是已知信息,预设才是已知信息。

信息结构与心理结构也不是全面对应的。焦点总是表新信息,新的信息却不一定都是焦点。例如,A:你喜欢哪篇文章呢? B:我喜欢哪篇文章吗? B说的话是一个回声问,其中"我喜欢哪篇文章"是前面话语内容的重现,因此是已知信息,"……吗?"表示询问,是新信息,但不是焦点。又如,汉语里可以用"是"来表示强调。表示强调的"是"有两种读法,一种是轻读,一种是重读。两种"是"有不同的表达功能:

(16)小王昨天在学校里是买到了一本新词典。

(17)小王昨天在学校里是买到了一本新词典。

(16)里是轻读的"是",从心理结构的角度分析,它的位置总在焦点前,可以看作"焦点"的一种辅助标记。从信息结构的角度分析,这个"是"标示它后面的词语是新信息。在这种句子里,仍是由带心理重音的焦点表达新信息。另一句情况就不同了。(17)里是重读的"是",它表明,整个句子"小王昨天在学校里买到了一本新词典"是前面话语中已经提供的已知信息,这里用重读"是"再强调地"确认"一下,这个"确认"口气才是所要表达的新信息。但这个重读的"是"本身并不是句子的焦点。

已知信息经常用复指性的词语来表示,因此,信息结构分析也可以从分析词语的复指性入手。例如,重复出现的名词语表示已知信息;零形式复指也表示已知信息,只有已知信息才可以用零形式复指。如:

(18)前面来了一个人,走近一看,原来是小李。

"走近"的是这"一个人","原来是小李"也是指的这"一个人",因为前面已经出现过,用零形式复指;"一看"是"我一看","我"指说话人,对听话人来说当然也属已知信息,也可以用零形式复指。最常用来表示复指的形式是指代词。指代词(包括指示词和代词)有两种功能:指别功能和替代功能。例如:

(19)这本书很好(那本不怎么样)。   (20)这是一本很好的书。

(21)你看过《红岩》吗?这是一本很好的书。

(22)他是中文系的学生。   (23)我认识王小刚,他是中文系的学生。

指示词具有指别功能,一般表示新信息,如例(19)。代词具有替代功能,表已知信息,如例(23)。有时指示词也可以用来复指前面的词语,只有替代功能,没有指别功能,表已知信息,如例(21)。在当面指示的情况下,指示词和代词可以兼有指别功能和替代功能,表示的是新信息,如例(20)(22)。

指代词语又可以分为定指性的和不定指性的。定指的可以表新信息,如:

(24)你不是要找中文系同学吗?这位就是,那位也是。

也可以表已知信息,如:

(25)你不是认识王小刚吗?那位同学可真叫人头疼。

不定指的一般只能表新信息,如:

(26)前面来了一个人。

"一个人"是不定指的,表新信息。不定指的词语如果有所复指,就不表新信息,而表已知信息了,例如:

（27）北京来的两位同学，一位在中文系念书，一位在外语系念书。

"一位"是不定指的，但在这个句子里，两个"一位"复指前面的"两位同学"，因此，是已知信息。

四

周礼全先生在 1961 年提出：自然语言有三个方面的意义：表述客观事物的情况，是语言的表述意义；表现说话人对事物的态度，是语言的表现意义；激起听话人的行动，是语言的激动意义。同样一句话，如"汽油是容易燃烧的"，在课堂上对学生讲，主要是表述意义，说明汽油的化学性质；在汽车库里对一个吸烟的人讲，就主要是激动意义了——警告对方赶快熄灭烟火。"今夜月如练"，作为一句独白，主要是表现意义——表达一种赞叹的感情；作为对"今夜天气如何？"的回答，则主要是表述意义了。[⑧]

1962 年，英国哲学家 Austin 的哲学讲演集 *How to do things with words*（《论言有所为》）经人整理出版了，书中也有大致相似的意见。Austin 提出要把"有所述之言"（constative）和"有所为之言"（performative）区分开来。言有所述，即着眼于语言的表述意义；言有所为，则着眼于语言的表现意义和激动意义，即所谓"示言外之力"（illocutionary act）和"收言后之果"（perlocutionary act）。[⑨]

语言的表述意义，是语义研究的对象；语言的表现意义和激动意义，则属于语用分析的范畴。语言的表现意义主要是从说话人方面来分析的，表现说话人自身的态度和情感，虽然这些态度和情感也可能影响听话人；语言的激动意义，主要是从听话人方面来分析的，说话人通过所说的话来激发听话人的行动。说和听两个方面，构成了交际行为，因此这种语言分析，也称为"言语行为分析"（speech act analysis）。

汉语的句末语气词"的、了、吗、呢、吧、啊、罢了"等等，主要作用就是传达说话人的态度、情感，表现种种不同的语气和口气。汉语里还有一些在句首或句中表示语气的词语，如"（连）……也、甚至"等等，也都有传情表态作用，具有表现意义。

显示语言的激动意义的最典型的形式是祈使句，它直接表示一种请求、命令、禁止等等。但我们也经常用其他形式的句子来表达祈使的意义。例如，"把窗关一关，好吗？"形式上是一个疑问句，实际上却表示一种请求。又如，"这儿很冷。"是陈述句；"这儿可真冷啊！"是感叹句。但这两句都可以理解为一种暗示，表示一种祈使的意思："请把窗关上。"也就是说，它们都隐含着一种激动意义。这种不是在句子中直接表现出来的意义，我们称它为言外之意（implicature）。言外之意也是一种语用含义。

使用借喻、借代、反语、双关等等修辞手法，实际上要表达的正是言外之意。日常谈话中也经常表达各种言外之意。英国人见面喜欢谈"今天天气……"，实际上，不是真的关心天气，而是表示愿意和你谈话。中国人见面常说"你吃饭了吗？"那也只是一种招呼语。外国人对这种问话往往感到很困惑，那是因为他们不理解，这些话主要表达的是一种言外之意。

言外之意是一种特殊的语用含义，不能用逻辑语义的分析法来对待它。比较这三个句子："你一定要来。""你应该来。""你可以来。"作为一种邀请，"你一定要来"表现得最热情、最诚恳，"你可以来"却比较冷淡，甚至含有一种"我不是非常欢迎你来""我不主动邀请你"的意思。而在这三句话作为一种强制性的命令或要求时，情况恰好倒过来。"你一定要来"是强硬的命令，"你可以来"口气就软得多。这些都是只有在具体的交际环境中才能体现出来的。[⑩]

上面初步提出了语用分析的几个方面，多数还只是举例性质。语用分析是语法分析的一个重要组成部分。语言的语用平面和语义、句法平面的关系是错综复杂的，语用含义的几个要素，如"话题""焦点""新信息"之间的关系也是错综复杂的。语言学家们孜孜以求地在几个平面、多种要素之间条分缕析，是因为他们确信：语言结构是可以分析的。在几个平面的分析的基础上，再进行综合分析，有可能对语言结构认识得更全面一些，更准确一些。

附　注

① 吕叔湘：《从主语、宾语的分别谈国语句子的分析》，见《汉语语法论文集》（增订本）447、466 页。

② 赵元任：*A Grammar of Spoken Chinese*，见吕叔湘译《汉语口语语法》45 页。

③ 同上，50 页。

④ 同上，44 页。

⑤ 同上，66 页。

⑥ 同上，49 页。

⑦ Chomsky：*Deep Structure，Surface Structure and Semantic Interpretation*，见 Studies on Semantics in Generative Grammar. P.91。

⑧ 周礼全：《形式逻辑应尝试研究自然语言的具体意义》，《光明日报》1961 年 5 月 26 日。

⑨ 参见许国璋摘译《论言有所为》，《语言学译丛》第一辑。

⑩ 参见 Robin Lakoff：*Language in Contact*，Language Vol.48 No.4，1972。又，参见 John H－T. Lu：*An Eclectic Approach to the Syntactic Problems in Chinese*。

（原载《中国语文》1985 年第 6 期）

话语分析说略

陈　平

话语分析(discourse analysis)是一种语言研究方法,自 60 年代末、70 年代初以来,日益受到国际语言学界的重视。话语分析的最大特点,就是紧紧结合语言的实际应用,探索语言的组织特征和使用特征,同时,从语言的交际功能和发话人与受话人双方的认知能力等角度出发,对有关特征作出合情合理的解释。

结合实际应用来研究语言,这在心理学、社会学、修辞学、文艺批评等涉及语言话语篇章的学科中,是一种具有悠久传统的研究方法。在很多情况下,话语分析是解决问题的唯一研究途径。在纯语言学(linguistics proper)研究中,这种分析也有先例可循。20 年代崛起于欧洲的布拉格学派一直以其注重语言的交际功能而著称于世。这个学派的代表人物如 V. Mathesius 等人敏锐地抓住话语传递连续信息的特点,根据句子成分负载话语信息的典型格局,把句子分为主位(theme)和述位(rheme)两大部分。一般情况下,主位在前,标明发话人待传信息的出发点,述位在后,代表发话人对主位部分所作的评述。这种以信息传递功能为着眼点,把句子分成两大块的分析方法,又称作为"句子的功能透视(Functional Sentence Perspective)",最鲜明地体现了布拉格学派在句法研究上的特色。

英国现代理论语言学的奠基人 J. R. Firth 也高度重视结合语言的实际应用来研究语言。他多次强调,语言从本质上来看是一种行为,因此,语言学家必须把语言置于实际使用环境之中,研究话语的生成与理解过程,这样才能把握语言的实质。不过,Firth 本人在这方面说得不少,做得却不多,他的许多主张主要是通过他的传人 M. A. K. Halliday 的大力实践才得以流传开来。Halliday 创立的系统语法(systemic grammar)把语言的语法特征与功能特征有机地结合在一起,在对语言事实的描写广度和解释深度方面,超过了许多同类的语法理论。

结构主义美国学派也做过一些话语分析工作。L. Bloomfield 本人对他加禄语(Tagalog)的篇章结构做过比较详细的调查,布龙菲尔德后学派的 Z. Harris 于 1952 年发表了一篇专论话语分析的文章,目的是把替换和分布那一套方法用于比句子大的篇章材料,试图比照音位、语素等,找出话语平面上的类似结构单位,从而确定篇章的结构组织。不过,Harris 的尝试进展不大。主要原因是那套方法本身具有较大的局限性。不积极利用语义因素,分析单句尚且费力,要研究主要是依靠语义关系连为一体的话语段落,就更难奏功了。

以上谈到的学派或人物所从事的话语分析工作,虽然也取得了高低不一的成就,但是,就 70 年代以前国际语言学界的主流来看,话语分析方法被淹没在崇尚机械式操作,脱离上下文对孤句进行研究的大潮之中。这股大潮的源头起自 Saussure 创建的结构主义理论。Saussure 主张明确区分语言和言语的观点,对本世纪语言学理论的发展有着深刻的影响。自 Saussure 以后,一个普遍流行的观点认为,话语中包含了大量的与语言本身无直接关系的因素,语言是可以脱离使用环境独立存在的实体,要掌握语言系统中各个组成部分的性质及其相互关系,可以把句子从实际应用环境中抽象出来进行研究。这种看法是否符合 Saussure 的原意,语言学界仍有不同意见,限于篇幅,本文暂不讨论。

自 60 年代末开始,话语分析的重要价值逐渐为越来越多的语言学家所认识。许多人开始有意识地摒弃脱离语境以孤句为唯一分析材料的语言研究方法,转而结合语境研究"活"的语言。语言学家们的大量实践,不断地充实和发展了话语分析的理论与方法。在今天,它已经卓然成为一种有系统、有理论、有广泛应用领域并且已经取得了可观成果的语言研究方法。许多重要的国际语言学刊物和国际语言学会议论文集,都经常登载话语分析的研究报告,以及对话语分析这种研究方法本身进行理论探讨的论文。不止一家出版社推出了话语分析研究的丛书,这一领域里的专著已经出了好几十种。

话语分析这段时期发展迅猛,主要是来自两个方面力量推动的结果。一股力量源出理论语言学内部,50年代起理论语言学自身的发展演变,势所必然地导致话语分析方法受到更多的语言学家的高度重视。另一股力量来自同语言学密切相关的一些交叉学科研究领域,主要是计算机自然语言处理领域,对理论语言学提出的要求。出于解决实际问题的需要,越来越多的语言学家们投身到以前为大多数人所忽略的话语分析工作之中。

先说第一方面的推动力量。50年代末和60年代初,以美国的Chomsky为主帅的转换生成学派在同当时雄踞欧美语言学界的结构主义学派的论战中一步一步地占得上风,赢得越来越多的语言学家,尤其是少壮语言学家的青睐。1965年,Chomsky正式出版了《句法理论要略》(Aspects of the Theory of Syntax),1968年Chomsky和M. Halle合著的《英语音系》(The Sound Pattern of English)定稿付印。这两部大著的出版,标志着转换生成学派正式取代了结构主义学派,成了语言学论坛上的主导力量。从某种意义上来说,这是一场库恩(Kuhn)理论中所说的规范式的革命。语言学界的指导理论、主要研究方法以及热门研究课题,大都经历了急剧的变化和更新。以前认为语言学的研究对象是具体的语言,现在则认为应该是人类有别于其他动物的、与生俱来的语言能力。因此,为描写具体语言而研制出来的一整套语言分析方法,包括替换、分布等等原则,以前被认为是代表了整个语言学理论的实质,现在则被不无讥诮地比作为家庭主妇的烹饪指南,而布龙菲尔德后学派的语言学理论也由此获得了一个"菜谱语言学"的绰号。不敬之辞,随处可见。以前大家倾注了巨大的热情反复讨论辩难的问题,到了现在,则大都弃若敝屣。与结构主义学派在这场动荡中的衰微成鲜明对照的是转换生成学派的步步高升。《句法理论要略》一书在那个圈子里被奉为圣经,成了多数语言学系学生的必读书。在句法、语义、音系等问题上,Chomsky的几乎所有观点都得到人们的高度重视,以麻省理工学院为中心的一批语言学家,所有的精力都集中在Chomsky提出的语法理论上面,孜孜不倦地对他的观点加以进一步阐明、发展和完善。通过种种方式,这个圈子的影响越来越大,终于征服了几乎整个美国语言学界。当时的转换生成学派,其内部基本上是团结一致的。大家认为,照现在的这条路子走下去,把Chomsky提出的问题一一解决,把这套转换生成语法理论进一步完善一下,理论语言学就可以与牛顿的经典力学理论和爱因斯坦的相对论媲美了。

好景不长。从1966年开始,转换生成学派内部围绕着句法与语义的关系问题展开了激烈的争辩。持对立意见的两派互不相让,结果便造成这个学派的第一次大分裂。原来意气相投的同志现在分成对立的生成语义学派(Generative Semanticists)与词汇解释学派(Lexical Interpretivists)。

Chomsky在《句法理论要略》中规定,每个句子的表层形式都对应着一个深层的结构,句子的意义在深层结构上得到解释。这个所谓深层结构的具体性质是什么,成了这场争论的焦点。按《句法理论要略》的观点,深层结构应该有下面四种性质:

1. 最基本的句法成分的基础;
2. 规定共存限制和选择限制的场所;
3. 规定基本语法关系的场所;
4. 词库中所含词项插入句子的场所。

G. Lakoff, J. Ross等人认为,上面讲的前三种性质实质上是语义表现部分体现出来的性质。同时,他们还指出,有些词类不同的成分在语义和语法特征上表现出相当大的相似性,例如:

    a. I regret that.   我对此感到遗憾。
    b. I am sorry about that.   我对此感到遗憾。

regret(感到遗憾)和sorry(感到遗憾)在这儿语义相同,但前者为动词,后者为形容词。要是因为词类不同就把上面两个句子看成分属两个深层结构,那就得规定两条语义映射规则,一条用于动词谓词句,一条用于be+形容词谓语句,尽管这两个句子的意思是一样的。如果直接把深层结构规定为语义表现,那么,我们就可以说这两个句子实际上出自同一个深层结构,sorry在深层结构中是动词,只是在句子由深层结构向表层结构派生的过程中才转换成了形容词。Lakoff和Ross等人主张,既然句子的语义解释由深层结构规定,那么,倒不如明确宣布,所谓深层结构,就是语义表现,所有的句子都以最深层的语义表现为其基本形式,通过种种转换机制一步一步地得到表层形式。持这种观点的人被称作为生成语义学派,在60年代末十分活跃,除了Chomsky等少数人之外,当时的美国语言学界几乎全都服膺这一学派的观点。

Chomsky本人对此不以为然。以《句法理论要略》中有关深层结构的观点为参照点,我们可以看到,生成语义学派一步一步地把深层结构往语义表现方面拉去,最后干脆将两者合二为一。而Chomsky到了这个时候,则把深层结构往句法表现方面拉去,认为转换不能改变深层结构上规定的词类,句子的语义由表层结构和深层结构共同确定,这样一来,使深层结构距离语义表现更远,同时使用X理论和语义解释规则等手段来说明各种语法和语义现象。持这种观点的人被称作为词汇解释学派。

上述对立的两派在一个时期内争执十分激烈,70年代初一度达到白热化的程度。后来,由于种种原因,生成语义学派的势头逐渐减弱,以Chomsky为代表的词汇解释学派慢慢地又占了上风。

经过这一番较量,Chomsky又恢复了他在以麻省理工学院为中心的转换生成学派内部的领袖地位。但是,就美国和欧洲整个语言学界的情况来看,他在1965年左右那种几乎是一呼百应的盛况已难再现。虽然生成语义学派中也有一些人后来皈依Chomsky的阵营,但大多数人却化整为零,各自在自己感兴趣的研究领域里勤奋耕耘,给语言学领域带来一派多元化的局面。正是在这些人当中,出现了一批埋头致力于话语分析工作的语言学家,大大地推动了话语分析理论和方法的发展。

前面谈到,生成语义学派的基本出发点是试图用语义规律来统摄句法现象,一切句法特征分析到最后都被归结为语义因素使然。但是,分析到语义这一层次时,许多人自然而然地发现,语义特征又是同语言的实际应用密切相关的。许多错综复杂的句法和语义现象,只有联系发话人和受话人双方的认知特征,联系语言本身的交际功能特征,才能得到满意的解释。而要准确地判定这些认知特征和功能特征,就一定要把研究对象放到使用环境中去进行分析。今天,大家对于语法特征与话语特征的相互关系仍有许多不同意见。有人认为有所谓的句子语法与话语语法,两者自成系统,有些句法现象受话语因素的控制,也有些句法现象起源于人类先天的语言本能,同话语因素没有关系。持这种观点的主要是以Chomsky为首的转换生成学派。有人则认为句法现象的本质是话语功能的凝结,话语分析是从根本上解释语法现象的最可靠、最卓有成效的研究方法。持这种观点的主要属于功能学派的一些语言学家。在两种截然对立的态度之间,还有一些倾向性强弱不等的其他观点。时至今日,语言学界已经几乎没有人再会否认话语因素对于句法和语义现象的重要制约作用,虽然各家各派在这种制约的程度和方式上仍有这样那样的意见分歧(详见陈平1987)。

话语分析的另一股推动力量来自需要理论语言学家提供帮助的其他研究领域。尤其是被新技术革命浪潮推到科学研究前沿的计算机自然语言处理,迫切要求语言学家更多地注重话语分析,以满足实践向人们提出的具体要求。举一个大家比较熟悉的例子。美国麻省理工学院的Terry Winograd于1971年左右设计了一个名叫SHRDLU的人机对话系统,供人利用自然语言向计算机发出指令或提出问题,模拟控制一只机械手,搬动外观各不相同的八块积木。Winograd在这个系统中把句法分析、语义分析和知识推理有机地结合在一起,取得了举世瞩目的成果。这个系统里专门有一个推断程序,称作为SMIT,用以分析指代词所在的上下文,以便确定它们的所指对象。同当时计算机自然语言处理领域里研制的其他系统相比,SHRDLU的话语分析工作是它的一大特色。Winograd(1972)谈到,如果没有话语分析程度,有些句子便无法生成或理解。例如,在实验中,Winograd先命令计算机把一块大的红色方块积木,一块大的绿色方形积木以及一块小的红色方形积木依次相叠,计算机遵命完成任务之后,Winograd发问:How did you do it? 你是如何完成的?计算机回答:

> By putting a large red block on the table, then letting go of it. Then putting a large green cube on it; Then letting go of that cube. Then putting the red cube on that cube, then letting go of that cube.

> 抓一块大的红色积木摆在桌子上,然后把它放开。然后抓一块大的绿色方块积木摆在它上面,然后把那块方块积木放开。然后把那块红色方块积木摆在那块方块积木上面,然后把那块方块积木放开。

Winograd指出,要是计算机不用it和that,答话将是以这种形式出现:

> By putting a large red block on the table, then letting go of a large red block, then putting a large green cube on a large red block, then letting go of a large green cube, then putting the red cube on a large green

cube, then letting go of the red cube.

　　　　抓一块大的红色积木摆在桌子上,然后把一块大的红色积木放开,然后抓一块大的绿色方块积木摆在一块大的红色积木的上面,然后把一块绿色方块积木放开,然后把那块红色方块积木摆在一块大的绿色方块积木的上面,然后把那块方块积木放开。

这样一来,光听这段话,在堆叠积木的过程中,机械手到底搬到了几块积木,我们很难讲清楚。显然,没有以话语分析为基础的指代词研究,无法指望 SHRDLU 系统能圆满地完成预定的任务。

Winograd 的成功,给了广大从事计算机自然语言处理工作的人工智能专家和语言学家们很大的启发与促进。我们在使用自然语言时,不是仅仅涉及狭义的语法知识,而是动用了贮存在我们头脑里的各式各样的语言知识和非语言知识,这种观念从此更加深入人心。不消说,要确定和处理这些形形色色的知识,把握这些知识内部的关系,话语分析工作是必不可少的。今天,在研制任何稍具规模的计算机自然语言处理系统时,话语分析工作都在其设计思想中占据一个极为重要的地位。例如,70 年代美国斯坦福国际研究所(SRI International)研制的语言理解系统,20 世纪 80 年代美国信息科学研究所(Information Sciences Institute)研制的文本生成系统等等,都具备话语处理功能,在设计过程中有许多话语分析的专家参与其事。从工程角度提出的许多问题,都要求从事话语分析的语言学家给出理论上有说服力、实际操作中又切实可行的解答。

同大家熟悉的结构主义学派或转换生成学派所做的传统语法分析相比,话语分析有以下四个特点:

一、从分析语料上来看,传统语法分析研究的是孤立的句子,可以是自造的,也可以是经过一番剪裁改编的实例。话语分析则一般要求分析对象是从书本材料或录音材料等自然素材中选取的实际用语。根据 Lyons 的归纳,在进行传统语法分析时,如果从书面或口头材料中选取例句,照例要做一些整理改造的工作,把那些所谓属于语言行为(performance)的因素尽量地排除在外。例如,请看下面的三个句子:

　　a. 小王才来过。

　　b. 小王……嗯……才来过。

　　c. 小王吗,才来过。

如果是传统语法分析,一般都是把上面的三句话(utterance)看作为同一个句子(sentence)。句 b 中主语同谓语之间由于犹豫而造成的时间间隔,句 c 中主语后面出现的“吗”,这些都被视为说话时的非语言因素造成的现象,因此不能体现语言本质,在语法分析时应该忽略不计。但是,在进行话语分析时,这些现象均属调查研究之列,因为一般意见认为,它们往往是我们推断发话人语言心理过程的重要依据,同语境中其他有关因素结合在一起考虑,这些现象很能说明话语的组织和展开过程。

二、传统语法分析的注意力集中在类型(type)的异同上面,对各种类型所含实例(token)的多寡则一般不予理会。话语分析在研究类型异同的同时,十分关注实例的多寡,认为定量分析是定性分析的基础。传统语法分析的结果一般表现为规则(rule),例外容许量很小,而话语分析既定性又定量的分析结果则更多地表现为一种规律性(regularity),或者表现为一种以百分比的形式出现的倾向,同时认为,这种分析结果正是折射了这样一个客观事实:无论在语言系统里还是在语言运用中,对立的成分、格式、过程或者环境等等,很少表现为非黑即白、截然分明的两个范畴,在绝大多数情况下,它们呈现为一个由此向彼逐渐过渡的连续体(continuum),对立的两极之间存在着数量不一的中间阶段。

三、传统语法分析把研究对象看作为一个静态的成品(static product),而话语分析除此之外,更注重把它作为一个动态过程(dynamic process)来考虑。因此,除了分析语句的组成成分和相互关系,更重要的是联系发话人和受话人的语言认知策略,剖析同语言行为有密切关联的记忆的表现、贮存、提取,以及短期记忆容量的限制、最佳信息传递程序等等内容。传统的描写手段,如句子成分、关系、结构层次等等,显然已不足以准确地说明这些动态过程的全貌。于是,语言学家和人工智能专家们又设计出了诸如转移网络(transition network)、程序语义学(procedural semantics)等动态模式,广泛地应用于计算机自然语言处理等领域里。

四、传统语法分析往往脱离语境来研究词语句子,而对于话语分析工作来说,密切联系语句的使用环境是它在方法论上最重要的特征。可以说,脱离了话语环境,也就谈不上话语分析。这儿所说的语境,一般可以分为三种。一是局部的上下文环境,限于同分析对象前后毗连的语句。二是话语的微观使用环境,包括整段话的主题、目的、当时当地的情景、对话双方的关系,等等。三是话语的宏观使用环境,指的是范围更为广泛的社会和文化背景。这三种语境中的有关因素都会对话语的组织、生成和理解产生这样那样的影响。因此,从原则上讲,进行话语分析时得将这三类语境因素全都考虑在内。不过,在实际研究中,往往依具体分析对象的不同而对某一类语境有所侧重。例如,在主动句式与被动句式的选择问题上,我们的注意力较多地集中在第一类语境上面。在重音的配置、调型的选择等问题上,须同时注意第二类语境。

下面,我们讨论在语言学领域里,人们运用话语分析方法时想要达到的主要目的以及典型的研究课题。

从语法研究的主要目的这个角度来观察,可以把话语分析分成两大类。一类着眼于对有关现象的静态特征和动态特征作出深入细致的描写,一类则侧重于对这些语言特征的根源、演变过程和制约因素作出合情合理的解释。与主要研究目的不同相关联的是这两类话语分析工作在典型课题的选择上表现出来的差异。

主旨在于描写的话语分析,其主要研究课题是那些同语境密不可分,不用话语分析方法就很难讲得透彻的一些词语用法、句法特征、语义概念、篇章组织,等等。我们下面分别举一些例子,说明这种话语分析中最典型、成绩最显著的研究课题。

个别词语的用法。例如,"也""连""再""就""都""还"等副词或连词的用法,是话语分析的理想对象。这些词一般都有一个共同的特点;它们与预设(presupposition)、焦点(focus)、蕴含(implicature)等语用概念有着极为密切的关系。这些词语的基本用法和派生用法大都建筑在这些语用因素之上,并依赖这些因素来沟通其间的联系。脱离了语境提供的信息,脱离了对语境使用者的语言心理分析,很难指望能把这些词语的用法讲清楚。

指代词语的用法。任何语言中都有特定的语言手段,可以用来指示或者代替语境中的某个成分,可以用于指代的语言手段往往不止一种,因此,在具体场合中发话人要对某个成分进行指代时会出现选择哪一种指代形式的问题。另一方面,在具体场合中往往不止有一个事物存在,受话人在碰到一个指代词语时也有一个确定其所指对象的问题。这类指代词语的选择和理解的问题,主要得通过话语分析来寻求答案。在计算机自然话语处理工作中,这类问题是阻碍我们取得突破性进展的少数难题之一。虽然近年来在这方面陆续取得了一些成绩,但是,要比较圆满地解决这些问题,还有相当长的一段路要走。

句子的主位结构(thematic structure)。我们可以从句子的各种成分在推进整个话语展开的过程中所起的作用这个角度出发,分析句子的主位结构。句子的主位结构一般由两个组成部分,主位(theme)和述位(rheme)。两者的区分一般通过语序或者特定的句式表现出来。通过分析话语句子的主位结构,我们可以阐明整段话语的主题及其展开方式。

信息结构(information structure)。透过连续话语的表面形式,我们看到的是自发话人向受话人传递的一股连续的信息流。为了便于发送和接收,这股信息流是以各种信息单位(information unit)的形式组织起来的。根据受话人对于单位成分所负载的信息的熟悉程度,发话人把各个单位成分所传的信息归为新信息和旧信息两大类。如果发话人认定受话人对该信息毫无了解,或者认定该信息同受话人的预期不合,或者想引起受话人对于该信息的特别注意,他便把它作为新信息传给对方,否则,便作为旧信息处理。话语成分在信息结构中的地位,直接影响到它的表现方式。在具体语言中,一般利用重音、语调、特定词语或句式来指示话语信息结构中的种种特征。这类指示信息结构特征的语言手段,是话语分析的一个重要课题。

篇章结构。话语分析最典型的研究材料是超出单句长度的语段。由前后相连的句子构成的段落,如果在语言交际中表现为一个相对独立的功能单位,我们便称之为篇章(text)。句子在篇章中的组织遵循着一定的原则。有的句子连用时表现了一个连贯的意思,如下面的(1)和(2);有的句子单用时语义十分清楚,但连在一起则令人莫名其妙,如下面的(3)和(4)。

(1)假若祥子想不起孔圣人是什么模样,那就必应当像曹先生,不管孔圣人愿意不愿意。

(2)他的跑法可不好看:高个子,他塌不下腰去,腰和背似乎是块整的木板。

(3)一个队员倒挂金钩将球打入网内,吐一口痰罚五毛钱。

(4)他外出总带着保镖,花棚里到处都是萝卜味儿。

探索句子在篇章结构中的组织方式以及指示这种组织特点的语言手段,也是话语分析的一个重要研究方面。

主旨在于解释的话语分析,研究领域更加广泛。其主要研究课题一方面也包括上面所说的那些话语成分和话语组织特点,但侧重点是从语言的交际功能和语言使用者的认知特征来解释有关特征的起因和制约因素。另一方面,一般认为纯粹属于句法领域的许多语言现象,也都在这种话语分析的研究范围之内。试图通过话语分析,找出最终说明现存语法成分和语法现象的人类心理认知特征和语言作为交际工具的功能特征。这方面的研究近年来相当活跃,并且取得了不少很有价值的成果。下面,我们举一个英语中的例子。

许多人认为,篇章范围内,一个代词与另一个名词性成分是否指称同一个所指对象,涉及到的一般是语义因素和语用因素。但是,在同一个句子里出现的代词与另一个名词性成分两者是否有同指的可能,则取决于这两个语言成分在句法结构中的相互关系,纯属句法问题,与语义因素和语用因素无关。Chomsky,Lasnik 等人认为,如果代词在句子结构中位于名词之前,并且在结构上统御(command)后者(可以以树形图的形式显示),那么,两者不可能同指,请看下面的例句:

(1) *It surprises him that John is so well liked.(him = John)

约翰如此招人喜爱使他感到很惊讶。

(2) That he was unpopular was finally realized by Oscar.(he = Oscar)

奥斯卡终于意识到他不受人欢迎。

句(1)中,代词 he 在句法结构中既在名词 John 之前,又统御后者,所以,这两个成分不能指称同一个人物。而在句(2)中,代词 he 虽然在名词 Oscar 之前,但是从句法结构关系上来看对后者没有统御关系,因此,两者可以指称同一个人物。在这类句子中,代词和名词是否可以同指,完全由句法结构因素决定(参见 Lasnik 1976)。

但是,D. Bolinger 等人则认为 Lasnik 的这种观点只是一种皮相之谈。类似句(1)这样的句子之所以不能说,根本原因并不是有关代词和名词在句法结构中的相互关系。要证明这一点并不困难。代词和名词的句法结构关系保持不变,但在其他方面对句(1)稍加改动,代词完全可以与后面它所统御的名词指称同一个人物。请看下面的例句:

(3) It suprised him that John was so well liked.(him = John)

从前,约翰如此招人喜爱使他感到很惊讶。

(4) It obviously surprises him that John is so well liked.(him = John)

约翰如此招人喜爱显然使他感到惊讶。

(5) Does it surprise him that John is so well liked? (him = John)

约翰如此招人喜爱使他感到惊讶吗?

句法格式相同或者相近,但个别词语或者使用语境相异的句子,在意义上是有差异的。尽管这种差异有时表现得十分精细微妙,非目光敏锐者不辨。对于这类现象,Bolinger 具有独特的辨析入微的审察能力。他详细分析了(1)至(5)这类代词在前、名词在后的句子,令人信服地说明,在这种情况下代词与名词能否同指,与它们在句子组织中的结构关系没有必然联系。实际状况是,发话人用了代词之后,在同一句中再次提及该所指对象时,根据语境中的种种因素(Bolinger 把它们归为四大类)考虑,决定是用名词形式指称,还是用代词形式指称。因此,归根结底,(1)至(5)这类句子能说不能说,起决定作用的是语用因素。这是利用话语分析的手段来解释语法现象的一个著名例子(详见 Bolinger 1979)

上面,我们讨论了话语分析的起源、特点、研究目的和典型课题,希望更多的人对于这种用途广、收效大的语言研究方法发生兴趣。

参考文献

陈平(1987)《描写与解释:论西方现代语言学研究的目的与方法》,《外语教学与研究》1987 年第 1 期。

Bolinger, D. (1979) Pronouns in discourse, in: Givón, ed.(1979).

Brady, M. & R. C. Berwick, eds. (1983). Computational Models of Discourse, Cambridge: The MIT Press.

Brown, G. & G. Yule(1983). Discourse Analysis, Cambridge: Cambridge University Press.

Chomsky, N. (1973). Conditions on Transformations, in: A Festschrift for Morris Halle, S. Anderson and P. Kiparsky, eds. New York: Holt, Rinehart and Winston.

Coulthard, M. (1977). An Introduction to Discourse Analysis, London：Longman.

Beaugrande, R. de(1980) Text, Discourse and Process, London：Longman.

Givón, T. ed. (1979). Syntax and Semantics, Vol. 12. Discourse and Syntax, New York：Academic Press.

Halliday, M. A. K. (1985). An Introduction to Functional Grammar, London：Edward Arnold.

Harris, Z. (1952). Discourse Analysis, in：Language 28. Lasnik, H. (1976). Remarks on coreference, in：Linguistic Analysis 2：1.

Van Dijk, T. A. ed. (1985). Handbook of Discourse Analysis. London：Academic Press.

Walker, D. ed. (1978). Understanding Spoken Language, New York：North-Holland.

Winograd, T. (1972). Understanding Natural Language, New York：Academic Press.

——(1983) Language as a Cognitive Process, Vol. 1. Syntax, Reading：Addison-Wesley.

（原载《语言教学与研究》1987 年第 3 期）

话题、述题和已知信息、未知信息

沈开木

一

话题和述题是话语语言学两个重要的术语。说它重要,是因为话语的研究离不开话语的语用、语义结构的研究,而话题和述题是对这种语用、语义的结构所作的分析研究所发现的两个语用、语义的结构成分的概念。研究任何事物的结构,如果没有反映事物的结构成分的概念,研究就不能进行。所以反映话语的语用、语义结构成分的话题、述题两个概念,是话语语言学的重要概念。话语语言学的语用、语义的结构,在我国,叫作"句群"。因而话题、述题,也是研究"句群"的重要概念。话题和述题,还是现代汉语语法的重要术语:现代汉语语法认为主语是话题。不言而喻,谓语自是述题。而主语、谓语都是句子的语法结构成分的重要概念。因此,弄清话题、述题的内涵,对研究话语和现代汉语都有重要的作用。

话题,在国外,它的英语表达是 Theme,后来,更多的人为了有区别地反映有关的语言现象,叫作 Topic。在我国,外语学界对这两个术语,有人分别译为主位、主题,有的人根据 Theme 的俄语叫法:Тема,译为主题。但是,现代汉语学界,一直沿用赵元任的叫法,叫作话题。述题,在国外,它的英语表达是 Rheme,后来,跟 Topic 相配,叫作 Comment。在我国,外语学界,有的人分别译为述位、述题(或评论),有的人根据 Rheme 的俄语叫法:Рема,译为述题。现代汉语学界,叫作述题,也有人叫作评论。

已知信息和未知信息,是研究话语语用、语义的结构时,反映这种结构的语用、语义方面的概念。由于它们是反映话语的语用、语义的结构的一个方面,所以,它也是话语研究的一对重要概念。但是,次于话题和述题这一对概念。信息是信息论的最重要的概念。"信息是一个常用的词,它代表某一抽象的有待传送、交换、存贮以及提取的内容。"(周炯槃《信息论基础》,人民邮电出版社,1983 年,第一页)语言里的语义(离开了语言环境的语义)和话语里的语义(具体语言环境里面的语义,言语里面的语义)都属于信息的范围。而话语里面的信息,从发话的人对受话的人的估计来看,发话的人认为受话的人已经知道的信息,叫作已知信息,发话的人认为受话的人还没有知道的信息,叫作未知信息,或者叫作新信息。

话题和述题的内涵,在国外,有不同的说法。话题,有人说是叙述的出发点或对象、基础;有人说是已知的内容。述题,有人说是叙述的核心、叙述的内容;有人说是新的内容。由于已知的内容跟已知信息,新的内容跟新的信息,都是对同一件事物的不同叫法,所以,话题就说成已知信息,或者,包含已知信息;述题就被说成新信息,或者包含未知信息。这种把已知信息看作话题的内容、把未知信息看作述题的内容的说法,在国外比较通行,所以在国内,研究现代汉语话语的著作,一般也采取了这种说法。例如:"主题——表现叙述的起点、描述的事物或对象、已知的信息。"(王福祥《汉语话语语言学初探》,商务印书馆,1989 年第 17 页)"述题是叙述的核心、对叙述对象的说明,表示新的信息,重要的内容。"(同上第 20 页)这种把话题和述题分别跟已知信息、未知信息挂上了钩,或者说,等同起来的说法,反映了话题、述题跟已知信息、未知信息的密切联系,也反映了国外国内现阶段对话题、述题的认识所能达到的和已经达到的高度。

但是,随着我国话语语言学研究的发展,我们觉得有关话题、述题的内涵,已知信息、未知信息的说法和这两对术语的联系等问题,有必要作进一步的研究。本文将对这几个问题作一个探讨。

二

话题除了是叙述的出发点或对象之外,还能够不能够包含已知信息呢? 或者,能够不能够认为就是已知信息呢? 述题除了是对话题所作的叙述、说明之外,还能够不能够包含未知信息呢? 或者,能够不能够认为就是未知信息呢? 这些,都是重要的理论问题,它们牵涉到概念系统的合理与否,也牵涉到对语言事实的认识,是研究话语的语用、语义结构时必须解决的问题。

从概念系统方面来考虑,话题、述题和已知信息、未知信息两对概念,从平面的角度看,不外有并列、相属两种可能。从立体的角度看,不外是不同角度的同指。

先说从平面的角度看。

话题、述题和已知信息、未知信息两对概念,如果是并列的话,那么它们必定在一个平面上,各有各的范围。这时,话题和述题就都不能分别包含已知信息、未知信息。如果是相属的话,那么,就有话题、述题成为上位概念和成为下位概念两种可能。但是,不管是哪一种可能,都要求下位概念:或者成为上位概念的构成成分或流程,或者有并列的下位概念。如果是成为上位概念的构成成分或流程,这时,话题、述题可以分别包含已知信息、未知信息或被已知信息、未知信息包含。但是,话题、述题不能分别等于已知信息、未知信息。虽然,话题、述题可以分别包含已知信息、未知信息或被已知信息、未知信息包含,但是,这样的概念关系不符合这两对概念的实际:话题、述题要揭示发话的人语义安排的意图,而已知信息、未知信息要揭示前提的获取和信息的联系。已知信息、未知信息所揭示的前提的获取和信息的联系,并没有成为已知信息、未知信息的组成部分或流程。所以,不能认为话题、述题和已知信息、未知信息两对概念是上下位关系。此外,由于不论是话题、述题成为上位概念,已知信息、未知信息成为下位概念,还是已知信息、未知信息成为上位概念,话题、述题成为下位概念,下位概念都不存在并列的概念。从这一点说,话题、述题跟已知信息、未知信息这两对概念也不能是上下位关系。这样,这两对概念就不可能是平面关系了。

再说从立体的角度看。

从立体的角度看,话题、述题和已知信息、未知信息如果是立体的关系,那就是各从自己的角度去反映同一个对象,但是,彼此都不以对方作为自己的内涵。所以,如果话题、述题分别以已知信息、未知信息为内涵,那就使这两对概念不能成为立体关系。

本来,这两对概念已经不能是平面的关系了,如果现在连立体关系都不是,那么,这两对概念就无法形成概念系统了。而不能形成概念系统的概念,是杂乱无章的概念,概念杂乱无章的科学,就很难说是有很大的科学性的科学了。为了使这两对概念能够形成系统,应当使话题、述题不含已知信息、未知信息。在它们不分别包含已知信息、未知信息的时候,它们便成为立体关系,各从各的角度去起作用。正是因为这个缘故,我们才认为话题的内涵里面不应当包含已知信息,述题的内涵里面,不应当包含未知信息。

以上是从概念系统方面说的。下面再从汉语的语言事实方面说。

对现代汉语来说,话题不可能都是已知信息,述题也不可能都是未知信息。例如:

① 甲:1991 年洪灾很大。

　乙:东北遭了大灾,安徽也遭了大灾。

如果按照话题是已知信息、述题是未知信息的说法去分析,那么,乙话中的两个话题"东北""安徽"都是已知信息,两个述题"遭了大灾""也遭了大灾"都是未知信息。对这样的分析,人们不禁要问:甲已经知道了洪灾很大,乙还估计他不知道(由于估计他不知道,才会给他提供受话的人"他"的未知信息),这是怎么一回事? 这样的问题,是无法解答的。——除非看作乙是在说废话。但是,谁都知道:乙不是在说废话。由此可知:把话题看作已知信息、把述题看作未知信息,是不符合现代汉语的实际的。现代汉语的实际是:在这个语言环境里面,甲已经知道洪灾很大。根据发话的人"乙"的估计,话题"东北""安徽"是受话人"甲"的未知信息,两个述题"遭了大灾""也遭了大灾"是受话的人的已知信息。也正是由于有了这样的估计,乙才说这一句话"东北遭了大灾,安徽也遭了大灾。"这个实际说明:这两个话题都不是已知信息,而是未知信息;这两个述题都不是未知信息,而是已知信息。

② 唐高宗　这蠢才是发疯了吗？

　武则天　（劝止高宗）您让他尽量地说吧。（向太子贤）是我把你哥哥毒死了的？

　太子贤　宫里人谁不知道？你是一个杀人不眨眼的母夜叉！

　武则天　（苦笑）唔？你骂得很痛快！

　唐高宗　（愈益不能忍耐）疯狂得太不成话！（《郭沫若选集（三卷）》337）

如果按照话题是已知信息、述题是未知信息的说法去分析，那么武则天的"（向太子贤）是我把你哥哥毒死了的？"的话题"是我"，就得看作是武则天估计受话的人太子贤的已知信息，把述题"把你哥哥毒死了的？"看作是武则天估计受话的人太子贤的未知信息，这样分析的结果，便成为武则天告诉太子贤：她做了"把你哥哥毒死了"的动作。这样一来，便跟原话完全相反了。这个例子也说明：这个例子的话题不是已知信息，述题不是未知信息。

既然现代汉语有的话题不是已知信息，有的述题不是未知信息，那么，话题的内涵里面就不应当包含已知信息，述题的内涵里面就不应当包含未知信息。话题和述题的排列顺序如何？这种顺序是不是固定的？——这个问题，还没有做过探究。在现代汉语的著作中，有人认为话题的顺序不是固定的。例如：有人说"有时述题（或述题的部分内容）出现在主题之前，目的是为了有意突出述题的内容，放在句首加以强调。这样的词序称为主观词序，或称为倒装词序。"并且认为"① 怎么了，你？""② 该动身了，他想""，"前面的成分是述题，后面的成分是话题。这样的看法有好处：能够跟现代汉语的倒装句的说法挂上钩。但是，任何事物都是一分为二的。这样的看法也有可以进一步考虑的地方，那就是取消了实义切分在解释语序上的作用。

现代汉语有不少句子，可以有不同的语序安排。例如："我们讨论了你的问题。"可以作"我们讨论了你的问题。"的安排，也可以作"你的问题，我们讨论了。"的安排。实义切分能够对这两种语序安排作解释：前者以"我们"为话题，以"我们讨论了你的问题"为述题；后者以"你的问题"为话题，以"我们讨论了"为述题。语序安排的不同，是由于要满足话题、述题的需要而引起的。这样来解释语序的安排，到目前为止，还是一个好办法。但是，这个办法是建立在承认处在前面的是话题，处在后面的是述题上面的。即是以承认话题在前面，述题在后面的顺序是固定的为基础。一不承认这个基础，话题和述题就都没有固定的位置，而话题和述题一没有固定位置，就不能解释语序的安排问题了。比如：我们可以说"你的问题，我们讨论了"的"你的问题"是话题，人家也可以说"你的问题"是述题的一个部分的倒装。因为大家都没有固定的语序做根据，所以，谁也说服不了谁。而一出现谁也说服不了谁的局面，话题、述题解释语序安排的作用就被取消了。所以，话题和述题的安排顺序应当是固定的。

但是，话题和述题的排列顺序应当固定的更重要的原因，是话题和述题都担负着揭示发话的人语义安排的意图的任务。语义安排的意图，简单地说，就是以哪一个成分的语境义为出发点（或对象）来进行叙述、说明。而出发点（或对象），顾名思义，理所当然地应当是处在它所作的叙述、说明的前面。因此，要让话题和述题能够完成这个任务，就得让表示叙述的出发点（或对象）的话题和表示对这个叙述的出发点（或对象）加以叙述、说明的述题的位置固定：话题在前面，述题在后面。

三

现有的关于已知信息、未知信息的区分，在话语研究的发展过程中，起了很大的作用。可以说，如果没有已知信息、未知信息的区分，就不容易说明焦点，而如果没有揭示并说明焦点，就难以说明前提的获取。而如果没有能够说明前提的获取，语义学和语用学就难以这么快地发展到今天这样的高度。但是，随着话语研究的进一步发展，我们觉得：已知信息和未知信息不能够解释下列语言现象：

① 宋尚武　谁是共产党？

　　　　　〔高登山和两个战士举起手来。丁有志扫了大家一眼，也随着举起手来。〕（《杜烽剧作选》311）

按照现有的说法，话题"谁"是发话的人宋尚武估计的、受话的人高登山等人的未知信息，"是共产党"是发话的人宋尚武估计的受话的人高登山等人的已知信息。对这样的分析，人们不禁问：既然这个"谁"是发话的人宋尚武估计的、受话的人高登山等人的未知信息，发话人宋尚武还问受话的人高登山等人干什么？不是明知高登山等人不知道还问吗？

　　② 武　士　您三姑母是谁？

　　　　文成公主　是平阳公主。(《田汉文集7》344—345)

按照现有的说法，"您三姑母是谁"，是受话的人文成公主的未知信息中的焦点。而文成公主又以发话人的身份，针对被武士认为是她的未知信息的焦点"谁"来传递根据它估计的、现在作为受话的人武士的未知信息的焦点"平阳公主"。简而言之，武士估计文成公主不知道他的问句中的"谁"指哪一个，所以问文成公主；而文成公主又估计武士不知道"谁"指"平阳公主"，所以回答了他。这样的分析，根本就说不通。人们根本就不懂得这样的分析说的是什么。此外，对这样的分析，人们还要问：既然"谁"是作为受话的人的文成公主的未知信息的焦点，受话的人文成公主为什么能够回答出来？是发话的人武士估计错了吗？——看来不是估计错了，因为这种问答性的对话，情形都是这样。既然不是发话的人武士估计错了，那便是关于已知信息、未知信息的说法不能解决这一类问答性对话的问题了。

　　为了解决这一类问答性的问题，可以提出许多办法来，但是，简单的办法，也是不动整个现有系统的办法，就是把已知信息、未知信息都分为发话的人的已知信息、发话的人的未知信息和受话的人的已知信息、受话的人的未知信息。

　　发话的人的已知信息，就是发话的人已经知道的信息。发话的人的未知信息，就是发话的人希望从受话的人那里获得的、他希望获得的信息。例如：

　　① 沙　霞　齐维德的声音是什么样的？(《于伶剧作集2》154)

话题"齐维德的声音"是发话的人沙霞的已知信息，述题"是什么样的"是发话的人沙霞的未知信息。

　　② 谁来过？

话题"谁"是发话人的未知信息，述题"来过"是发话人的已知信息。

　　对发话的人来说，他要传递给受话的人的信息，一部分是他的已知信息，一部分是他希望从受话的人那里获得的、他希望获取的信息。例如：

　　① 孙焕君　好，我们谈谈别的。老恺，你觉得你太太跟你老丈人，对你怎么样？

　　　　钱恺之　没有怎么样呀！(《于伶剧作集2》446)

孙焕君的"好，我们谈谈别的。老恺，你觉得你太太跟你老丈人"是发话的人的已知信息。"对你怎么样？"是发话的人的未知信息，因为它是发话人孙焕君希望从受话的人钱恺之那里获得的、他希望获取的信息。

　　② 李镇山　(不高兴地)马振荣，别觉得自己了不起！你知道王文中为什么老找你别扭？就是因为看不

　　　　　　　惯你这股子盛气凌人劲儿。

　　　　马振荣　他看惯谁了？咱们党他还看不惯呐。(《杜烽剧作选》28)

"马振荣，别觉得自己了不起！你知道王文中为什么老找你别扭？就是因为看不惯你这股子盛气凌人劲儿。"和"他看惯谁了？咱们党他还看不惯呐。"都是发话的人的已知信息。其中"你知道王文中为什么老找你别扭？"也是发话的人的已知信息，因为下文表明：它并不是发话的人李镇山希望从受话的人马振荣那里获得的、他希望获取的信息。同理，"他看惯谁了？"也是发话的人马振荣的已知信息。

　　为了简化，对发话的人的已知信息，我们还可以提出一个狭义的说法，那就是：在一个由话题和述题所形成的 TC 环中，配合发话的人的已知信息的，才叫作发话的人的已知信息，在这样的 TC 环以外的，就不叫作发话的人的已知信息(只看作受话的人的已知信息、未知信息)。经过这样的处理之后，我们在前面提出的难题，就迎刃而解了。例如：

　　① 富奶奶　你觉得寂寞么？(打呵欠)

　　　　滴滴娇　无聊得很！(打呵欠)

　　　　阔太太　你觉得空虚么？(打呵欠)

　　　　滴滴娇　你别提了好不好(《于伶剧作集2》558)

"你觉得寂寞么？"中，"你"是发话的人富奶奶的已知信息，"觉得寂寞么？"是发话的人富奶奶的未知信息。"你觉得空虚么？"中，"你"是发话的人阔太太的已知信息，"觉得空虚么？"是发话的人阔太太的未知信息。"你别提了好不好？"中，"你"是发话的人滴滴娇的已知信息，"别提了好不好"是发话的人滴滴娇的未知信息。发话的人富奶奶向受话的人滴滴娇提出发话的人的未知信息，希望从受话的人滴滴娇那里获得她希望

获取的信息。受话的人滴滴娇便以发话人的身份,针对原先的发话的人富奶奶的未知信息"觉得寂寞么?"来传递如今的受话的人的未知信息"无聊得很",从而使交际完满。

这样处理,不仅符合现代汉语的实际,而且有交际作根据。

话语是交际的表现,也是交际的产物。而交际又是进行交际的双方或多方的相互活动,不管参加交际的人有多少方,只要有一个人说话,这个人就成了发话的人,其余的人就成了受话的人,所以交际中的人,实际上只有两方:发话的人和受话的人。谁在交际中说话,在他说话的时候,他就是发话的人,谁在交际中听人家说话,在他听人家说话的时候,他就是受话的人。由于在交际中的人分为发话的人和受话的人,所以,话语里的信息,不能只跟受话的人发生关系,还应当跟发话的人发生关系。

再从交际中信息交流方面看,在交际中,虽然有只有单方面传递——发话的人向受话的人的传递受话的人的已知信息和未知信息的情形,但是,也常常有传递发话的人的已知信息和未知信息的情形,而且,也还有双方面传递——受话的人也以发话的人的身份向原先发话的人传递信息的情形。在双方面传递的时候,又有发话的人需要通过交际,从受话的人那里获得他希望获取的信息。这种发话的人希望从受话的人那里获得他希望获取的信息,就成为发话的人的未知信息,而且,只能认为是发话的人的未知信息。所以,把已知信息和未知信息分为发话的人的已知信息、发话的人的未知信息和受话的人的已知信息、受话的人的未知信息是符合实际的,也有交际上的根据的。

把信息分为发话的人的已知信息、发话的人的未知信息、受话的人的已知信息、受话的人未知信息并对发话的人的已知信息采取狭义的说法之后,受话的人的已知信息和未知信息,便都把发话的人的一部分广义的已知信息作为前提。例如:

　　我说过出偏的主要原因,你记得吗?（于根元《气功+语言》31）

"我",是受话的人的未知信息,"说过出偏的原因",是受话的人的未知信息。它们以发话的人已经知道这些信息(已知信息)为前提。

四

信息从话题、述题中独立出来之后,话题、述题就成了信息分布的场所、环境。发话的人的已知信息、未知信息都可以分布在话题或述题中,它们是互补的。——话题如果分布着发话的人的已知信息,述题就分布着发话的人的未知信息;话题如果分布着发话的人的未知信息,述题就分布着发话的人的已知信息。例如:

① 洪　斌　谁在外边? 进来! (《杜烽剧作选》310)

② 副政委　你的手好了吗?

　　孙蕙英　好了。(《田汉文集7》155)

①"谁在外边?",话题"谁",分布着发话的人的未知信息,述题"在外边",就分布着发话的人的已知信息。②"你的手好了吗?"话题"你的手",分布着发话的人的已知信息,述题"好了吗",就分布着发话的人的未知信息。同样地,受话的人的已知信息、未知信息也都可以互补地分布在话题或述题中。例如:

① 人是个精密的生物仪器,有接受、发出、中转、调节等部分。(于根元《气功+语言》30)

② "听说你们连里新来了几个战士。"

　　"是的,魏保民是新来的,李得胜也是新来的。"

①"人是个精密的生物仪器",话题"人"分布着受话的人的已知信息,述题"是个精密的生物仪器""有接受、发出、中转、调节等部分。"就分布着受话的人的未知信息。②"魏保民是新来的""李得胜也是新来的。"话题"魏保民""李得胜"分布着受话的人的未知信息,述题"是新来的""也是新来的"就分布着受话的人的已知信息。

这样一来,话题、述题的区分,在完成了探求发话的人语义安排的意图之后,还要为信息的分布提供场所。而话语的语用、语义的结构成分里所含的语用、语义,就要由发话的人的已知信息、未知信息和受话的人的已知信息、未知信息的排列和内在的联系来反映了。

(原载《语言教学与研究》1992 年第 4 期)

汉语修辞研究深化的空间^①

陆俭明

一

修辞研究,在我国有悠久的历史。《文心雕龙》就有不少是谈论修辞的。1932 年陈望道先生的《修辞学发凡》的问世开创了现代意义上的汉语修辞研究。20 世纪 80 年代后,中国语言学的各个分支学科都有很大的发展,汉语修辞学也不例外,取得了不少成绩,特别是近几年来,已有学者在深入探索,如谭学纯(2005,2007,2008)。但是,从总体上来说,其进展不如语言学的其他分支学科那么快。从现代语言学的高度看,汉语修辞研究似乎存在这样两个问题:

第一个问题是太偏重于积极修辞,也就是修辞格的研究。据《汉语辞格大全》(汪国胜、吴振国、李宇明主编)和《汉语修辞格大辞典》(唐松波、黄建霖主编),修辞格已经提出了一二百种。而对于所谓消极修辞,也就是词语的选择、句式的运用这方面的研究则很少。即使有,大多也只沿袭吕叔湘、朱德熙编写的《语法修辞讲话》,主要是修改病句。这其中当然也有客观的原因,主要是因为修辞格的使用是显性的,一般说来一望而知,一听就明,而词语选择和句式运用之好,之妙,是隐性的,必须具有一定的语言文字功底和语言修养的人才能加以揭示与说明;再说,词语的选择和句式的运用必然要涉及到意义的表达,可是大家知道,意义是个泥潭,意义是个漩涡,意义是个黑洞,意义又是流沙,进去了很不容易出来,也很不容易抓住,研究了半天也可能研究不出一个道道来。这样,词语选择和句式运用的研究就很少很少了。

第二个问题是,即使对修辞格的研究,也较多的是停留在表面的描写上,往深里思考不够,很少有人能深入分析研究各种修辞格的形成机制以及跟其他语言现象之间的内在联系。今后的汉语修辞研究,看来须向两个方向发展:一个方向是亟需加强所谓消极修辞的研究;另一个方向是对积极修辞需要进行深入思考、分析、研究。

二

所以要强调加强消极修辞,也就是选词用句的研究,这是从语言应用的实际需要出发的。一切科学研究的最终目的都是为了应用,修辞研究也不能例外。必须看到,对一个正在成长中的青少年来说,告诉他们一定数量的修辞格及其运用,当然也需要,但更需要的是要教会他们如何选词,如何用句。

在许多未成熟的青少年眼里,一说到选词用句,以为大概就是要多用些华丽的辞藻,要进行一定的雕琢。事实当然不是这样。怎么让青少年学生明白,强调注意选词用句的真正含义,需要我们给他们作出示范,具体说就是要通过我们的语文教育,将名家、名篇词语和句式运用之好、之妙,分析给他们看讲解给他们听,使他们茅塞顿开。而要做到这一点,我们修辞研究者就有这个责任为中小学语文教育提供有力的支持。

拿词语选择来说,朱自清的一些散文,如《背影》《荷塘月色》《松堂游记》等名篇,在词语的运用上就很讲究,很见功夫,而这种功夫不是表现在用多少华丽的辞藻上,而是表现在作者善于化平淡为神奇。《背影》里有这么一段:

> 他给我拣定了<u>靠车门的</u>一张椅子,我将他给我做的紫毛大衣铺好座位。他<u>嘱</u>我路上小心,夜里<u>要警觉些</u>,<u>不要受凉</u>。

这里没有华丽的辞藻,"拣定""靠窗门""嘱""要警觉些""不要受凉",都是很普通的词语,但用在这里都很到位,让人感到质朴而有神韵,字字传情,真切地表现了作为一个父亲对儿子的爱。可以提出这样一些问题来让人们思考:

1. 这里的"拣定"改用"找"或单用"拣",好不好?

2. 在"拣定了靠车门的一张椅子"里的"靠车门的"这一修饰语似乎也可以去掉,但作者用了这个修饰语,用意是什么?

3. 将"嘱"改为"要""叫"怎么样?为什么用"嘱"好?

4. 能否将"夜里要警觉些,不要受凉"删去?

再如《荷塘月色》里有这么一句:

> 月光如流水一般,<u>静静地</u>泻在这一片叶子和花上。

许多人已经指出过,作者把月光比作流水,因此后面用了个"泻"字。那么为什么又要用"静静地"这个状语来修饰表示动态的"泻"呢?朱自清用词之神就神在这里!这里把"泻"换成"照"固然会变得平淡无奇;如果这里只是用了"泻",不用"静静地"这个修饰语,也就一般了,因为单纯地把月光比作流水,那古已有之,不是太新鲜。现在的写法作者一下子就把读者带进了那通明清澈、静中有动、动中有静的荷塘月夜之中。

再看《松堂游记》里对松堂的一段描写:

> ……。中间便是松堂,原是一座石亭三改造的,这座亭子高大轩敞,<u>对得起那四围的松树</u>,大理石柱,大理石栏杆,都还好好的,<u>白,滑,冷</u>。白皮松没有多少影子,堂中明窗净几,坐下来<u>清清楚楚觉得自己真太小</u>,在这样高的屋顶下。

朱德熙(1961)曾这样评论这段文字:不是板着脸"作"文,而像通常说话,语气自然而有情趣。作者不说那高大轩敞的松堂跟周围四周的婷婷直上、刚健而又婀娜的白皮松相配,而风趣地说"这座亭子高大轩敞,对得起那四围的松树";写大理石的柱子和栏杆,只用了三个字——白,滑,冷;写松堂高大,不直说,却说"坐下来清清楚楚觉得自己真太小"。这些描写见匠心而看不见斧凿之痕。

陶渊明的《桃花源记》是千古名篇。这个作品强烈反映了作者对当时社会的不满,对美好生活的向往。作者以丰富的想象力,在文中虚构了一个和现实相反的不可实现的理想图景。在这里没有剥削和压迫,人人劳动,自食其力,都过着和平、宁静、安乐、幸福的生活。全篇语言朴素、自然、练达,而某些虚词用得特别见巧,在文中起到了画龙点睛的作用。请看该文第一段:

> 晋太元中,武陵人,捕鱼为业。缘溪行,忘路之远近。忽逢桃花林,夹岸数百步,中无杂树,芳草鲜美,落英缤纷,渔人甚异之。复前行,欲穷其林。

其中,第三句开头的"忽逢桃花林"的"忽",就用得非常见巧。上面说了,桃花源完全是作者虚构的理想境界,因此作者也有意把桃花源写得虚无缥缈,神奇多变,忽现忽隐,从而突出桃花源不同现实的特性。"忽逢桃花林"的"忽"恰好起到了这种表达效果。它与前一句里的"忘"字相应,不但把通往桃花源的路点染得空灵剔透,飘忽不定,而且把渔人进入桃花源的恍惚神情也衬托了出来,同时也为文章最后的"太守即遣人随其往,寻向所志,遂迷,不复得路"埋下了伏笔。

再看杏林子的小品文《生命 生命》。这篇文章现在许多语文课本里都用了。这篇文章在修饰语的选用与锤炼上很见功夫。请看开头的一段:

> 夜晚,我在灯下写稿,一只飞蛾不断地在我头上飞来飞去,骚扰着我。趁它停在台前小憩时,我一伸手捉住了它,我原想弄死它,但它鼓动着双翅,极力地挣扎,我感到一股生命的力量在我手中跃动,那样强烈!那样鲜明!这样一只小小的飞蛾,只要我的手指一用力,它就不会再动了,可是那翅膀,在我手中挣扎的生之欲望,令我震惊,使我忍不住放了它。

杏林子是一位台湾现代女作家。她本姓刘,单名侠,为了纪念她的故乡陕西省扶风县杏林镇,取笔名为"杏林子"。杏林子12岁时染上了类风湿性关节炎,差不多全身关节都损坏了,行动极为不便。她的作品都是在忍受着剧烈的疼痛的情况下写出来的。由于她的身体状况,她对生命特别珍惜。《生命 生命》这篇小品文正是写出了作者从一些日常的生活中所感受到的生物普遍具有的那种强烈的求生欲望和生命力,以及从中所领悟到的生命的价值和不应辜负生命的道理。上面这一段,就是写作者从飞蛾身上所感受到的求生欲望。在这一段文字里,作者用了许多修饰成分,看似平常,用得却十分用心,十分贴切,很注意前后的照应,很富有感染力。我们可以思考这样一些问题:

1．"在灯下"这个状语能否不用? 为什么?

2．"不断地"这个修饰语能否不用? 为什么?

3．"我原想弄死它"里的"原"起什么作用?

4．"但它鼓动着翅膀,极力地挣扎"这句话能否改为"但它鼓动着翅膀挣扎着"? 即如果把"极力地"删去,怎么样? 为什么?

5．在这段话里有两处都用到了"在我手中"这个修饰成分,这有什么作用?

6．"那样强烈! 那样鲜明!"里的"那样"是否可以换成"十分"或"非常"? 为什么?

7．前面说到飞蛾时没有用"小小的"来形容它,为什么后面说到飞蛾时要用"小小的"来形容它?

8．最后一句能否改为"我就放了它"? "忍不住"在这里起什么作用?

我们从中可以悟到这样两点:(一)说话写作中,修饰成分的重要;(二)所谓要用好修饰成分,并不就是要多用华丽的形容词,而重要的是要做到准确朴实,能根据文章主题的需要注意前后左右的互相配合、照应和衬托。

总之,用词用语的好坏就在于,在准确的基础上能否做到新鲜、生动、精当、有创意、有神韵。

再说句式的选择。这里只举鲁迅《祝福》里对第一次和读者见面的祥林嫂的描写:

> 她一手提着竹篮,内中一个破碗,空的;一手拄着一支比她更长的竹竿,下端开了裂:她分明已经纯乎是一个乞丐了。

这段描写,用的都是小句。这里有许多问题值得我们、更值得引导学生去思考:

1．分号前的那个句子,能否改为意思差不多的长单句"她一手提着内中有一个空的破碗的竹篮"? 能,为什么? 不能,为什么?

2．分号后、冒号前的那个句子,能否改为意思差不多的长单句"一手拄着一支比她更长的、下端开了裂的竹竿"? 能,为什么? 不能,为什么?

3．"竹竿"前面的那个修饰语"比她更长的"能否删去? 能,为什么? 不能,为什么?

4．"竹竿"后面的那个小句"下端开了裂",能否删去? 能,为什么? 不能,为什么?

在思考这些"为什么"时,要联系课文的主题、联系所需刻画的人物形象来考虑,并要注意考虑作者是从什么样的角度来刻画祥林嫂的。大家知道,短句,一般称为流水句,它简练明快,适合于对人物、事件、情景,对丰富多样的感情及其变化,作层层描写与刻画。上面这一段对祥林嫂的描写犹如电影/电视镜头由远而近的移动,步步凸显,使祥林嫂的乞丐形象跃然纸上,呈现在读者面前。

有时就需要用长句。请看《人民日报》一段报道:

> 我国首次升空的"神舟—3号"模拟载人飞船经过264个小时在太空运行之后按照原先预定的时间安全、准确地返回原先计算好的我国西北某地区的地面。

全句共69个字符,一气呵成为一个长单句,使读者从中获得对我国航天航空事业飞速发展的深刻印象。如果我们改用短句,写成:

> "神舟—3号"模拟载人飞船安全返回地面。那是我国首次升空的模拟载人飞船。飞船在太空运行了264个小时,之后按照原先预定的时间返回我国西北某地区的地面,而且是准确地返回到原先计算好的地方。

那就起不到原先那样的表达效果了。

我想,在语文教学中,如果能把类似上面所提出的"为什么"讲清楚了,语文教学的收效肯定会比较大;学生如果能把类似这样的"为什么"领悟到了,他的语文水平、语文修养肯定会有较大的提高。

对于词语的选择和句式的运用的研究,也还不能停留在上面所说的,选用什么样的词语、句式好,是不是也还需要继续深入。我想是不是可以从两方面深入:

一是需要从语篇的角度分析出其中之妙来，换句话说需要更多地从语篇的角度去深入分析。

二是需要开展同义词语、同义句式的修辞研究——具体分析形成同义关系的各个词语或句式的使用的语义背景，指出某个词语或句式最适宜用在什么语义背景。

上述研究无疑会深化修辞研究。

三

那么对修辞格是不是就可以不研究了呢？不是，还要研究，但需要深化。

20 世纪 80 年代之前，汉语语法研究和汉语修辞研究，都有一个缺陷，那就是比较注意挖掘、描写、说明表面的规则或方式，这当然是需要的，因为这是研究的根基；但是不怎么深究语法现象、修辞方式背后的成因机制，不怎么探究某种语法现象与其他语言现象之间、某种修辞方式与其他语言现象之间的互动关系。20 世纪 80 年代后，对汉语语法背后的成因机制开始研究得多了，对某种语法现象与其他语言现象之间的互动关系开始研究得多了，但是对汉语修辞背后的成因机制，对某种修辞方式与其他语言现象之间的互动关系，汉语修辞学界似很少有人注意与研究。看来，这是汉语修辞学有待研究、开发的一个空间。这里不妨以人们常常谈论的修辞方式"比喻"和"借代"为例来加以说明。请先看例子：

（1）你真是个木头人。

（2）他们学校的硬件不错，但软件不行。

（3）你去把眼镜儿给我叫来！

（4）他呀，榆木脑袋！

按一般的说法，例（1）、（2）是比喻，例（3）是借代。例（4）呢？好像又是比喻，又是借代。修辞格研究要深入的话，在指出、描写例（1）—（4）所含有的修辞格之外，我们还应该去探究：

1. 为什么能这样说？为什么说话人这样说，听话人都能懂得说话人实际想说什么意思？

2. "木头人"原是指用木头雕刻的人，怎么可以用来表示脑子不灵活、愚笨的意思？

3. "硬件""软件"原是信息科技方面的术语，怎么会表示一般词语的意思？

4. 眼镜儿，明明是一件物品，怎么用来指人了？

5. "榆木脑袋"，其本义该怎么理解？到底该怎么看待例（4）的修辞现象？

如果能这样深入分析探究，就能找出比喻和借代背后的成因机制。

原来，在人的认知域里，一个认知域可以投射到另一个认知域。这是认知心理学早就通过实验证明了的。而这也是人的一种思维方式。投射的方式基本有下列三种：

第一种投射是相似性投射。例如，狐狸，在人的认识上，它在动物世界中是最狡猾的。某个人如果很狡猾，人们就会认为这个人在狡猾这一点上跟狐狸有相似性，于是人们就将这个狡猾的人比作狐狸；木头人，是没有生命的，当然也不会思维，人们碰到一个死脑筋的人，脑子不灵活的人，就会联想到木头人，于是就说那个人是木头人。上述情况，在认知域里就是一种相似性投射。两个事物之间的相似性，有的是明显的，大家都公认的；有的并不明显，甚至说很不明显，人们压根儿没有意识到。而人的创造性表现之一，就在善于发现事物之间的新的联系。有的人可能会为了某种表达的需要而灵机一动，发现或者刻意想象出了两个事物之间的相似性。这就形成一种富有表现力、感染力的新的说法。例如：

（5）她以无私的献身精神为自己的一生画上了一个圆满的句号。［将人的一生跟句号连上］

（6）你姐姐呀，一块冰！［将人跟冰连上］

（7）他们学校，硬件不错，但是软件不行。［将学校的建筑、设备等跟计算机硬件连上，将学校的体制、管理水平、人员素质等跟计算机软件连上］

这些说法刚一产生，让人感到新鲜、形象、生动，给人以创新之感。这种相似性投射，在修辞学上就称为比喻。

第二种投射是"整体—部分"联想投射。例如：

（8）退休七八年，回到单位，老家伙很少了，见到的尽是新面孔。

（9）快，你去把大鼻子给我叫来！

（10）他一下子变得很微弱，一分钟只有 24 跳。

例（8）、（9）用部分替代整体，例（10）以整体代替部分。上述情况，在认知域里就是一种"整体—部分"联想投射。这一种投射在修辞学上一般称之为"借代"。

第三种投射是因果联想投射。先看例句：

（11）据我所知，华丰公司上个月就关门了。

（12）他们上床了。

（13）八点了，都！

例（11）用"关门"表示"停业"；例（12）用"上床"表示"睡觉"或"性交"；例（13），在不同的语境中所表示的意思可能不同——有时可能表示"该起床了"，有时可能表示"该上班了"，有时可能……上述情况，在认知域里就是一种因果联想投射。这一种投射在修辞学上似都不谈。

上述三种投射，只是一种大致的分类。有时可能纠合在一起，如上面所举的例（4）（"他呀，榆木脑袋！"）。例（4）说话人是想用"木头人"来比喻脑筋不灵活的"他"，可"木头人"，作者又用"榆木脑袋"来借代。当然也可以这样理解：说话人是想说"他的脑袋"像"榆木脑袋"。如果这样理解，那么"他"也是一种借代——用整体（"他"）代替部分（脑袋）。总之，例（4）是比喻和借代交织在一起。

上述第一种投射，即相似性投射，在认知语言学里，一般称之为"隐喻"（metaphor）。第二、第三种投射，在认知语言学里一般称之为"转喻"（metonymy）。认知领域的"隐喻"与"转喻"正是语言中比喻、借代这两种修辞格形成的机制。

隐喻、转喻都是人类的一种思维方式，是人认识、理解客观世界的一种工具。人类各种语言活动，可以说都是通过隐喻、转喻来体现人对客观世界的认识活动。因此，隐喻和转喻对于人类的认知和语言起这样两种作用：一是不断提供看待和描述事物的新视角；一是不断增添词语的新的意义。在日常生活中，所谓这个说法新，实际就是运用了新的隐喻，新的转喻；在词汇学上所谓词的比喻义、引申义的产生，就是运用隐喻、转喻的结果。

人们所运用的一个比喻也好，一个借代也好，发展的前途将会呈现三种情况：

第一种情况是，所形成的比喻或借代，常被运用而又不给人"俗套"的感觉。如"老狐狸""榆木脑袋""上床"一类。

第二种情况是，所形成的比喻或借代，用一两次或者两三次可以，用多了会给人以"俗套"的感觉，甚至令人厌烦。如"光阴似箭，日月如梭""画上了一个圆满的句号""形成了一道靓丽的风景线"等，开始用，人们觉得新鲜、形象，用多了，就觉得有点儿俗套了，唤不起或者说引不起人们的新鲜感，不再有感染力，甚至令人腻烦。

第三种情况是，使原词语产生新义，如"基石""硬件""软件""鼻祖""关门"等。

为什么会形成不同的情况？造成不同情况的因素是什么？这也应该是修辞学所关注、研究的问题；而这也将使修辞研究引向深入，又可以将修辞学跟其他学科沟通起来。

四

修辞研究关乎提高国民语文素养的大问题。而修辞研究比起语音研究、词汇研究、语法研究来，应该说其难度要大得多，那是因为"修辞学具有交叉学科的性质"（谭学纯 2008）。修辞研究要求研究者掌握语言学、文学、美学、哲学、心理学等相关领域的相关理论，语言学方面又要求具有修辞学、语法学、词汇学、语义学、语用篇章学、认知语言学等多方面的知识，这样，修辞研究才能不断向纵深发展，才能对语言学理论作出它应有的贡献。

难，才更具有挑战性。希望有更多的人，特别是年轻人，来关注、重视并参与汉语修辞研究！

附　注

① 2007 年 12 月 21 日笔者应邀访问福建师范大学文学院，谭学纯教授命以"语法与修辞"为题，给学生

作一次演讲,笔者只能受命作文;2008 年 1 月 5—6 日,复旦大学文学院、上海语文学会、《修辞学系》编辑部联合举办"首届望道修辞学论坛",笔者应邀出席此次论坛,并在大会上作了题为"关于汉语修辞研究的一点想法"的专题发言。本文是在《关于汉语修辞研究的一点想法》的基础上进一步修改而成的。

参考文献

谭学纯.语言教育:概念认知和修辞认知[J].语言教学与研究,2005(5).

谭学纯.全球视野和中国修辞学学科重建[J].福建师范大学学报(社哲版),2007(6).

谭学纯.语篇结构中作为修辞元素的身份符号——《李双双小传》文学修辞阐释及其延伸话题[Z]."首届望道修辞学论坛"(2008 年 1 月 5—6 日,复旦大学),2008.

谭学纯,朱玲.仿拟/戏拟:形式、意义、认知[J].长江学术,2005(1).

谭学纯,肖莉."绿色~~":表色语义修辞认知阐释[J].语言科学,2006(3).

谭学纯,肖莉."~~入侵":修辞认知和术语创新[J].南大语言学(第三编),2008.

唐松波,黄建霖.汉语修辞格大辞典[M].北京:中国国际广播出版社,1989.

汪国胜,吴振国,李宇明.汉语辞格大全[M].南宁:广西教育出版社,1993.

朱德熙.谈朱自清的散文[J].新闻业务,1961(7).

潘文."被"字句的语体差异考察[J].南京师大学报,2006(3).

张豫峰."得"字句与语体的关系[J].河南大学学报,2000(1).

王景丹.谈语体与"对"字句的适应关系[J].修辞学习,2001(3).

张先亮,郑娟曼.汉语"有"字句的语体分布及语用功能[J].修辞学习,2006(1).

张文贤,崔建新.汉语口语对话语体零形回指用法再思考[J].天津外国语学院学报,2001(3).

曾毅平,李小凤.报道语体与文艺语体疑问句的分布差异[J].汉语学习,2006(5).

康亮芳.小说《家》与戏剧剧本《家》疑问句运用情况考察[J].西南民族学院学报,1998(3).

杨信彰.英语书面语中的词汇密度特征[J].解放军外国语学院学报,1995(3).

吴云芳.从句子长度看新闻语体和小说语体——一个统计得来的结果[J].语文学刊,2001(5).

(原载《福建师范大学学报》(哲学社会科学版)2008 年第 2 期)

语境歧义分析

王建华

句法歧义问题,是近几年来汉语语法研究的一个重要内容。最近,另一种歧义现象——语境歧义也引起了人们的注意。徐思益同志的《在一定语境中产生的歧义现象》[①]即较详细地提出了有关语境歧义的一些问题,给人不少启发。同时也告诉我们,对这种歧义现象的深入研究是有必要的。本文试图在徐文的基础上,对此再做些分析。

一

语境歧义现象是在言语交际活动中产生的。言语活动包括了说写者的表达和听读者的理解两个方面,因而可以从生成的和认知的两个角度去分析它。在正常的交际中,说写者表达思想、组织话语都具有较明确的语义内容,听读者也能较准确地理解他的意思。这时候,二者是统一的,共同完成交际的活动,无所谓歧义。但有的时候,二者不完全一致,于是就出现了种种的语境歧义现象。

分析语境歧义现象必须同时注意到说写者和听读者两个方面。根据这两个方面在语境歧义中的不同情况,相应地可以把语境歧义分为狭义的和广义的两个方面。

狭义的语境歧义指说写者的表达有明白的、确定的语义内容,而听读者理解时由于受到语境因素的影响产生了歧解。这种歧解可以有几种不同的情况:对于某一确定的语义内容,或者听读者不能完全理解,甚至误解;或者不同的听读者有不同的理解;或者听读者明明能理解而故意曲解。例如:

(1) 有个托儿所,阿姨教孩子唱儿歌是:"郎呀,咱们俩是一条心。"儿童提意见说:"狼是坏蛋,不能一条心。"(文汇月刊,1982 年第 3 期,第 51 页)

(2) 程副司令员向她们挥手致意,针对叛乱平息,百万农奴即将彻底解放,欣然说:"乡亲们,天亮了!"天本来就没黑,太阳刚偏西,怎么又天亮了? 别处乡亲们极易理解的话,这里乡亲不知所云,但因为尊敬大军,还是躬腰应道:"是啊,天亮了。"(刘克:古碉堡)

例(1)小朋友不能理解"郎"的语义而产生了误解。例(2)属于不同的听读者的不同理解。"天亮了"这句话,在解放战争中,绝大多数的群众都能理解它的特定含义——解放了。而在刚解放的西藏边远地区的农奴们却未能理解。他们仅仅理解为字面的意思。至于听话人本来明白而故意曲解的情况可以参看徐思益同志所举的《林海雪原》中的一个例子。[②]这些都属于狭义的语境歧义现象。

广义的语境歧义指的是说写者表达的语义本身就含有某些不确定的因素,因而影响了听读者的理解,产生了语境歧义。这种歧义现象大略可以分为两种类型。

1. 语义模糊而引起的歧义。说写者出于某种原因或目的,有意无意地使话语的语义内容含糊不清,对于听读者来说,自然可能产生种种歧解。如《红楼梦》第九十八回,黛玉临死时说的:"宝玉! 宝玉! 你好……"因为她的断气而没有了下文,其真实含义是怨恨,是绝望,抑或是祝福? 很难有定论。不仅小说中的人们说不清楚,就是今天的读者阅读的时候,也难免会有各种不同的理解而补进不同的联想意义。有的时候也会有另一种情况:说写者语义模糊的话语,由于语境诸因素的影响,被听读者理解为明确的。这种语境歧义,与狭义的语境歧义的情况正好相逆。如鲁迅的《祝福》中,祥林嫂向"我"询问魂灵的有无等问题,"我"的答话模棱两可,没有明确的肯定或否定。但祥林嫂却按自己的思路把模糊的答话确认为肯定,产生了歧解。

2. 语义双关而引起的歧义。双关是一种常久的修辞手法,绝大多数情况下,不会被歧解。但是,这种语义的双关性也为听读者提供了歧解的可能。③有的时候,听读者可能仅仅理解表面意思而领会不了暗指的意思,因而产生歧解。例如周晔在《我的伯父鲁迅先生》一文中写道,鲁迅说自己的鼻子之所以"又扁又平",是因为"碰了几次壁"的缘故。而少年时代的周晔不懂这个双关义,只能理解为"墙壁当然比鼻子硬得多了,怪不得你把鼻子碰扁了"。这也是一种广义的语境歧义现象。

区分狭义和广义两个方面的语境歧义是必要的。有的同志讨论语境歧义现象,因为没有注意到这两个方面的不同,把它们混淆在一起,给人一种含混不清的感觉。④从交际活动的实践来看,说写者语义明确的话语如何被听读者歧解? 其中有什么原因? 为了使讨论的问题集中,本文主要分析狭义的语境歧义现象。

二

产生语境歧义的第一个基本要素是话语的语义内容,它为歧解提供了可能性。

一定的语义内容总是通过具体的语言材料来表现的。同音异义和一词多义的语言现象常常使语义内容有歧解的可能。

同音异义现象可能引起的歧义,如例(1),"郎""狼"同音却异义,使小朋友不能区分意义差别而发生误解。这种同音异义产生的歧解多出现在口头交际之中。

一词多义现象可能引起的歧义,例如:

(3) 一个卖苹果的喊道:"谁买苹果,进口货。"过路人一听是"进口货",便你一斤,我两斤地买了起来,其中一个迫不及待地先拿了一个尝了尝,说:"这不是很平常的苹果吗? 你怎么说是进口货呢?"卖苹果的人却说:"怎么不是呢? 你张嘴一吃,这苹果不就'进口'了吗?"(故事会,1982 年第 2 期)

"进口货"有两个意义,既可指"进入人口(吃)的东西",又可指"从国外进口的东西"。听话人理解为后一种意义是完全可能的,这是词的多义性所致。

语义内容可能引起听话人的歧解还有另一种情况,就是说写者的话语中含有某种约定俗成的言外之意。这在说写者一方意思是明确的;但这种约定俗成的言外之意对于不同的听读者来说,有时却不易理解。这就有被听读者理解为字面意义的可能。如例(2)中"天亮了"之所以被藏民歧解,即是他们不能理解这句话特定的社会文化意义,而按字面理解的结果。又如:

(4) 病房里,正在抢救重病人。一个前来接班的医务人员问了一句:"他(指重病人)还有戏没戏?"(即"有没有希望")话被正在焦急上火的病人家属听到了,他们不依不饶:"怎么? 你们拿我们的性命当儿戏?"(健康报,1985 年 7 月 25 日)

这里的"有戏没戏"是一句惯常用语,意义约定俗成,并不指字面意思。可是听话人由于个人联想意义不一样,很容易由字面意思引起另一种理解,而产生语境的歧义。

三

产生语境歧义的另一个因素是语境。同样一句话语,离开种种特定的语境因素,听话人不一定发生理解上的歧义。语境因素使语义内容歧解的可能转化为现实,因而它在语境歧义现象中比语义内容更为重要。

可以把语境分为外显性的和内隐性的两种。外显性语境指在交际过程中对话语有影响的、可以把握的具体因素。这包括时间、地点、目的、对象以及具体的上下文等等。内隐性语境指对交际有影响的隐含的因素。这包括说写者和听读者的预设、双方共同具有的背景知识以及交际所处的社会、时代环境,等等。两种不同语境对语境歧义的影响也不完全相同。

因外显性语境的影响而产生歧义的,主要有两种情况:

1. 外显性语境提供了两个话题,使听话人产生歧解,例如吕叔湘先生举过的一个例子:

(5) 他刚坐下,就听到总理问候他:"林一山,你身体好吗?"他回答:"我眼睛有点不好。"

总理又问："你去看过了吗？"问的是他有没有去葛洲坝看过。他回答："看过了。"说的是他刚
看过了医生。（徐迟：刑天舞干戚）

这里总理问"你去看过了吗？"可以同"看病""看葛洲坝"两个不同的话题联系，林一山顺着上文答下来，歧解了问话的意思，是因为外显性语境本身提供了两种理解的可能。

2. 上下文语境制约不够，使听话人产生歧解。例如吕叔湘先生举的另一个例子：

（6）1954年国庆前夕，某机关的游行筹备组开会。筹备小组的一位女同志宣布："今年游行，女同志一律不准穿裤子。"⑤

这句话之所以引起"哄堂大笑"，是因为上下文语境制约力不够。她的实际意思是"只能穿裙子"，但由于没有说出来，就难免使人有另一种理解。如把后半句也说出来，则不会产生歧义。

内隐性语境对语境歧义的影响主要有以下三种情况。

1. 交际双方的预设和所具备的背景知识不一致，而使听读者产生歧解。如前举例（4），医生说"有戏没戏"的预设是"有没有希望"，而病人家属理解时则是预设医生把他们亲人的性命当儿戏，两相矛盾，因而产生歧义。又如徐思益同志文章中的例（5），阿Q所说的"我本来要……来……投……"这句话被老头子歧解为"投案"，与预设和背景知识等内隐性语境密切相关。在老头子看来，审讯的大堂上犯人必须"从实招来"，犯人的每一句话都是口供。这是老头子的背景知识。而阿Q愚昧无知，不具备这个背景知识，还以为大堂上也可以像在未庄那样随便。于是"糊里糊涂地想了一通"，"断断续续的"说出那句没头没脑的话来，殊不知便成了犯罪的供词。再从双方的预设看，阿Q以为要他招造反之事，便想到了"投革命党"，而老头子的预设却是：阿Q参与了抢劫，要来投案。因为背景知识和预设都出现了矛盾，歧义才得以产生。⑥

2. 社会文化、心理习俗等内隐性语境因素也常影响到交际和理解，导致歧义产生。例如：

（7）我们出口一种内衣，起个名字叫紫罗兰牌。我们自己很得意，因为紫罗兰是一种很漂亮的花。但出口后发现这个牌子销路不行，买的人很少。一了解原来"紫罗兰"某外语的旁义是同性恋和性变态者。因为有这种歧义，人家当然不买了。（温元凯：中国的大趋势，上海人民出版社，1984）

（8）会上，老爹对队长哈尔穆拉特的工作提出了尖锐的批评，……老爹说了一句："头脑在哪里？"

哈尔穆拉特……立即把头上戴的紫绒小花帽摘下，露出剃光了的尖而小的头……"就这儿，我的头！"哈尔穆拉特喝道，"看见这帽子么？真正的绣花帽，不是路上拣来的，也不是偷的，伊宁市巴扎上十二块钱买回来的！"（王蒙：葡萄的精灵）

例（7）是由于社会文化的背景知识不一致而引起的歧义。这种背景知识是一定的社会和文化约定俗成的，是潜在的、隐性的而又很有影响的认识背景。例（8）是由于维吾尔族人民的心理习俗而引起的歧解。通过强调自己的帽子的价值和尊严来表述自己脑袋以及整个人的价值和尊严，是维族人常用的手法。这是他们潜在的知识，构成其内隐性的语境。当问话者提及"头脑"这个敏感问题时，听话人这种内隐性语境就起了作用，使之产生歧解。

3. 时代因素也是一种对交际理解有影响的内隐性语境。例如：

（9）"致以布礼！"再一次失去知觉的时候，钟亦成突然这样喊了一句，带血的嘴角上现出了发自内心的笑容。

"什么？他说什么？置之不理？他不理谁？他这条癞皮狗敢不理谁？"

"不，不，我听他说的是之宜倍勒喜，这大概是日语，是不是接头的暗号？他是不是日本特务？"（王蒙：布礼）

"布礼"即布尔什维克的敬礼，共产党人的敬礼。这是一种表示崇高的革命感情之语。钟亦成这个40年代的地下党员在"文革"中受到"专政"时，说这句话是用来表示自己的清白和对党的忠贞。而听话人是一群60年代造反的"小将"们，由于时代的原因，不懂得这句话的意思，便歧解为"置之不理""之宜倍勒喜"等等。而由"之宜倍勒喜"联想到日语接头的暗号，更是时代因素的折射反映。

在交际和理解过程中，内隐性语境和外显性语境是相互影响、相互作用的。但二者对语境歧义的影响程度并不等值。内隐性语境常常比外显性语境更容易造成语境歧义，因为后者有一定的限定性，前者则有较大的自由性。语境歧义现象几乎都离不开内隐性语境的作用。即使像例（5）和例（6），歧义的产生虽然主要表

现为外显性语境的作用,也仍然与内隐性语境——交际双方的预设不一致分不开。更进一步,有的时候,外显性语境具有较大的限制性,本来可以排除语境歧义的产生,但由于听话人的内隐性语境之作用,还是导致了语境的歧义。例如:

(10) 上海解放前夕,有人在车站候车,久等不见他所等候的电车的踪影,忍不住说了一句:"八路为什么还不来呢?"这句抱怨"八路电车"为什么久久未到的言语,竟被暗探当作心焦望变的革命者的语言。说那句话的人竟被架进监狱,以后就下落全无了。(秦牧:"含冤树"种种,文汇月刊,1982 年第 3 期)

(11) 美国观众不理解《舞台姐妹》中的一个情节:姐姐春花苦口婆心地劝月红以后不要跟唐经理在一起了。月红听后讲了这么一句话:"晚了,我已经是他的人了。"即使有英文字幕,他们仍看不懂:"什么叫'他的人'了?"(谢晋:访美观感,文汇报,1985 年 8 月 26 日)

例(10)的"八路"(电车)被暗探歧解为"八路军"。本来在这个具体的场合,时间、地点以及说话人的目的等外显性语境都有较明显的限定性,不应该引起歧义。可是时代环境以及听话人的预设等内隐性语境的影响,却使语境歧义得以产生。例(11)美国观众不理解"他的人"的含义,也是因为内隐性语境——社会文化、心理习俗的不同所致。本来影片的情节、英文字幕等外显性语境都对理解有一定的限定、制约作用,但由于内隐性语境的影响,还是不能被观众理解。这都说明,在语境歧义现象中,内隐性语境的影响要比外显性语境的影响大得多。

附 注

① 《中国语文》1985 年第 5 期。

② 徐思益同志文章的例(6)。

③ 除"双关"以外,不少修辞方法如反语、婉曲、比喻、借代、夸张等等也可能产生歧解,这都与它们具有双重的语义有关。

④ 如徐思益同志文章中的例(4)和例(9),都是广义的语境歧义现象,作者没有指出来,而与其他狭义的语境歧义现象混在一起讨论。

⑤ 例(5)和例(6)均引自吕叔湘先生《歧义类例》,《中国语文》1984 年第 5 期。

⑥ 引入内隐性语境的预设和背景知识的概念对于分析语境歧义现象是必要的。对于这些内隐性语境的因素,徐思益同志也有所意识:"说话人或听话人的头脑里还潜藏着另一种语境。"可惜他没有作更细的分析。

(原载《中国语文》1987 年第 1 期)

论　语　体

王德春

一、什么叫语体

语言是人类最重要的交际工具。使用语言的人每次都是在特定的环境,即在特定的场合,向特定的对象进行交际。这特定的环境对语言的使用提出了特定的要求。由于人类社会生活的复杂性,在不同的社会活动领域内进行交际时,由于不同的交际环境,就各自形成了一系列运用语言材料的特点,这就是语体。由于交际的范围和交际的领域不同,就要求形成不同的语体。

语体又是使用全民语言材料特点的综合。在一种全民共同语的内部,并存着很多同义的、功能上不同的语言材料,这些语言材料是语体存在的物质基础。离开了实际的语言材料,语体就会变得不可捉摸。例如,在词汇方面,不同的语体就根据本身的使命选择最合适的词和熟语(如古词语与新词语,方言词语与标准词语,普通用词与科学术语,日常生活用语与书卷用语,带感情色彩的词语与中性词语,等等)。其次,在句法方面:每一种语体选择适合本身特点的句子类型(如长句与短句,完整句与不完整句,简单句与复合句,带连词的复合句与不带连词的复合句,等等)。最后,在词法与语音方面也会存在一些语体的特征。如某一类型的构词法或某一种发音方法可能适合于某一语体而不适合于另一语体(例如,汉语中儿化的名词与叠音后缀的形容词经常出现在谈话语体与文艺语体中,却不被科学语体、事务语体所采用。日常谈话中可以用前缀"老""小"加在姓上称呼同志,表示亲昵的感情,在科学语体,事务语体中就没有这种用法。在语音上,日常谈话语体中有时允许个别音素的脱落,较多同化,异化等现象,而书卷语体口语形式却要求有清晰的标准发音)。

所以,人类社会交际的多方面的需要是语体存在的社会基础;语言材料在功能上的分化是语体存在的物质基础。

语体是客观存在的,任何使用语言的人都受到它的约束。一个人在使用语言进行交际和斗争时,不仅要遵守这种语言在语音,词汇和语法上的一般规范,而且要在具体的交际和斗争场合中,善于使用各种相应的语体。否则,我们说的或写的文章就会在语言的使用上与交际环境形成某种不协调,影响使用语言的交际效果。

二、谈话语体和书卷语体

无论在现代汉语、现代俄语、现在英语或其他的现代各民族语言中,首先可以划分出两大类性质不同的语体,那就是:日常谈话语体和公共书卷语体。为了叙述方便,前者简称为谈话语体,后者简称为书卷语体。

谈话语体是人们之间日常的、随意的、交谈中构成的,它活在人们口头上,虽然它也存在书面语形式,但口语形式对它来说是典型的①。它的特征可以描述如下:

1. 由于日常谈话可以涉及生活的各个方面,范围是无限广阔的,因此谈话语体的特征之一就是容纳各种语词。其中包括全民通用词,各种具有表情色彩的词,大量谚语、俗语、歇后语和口头成语,以及谈话语体特有的口语词,粗俗词等。但是谈话语体排斥古语词、专门术语,这两种词带着明显的书卷语体色彩。

毛主席告诉我们："人民的语汇是很丰富的、生动活泼的、表现实际生活的。"就用词的情况来看,谈话语体正是如此。

2. 在交谈者直接接触的情况下,谈话是生动的,自由的,感情很自然。因此,大量使用具有鲜明表情色彩和描绘色彩的语言材料,成为谈话语体的另一个特征。除了丰富的词汇外,感叹句、疑问句、倒装句的出现率很大。这些句型或句式的使用都和加强言语的感情有关。在汉语里,叹词、语气词、象声词、儿化的名词、带迭音后缀的形容词、动词形容词的重迭形式,种种词汇和语法体系中的表情成分都被充分地利用。

3. 谈话参加者的言语互相影响,互相衔接,每一个言语片断对于当时的言语环境有很大的依存性。由于有谈话的生动情景的补充(手势、表情、特定环境、谈话双方的共同理解),省略很多。往往有些语句只在特定的场合、特定的上下文对特定的对象才是可理解的,而如果孤零零地把这个句子从谈话的长链条中抽出来,就会变得语义隐晦甚至不可理解了。书卷语体中不能有这样的省略。

4. 对话的句子结构总比较简单,这是适合于交换简短思想的语言形式。即使有时要表达比较复杂的意念组合,也竭力不用长结构,而改用几个短句子。语句所表示的意义间的联系和依赖关系,很少用介词、连词之类的语法成分来联系,而用语调、重音来强调。

5. 由于交谈往往是即兴的、临时引起的,很容易从一个话题转到另一个话题。有时一方引起的话题,另一方可能是没有准备的。在这种情况下,谈话语体可能存在语气不连贯、用词不确切、重复、停顿等现象。因而,就可能存在一些偶然的、含糊的、与全民语言不符合的成分。但这不是主要的。谈话语体的主要特征是生动活泼、亲切朴素,它是文学语言的源泉。

这儿应该指出,并非所有的谈话都构成谈话语体。谈话语体首先是指活在人们口头上的谈话。有些知识分子的谈话,往往带有浓厚的书卷气;而某些专门性的谈话,使用的还可能纯粹是书卷语体的口语形式。

熟悉一个民族的谈话语体,对于学习该语言具有重大意义。谈话语体是书卷语体的基础。当然,书卷语体的发展反过来又推动了谈话语体的发展,使之更加丰富。但任何书卷语体的发展都不能离开谈话语体,一旦离开了谈话语体,它就将失去生动的源泉而陷于枯竭的境地。毛泽东主席十分反对"学生腔",他说:

"如果一篇文章,一个演说,颠来倒去,总是那几个名词,一套'学生腔',没有一点生动活泼的语言,这岂不是语言无味,面目可憎,像个瘪三吗?"

他还指出,有些宣传工作者"连三句老百姓的话也讲不来",有些文艺工作者"对于人民群众的丰富的生动活泼的语言缺乏充分的认识","因此他们的作品不但显得语言无味,而且里面常常夹着一些生造出来的和人民的语言相对立的不三不四的词句"。这样的人,是做不好宣传家、文艺家的。毛泽东主席号召我们"认真学习群众的语言","言语必须接近民众"。

由此可见,谈话语体对其他语体有很大作用,学习和掌握谈话语体有重要意义。

书卷语体是一种比较复杂的现象,包含着几个不同的部分,它们以各自有具体的用词造句上的特点相互区别开来。这些组成部分是:科学语体,艺术语体,政论语体,事务语体,分别论述如下。

三、科 学 语 体

科学语体的作用或功能,是准确而系统地叙述自然、社会和思维的现象,论证这些现象的规律性。它服务于科学技术领域和生产领域。科学语体的特征可以描述如下:

1. 科学语体的特殊任务,要求它在用词上严格保证精确性。在概括现实现象,揭示概念内涵,论证事物规律性时,科学语体要运用意义精确而单一的专门术语,排斥意义未经精确规定的、多义的日常生活用语。这些专门术语有很大的语体局制性,一般地说,不大适用于其他语体。例如:"连动结构""紧缩句""音位""语体""电离""同温层""光子""质子""甲状腺""大脑皮层""剩余价值"等。在这些专门术语中,一部分具有国际性质,例如,"安培""欧姆""淋巴""休克""图腾""沙文主义""托拉斯""康采恩"等。此外,科学语体还避免使用带有感情色彩的词语。例如,在文学作品中可用"花儿""鸟儿"等词,在生物学著作里,花就是花,鸟就是鸟。

2. 由于论述的逻辑性的要求,科学语体的句法特点是叙述的完整性,扩展性和一贯性。同时,充分利用各种复杂的句法结构,利用扩展的句子成分和从属句网,组织层次繁复的思想,力图在一句话内讲出有关的事实以及相应的结论。这种支脉繁多的句子,其内部各个成分间的复杂关系,经常是借助介词、连词等语法成分表现出来的。例如:

> 依社会运动来说,真正的革命的指导者,不但在于当自己的思想、理论、计划、方案有错误时须得善于改正,如同上面已经说到的,而且在于应某一客观过程已经从某一发展阶段向另一发展阶段推移转变的时候,须得善于使自己和参加革命的一切人员在主观认识上也跟着推移转变,即是要使新的革命任务和新的工作方案的提出,适合于新的情况的变化。

(毛泽东:《实践论》)

科学语体也可以有简单句和短句。但是,就科学语体的句法现象来说,句子成分的扩展和带连词的多重复句的大量运用,是典型的。

3. 科学语体的作用主要是论述自然现象、社会现象和人类思维的规律性,他注意的首先是精确地表达自己的思想和阐明事实。

在科学语体里存在着一种分体,那就是科学通俗语体。科学通俗语体的作用是向非专门人员深入浅出地解释各种科学问题,把科学知识普及到广大群众中去。严格的科学语体是适应于对专门家说话的,科学通俗语体是适用于对一般人说话的。因此,后者在用词造句的特征上,比前者通俗。

四、艺 术 语 体

艺术语体的特征是言语的形象性,体现在对艺术作品人物的描写以及和人物有密切联系的周围环境、客观事件的细节的描写上。为了达到形象性的要求,艺术语体使用的语言材料非常广泛。这种使用语言材料的广泛性,是与文艺作品所反映的社会面的广阔性相适应的。谈话语体为艺术语体提供大量的词汇素材,它的每一个部分(如日常口语词、带感情色彩的词、谚语、歇后语、口头成语、粗俗词,甚至不合规范的词语)几乎也能进入艺术语体。科学语体、政论语体、事务语体中的专门术语,在功能上经过改造以后,也能够为艺术语体所容纳。古语词、方言土语等成分,也被用来塑造形象和创造气氛。此外,在文艺作品里,还经常出现作家的新词和词语的新用法。再就句法现象看,在艺术语体中也是变化多端的。语词的变化,句子成分的省略,词序的特殊安排,长短句的互相转换,模拟口语的跳脱和重复,一切句法上的同义形式和特殊的表达方式,也被作家用来作为艺术表现的手段。

但是,有必要指出,在艺术语体的广泛的语言材料中,有很多不是日常交际所必需的东西。例如,鲁迅在《孔乙己》里使用了"穷""君子固穷""多乎哉?不多也!"等古语词,在《理水》里使用了"古貌林"(Good morning)""好杜有图"(How do you do)""O.K.!"等外语词,在《离婚》里使用了"逃生子""贱胎""娘杀"等方言粗俗词,在《阿Q正传》里使用了"柿油党"(指自由党)这样在发音和意义上也歪曲了的"词",也是适应一定的艺术要求的。使用这些词语,或者是为了表现某种特定的生活,或者是为了显示某些独特的地方色彩,或者是为了刻画性格,塑造形象。但是,这些被作者作为艺术表现手段的语言材料,显然不是交际所必需的。

艺术语体从谈话语体、科学语体、政论语体甚至事务语体中吸收语言材料,但是,任何其他语体的词汇或语法成分进入文艺作品都不是无条件的,而是在功能上经过改造,在使用上服从于形象性的要求的。

艺术语体内部可以分出三个分体:散文体、诗歌体和对白体。这三个分体除了具有共性之外,还各具有特色。例如,诗歌体的主要特征就是具有韵律和节奏,而韵律和节奏的配置经常地、大量地影响到选词和造句,使诗歌体在用词和造句上具有和散文体不同的特点。如由于用韵和表达强烈感情的需要,诗歌中常常打乱词与词、句与句之间的正常排列顺序,使用各种形式的倒装句式,这在散文体中是比较少的。诗歌的韵,也在诗行与诗行间起着联想和组织的作用。正如马雅科夫斯基说的:"韵脚可以使你回到前一行,使你联想起它,使讲述一个思想的几行诗结成一体。"韵脚的这种作用可帮助诗人表露思想感情的急遽变化和想象的大胆飞跃,使诗歌允许有比散文体更多的省略。

对白体的特点,是口语和个性化。较之散文体和诗歌体,更接近于谈话体。对白体也没有韵律,这是和散文体相同的。但散文体的典型形式是书面语形式,而对白体的典型形式是口语形式。散文体容许较长的句子,有时候使用层次较多的修饰语,句子结构倾向于比较严整,很少用口语词;对白体的句子一般较短,没有长修饰语,句子结构比较灵活多变,多用口语词。下面各举一个例子:

(1)散文体

严寒笼罩着高山大岭朔风凛冽,地冻三尺。但是,在这六百公里长的运河工地上,却是春意盎然,到处盛开着技术革命的鲜花,万紫千红,琳琅满目,简直是一座技术革命百花怒放的花园。

(李季:《在高山运河工地上》)

(2)诗歌体

……春风。

　　　　秋雨。

晨雾。

　　　夕阳……

……轰碎的

　　　车轮声。

踏踏的

　　　脚步响。……

呵!"人代会决议",

　　　和新中国地图

　　　　　在我手中,

党员介绍信,

　　　紧贴着

　　　　我的胸膛。

——我走进农村。

　　　我走进工厂。

我走向黄河。

　　　我走向长江……

五月——

　　　麦浪

八月——

　　　　海浪。

桃花——

　　　南方。

雪花——

　　　北方。

呵! 我走遍了

　　我广大祖国的

　　　每一个地方,——

呵呵! 每一个地方的

　　　我的

　　　　每一个

　　　　　故乡!

(贺敬之:《放声歌唱》)

(3)对白体

宋爷爷　哎! 都坐下,坐下! 茶随便喝,谁喝谁自己倒! 玉娥,都考上了吗?

宋玉娥　您猜呢? 爷爷!

宋爷爷　（一一地看她们）一看你们的神气，我就得说，你们都考上了！对吧？

余志芳　爷爷您的眼力不错！

宋爷爷　快八十岁了，还能没点眼力吗？姑娘们，自从咱们街上有了电车，汽车女司机呀，我就对自己说：行啦！我的玉娥行啦！她一定不会像她奶奶，妈妈那么委委屈屈地活着，窝窝囊囊地死去！姑娘们，你们算是遇上好时候了！是呀！谁知道你们会干出什么惊天动地的事啊！我老头简直不敢说，怕说得太小，委屈了你们哪！

（老舍：《女店员》）

五、政 论 语 体

政论语体的功能，是通过对社会生活各种问题的阐述，动员广大群众，为本阶级的利益积极地进行斗争。政论语体，是一种宣传鼓动的语体。它和其他语体比较起来，更直接地服务于政治斗争。

政论语体的修辞特征比较复杂。一方面，为了要阐述各种社会政治问题，要求广泛地运用各种科学术语（在不同的政论文里，依不同的内容为转移，可以使用政治的、经济学的、哲学的、科学技术的、文艺学的、历史学的种种领域内的术语）。同时，它也要求以透辟的分析，严谨的论证，诉诸听众和读者的理智，竭力从逻辑上使人们信服某种观点的正确性。这就使政论语体和科学语体有一定程度的接近。另一方面，为了要动员广大群众参加革命斗争，它也要求言语生动、活泼，常常使用各种描绘手段和表情手段，力求打动人们的感情。这就使政论语体和艺术语体有一定程度的接近。

政论语体具有科学语体和艺术语体的优点，但是绝不可以由此得出结论说，政论语体是科学语体和艺术语体的机械结合物。政论语体在现代汉语、现代俄语、现代英语等现代语言中都独立存在，而且有着高度的发展。在政论语体中使用接近于科学语体或艺术语体的表达方式，都是服从于政论语体本身的功能的。

毛泽东主席对于现代汉语政论语体的丰富和发展有深刻的影响。他的文章和讲话，是现代政论文的典范。它们内容深刻，气势磅礴，说理透辟，言语生动。毛泽东主席竭力反对政论语体的党八股倾向，提出写文章做演说要有内容，要靠真理，要看对象，要负责任，要具备准确性、鲜明性、生动性。毛泽东主席从理论和实践上打破了历来政论语体呆板枯燥的陈规，创造了生动活泼的具有中国作风中国气派的无产阶级政论语体。在毛泽东主席的政论文中，一切可以利用的古语成分、口语成分，种种有效的艺术表现手段，如比喻、对偶、排比、婉曲、反语、设问、精警等，都被用来作为宣传真理、打击敌人、教育群众的武器。同时，也反映了现代汉语词汇和语法的发展，单以用词来说，就创造了许多新的政治用语（如新民主主义、知识化、劳动化、务虚、务实等），创造了许多熟语（如一穷二白；有的放矢；鼓足干劲；虚心使人进步，骄傲使人落后；两条腿走路；九个指头和一个指头等），发展了词语的新义（如东风、西风、香花毒草、上游、中游、下游等）。

政论语体在运用语言材料上要求准确性、严密性同生动性、形象性是密切地联系在一起的。正因为如此，政论语体就作为一种丰富的语体而独立地存在于现代语言中。

六、事 务 语 体

事务语体的功能就在国家机关、社会团体和其他一切社会上层建筑的行政事务工作中起联系、传达周知的作用。事务语体的运用是极其普遍频繁的，为便于公文事务处理者撰写和审阅，事务语体按照应用场合形成了若干固定的格式。程式化，这是事务语体区别于其他语体的第一个特点。除此之外，在用词造句上事务语体还有下列特点：

1. 措词力求准确，不宜用口语词、歧义词和生僻的简称。有一些专门术语，其中不少惯用语和句式还保留了古语成分。例如：

欣逢　值此……之际　为……由　……为要（为荷）　此致　此令　此布　兹……　查……据……　责成　所属　鉴于　希即　予以　特此通知　查照办理

2. 句法要求完整严谨，不常用感叹语气和省略句式，在书面语形式中不常用感叹号、省略号。

七、语体理论的实践意义

在语文教学中,语体理论可以指导编选教材和改进教学方法,更有效地提高学生使用语言的能力。下面就语文教学中的一些例子来加以分析。

在编选语文教材时,语体要多样化。要培养学生在不同领域、不同场合使用语言进行交际的能力,就必须让他们熟悉和掌握各种语体。渗透这两对矛盾的对立统一中,来把握现代民族标准语的语体体系。

语体是历史发展的现象,但是任何语体对一定历史时期的人来说,都具有稳固性。适应于一定的交际目的和领域的语体,在交际过程中有规律地经常地反复地出现着一系列用词造句上的特点,这些特点不但为人们所意识,而且对人们有约束力,具有相对固定的性质。

教材中的各种语体都要科学地加以编排。同一题材的不同语体,在课内外要配合使用,这样可以保证多样化的大量实践。

为了发展口语,培养学生谈话能力,语文教材,特别是外语(以及汉语作为外语教学)教材中都有一些会话材料。但是,有些材料编得不够理想。有时,只把课文截成几段,装上对话者的名字,顺序排列,就算会话材料了。其实这些材料是书卷语体,而不是谈话语体。它可以提高演说、朗诵和做报告的能力,但不能直接提高日常谈话的能力。按照这种材料进行会话,就不能使谈话生动活泼,形象化和口语化。政论文是宣传鼓动的语体,它可以培养学生演说和做报告的能力,使演说和报告具有说服力和感染力。艺术文体有很大的形象性,它可以培养学生朗诵和描绘事物的能力。但是,这两种语体都是书卷语体,它们不适于用来直接发展口语。要想真正上口,就必须换掉这些语体中那些有浓厚书卷气的语言材料,把某些语言材料在功能上加以改造,使之适合于谈话语体。有人认为谈话语体只谈一些吃饭睡觉等生活琐事,所以不宜做教材。实际上,谈话语体可以适用于各种题材,谈话涉的范围可以无限广阔。在文艺作品中,有些人物对话,特别是剧本中的对白也比较适合于会话。

语体现象是异常丰富多彩的,各种语体中还存在着互相渗透和互相排斥的现象,在各种语体之间还存在一些中间的混合的语体。为了使学生更全面地掌握现代语言的功能,在编选教材时,最好除各种语体典型文章之外,还适当选一些中间的、混合的语体文章,如艺术性政论,科学幻想小说等。以便更好培养学生使用语言进行交际的能力。

语体理论还可以帮助我们改进教学方法。不同语体既然反映了使用语言的不同特点,我们在进行教学时就要有区别地对待。用千篇一律的教学方法不能科学分析和讲解各种语体的使用语言的特色。例如,讲解科学语体时,要教会学生用词的准确性,防止歧义现象,但在文艺作品中,双关语却可以作为一种有用的修辞手段。讲解事务语体时要让学生掌握惯用的公文程式和习惯用语,但在教其他语体,特别是谈话语体时,却要防止学生一味死记硬背公式化的语言材料,而要训练学生用自己的话来表达思想。

在进行会话教学时,要善于应用谈话体的特征,培养学生谈话的能力,防止谈话中的书卷气和"学生腔",防止背诵式的"演说"。要教会学生使用简短的语句,生动通俗的词语,并适应说话环境,自由灵活地使用语言来表现思想。

总之,语体问题不仅在语言学理论上有重要意义,对语言实践也有指导作用。

附 注

① 谈话体和书卷体不同于口语与书面语。人类的语言从来就是有声语言。在社会发展的一定阶段上,出现了文字,交际活动便有了两种形式:依靠声音——口语,依靠文字——书面语。任何语体都可能具为两种形式。以公众书卷语体为例,做科学报告是口头形式,发表科学论文是书面形式。因此,必要时我们还可以把语体分为"口头谈话语""书面谈话语""口头书卷语"和"书面书卷语"。

(原载《语言教学与研究》1980 年第 1 期)

图书在版编目（CIP）数据

《现代汉语通论》参考文献精选 / 邵敬敏主编. —
修订本. —上海：上海教育出版社，2018.8
ISBN 978 - 7 - 5444 - 8531 - 9

Ⅰ.①现… Ⅱ.①邵… Ⅲ.①现代汉语—参考资料
Ⅳ.①H109.4

中国版本图书馆 CIP 数据核字（2018）第 160167 号

责任编辑　徐川山
封面设计　陈　芸

《现代汉语通论》参考文献精选（修订本）
邵敬敏　主编

出版发行　上海教育出版社有限公司
官　　网　www.seph.com.cn
地　　址　上海永福路 123 号
邮　　编　200031
印　　刷　上海叶大印务发展有限公司
开　　本　890×1240　1/16　印张 18.25
字　　数　579 千字
版　　次　2018 年 8 月第 1 版
印　　次　2018 年 8 月第 1 次印刷
书　　号　ISBN 978-7-5444-8531-9/H.0292
定　　价　85.00 元

如发现质量问题，读者可向本社调换　电话：021 - 64377165